ESTRELLAS AMARILLAS

EDITH STEIN

TERESA BENEDICTA DE LA CRUZ, O. C. D.

ESTRELLAS AMARILLAS

Autobiografía: Infancia y juventud

Tercera edición

EDITORIAL DE ESPIRITUALIDAD

Triana, 9 - 28016 MADRID

www.edespiritualidad.org

ede@edespiritualidad.org

ESTRELLAS AMARILLAS

Título original:
AUS DEM LEBEN EINER JÜDISCHEN FAMILIE

Traducción del alemán:
D. Carlos Castro Cubells
y Ezequiel García Rojo

ISBN: 84-7068-313-6
Depósito legal: M. 18.080-2006

Impreso en España - Printed in Spain

Fotocomposición e impresión: Closas-Orcoyen, S. L.
Polígono Igarsa. Paracuellos de Jarama (Madrid)

PRÓLOGO DEL EDITOR

AUTENTICIDAD DE LA EDICIÓN

La parte principal del manuscrito fue redactada en el año 1933. Después de la subida al poder del Nacionalsocialismo, en enero de 1933, y de la destitución de Edith Stein de su cargo de profesora; a consecuencia de esto, pocas semanas después Edith Stein regresó a Breslau. Allí escribió, en el corto plazo de tiempo de seis meses, aproximadamente de abril a septiembre de 1933, el primer capítulo: Los recuerdos de mi madre. *El segundo capítulo:* Historia de nuestra familia. Las dos más jóvenes, *aparece en el año y medio siguientes, pero incompleto, porque la autora en mayo de 1935, poco tiempo después de la primera profesión religiosa, tuvo que interrumpir estas notas para perfeccionar el estudio filosófico* Ser finito y ser eterno.

Pocos días después de la huida a Echt, el 7 de enero de 1939, Edith Stein decidió continuar el trabajo de su biografía. Desgraciadamente, a lo largo de cuatro meses sólo escribió unas pocas hojas. Las últimas frases de estas notas complementarias fueron escritas el 27 de abril de 1939, con ocasión del primer aniversario de la muerte de Edmund Husserl. Y aquí se interrumpieron los apuntes definitivamente.

No poseemos documentación que explique este hecho; podemos, sin embargo, sospechar las causas que impidieron a Edith Stein la continuación del trabajo: por una parte, las circunstancias desfavorables demostradas para la terminación de esta obra; por otra parte, tenía el encargo de realizar un estudio sobre San Juan de la Cruz para el cuarto centenario de su nacimiento.

PATRIMONIO DEL ARCHIVO

1. La parte principal del manuscrito, sin portada y sin capítulos. Está por duplicado en ciertos fragmentos,

a) *El trabajo literario es incompleto. Edith Stein pudo redactar y repasar mil páginas; por lo menos, tantas páginas como las que ocupan los recuerdos de los años después de 1916, aproximadamente.*

b) Faltan, sin duda, en el manuscrito algunas páginas escritas por Edith Stein:

— *Una hoja se perdió probablemente durante la guerra. No hemos podido encontrarla hasta la fecha, después de la reorganización de los manuscritos que se encuentran en el Archivo.*
— *Treinta y tres hojas y media del manuscrito fueron arrancadas por una mano desconocida. El sospechoso contenido de esas hojas y las correcciones a mano en esos capítulos del manuscrito dejan ver con mucha probabilidad que Rosa Stein tomó del manuscrito esas hojas, sin conocimiento de Edith Stein.*

2. La continuación de los apuntes, con una nota introductoria a la cabeza de la primera página y el dato Echt, 7-1-39. El manuscrito se interrumpió en la página 19; la página 14 lleva como última fecha 27-4-1939

3. Los capítulos a máquina de las 51 primeras páginas, con correcciones escritas a mano y con lapicero, son de Edith Stein.

La primera página del capítulo empieza con el encabezamiento: De la vida de una familia judía.

En relación con este capítulo, pudimos descubrir una carta de Ruth Kantorowicz, cuyo dorso utilizó Edith Stein para hacer el extracto de Aspectos del tomismo, *de Mauser.*

Del contenido y de la fecha de esa carta se deduce que la parte principal del manuscrito estaba completamente terminada en el otoño de 1935 y que existían todas las hojas completas.

Además, el contenido de la carta, juntamente con señales de lapicero en el manuscrito, permite llegar a la conclusión de que el capítulo de Ruth Kantorowicz llegaba por lo menos hasta la página 691 del manuscrito.

PRIMERA EDICIÓN

La publicación de esta primera edición se basa en el texto original del manuscrito.

La estructura ha sido perfeccionada por los editores, apoyándose en presuntos deseos de la autora; véase en Patrimonio del Archivo la síntesis del manuscrito.

Titulación del manuscrito. Como se desprende de la descripción del Patrimonio del Archivo, el título principal: De la vida de una familia judía *procede de la parte escrita a máquina. La parte escrita a mano contiene, además, estos tres títulos:* Prólogo: Los recuerdos de mi madre; Historia de nuestra familia; Las dos más jóvenes. *Todas las demás divisiones y títulos han sido complementados por los editores.*

PRÓLOGO A LA EDICIÓN ESPAÑOLA

Edith Stein tiene una amplia audiencia desde que empezaron a conocerse sus escritos y, sobre todo, la noticia de su vida y de su muerte. El público español la conoce a través de alguna publicación parcial de sus obras y de varias biografías suyas que se han traducido.

La importancia de esta figura de nuestra época merece un conocimiento mejor y, sobre todo, más directo. Esta autobiografía inicia la publicación de sus obras que ya están a punto de ser editadas en su totalidad en alemán.

Los editores españoles han creído oportuno, por motivos obvios, comenzar con esta narración de la propia vida. Es la presentación más cercana, más auténtica y también más sugestiva que se puede hacer.

Un lector que no conozca nada de Edith Stein tiene en este libro la mejor primera noticia, y el que ya la conoce encontrará la clave de todas las demás obras.

Un lector ajeno al ambiente intelectual alemán de la época a que se refiere tomará contacto de una forma atrayente y fácil con unos tiempos no tan lejanos cronológicamente, aunque sí casi olvidados por las tremendas conmociones sucesivas experimentadas en los últimos años.

Un lector conocedor del ambiente a que nos referimos encontrará un verdadero placer en revivir con este testimonio toda una época de consecuencias que todavía duran. Y todos los lectores encontrarán de manera conmovedora el testimonio auténtico del misterio de una vida que ha tenido, entre otras muchas, la cualidad de saberse narrar a sí misma como pocas plumas lo hubieran conseguido.

El arte descriptivo de Edith Stein cautivará a todos por sí mismo, pero también algunos sabrán vislumbrar la disciplina, la profundidad y el armazón, aparentemente sencillo, que lo ha hecho posible.

Los lectores españoles que, por tradición y por ser «fronterizos» en tantas cosas, no están heridos por la pasión que en torno al pueblo judío hay en otras latitudes pueden, con ojos sin prejuicios, percibir toda la grandeza que hay en estas páginas.

D. Carlos Castro Cubells

SEGUNDA EDICIÓN ESPAÑOLA

El año 1973 publicaba la Editorial de Espiritualidad la primera edición de esta obra, siguiendo la primera edición alemana.

Desde aquella fecha hasta hoy han tenido lugar algunos acontecimientos que han afectado directamente a esta obra. Edith Stein había escrito en su testamento: «La historia de mi familia ruego que no sea publicada mientras viva todavía alguno de mis hermanos».

Cuando en 1965 se publicó la primera edición alemana, los familiares de Edith, haciendo valer este texto, impusieron la supresión de varias páginas que podían herir, a su juicio, a las personas de referencia o a sus familiares. Se trataba de personas y de hechos entonces relativamente recientes. Es una historia muchas veces repetida en el campo editorial de las memorias, autobiografías...

El tiempo ha pasado. Algunas personas han muerto (Erna). La segunda edición alemana, de 1985, incorporó todos aquellos textos que fueron suprimidos en la primera edición.

En esta segunda edición española seguimos fielmente el texto completo de la última edición alemana, incorporando los nuevos textos que, mecanografiados, ocupan la considerable extensión de cincuenta folios. Corregimos, asimismo, algunos errores de traducción o de impresión de la primera edición.

Queremos hacer de esta nueva edición nuestro homenaje a Edith Stein en el primer centenario de su nacimiento (1891) y primer cincuentenario de su muerte (1942).

A. B.
Madrid, 1992

TERCERA EDICIÓN ESPAÑOLA

La publicación alemana del legado de Edith Stein está siendo sometida a permanente revisión, lo que supone acometer nuevos empeños cada vez más ambiciosos, a la vez que exigentes, por sacar a la luz todos sus manuscritos. Claro está que todo ello redunda en beneficio del lector interesado. Un proceso parecido está siguiendo la traducción de dichos documentos a las más diversas lenguas.

La Editorial de Espiritualidad fue pionera —dentro del amplio marco de la cultura hispana— en fijar su atención en los textos steinianos y así poderlos ofrecer al gran público en versión castellana. Son varias las obras traducidas de Edith Stein por esta editorial, aplicándose de manera especial en dar a conocer ese cuerpo completo conformado por los escritos autobiográficos. De entre ellos merece destacar el texto aquí presentado: la tercera edición de Estrellas Amarillas. *Si la segunda edición supuso un enriquecimiento considerable por las novedades añadidas sobre la primera, esta tercera aporta una revisión pormenorizada del texto y una mejora en la traducción; todo lo cual ayudará a conseguir la finalidad perseguida por la autora al redactar estas páginas: poner a nuestra consideración su experiencia de la humanidad judía.*

La figura de Edith Stein –siempre viva en sus relatos personales–, constituye para el hombre moderno un referente estimulante a la hora de afrontar la existencia con frescura y decisión. Su tiempo, su entorno, sus adversidades, sus ilusiones y creencias, no dejan de ser los nuestros. Quizás por ello, quien se adentra en la lectura de Estrellas Amarillas *advierte fácilmente la sintonía y el atractivo que ejerce esta mujer a medida que se avanza en las páginas. Pues bien, la nueva edición quiere facilitar tan beneficiosa ocupación.*

EZEQUIEL GARCÍA ROJO
Ávila, 2006

PRÓLOGO

Los últimos meses han arrancado a los judíos alemanes de su tranquila y natural existencia. Esto les ha obligado a reflexionar sobre sí mismos, sobre su ser y sobre su destino Pero también los acontecimientos de nuestro tiempo han urgido a otros muchos, que están más allá de los partidos, a plantearse el tema de la cuestión judía.

El problema lo ha tomado como propio, muy en serio y con gran conciencia de responsabilidad, por ejemplo, la juventud católica. En estos meses he pensado constantemente en una conversación que tuve hace años con un sacerdote y religioso. En aquella conversación se me sugirió el escribir lo que yo, como hija de una familia judía, había conocido de la dimensión humana judaica, porque los que están fuera de ella saben muy poco.

Otras muchas ocupaciones me impidieron entonces el abordar con seriedad lo que se me propuso. Cuando en marzo último se organizó, con la revolución nacional, la lucha contra el judaísmo en Alemania, vino de nuevo a mi mente el proyecto.

«Me gustaría saber cómo ha llegado Hitler a ese horroroso odio contra los judíos», decía una de mis amigas judías en aquellas conversaciones, en las que nos esforzábamos por comprender lo que se nos había venido encima. Los escritos programáticos y los discursos de los recién llegados al poder daban respuesta a la pregunta.

Se ha forjado de nosotros una caricatura semejante a la imagen que da un espejo cóncavo. Puede ser que se haya hecho tal deformación con honradez de convencimiento. Puede ser que responda a algunos rasgos individuales de casos concretos. Pero, ¿es el pueblo judío en su humanidad, sin más, la necesaria manifestación de la «sangre judía»? ¿Acaso son los grandes capitalistas, la literatura impertinente y las cabezas inquietas, que han tenido un gran papel en los movimientos revolucionarios de las últimas décadas, los únicos o los más genuinos representantes del judaísmo?

En todos los sectores del pueblo alemán se encontrarán hombres que digan que no a esta pregunta. Hay muchos que han tratado de cerca a la familia judía como empleados, como vecinos, como compañeros de escuela y universidad. Han encontrado bondad de corazón, comprensión, cálido compartir y disponibilidad de ayuda. El espíritu de justicia de estos hombres se subleva ante el hecho de que los judíos sean condenados a una existencia de parias.

Otros muchos, sin embargo, no tienen esta experiencia del trato próximo. Sobre todo la juventud, que es educada en el odio racial, se ve privada de la oportunidad de conocerlos. Ante ellos, tenemos, los que hemos nacido y crecido en el judaísmo, el deber de dar testimonio.

Lo que quiero escribir en estas páginas no puede ser una apología del judaísmo. Le corresponde al que esté llamado a ello el desarrollar y exponer la «idea» del judaísmo y defenderla contra las falsificaciones; le corresponde el exponer la religión judaica y escribir la historia del pueblo judío.

Quien quiera enterarse de todo esto encontrará amplia bibliografía. Yo quisiera narrar sencillamente mis experiencias de la humanidad judía. Es un testimonio, junto a otros tantos que ya están publicados o que aparecerán más tarde [1]. *Quiero dar noticia a quien se interese imparcialmente por las fuentes.*

En principio mi proyecto fue el escribir los recuerdos de la vida de mi madre. Ella era incansable en sus relatos y, aunque no podía esperar que a su avanzada edad —tiene 84 años— los pusiera por escrito, quería intentar el que me contase sus recuerdos y reproducir lo más fielmente posible sus palabras. Pero también esto resultó difícil. No teníamos bastante tiempo tranquilo para hacerlo. Yo tenía que hacerle preguntas concretas para poner claridad y orden al torrente de evocaciones. De otra manera a un lector ajeno le hubiera resultado inaccesible, y muchas veces no era posible el fijar hechos concretos y objetivos. Presento, pues, en lo que sigue, los breves apuntes sacados de las conversaciones con mi madre. De ello se desprenderá una imagen de la vida de mi madre tal como yo pueda ofrecerla.

EDITH STEIN
Breslau, 21-9-1933

[1] *La dignidad del pensamiento*, de Glaudeln von Hamehr, editado por Alfred Veilchanfeld. Editorial Judía, Berlín, 1920.

Memorias de una abuela. Imágenes de la historia de la civilización de Rusia, de Pauline Wengeroff, Velag Poppelaner, Berlín, 1913.

CAPITULO PRIMERO

Los recuerdos de mi madre

1

Mi abuelo materno, Salomón Courant, nace en el año 1815. Mi madre no recuerda exactamente de dónde procede su familia, cree que de la frontera francesa [1]. Más tarde, sus padres vivieron en Peiskretscham, en la Alta Silesia. El padre era fabricante de jabón y velas.

En uno de sus viajes llegó a la casa de mis bisabuelos en Lublinitz, en la Alta Silesia. Se fijó en mi abuela que entonces tenía doce años de edad y ella se fijó en él igualmente. Desde entonces venía cada año. Cuando ella tenía diecisiete años, se formalizó el compromiso, y un año más tarde se celebraba la boda. Corría el año 1842.

El bisabuelo, Joseph Burchard, era oriundo de la provincia de Posen, igualmente su mujer, Ernestina Prager. El primer año de casados vivieron en Hundsfeld, de Silesia. Cuando se incendió su casita, se trasladaron a Lublinitz.

Mi bisabuelo fue muchos años cantor y monitor. Cuando tuvo que abandonar este puesto, organizó una fábrica de algodón hidrófilo. Tenía un oratorio en su propia casa. En las grandes fiestas se reunían allí para rezar juntos todos los hijos políticos. Era un padre y maestro muy severo. Él mismo enseñaba a rezar a sus nietos. Regañaba mucho, pero nunca pegó. Y

[1] Esto es solamente una suposición que sugiere el apellido francés. Pero también pudo ser muy bien el signo de la entonces moneda usual «courant prusiano».

nunca un pequeño se marchaba de la casa sin un regalo. Los bisabuelos tuvieron once hijos, cuatro niños y siete niñas. A partir del año setenta, los días de cumpleaños se celebraban como grandes fiestas y, con este motivo, se reunían todos los hijos y nietos que podían.

En unos versos, que su hijo Enmanuel compuso para ocasión semejante, se decía: «Pocas veces se encuentra un padre como éste, rudo en apariencia, pero que, sin embargo, atiende a sus hijos, lleno de una vigilancia y tierna preocupación por ellos. A los setenta y ocho años a los que has llegado hoy, has alcanzado la benevolencia de Dios, que siempre fue para ti magnánimo. Que la abuela siga siempre fiel a tu lado en la alegría y en la prueba, ella te protege y para todos nosotros es tan buena, ante la desgracia y la adversidad nos guarda».

Esta poesía la escribió el nieto Jakob Radlauer, hijo de Juana, la hija mayor, el preferido de toda la familia. Vivió como distinguido comerciante en Breslau y murió, anciano, a los ochenta y cinco años, después de haber perdido a sus dos hijos en la guerra mundial. El mayor, Ernst Radlauer, era jurista en el Servicio Administrativo del Este de África cuando estalló la guerra mundial. Disfrazado pintorescamente, pudo regresar a Alemania para salvar documentos importantes e incorporarse al ejército.

Los bisabuelos, ya ancianos, vivían en gran pobreza. A pesar de todo, sabían ahorrar todavía algo para los más pobres. Cuantas veces la bisabuela hacía café, en aquel entonces un gran lujo, apartaba unos fréjoles y así iba juntándolos durante toda la semana. Los viernes, una pobre mujer recibía lo recogido como obsequio. Todas las cosas usadas de nuestra casa y de las hijas casadas las arreglaban con esmero para darlas a los pobres. En los trabajos de costura las nietas pequeñas tenían que ayudar afanosamente. La abuela las reunía a su alrededor, las organizaba para el trabajo y lo vigilaba seriamente para que todo fuese hecho con el mayor esmero. Ya con seis años las niñas tenían que hacer dobladillos y a las mayores se les confiaban costuras importantes. Todos los equipos de novias para las familias amigas se hicieron en esta escuela de costura.

En los últimos años de su vida, los bisabuelos no llevaban la casa. Los abuelos les llevaban la comida. El bisabuelo había amado a su mujer durante toda la vida con gran ternura y nunca consintió que ella hiciese un trabajo pesado. En su última enfermedad, sin embargo, se hizo maniático y tenía celos contra ella, tanto que la abuela tuvo que ser trasladada fuera de la casa. El abuelo murió con ochenta y nueve años. Desde entonces, la bisabuela vivió en casa de su hija Adelheid Courant, mi abuela. Cuando se trasladó, estaba ya delicada y muchos años fue atendida con el mayor cariño y ternura por su hijo político y sus nietas. Sobrevivió a su hija muchos años. Hasta el final conservó plenamente el juicio. Le gustaba que le leyeran en alto, escuchando con el mayor interés. De ello se ocupaban las biznietas que vivían en el mismo pueblo o cuando venían de vacaciones las otras. Llegó hasta los noventa y tres años. Físicamente había sufrido mucho y se encontraba muy oprimida a causa de lo mucho que le preocupaban las molestias que ella ocasionaba. Mi madre decía de la abuela que era una mujer «profundamente piadosa». Así la nombraba siempre. En la sinagoga y en el cementerio rezaba con la mayor concentración e interioridad, así como cuando el viernes por la noche encendía la luz del sábado y hacía las oraciones correspondientes. Al final, añadía: «Señor, envíanos sólo cuanto podamos soportar».

Mi abuela, Adelheid Burchard, estaba acostumbrada desde niña a trabajar mucho. Ella y su hermana Juana tuvieron que cuidar de los hermanos más pequeños. Y como el sueldo que su padre tenía como cantor era pequeño y no alcanzaba para el sustento de la familia tan numerosa, se levantaban muy temprano y en las primeras horas de la mañana hacían labores finas a mano, para ganar algo.

Cuando se casaron los abuelos, abrieron una pequeña tienda de ultramarinos. Después de adquirir la mercancía, tenían como «dinero contante» 25 céntimos. Gracias a la habilidad y diligencia de ambos, al poco tiempo, el negocio iba muy bien. Todas las operaciones se decidían entre los dos, los libros los llevaba siempre la abuela. Sin preguntarle a ella no hubiese hecho el abuelo nunca nada.

Cuando se amplió el negocio, requirieron la ayuda de los hermanos Burchard, más jóvenes, y trabajaban bajo la dirección de su hermana. Casi cada año venía un niño al mundo. El primero murió siendo un bebé, los otros quince fueron creciendo y la mayoría llegó a una edad avanzada. De estos quince hijos, mi madre era la cuarta.

Así como la abuela tuvo a sus propios padres la más grande veneración y se mostraba siempre cariñosa, también cosechó ella de sus hijos el más grande respeto y amor. Todas las hijas, desde los cuatro años, fueron acostumbradas al trabajo, ayudaban en la tienda que año tras año progresaba, y participaban en los trabajos de la casa que más tarde alternaban simultáneamente con los trabajos manuales.

Las hermanas mayores recibieron la enseñanza primaria en la escuela pública (mi madre con cinco años fue a una escuela católica). Más tarde fundó mi abuelo para sus cuatro hijos mayores y los hijos de otras tres familias judías una escuela privada.

Mi madre tuvo que dejar la escuela a los doce años para ayudar en la casa, pero recibía clases particulares de alemán y francés. Todos los hijos varones tuvieron que estudiar fuera en Institutos de Segunda Enseñanza y, finalmente, en Breslau. Cinco fueron comerciantes y dos licenciados: farmacéutico uno y el otro químico.

La clase de religión la daba en la escuela un maestro judío. Estudiaron algo de hebreo, pero no lo suficiente para ser capaces de traducir con soltura y entender bien los rezos. Aprendieron los mandamientos, leyeron parte de la Sagrada Escritura y aprendieron de memoria la mayoría de los salmos, en alemán. Mi madre dice que asistía a estas clases con el mayor entusiasmo. Se les había inculcado siempre el respeto a todas las religiones y jamás debían decir algo contra una religión distinta de la de ellos. Como ya he dicho antes, el abuelo enseñaba a los muchachos a rezar las oraciones prescritas. El sábado por la tarde, se reunían los padres con todos los hijos que estaban en la casa y rezaban juntos *vísperas* y la oración de la noche y a la vez se las explicaban.

El estudio diario de la Escritura y del Talmud, que siglos pasados había sido un deber para todo judío y que hoy todavía se conserva entre los judíos orientales, no era costumbre en casa de mis abuelos. Pero todas las prescripciones de la Ley eran estrictamente observadas.

(Ahora seguirá lo que ha permanecido en mi recuerdo de las primeras narraciones de mi madre y mis hermanos y también lo que yo misma he vivido).

Sobre el sofá, en la pared de nuestro cuarto de estar, están los retratos de mis abuelos. El rostro de mi abuela, fino y delicado, enmarcado con una pequeña toca blanca. Está muy seria y tiene una expresión dolorosa. Murió mucho antes de mi nacimiento. Todo lo que sé de ella me viene de oídas. Pero creo conocerla interiormente y adivinar cuál de sus hijas y nietas se parecen especialmente a ella, así como lo que quizá en mí misma pueda de ella haber.

Todavía hoy suena la voz de mi madre con reverente timidez cuando habla de ella. Los hijos iban, con sus pequeñas necesidades, antes al padre que a la madre. A la abuela se iba si se necesitaba un serio consejo, y esto no sólo el marido y los hijos y los hermanos, sino también muchos amigos. Señoras nobles, muy ricas, de los alrededores, iban con frecuencia en sus coches a visitarla y consideraban como un honor tenerla como amiga. Mi abuelo contemplaba a los visitantes con alegría y humor.

De él tengo todavía algunos recuerdos. Murió cuando yo tenía cinco años. Era un hombre pequeño, vivaracho. Cuando nos visitaba en Breslau, sacaba de sus bolsillos para cada niño una tableta de chocolate. Pero también cualquier niño de la calle sabía que traía algo para él. Si en las fiestas familiares se preparaban tartas con bonitos adornos, cogía las frutas escarchadas de arriba y nos las ponía en la boca. Era siempre muy divertido y ocurrente e inagotable contando chistes. Como eminente y experimentado comerciante, había subido por sí mismo desde los escalones más humildes. Educó quince hijos y todavía se preocupaba de los otros, especialmente de los familiares más pobres para quienes siempre tenía algo sobrante. Vivió en su propia y amplia casa, rodeado de hijos y nietos y ejercía una hospitalidad sin límites.

Estaba muy considerado, no sólo en la pequeña ciudad donde vivió, sino en toda la Alta Silesia. Había ganado una gran confianza entre los aldeanos de los alrededores que venían los domingos a la iglesia y los miércoles al mercado de la ciudad para hacer sus compras. Una vez, un campesino le trajo una cantidad de dinero para que se lo guardase. El abuelo lo tomó y le dijo: «Espera, voy a darte un recibo». Trajo el recibo, el campesino lo observó con mucha atención y se lo devolvió diciéndole: «Guárdemelo usted también».

El recuerdo del viejo señor Courant está hoy todavía vivo entre los que le conocieron. Hace dos años me visitaba con frecuencia una profesora de la Academia de Pedagogía de Beuthen. Cuando pronuncié el apellido de mi madre, pensó que la familia procedía, con toda seguridad, de Lublinitz. Comprobamos que su padre, efectivamente, había crecido allí, pero se había ido a los dieciséis años. Cuando fui una vez a buscarla a su casa para dar un paseo, vino su padre hacia mí para saludar a una descendiente de la familia Courant. Había sido una de las familias más conocidas de la ciudad y recordaba perfectamente al viejo señor.

En los últimos años, estaba mi abuelo enfermo de la garganta (un padecimiento renal) y frecuentaba los baños de Salzbrunn. Recuerdo que le hemos visitado allí. También recuerdo que en su ochenta cumpleaños fuimos a visitarle con mi madre, mi hermana Erna y yo. Fue una de las grandes fiestas como eran habituales en nuestra familia, como expresión de amor filial y unidad familiar. Fue la primera en la que pude participar. Algún año más tarde murió mi abuelo. Tenía ochenta y tres años y, realmente enfermo, sólo estuvo algunas semana.

2

El hijo más joven y las dos hijas solteras se encargaron de la casa y del negocio, continuando su misma orientación. La casa siguió siendo el punto central de la muy amplia y extendida familia. «Voy a casa», decía mi madre siendo ya anciana cuando iba a su tierra. Y para nosotros, los hijos, era la más grande alegría de vacaciones si podíamos ir a casa de los familiares de Lublinitz.

El director, que daba clase de geografía en nuestra escuela, se informaba cada vez, después de las vacaciones, qué viajes se habían hecho y reaccionaba con irónica sonrisa si nosotros no habíamos ido más allá de Lublinitz. Pero esto no nos molestaba. En la pequeña ciudad teníamos la mayor libertad. No éramos muy controlados, sólo debíamos estar a gusto y pasarlo bien. Además, en la casa grande nos movíamos mucho mejor que en las pequeñas viviendas alquiladas que tuvimos durante nuestra infancia en Breslau.

Cada rincón era para nosotros familiar y nos alegraba volver a verlo todo. Allí estaba la gran arca con la seductora caja de caramelos, las existencias de chocolate y el cajón en el cual encontrábamos almendras y pasas. Nada había cerrado para nosotros. Pero estábamos severamente acostumbrados en casa y era necesario que nos lo repitieran hasta que tomábamos confianza para coger algo por nuestra cuenta.

Al lado estaba la ferretería; era el reino principal de mi tío. También allí había cosas seductoras, de las que siempre recibíamos algo como regalo de despedida: navajas de bolsillo, tijeras o cosas similares.

El día de mercado semanal, cuando venían los aldeanos y no había suficiente personal para atenderlos en la tienda, nos permitían ayudar. Qué orgulloso se sentía uno si había podido comprender un par de giros de la Alta Silesia para poder entenderse con los aldeanos o si se nos confiaba la caja.

Por las noches, charlábamos sentándonos en las escaleras de la puerta del comercio o paseábamos alrededor del «ring» [2]. Allí se sientan en los bancos delante de la casa, los viejos conocidos. En medio se alzaba, entre los árboles, la imagen de San Juan.

El sábado, nos llevaban a veces a la sinagoga.

Algunos días hacíamos un paseo por el bosque y una visita al bonito cementerio que allí había, donde estaban enterrados nuestros abuelos y, en pequeñas sepulturas de niños, los hermanos mayores, muertos mucho antes de nacer nosotros.

El punto fuerte de la alegría de nuestras vacaciones era un viaje en coche para visitar a nuestros familiares en otra pequeña ciudad de la Alta Silesia. Lo que verdaderamente nos atraía hacia el pueblo era el cariño de mi madre a sus hermanos.

El tío era algo huraño, pero siempre bueno y complaciente. Su mujer y la más joven de nuestras dos tías llevaban las administraciones de la casa por separado. Tenían una juvenil alegría que se desbordaba con chistes y bromas. Las tratábamos, nosotros muy pequeños, como a personas de nuestra edad. En cambio, a nuestra tía Mika (Friederike), le teníamos un profundo respeto. Ocupaba en la casa el sitio que la abuela ocupó antes, llevaba los libros, era la consejera del tío en todos los asuntos del negocio y la persona de confianza de todos los hermanos, lo mismo de los mayores como de los jóvenes, y más tarde también de los sobrinos y sobrinas.

Tenemos una fotografía de cuando era joven y se aprecia su encanto, juventud, pureza y profunda seriedad. Era la única de la casa que había defendido la fe de los padres y se preocupaba de mantener la tradición, en tanto que los otros, en sus

[2] Así se llama en las ciudades de Silesia el lugar donde se construían los mercados.

relaciones con el judaísmo, habían perdido sus fundamentos religiosos.

Se encontraba sola en su entorno, y su espíritu anhelaba salir del estrecho mundo de los asuntos caseros y del negocio y de la vida de la pequeña ciudad. Le gustaba mucho leer. En las fiestas familiares, junto con alguna otra hermana, componía pequeñas piezas de teatro, en las que se aludía a algunas personas con fino, observante y benévolo humor. Cuando estaba en Breslau o en otra gran ciudad, le gustaba ir al teatro. Uno de sus hermanos, que permaneció soltero como ella, se preocupó de acompañarla en sus viajes de verano. Cuando nosotros crecimos, nuestras visitas eran para ella una gran cosa. Le gustaba que le hablásemos de nuestros estudios, investigaba sobre nuestra opinión en esto o aquello y aprovechaba la ocasión para hacernos una advertencia o censura donde lo estimaba conveniente.

Por lo demás, nosotros éramos quizá demasiado serios y un poco austeros en los goces del mundo.

Quizá, como contrapeso a su natural seriedad, tenía buena inclinación a personas alegres y de buen humor y nos hubiese querido proporcionar una vida más alegre que la suya.

El final de su vida estuvo estrechamente unido a la pérdida de su patria chica, la Alta Silesia. Lublinitz no está lejos de la frontera polaca.

Todo el tiempo que duró la guerra venían transportes de tropas y mis tías se dedicaron solícitas a la manutención de los soldados. Más de una noche la pasaron en la estación. Mi tío era el hombre de confianza de las autoridades alemanas para la distribución de los alimentos. Toda la familia se ganó el odio de los polacos, debido a su decidida actitud en favor de la causa alemana.

Durante el tiempo de elecciones, fueron ofrecidas todas las fuerzas para conseguir un resultado favorable para los alemanes. Unos cincuenta descendientes de la familia Courant que nacieron en Lublinitz vinieron a la ciudad para votar. Todos cuantos les fue posible fueron hospedados en la casa paterna, los otros se alojaron en cualquier sitio, pero todos los días se reunían para comer. Después de muchas fatigas, el resultado fue triste y doloroso: Lublinitz se hizo polaca. En la ciudad ganaron los votos alemanes, pero, al unir los votos de la ciudad y de la provincia, hubo mayoría polaca. Mis familiares no podían ni querían pensar en permanecer allí. Vendieron la casa central de la familia y abandonaron el país.

Mi tío, con la mujer y los hijos, se trasladó a Oppeln, en la parte de la Alta Silesia, que permaneció alemana. Las dos tías fueron a Berlín para instalar allí la casa, juntamente con el hermano soltero. Era el tiempo de la gran escasez de viviendas. Para encontrar un alojamiento, compraron ellas mismas una casa, pero no había vacía ninguna habitación. Tuvieron que dejar sus muebles en el desván y vivían en dos habitaciones amuebladas, por las que tenían que pagar, a sus propios inquilinos, un alquiler muy alto.

Las exorbitantes fatigas y emociones de los últimos años, la pérdida de la patria, el tener que dejar el trabajo acostumbrado, la falta de una vida de hogar íntima, ordenada y confortable, minaron las fuerzas de mi tía. A propósito de un viaje ocasional a Silesia, tuvo en Breslau un fuerte ataque de apoplejía. Pasó mucho tiempo hasta que recobró el conocimiento. Toda la familia temió por su vida y los médicos decían que no era de desear que volviese a despertar. Después del primer ataque de parálisis, recobró primero el habla y luego la vista. Después vino un paulatino retroceso de todas las facultades.

La cuidaban alternativamente los distintos miembros de la familia, hasta que, por fin, la mayoría de los hermanos decidieron que era necesario el ingreso en un hospital. Mi madre se opuso fuertemente a esa decisión y sus hijos la secundaron. Veíamos cuánto le haría sufrir a la enferma si tuviese que vivir en un lugar desconocido. El gran amor a los familiares que había demostrado con tantas buenas acciones, no había disminuido. La única gratitud que era posible y podría servirle de consuelo, consistía en vivir entre personas de confianza. Por todo ello, mi madre la trajo a nuestra casa, junto con su hermana Clara, con quien había vivido siempre. Vivió con nosotros todavía dos años y mi madre tuvo que asistir a la muerte lenta de su querida hermana, que era diez años más joven que ella.

Tenía paralíticos manos y pies y fue perdiendo el habla. Al final, sólo podía pronunciar unas palabras que repetía mecánicamente o también interjecciones cuando no podía expresar con palabras algo que quería. Paulatinamente fue perdiendo no sólo la capacidad de expresión, sino también la de entender. Al final, era muy difícil saber qué era lo que había comprendido. Tenía un constante desasosiego. No se le podía dejar sola, pues siempre quería levantarse y salir andando. Por lo visto, tenía la impresión de estar en un lugar desconocido y quería ir a casa. Pero el decaimiento de todas las facultades del espíritu no pudo, sin embargo, destruir el núcleo de la personalidad. Permaneció tan buena y cariñosa, emocionadamente agradecida por cada pequeño servicio. Cuando ya no encontraba palabras, lo agradecía con caricias. Estando sana, era en eso muy recatada. Tenía sesenta y siete años cuando murió. En aquel entonces no estaba yo en casa, pero mi madre y mi hermana Rosa estuvieron con ella en las últimas horas. Fue una de las grandes y dolorosas experiencias en su larga y sufrida vida.

3

Mi madre era, como hc dicho ya, la cuarta de los quince hermanos Courant (de pequeños habíamos aprendido de memoria, rítmicamente, los nombres de los quince hermanos, como en clase de religión los nombres de los doce hijos de Jakob. Bianca, Cila, Jakob, Gustel, Selma, Siege, Berthold, Mälchen, David, Mika, Eugen, Emil, Alfred, Clara, Emma). Desde temprana edad fue acostumbrada a trabajar infatigablemente. Desde los seis años hacía punto en competencia con su hermana Selma. Hacer calceta es todavía hoy como una necesidad para ella.

Si no tenía un trabajo urgente del negocio o de la casa, hacía calceta y, al mismo tiempo, leía. Pero esto fue, a lo largo de su vida, solamente un descanso. Ya mencioné que se cambiaba alternativamente con su hermana el dirigir la casa y el trabajo del negocio. Con ocho años era ya tan experimentada, que los padres la enviaban como ayuda a casa de los parientes cuando éstos estaban en necesidad. El más duro trabajo no era difícil para ella, y se le apreciaba tanto que el tío, por lo demás tacaño, como agradecimiento le hacía regalos caros, por ejemplo, un sombrero que sentase bien a una dama. En pleno invierno iba con el tío al mercado y llevaba la caja mientras él vendía. Es muy característico cómo fue el final de aquella estancia. El tío, enojado, dijo algunas expresiones feas de sus padres. Esto ella no lo pudo soportar, se marchó disimuladamente y se hizo llevar a casa en un carro.

Cuando las sirvientas hacían la gran colada, se levantaban muy de madrugada. A la edad de diez años mi madre quiso aprender a lavar. Aunque se reían de ella, se levantaba con las chicas de madrugada y se iba con ellas al trabajo. Como todavía no sabía lavar, se frotaba los dedos desollándoselos y los jabones de lejía le producían fuertes dolores. Ella apretaba los dientes y lo soportaba, y la próxima vez volvía a ir con ellas.

Cuando había nuevos empleados para formarse (a menudo parientes varones), eran confiados a mi madre. Era feliz en los trabajos caseros y cuidando de los niños. Bromeaba, reía y cantaba, especialmente si los hermanos y los primos venían de vacaciones a casa, y en las grandes fiestas familiares, cumpleaños y bodas, era muy movida y divertida.

De niña aprendió a tocar el piano un poco. Más tarde no tenía tiempo para ello, pero aún hoy, puede tocar de memoria algunos fragmentos del vals de Strauss: «Vino, mujeres y canciones». En su setenta cumpleaños bailó con su nieto mayor y, al año siguiente, en la boda de mi hermana Erna, bailó valses con el novio.

Tenía mi madre nueve años cuando conoció a mi padre. De este tiempo existía todavía la primera carta de él. Mi padre y sus hermanas habían guardado cuidadosamente la correspondencia. En las cartas de los últimos años se ve, por alusiones indirectas, cuánto deseaban el formalizar las relaciones.

La familia de mi padre ha conservado también después de su muerte una gran veneración y afecto por mi madre. Cuando se casó, tenía veintiún años. Por entonces mi padre estaba empleado en el almacén de madera de la viuda de S. Stein, en Gleiwitz. Dueña de la empresa era mi abuela Johanna Stein, de soltera Cohn. Era una madre tan severa como cariñosa. Ninguno de sus hijos se atrevió a contradecirla, aunque se equivocase claramente.

Mi madre era muy apreciada por ella y pudo, una vez, aventurarse a manifestar su discrepancia. Se puso de parte de su joven cuñado Leo cuando intentaba ser la «vergüenza de su madre» haciéndose actor. Le recibió en su casa cuando su madre no quería tolerarle más en la suya. Cuando observó que se levantaba por las noches y escuchó declamar sus papeles, se convenció de la autenticidad de su vocación y se convirtió en mediadora entre él y la abuela.

(Más tarde ha sido conocido como poeta y director de teatro dramático, bajo el nombre de Leo Walter Stein. Algunas de sus obras, «La bailarina del rey» y «Liselotte del Pfalz», llegaron a ser, incluso a causa de su contenido nacional, muy estimadas y representadas en los teatros del Tercer Reich).

Mi abuela no era mujer de negocios como mi madre. Se confió en un gerente que la engañó y no se dejó convencer por nadie que él no merecía su confianza.

Esto movió a mis padres, finalmente, a terminar las relaciones comerciales y abandonaron Gleiwitz. Se fueron a la tierra de mi madre y, con la aportación de sus padres, pudieron abrir un negocio propio.

Eran ya seis de familia [3] cuando se trasladaron a Lublinitz. Mi madre ha tenido once hijos, de los cuales cuatro murieron de pequeños. A los recuerdos tristes que mi madre contaba siempre, pertenece una epidemia de escarlatina en Gleiwitz (semejantes epidemias son frecuentes en la Alta Silesia).

La pequeña Hedwig, una niña encantadora que ya empezaba a ayudar a la madre, murió en la epidemia. Mi hermano mayor, Paul, resistió la enfermedad, pero mi madre pensaba que, desde entonces, había cambiado. Era un niño hermosísimo, inteligente, vivo. Más tarde se volvió silencioso, tímido, cerrado, que nunca quería dar importancia a sus cualidades.

Los años en Lublinitz fueron una continua lucha con la escasez económica. Para el orgullo de mi madre, fue siempre una dura humillación el que tuviese que recurrir a la ayuda de sus padres. También perdió un niño al que distinguió con especial cariño, el pequeño Ernst (los otros dos que se le murieron eran tan pequeños que el dolor de su pérdida no había sido tan grande como el de estos ya mayorcitos).

Mis padres vivían en la llamada «Villa», una pequeña casa con gran jardín, que era propiedad de los abuelos. Era para mi madre una gran alegría el cultivar ella misma verduras y frutas, para lo cual tenía buena mano.

Entonces había plantado una serie de pequeños manzanos, pero no pudo recoger sus frutos. Casa y jardín pasaron más tarde a ser propiedad de una familia amiga. En vacaciones, podíamos jugar allí y coger tantas manzanas como quisiéramos.

Mi madre contaba frecuentemente una bonita historia de aquel tiempo. Una de mis primas, que entonces tenía tres o

[3] Vemos corregido con lápiz el manuscrito, posiblemente por la mano de Rosa Stein o por influencia de ella: «Era una familia formada de cinco miembros...»

cuatro años, la visitó precisamente cuando los pepinillos estaban maduros. Mi madre le regaló unos cuantos y ella los puso en el delantal. La niña, loca de alegría, corrió a su casa, sosteniendo con fuerza las puntas del delantal y llena de entusiasmo gritaba: «La tía Gustel cultiva pepinillos». Luego abrió el delantal y se quedó paralizada de sorpresa: había perdido todos los pepinillos en el camino.

Todavía hoy, la más grande alegría de mi madre consiste en sembrar y recoger algo por su mano y regalar espléndidamente la cosecha a otros. Con ello mantenía fielmente la vieja costumbre judía que consiste en no comer los primeros frutos de la cosecha, sino regalarlos (de todas maneras, mi madre no podía determinarse siempre a obsequiar a los realmente pobres, como debe ser en estricta observancia, porque entraba en conflicto al cruzarse el amor por sus familiares, especialmente sus hermanos).

En aquellos años murió mi abuela. Mi hermana Rosa, que precisamente nació entonces, recibió también el nombre de mi abuela, Adelheid, en recuerdo suyo (no es corriente entre los judíos el poner a los niños el nombre de familiares que todavía viven). Tres primas que a lo largo de aquel año nacieron recibieron su nombre.

Como no era posible el prosperar económicamente en Lublinitz, mis padres decidieron trasladarse a Breslau. También esta determinación fue motivada porque, si no lo hacían, los niños habrían tenido que abandonar la casa para ir a la Escuela Superior. Mi hermano había frecuentado ya en Oppeln y en Kreuzberg el Instituto de Segunda Enseñanza y, por el trato incomprensivo de los parientes con los que se había alojado, había sufrido mucho.

De mis seis hermanos mayores, tres nacieron en Gleiwitz y tres en Lublinitz. Mi hermana Erna tenía seis semanas cuando el traslado a Breslau (era la Pascua de 1890). Mis padres alquilaron un pequeño piso en la calle Kohlen. La pequeña casa donde yo nací la derribaron hace tiempo y, en su lugar, se ha construido un edificio grande. En las proximidades alquilaron un local para abrir un nuevo negocio de madera. La dueña del local era una mujer mayor, quisquillosa, que no rehusaba esfuerzo alguno para complicar la vida a mi madre. Fuertes preocupaciones por la subsistencia vinieron a añadirse a todo esto.

El nuevo negocio estaba gravado con deudas y su desenvolvimiento no era rápido. Sin embargo, mi madre no ha dicho nunca ni una sola palabra sobre las dificultades que tuvo que soportar en su vida de matrimonio. Ha hablado siempre sólo, en un tono de cordial afecto, al referirse a mi padre. Aún hoy, después de tantas décadas, cuando está ante su tumba, se puede percibir que el dolor por él no se ha apagado. Desde su muerte ha llevado siempre vestidos negros.

Mi padre murió en un viaje de negocios, de una insolación. Tuvo que ver un bosque en un día caluroso de julio y andar a pie un gran trecho. Un cartero que pasaba por aquellos contornos le vio desde lejos en el suelo, pero creyó que se había echado para descansar y no le dio más importancia. Pero cuando de vuelta, al cabo de algunas horas, le vio todavía en el mismo sitio, se acercó y lo encontró muerto. Le dieron la noticia a mi madre y trasladó el cadáver a Breslau. El lugar donde murió mi padre está entre Frauenwaldau y Goschütz. Cerca hay una serrería en la que frecuentemente los troncos recién talados se cortaban para nosotros. Las buenas gentes de la serrería estuvieron, en aquellos días duros, muy al lado de mi madre y ella no los ha olvidado nunca.

Cuando mi madre posteriormente en este lugar del bosque ordenaba las compras y las talas, la recogía el señor Ludwig con su carrito de campesino en la estación del ferrocarril y la acompañaba en el camino. Si en el camino tenían que vadear un arroyo, la pasaba en sus brazos. La buena mujer del señor Ludwig reconfortaba a mi madre en los días calurosos del verano con fresca leche mantecosa, y en el frío invierno con café caliente. Así creció una amistad para toda la vida.

Mi madre enviaba para todos los miembros de la familia vestidos y comestibles de la ciudad. En correspondencia traían de casa de Ludwig, cuando venían a Breslau, pan de pueblo y mantequilla, queso blanco fresco y alguna vez una carpa o algunas tencas.

Cuando se casó la hija mayor, nuestra familia tuvo que estar representada en la gran boda campesina. Se sintieron especialmente honrados cuando mi madre nos confió a ellos, a mi hermana y a mí durante las vacaciones de verano. Nos instalaron en la mejor sala de la casa, cuyos pasillos estaban fregados con asperón.

Nos trataban como reinas y comíamos aparte, mientras los otros comían en la cocina todos de un solo plato. Disfrutamos de todas las alegrías de la vida de campo, para nosotros desconocida: cuidar vacas, hacer gavillas, coger peces vivos con la mano en el claro arroyo... Fueron las vacaciones más bellas de toda nuestra época escolar.

4

Al entierro de mi padre vinieron los familiares, e inmediatamente opinaron y aconsejaron a mi madre, con siete hijos y sin medios, lo que debería hacer: naturalmente, vender el negocio con déficit y tomar quizá una casa grande y alquilar habitaciones amuebladas. Lo que nos faltase lo aportarían los hermanos.

Mi madre callaba a todo y solamente dirigió una mirada muy significativa a su hija mayor, que entonces tenía diecisiete años. Todos comprendieron que había tomado una decisión. Quería desenvolverse por sí misma y no aceptar ninguna protección de nadie. Claro que no entendía demasiado del negocio de la madera, porque los muchos hijos le habían ocupado todo su tiempo. Pero había sido hija de un comerciante y poseía, por naturaleza, la específica aptitud comercial. Sabía perfectamente hacer cuentas, entendía muy bien lo que era un negocio, tenía la justa intuición para saber lo que era «negocio», valor y decisión para percibir la oportunidad y, sin embargo, la suficiente prudencia para no arriesgarse demasiado. Sobre todo poseía, en gran medida, el gran don de relacionarse con las personas.

Inmediatamente se hizo con los conocimientos materiales y la característica peculiar del negocio de maderas, y muy paso a paso logró prosperar por sus propios esfuerzos. No era fácil alimentar y vestir a siete hijos. Nunca pasamos hambre, pero se nos acostumbró a la más grande sencillez y economía, rasgo que ha permanecido hasta hoy en nosotros.

Siempre he llamado la atención en los círculos en los que me iba a desenvolver más tarde debido a mi comportamiento que no correspondía a mi origen; y, aun cuando esto, como todo lo llamativo, me era penoso, no he conseguido superarlo por completo.

Mi madre no daba abasto a las necesidades diarias más imprescindibles. En primer lugar, se había impuesto una gran tarea: que nadie pudiera decir, después de la muerte de mi padre, que no había pagado sus deudas y, una tras otra, hasta el último céntimo, fueron todas liquidadas. Por otra parte, había que dar a los hijos una buena educación. Mi hermano Paul tenía veintiún años cuando mi padre murió. Había terminado su bachillerato, pero no había medios para hacer estudios universitarios. Quizá hubiese encontrado un camino, pero no era esa su intención. Como era un apasionado devorador de libros, entró como aprendiz en una librería, pero no se quedó allí mucho tiempo. Mi madre necesitaba su ayuda en el negocio. Me ha parecido siempre muy característico que ella que no estudió nunca administración; sin embargo, llevaba sus libros. Ella misma trataba con los clientes. La mayoría eran carpinteros, carreteros, leñadores, contratistas de obras y con proveedores mayoristas, grandes propietarios y judíos polacos que venían como representantes. Mi madre medía y ponía precio a las tablas y, si un carro tenía que ser descargado rápidamente, se encaramaba sin reparos al carromato y competía con los trabajadores en la descarga.

Pero el trabajo burocrático de oficina no le iba. También a mí me aburría como ningún otro trabajo. Su cuñado y sobrino Jakob Burchard le llevó durante mucho tiempo los libros (era el hermano de mi abuela que se había casado con su sobrina Cilla). Luego llevó los libros de mi hermano Paul, hasta que le dejó la plaza a su hermano más joven. Encontró él mismo un empleo en un banco. Fue empleado de banco durante muchas décadas y desempeñó su puesto con excesiva exactitud y puntualidad, sin que nunca tuviera el merecido reconocimiento. Para resarcirse del trabajo profesional tan poco satisfactorio, se compensaba dedicando sus escasas horas libres con libros, música y excursiones. Desde hace algunos años está jubilado con una modesta pensión y tengo la impresión de que ahora se encuentra más satisfecho que en toda su vida.

(Si algo de lo que tengo que escribir en estas cuartillas les sonase a mis queridos hermanos a crítica de sus debilidades, que me perdonen. No se puede contar la vida de una madre, sin entrar en detalles de lo que ella vivió con sus hijos y lo que por ellos ha sufrido. Cuando, finalmente, yo misma aparezca en estas líneas, no seré conmigo misma más suave que con los demás).

Mi hermana Else debía haber sido el apoyo de mi madre y descargarla del trabajo de la casa. Pero estaba muy bien dotada y había decidido hacerse maestra (era el camino más alto en los estudios que les eran permitidos a las chicas de entonces). Mi madre le dio, por fin, el permiso para hacer los estudios. A pesar de ello, tenía que preocuparse de la economía y de los hermanos más pequeños, hasta que las hermanas más jóvenes pudieron hacerse cargo de esa obligación. Dirigió el régimen doméstico con gran rigor y economía, de forma que todos se quejaban un poco de ese yugo.

Solamente yo era una excepción, pues, como pequeña que era, estaba todavía acostumbrada a mimos y ternuras. Por esa distinción estaba yo muy orgullosa y trataba con un gran cariño a mi hermana. Mi madre ha dicho a veces que cada uno de sus hijos encerraba un misterio especial. La mayor era singularmente bonita, inteligente y una chica interesada en muchos aspectos. Siempre estaba rodeada de admiradores de ambos sexos.

Llegó así a tenerse por algo mejor que su entorno. Miraba a sus hermanas un poco desde arriba y nunca estaba contenta en casa [4]. Con frecuencia pasaba mucho tiempo en casa de familiares, a veces para cuidar enfermos, pues, tan pronto como en cualquier lugar entre la gran familia era necesaria una ayuda, enviaba allí mi madre a una de sus hijas. A veces también sólo por variar. Algunas veces trabajaba también como educadora en plazas de la provincia. Pero tan pronto como se encontraba lejos de la familia, tenía más ganas de volver que había tenido de marcharse. Este desasosiego no le abandonó nunca, ni siquiera después de haber constituido su propia familia. Ya al poco tiempo de casarse tuvo dificultades por este motivo, casi estuvo a punto de fracasar su matrimonio. Muy pronto, después de la boda, apareció la nostalgia por haberse separado de los suyos. Le gustaba mucho tener siempre con ella a alguno de sus hermanos, así como también cualquier pariente lejano o, incluso, conocidos que por cualquier motivo venían al pueblo eran para ella un huésped bienvenido.

La madre representaba para ella el más alto ideal y así inculcó en sus hijas un gran cariño para la abuela y para todos los familiares. Ahorraba todo el año para hacer posible un viaje «a casa». Y las dos partes sufrían porque no era posible una convivencia armónica.

Mi hermano Arno fue a la Escuela Profesional de Breslau. Después del examen del primer año, mi madre quiso que se iniciase también en el negocio de la madera. Después que termi-

[4] Respecto de esto, hacía conmigo también una excepción. Cuando empecé a ir a la escuela y traje a casa mi primer premio, un bonito libro de cuentos, dijo ella orgullosa: «Ésta es *mi* hermana».

nó su tiempo de aprendizaje, se preparó para comerciante en una fábrica de aceites en Breslau y a continuación trabajó en el negocio con mi madre como colaborador. Primero fue «el hombre que promete», después apoderado, hasta que mi madre le dejó el puesto de «jefe». Mi madre trabaja hoy todavía en su puesto y es para mi hermano imprescindible. Mis dos hermanos la veneran como la cabeza de familia y le piden consejo en todas las cosas. A pesar de todo, mi madre ha sufrido más de una vez con esta colaboración a lo largo de muchos años.

Mi hermano es muy vehemente y, cuando se enfada, pierde el dominio sobre sí mismo. Cuando surgía alguna discrepancia entre ellos, mi madre se iba en silencio «para no darle ocasión de pecar». Pero su vehemencia hacía también difícil el trato íntimo con sus hijos, de forma que mi madre a menudo tenía que hacer de mediadora. Otro motivo de sufrimiento era para mi madre el hecho de que su hijo no dedicara, al igual que ella, todo su esfuerzo al negocio, sino que se dispersaba en sus muchas actividades en favor de la comunidad y en la aceptación de diversas actividades y cargos honoríficos.

Pero la mayor preocupación que mis hermanos han dado a mi madre ha sido la elección de sus esposas. Mi hermano Paul era demasiado joven cuando se comprometió en secreto. Había estado en relaciones con su novia muchos años contra la voluntad de mi madre y, finalmente, como no pudo conseguir de ella el consentimiento para celebrar la pedida de mano de la novia, se fue de casa.

Mi hermana Erna y yo éramos entonces todavía pequeñas. Nos despertamos una noche y vimos que nuestra madre lloraba, corrimos hacia ella, nos subimos en su regazo e intentamos consolarla. Después de algunos años hemos sabido que, precisamente aquella noche, había desaparecido nuestro hermano mayor y que los otros hermanos le buscaban. Había salido detrás de su novia con dirección a Berlín y, por fin, desde allí, dio señales de vida. Se decidió la boda, que nosotros celebramos como fiesta familiar; la joven pareja fue ayudada, naturalmente, en todas sus necesidades y el primer nieto rodeado del más tierno cariño. Pero no hubo nunca relaciones cordiales con la nuera, aunque mi cuñada Trude se esforzaba continuamente por conseguirlo.

La elección de novia de mi hermano Arno fue del gusto de mi madre y de todos nosotros. Era una antigua amiga de nuestra familia, una compañera de clase de mi hermana Else. Muy joven había ido con su familia a América; allí se casó, pero más tarde se deshizo el matrimonio. Se ganaba la vida por sí misma y gastó todos sus ahorros en un viaje a Alemania para visitar a mi hermana en Hamburg y a nosotros en Breslau. Era muy alegre, expresiva y llenaba de vida la silenciosa tranquilidad de nuestra casa. Desde hacía tiempo tenía la idea de casarse con mi hermano, antes que él mismo pensara tal cosa. Fue sobremanera feliz cuando logró su deseo y, por parte de mi familia, fue aceptada con alegría.

El joven matrimonio vivió en nuestra propia casa que, poco tiempo antes, habíamos comprado. Al comienzo intentamos tener una economía común, pero no fue posible una convivencia armónica. Lo que mi madre no podía soportar de las dos nueras era que no hubiesen aprendido a dirigir una casa ordenadamente. Una tiene aptitudes para la música y ha gastado siempre mucho tiempo en dar y recibir clases. A la otra, le gusta ir de compras y hacer visitas y siempre buscar alguna distracción para estar fuera de casa y, por ello, ambas le eran extrañas a mi madre.

Así como es de amable mi madre y dispuesta a ayudar a todas las personas, es especialmente intransigente contra las faltas de carácter siguientes: hipocresía, impuntualidad y una exagerada autosuficiencia. Le son intolerables gentes que les gusta, sobre todo, hablar de sí mismas y que nunca terminan de ponderar sus propios éxitos, y demuestra su desacuerdo sin disimulo. Se sentía desgraciada a veces, mitad en serio mitad en broma, cuando la decían que era muy mala suegra. Pero era una manera de ser en la familia muy arraigada el presentar una gran resistencia para la aceptación de elementos extraños. La expresión: «son totalmente distintos a nosotros», significaba en los labios de mi madre y mis hermanas Frieda y Rosa siempre una categórica raya de separación.

Esto hacía que mis hermanos estuviesen colocados en una situación difícil, y sólo una gran bondad de corazón y fidelidad les hacía posible evitar una ruptura. Los dos viven felices con sus mujeres y, en otras cosas, permanecen fuertes bajo su influencia. Pero mis cuñadas saben que no pueden esforzarse en cuanto a las relaciones con la madre. La dependencia con relación a mi madre ha permanecido invariable.

Mi hermano Paul, durante los decenios que lleva casado, todos los viernes por la tarde, sin excepción, viene a casa de su madre para celebrar el comienzo del sábado. En los primeros tiempos venía mi cuñada con él, pero como no conseguía nunca llegar puntualmente y se retrasaban una hora o más, produciendo con ello disgustos, terminó por quedarse en su casa y venía mi hermano sólo.

El otro matrimonio cenaba con sus cuatro hijos en casa y, a continuación, venían a vernos. En cuanto mi cuñada Martha entraba en casa, no hacía falta que nadie se preocupase de la conversación. Tiene siempre un gran repertorio de historias jocosas y se sentía muy satisfecha produciendo efecto entre los presentes. Era el tono al que ella, con su madre y sus hermanos, estaba acostumbrada y no le era fácil convivir con personas tan serias como éramos nosotros. En un círculo más amplio de amigos y conocidos encuentra la resonancia que le falta en la familia. Mi madre se sentía molesta siempre ante las desbordantes divagaciones de Martha sobre América. Fue siempre una alemana muy patriota. Se casó en el año 1871, y la canción de boda se compuso con la melodía de: «Es braust ein Ruf wie Donnerhall...» (himno patriótico de la época). Por eso, todavía hoy, no puede soportar que le quieran negar su nacionalidad alemana.

Al lado de mi hermano Arno trabajaba en el negocio desde hace muchos años, como apoyo fiel de nuestra madre, mi hermana Frieda. El hermano mayor nos había puesto a nosotros un apodo. Frieda era «la rana». Se distinguía de los hermanos por una marcada calma. No era muy inteligente, y en la escuela tenía que afanarse mucho. Necesitaba mucho tiempo para grabar algo en la memoria, pero después lo tenía bien seguro. Le gustaban mucho las historias que tenía que aprenderse de memoria para la escuela y que siempre repetía en alto. Por este motivo conocí de muy niña las *Baladas* de Schiller y Uhland, y con cinco años podía recitar de memoria «Bertran de Born». Por su gran aplicación consiguió los requisitos necesarios y pudo, sin dificultad, cursar estudios en la Escuela Superior Femenina. Después aprendió a gobernar la casa y contabilidad en una Escuela de Comercio. Desde su iniciación en el negocio de la casa se me ha grabado un cuadro imborrable: ella tenía que limpiar la cocina; para ello se sentaba sobre una silla en el centro de la cocina y comenzaba a limpiar con el escobón a su alrededor. Las grandes carcajadas de los espectadores le hacían ponerse en pie. No podía hacer trabajos físicos muy fuertes, no sólo por comodidad, sino porque era pequeña y delicada. Tenía, sin embargo, gran talento para organizar y dirigir una casa. Le hacía feliz proyectar planes para amueblar una vivienda, y, desde que nosotros vivimos en casa propia, le gusta de vez en cuando hacer algún cambio. Igualmente le gusta hacer planes para su vida y la vida de los otros. Le gusta y tiene también aptitudes para los trabajos manuales. Su tarea es tener en orden la ropa blanca y también hacer cosas nuevas para toda la familia. En los últimos años, desde que el trabajo del negocio no era mucho, ha adquirido una gran habilidad en la labor de punto para hacer prendas de lana y proveer a toda la familia. Lleva los libros del negocio y tiene a su cargo la caja.

No tiene la amplitud de mirada de mi madre, pero actúa muy hábilmente como elemento moderador en empresas arriesgadas, sobre todo cuando los otros están a punto de ser engañados por algún «sablazo» de clientes poco de fiar. Para mi madre ha sido siempre una hija obediente, y todavía hoy está acostumbrada a que le den órdenes. Su propia hija, ya mayorcita, protesta aún enérgicamente y llama a la abuela dictador cuando con un grito: «Frieda, ea», la envía acá o allá. Las dos hermanas más jóvenes han sido educadas por ella; estamos unidas a Frieda por un gran cariño y, a la vez, un gran respeto. Tomaba parte en todas nuestras alegrías y dificultades escolares, ya que nosotras éramos excesivamente ambiciosas y sólo estábamos contentas con la mejor nota. Siempre estaba dispuesta a ayudarnos; a mí me dictaba frases de los deberes de la escuela para el escrito en limpio y, más tarde, me escribió a máquina mis grandes trabajos. Sabía muy bien jugar con nosotros, pero no nos pasaba ninguna travesura, y, si éramos mal educadas, teníamos que disculparnos para que ella volviera a hablarnos.

Así como cuidaba su exterior, llevando sus vestidos siempre cuidados y en orden, así estaba severamente dotada de una limpieza moral. No se puede negar que esos esfuerzos de virtud tenían una apariencia de autojustificación y que tenía inclinación a hacer juicios muy severos sobre los demás. Es la única de la familia que ha escrito su diario. Su vida, pacífica y equilibrada, ha tenido una interrupción corta y fuerte, con duras experiencias, cuando decidió casarse.

Mis hermanas Frieda y Rosa no tenían muchas relaciones fuera del círculo de los parientes. Cuando Frieda tuvo deseos de tener un hogar propio, se determinó por un pretendiente anunciado en el periódico. Entonces era yo todavía estudiante, pero, después de la primera visita del pretendiente, gasté toda mi elocuencia para disuadirla del proyecto. También nuestros familiares le aconsejaron enérgicamente que terminara. Pero mi hermana no estaba dispuesta a cambiar de opinión, y mi misma madre, tan inteligente, se dejó esta vez arrastrar por sus deseos. El novio era viudo y tenía dos hijos mayorcitos. Mi hermana estaba ilusionada con ser una madre para ellos, y también a los niños les cayó bien ella.

La causa de la separación fue de orden económico. Frieda reconoció muy pronto, en cuanto tomó la dirección de la casa, que su situación no era firme. Ella quiso trabajar con él y ser feliz con una forma de vida sencilla, pero vivir con dinero ajeno, como estaban acostumbrados su marido y los hijos, no lo podía soportar, y así perdió ella en él toda la confianza. Regresó a nuestra casa con su hija de seis meses y todavía tuvo que sufrir un penoso proceso para el divorcio, hasta que quedó libre.

Para la rigurosa mentalidad en la que estábamos educados, consideramos el divorcio como una vergüenza. Pero mi madre no se lo dejó notar a mi hermana. La aceptó como una gallina acoge de nuevo a sus pollitos entre las alas y con mayor amor busca hacerla olvidar los tiempos difíciles.

La pequeña Erika, que nació prematura y era muy débil, empezó a desenvolverse bien con los cuidados de la abuela. Hoy es una joven fuerte que nos saca a todos la cabeza.

Mi hermana Rosa es sólo dos años y dos días más joven que Frieda y se las trataba como gemelas. Así, formábamos los hermanos tres parejas: «los jóvenes», «las chicas» y «los pequeños». Sólo Else estaba sola. Eran parejas muy desiguales. Rosa, con su apodo, se llamaba «el león». Esto le venía por el rugido que daba cuando se enfadaba. Fue la más difícil de todas para educar. Por más que no estaba mal dotada, siempre era muy mala estudiante. Sus mejores amigos eran los chicos peor educados de la casa y de la vecindad. Con ellos iba por las calles, tocaban todos los timbres de los médicos y hacía las mismas cosas que los muchachos. Siempre había alguien a quien se apegaba con su apasionado entusiasmo. Cuando era jovencita, tenía una vez una lista larga de «admiradores» por los cuales ella, al mismo tiempo, estaba entusiasmada: maestras, artistas, familiares... Más tarde, su afecto se centraba en una sola persona que llenaba todo su corazón. El objeto de su admiración le parecía el ideal perfecto, como quinta esencia de todo lo bueno y todo le parecía poco para mejor demostrarle su amor, olvidando a todas las demás personas. Pero muchas veces, en verdad, admitía a personas con patentes debilidades que estaban muy lejos de aquel ideal y que, con todo, desempeñaban para ella el papel de modelos. Cuando se rompía el velo de color de rosa, el desencanto era tanto mayor y habían de sufrir una dura crítica.

Lo mismo que las personas, ciertas ideas venían acogidas con gran pasión, y por un tiempo salían a relucir con frecuencia en la conversación, siendo rechazadas de modo brusco opiniones discordantes. No obstante todos estos movimientos apasionados, y a pesar de toda crítica y ganas de enfrentamiento, lo que dificultaba la vida en común, quedó en ella, como fundamento constante, un leal apoyo a los suyos y una ilimitada disponibilidad y abnegada bondad, no sólo hacia los suyos, sino también a todos los necesitados. Frente a los demás, yo he experimentado su leal amor de hermana durante toda mi vida. Para el ejercicio de la caridad al prójimo le ofrecía oportunidad el oficio que tenía en casa.

Ya que ella no tenía una inclinación especial a ninguna profesión, se decidió que aprendiese el trabajo casero, para más tarde dirigir la casa materna. Para su formación fue enviada a casa de las tías, en Lublinitz, para allí, en una casa llevada ejemplarmente, ser iniciada en todos los trabajos. Fue muy feliz el año que pasó allí y ha conservado de esta época un agradecido recuerdo. En la alegre compañía de las dos amas de casa, nuestra tía Clara y su nuera Else se encontraba tan a gusto como anteriormente jugando con los chicos de la calle.

Conectó también con la tía Mika, tan seria, y aceptó sugerencias educativas de ella, agradecida y sencilla, como en casa. Cuando, por fin, tomó la dirección de nuestra casa, ésta tomó un carácter distinto al de antes. Esto fue posible, porque nuestra economía había mejorado esencialmente, pero también se debió a su manera de ser. Mientras que las dos hermanas mayores habían administrado siempre la casa con gran economía, para ella era una necesidad ser desprendida. De niña había sido muy aficionada a las golosinas, y de joven, extremadamente fuerte. Más tarde, para su propia persona era más que frugal, y de la corpulencia anterior no quedó ninguna huella. Era feliz si nos gustaban sus guisos y pensaba con gusto en nuevos platos. Las tartas que ella misma hacía se hicieron, poco a poco, famosas entre los parientes y conocidos.

Como yo siempre estaba algo pálida y anémica, me atendía con especial cuidado. Si iba con ella por la ciudad para hacer los encargos, rara vez dejaba ella de entrar conmigo en una pequeña confitería y pedía para mí un trozo de tarta de manzana con nata o, en verano, una copa de helado con nata. Yo nunca lo pedía, pero, si pasábamos por las proximidades de la confitería de Yllgen (en el puente, donde había tales golosinas por quince céntimos), miraba yo un poco de reojo, involuntariamente, y ella se volvía sin decir palabra hacia la puerta. Tenía un amor especial por los niños pequeños. Muchos primos pequeños, y más tarde los sobrinos, eran cuidados por ella en las primeras semanas y en los primeros años de su vida. Con niños mayores se entendía peor. Contaba sus pequeñas travesuras y esto enfriaba el cariño de los niños y no le guardaban el debido respeto. Por este motivo cosechaba menos agradecimiento que el que verdaderamente se merecía.

Al contrario que mi hermana Frieda, prefería trabajar ella misma a iniciar a otros en el trabajo. Cuando tuvo una chica de servicio para su ayuda, mi madre se enfadaba constantemente ante el hecho de que se liberase tan poco. Ahora, desde hace algunos años, únicamente permite que venga una mujer una vez por semana para limpiar a fondo corredor, escalera, cocina y ventanas; en tiempos más espaciados, para las grandes coladas. Todo lo demás lo hace ella, ayudada por mi madre y Frieda. En la cocina y con la limpieza se halla perfectamente en su elemento y, según ella, ningún otro sabe hacer las cosas a derechas en esto. Por el contrario, las tareas de la costura no la atraen en absoluto. Los trabajos que no pertenecían a la cocina gustosamente se los cedía a Frieda. Cuando las pequeñas crecimos y comenzamos a estudiar en el Instituto, y más tarde en la Universidad, y tuvimos una amplia relación de amistades y las más variadas iniciativas, entonces comenzó a considerar su trabajo específico como inferior y a sentir descontento.

Se lamentaba de no haber obtenido ninguna formación profesional, y de vez en cuando hacía planes para iniciar algo nuevo. Primero pensó en ser enfermera; después tuvo el deseo de comprar una casa en la montaña para recibir amigos como huéspedes en verano. Mi madre nunca se opuso rotundamente a nada. Una vez inspeccionó con ella una casa en la alta montaña; mas, ante las muchas objeciones que se interpusieron, retrocedió finalmente Rosa permaneciendo en su puesto.

Durante algún tiempo se intentó que alternase con Frieda en el negocio, pero pronto se advirtió que no era conveniente. Así pues, se decidió por los trabajos caseros, conformándose con algunos quehaceres al margen de la casa. Durante algunos años consecutivos fue protectora honorífica de huérfanos de la ciudad. Le fue confiada una serie de niños que la ciudad alojaba en las casas de algunas familias, los tenía que visitar cada cierto tiempo para comprobar si estaban bien atendidos y exponer ante las autoridades las propuestas necesarias. Éste fue un encargo difícil y penoso, pero Rosa trató de hacerlo del mejor modo posible. Obsequiaba a los niños por Navidad; cuando tenían dificultades en seguir las clases con los demás, acudían a ella y les controlaba los deberes escolares. Los cambios políticos la despojaron hace algunos años de este quehacer. Pero ahijados, a los que poder hacer bien, nunca le faltaron, aunque no tuviera el oficio.

En los últimos años ha asistido con gran satisfacción a los cursos nocturnos de la Escuela Superior Popular y estudiaba con ahínco literatura e historia del arte. Poco a poco, se fue haciendo con un grupo de personas con las que tenía relaciones de amistad y que la estimaban mucho. Especialmente, su maduración religiosa le ha abierto a un mundo que le permite renunciar a todas las satisfacciones externas y perseverar silenciosamente hasta el fin en su puesto. Más tarde tendré que volver sobre esto.

5

Así como los hermanos mayores se llevan poca edad, nosotras dos somos las «tardías». Entre Rosa y Erna hay un intervalo de seis años. Nosotras dos, sin embargo, nos llevamos solamente un año y ocho meses. Nos criamos en el tiempo que nuestra familia progresaba. En los años de nuestra infancia habíamos vivido con la mayor sencillez en cuanto a vivienda, alimentación y vestidos, pero no teníamos sensación de ser pobres. Veíamos que nuestra madre trabajaba sin parar de la mañana a la noche y sabíamos, naturalmente, que éste era el motivo por el que no podíamos permitirnos ningún capricho. Por otra parte, mi madre se preocupaba de que nosotras no nos sintiéramos menos que los otros niños.

En varias ocasiones hemos coincidido tres hermanos en la misma escuela, lo que representaba que el tercer niño no tenía que pagar matrícula. Pero esto no lo aceptaba mi madre. Lo consideraba como beneficencia pública y no quería ni oír hablar de ello. Todavía hoy considera como una falta de dignidad el que la gente vaya a que le pongan el «sello» de la plaza gratis.

Nunca nos permitió que dejáramos de participar en una excursión o de alguna fiesta organizada por la escuela. Sin embargo, ahorraba en los libros. Muy a pesar nuestro, solamente en contadas ocasiones tuvimos libros nuevos, pues, por lo general, tuvimos que conformarnos con los que nos prestaban nuestros primos. Mi madre no podía soportar que, como es corriente entre escolares, hablásemos de manera poco respetuosa de nuestros maestros.

Teníamos clase de canto y caligrafía, y en la Escuela Preparatoria, matemáticas y ciencias naturales, con un viejo maestro de la Escuela Nacional que había nacido para ser cualquier cosa antes que para educador. En su juventud debió ser un hombre de buena presencia, pero más tarde era de un grueso deforme. Era muy bonachón, pero iracundo. Durante la clase amenazaba con reproches y otros castigos, pero, tan pronto como se terminaba la clase, todo se olvidaba.

Llevaba siempre en el bolsillo una cajita de rapé y un paquete de caramelos que consumía alternativamente. Para nosotros no había cosa más terrible que se nos ofreciese algo como premio salido de esa bolsa. Si queríamos contar en casa lo que «el Freier» había hecho, nos interrumpía mi madre y corregía: «el Sr. Profesor Dr. Freier».

Mi madre no iba casi nunca a la escuela para entrevistarse con los maestros. Una sola vez decidió presentar una denuncia contra una maestra. La maestra de dibujo había acusado a Erna de usar la regla en un dibujo que debía hacerse sin esta ayuda. Como para la niña, que no era muy dotada en dibujo, hacer una línea bien era algo extraordinario, y esta sospecha de la maestra significaba una censura y apercibimiento ante el director, mi madre no consintió en dejar pasar esta acusación de mentira en su hija.

Maestros y padres de condiscípulos, que nunca habían visto a mi madre, nos preguntaban frecuentemente por ella y nos decían que podíamos estar orgullosos de tal madre. Esto me molestaba siempre un poco. Era para nosotros natural que ella fuese como era. Verano e invierno se levantaba temprano todas las mañanas y se iba al almacén de maderas. La vivienda y el local fueron alquilados muchos años, y la hicieron sufrir mucho los malos dueños.

De la casa de la calle Kohlen, en la cual yo había nacido, tengo un solo recuerdo. Es el más antiguo que tengo (debe remontarse a cuando yo tenía dos años, pues nos mudamos muy poco después de la muerte de mi padre). Me veo chillando delante de una puerta alta y blanca y golpeándola con los puños, porque mi hermana mayor estaba al otro lado y yo quería ir con ella. Tampoco tengo ningún recuerdo de la casa siguiente, en la calle Schesswerder, donde estuvo nuestro primer local.

Recuerdo muy bien, sin embargo, la casa de la calle Jäger, número 5.

Allí celebré mi tercer cumpleaños y vivimos en ella muchos años. El local lo teníamos entonces en la calle Rosa, haciendo pared con el patio de nuestra vivienda.

Para acortar el camino a mi madre, el señor Böse, dueño de la casa, le permitió hacer una puertecita en el muro. Esto duró un tiempo, hasta que el señor Böse entró en discusión con la dueña del local. La señora Olschowka era una polaca apasionada (Viktor, el marido, mandaba menos que ella). Como prueba de que se habían roto las relaciones entre los vecinos enemigos, hubo de condenarse la puerta. La perjudicada fue mi madre. Tenía que dar la vuelta a todo un bloque de casas, desde la calle Jäger hasta la paralela calle Rosa. Pero pronto el señor Böse encontró una salida para mortificar a su enemiga. Instaló unas escaleras a cada lado del muro divisorio y mi madre podía subir y bajar varias veces al día sin dar la vuelta a la manzana. Más tarde, el ingenioso dueño permitió hacer un corte en el muro, y así fueron necesarios pocos peldaños en la escalera. Para nosotros, todavía pequeños, el trepar al otro lado era, naturalmente, una diversión. Pero para mi madre, que entonces tenía cerca de los cincuenta años, era muy fatigoso, especialmente en invierno, si los escalones estaban helados y resbaladizos.

Desde la ventana de nuestra casa se podía ver el almacén de maderas. Antes de que Erna y yo nos fuéramos a la escuela, estábamos las dos muchas horas solas en la casa. Teníamos, pues, orden riguroso de no dejar entrar a ninguna persona desconocida. Cuando no sabíamos qué hacer, podíamos llamar a mi madre desde la ventana. Éramos muy responsables, y antes hubiéramos hecho algo prohibido en presencia de mi madre que durante su ausencia. A veces estaba mi hermano Arno por las mañanas en casa. Entonces hacía él una sopa de harina para mamá como segundo desayuno.

En el buen tiempo podíamos jugar en el almacén.

Aquel lugar era un verdadero paraíso para los niños, y en las horas que no eran de escuela no solamente nosotras las pasábamos allí, sino que venían otros compañeros de juegos, pertenecientes a familias numerosas o algún pariente. Teníamos sitio para todos. Se oía la voz de mi madre que decía: «Sed obedientes y no molestéis». «Por lo demás, haced lo que queráis». La diversión más sencilla consistía en construir un columpio. Poníamos una tabla sobre un tajo, y tan pronto como un niño se sentaba a horcajadas en uno de los extremos, el otro se levantaba. Y así pasábamos las grandes horas sin cansarnos. También se podía jugar al escondite estupendamente. Teníamos a nuestra disposición muchas pilas de madera, unas altas, otras bajas. Estaban allí amontonadas ordenadamente para que no se estropeasen a la intemperie, y en el cobertizo formaban torres de varios pisos con escaleras hasta arriba y en el interior encontrábamos un lugar acogedor en la oscuridad, donde podíamos refugiarnos para soñar y contarnos historias. También podíamos hacer pequeñas construcciones con las maderas.

Algunas veces recurrían a nosotros, los niños, para ayudar a descargar las carretas o para hacer montones en orden con las llantas y los radios de las ruedas. A mi madre le gustaba tener siempre niños avispados a los que emplear en estos trabajos. Pero los perturbadores de la paz eran despedidos. Era muy enemiga de los «soplos» y, si alguno iba a contarle cosas de otro, le cortaba rápidamente y le decía: «chismes no quiero oír». Frecuentemente contaba cómo había reaccionado en semejantes casos su maestro. A los dos niños, el acusica y el acusado, les daba una bofetada, al uno por la falta y al otro por contarlo.

El sobrino Ernst Courant era uno de los preferidos de mi madre y era el más fiel de los asiduos a la maderería. Era tan sólo unas semanas más joven que yo, pero me lo confiaban para que me cuidase de él. Durante las vacaciones prefería venirse a casa que ir de viaje. Bien en nuestra compañía, bien solo, podía entretenerse durante horas enteras. Si nos portábamos bien recibíamos, a veces, unos céntimos y podíamos comprar algo en la confitería «Dreierkuchen» que teníamos al lado. No era raro el que, enredando con las maderas no cepilladas, nos claväsemos alguna astilla en los dedos. Entonces íbamos corriendo a alguno de nuestros obreros y le pedíamos que nos la extrajese con su navaja.

La relación de mi madre con sus obreros era absolutamente patriarcal. En Navidad les regalaba dinero, comestibles y vestidos para los niños. Pero el dinero no se lo daba en mano (para que no lo gastaran en vino), sino que, habiéndoles abierto unas cartillas de ahorro, se lo depositaba periódicamente. Durante muchos años tuvimos un obrero joven muy dotado, a quien mi madre apreciaba mucho. Había trabajado antes en otro negocio de madera y todos los clientes lo conocían llamándole por su nombre, Hermann. Se encontraba totalmente solo, sin tener a nadie que se ocupase de él. Bebía demasiado e iba siempre andrajoso y desarropado. Mi madre se preocupaba mucho para hacer de él un hombre ordenado. Era de muy buena presencia y parecía estar lleno de vida y ser fuerte, pero padecía una enfermedad pulmonar. Finalmente, tuvo que marcharse al hospital. Durante mucho tiempo no aceptó el que estaba enfermo y tuvo esperanza hasta el final de que podría volver a trabajar. Mi madre le visitaba todos los domingos y le llevaba los mejores tónicos. Mi madre sintió mucho su muerte.

Otro obrero que había trabajado juntamente con Hermann en nuestra casa permaneció luego durante muchos años con nosotros. Meissner era hosco y hablaba muy poco, pero trabajaba muy bien y mi madre hubiera puesto las manos en el fuego por él en cuanto a su honradez. Por eso le ayudaba siempre mucho y se preocupaba por él y sus muchos hijos. Por medio de un amigo del negocio le encargaba mi madre que le trajesen de Polonia un medicamento especial que él necesitaba para su asma. Su primera mujer nos ayudaba muchas veces en casa. Era muy limpia y ordenada y cuidaba bien de sus hijos, pero no era del todo honrada. Un día desapareció una plancha en casa. Mi madre no tenía duda de dónde estaba y con habilidad le dijo al marido que su mujer se había llevado la plancha a su casa y que hiciese el favor de recordarle que la volviese de nuevo. Después de esto, la plancha apareció en su sitio. Para los niños fue una gran desgracia el perder a aquella madre. El marido se volvió a casar enseguida. La segunda mujer trataba a los niños inhumanamente y él no supo evitarles los malos tratos. En una ocasión tuvimos durante unos días a una niña pequeña porque su vida no estaba segura con la madrastra. La internamos en el «Kinder-Obdach». Desde su segundo casamiento dejó de estar empleado en casa. Se llevaba para su casa toda la leña que necesitaba y lo consideraba como cosa justa. Lo hacía sin disimulo y mi madre lo consentía. Pero, cuando se enteró de que en las horas libres vendía maderas cogidas de nuestro almacén, le despidió.

No sucedió lo mismo con Siedel, su compañero de trabajo, que estuvo con nosotros hasta su muerte. Procedía de las montañas de Silesia. Era un hombre flaco y alto y también débil de los pulmones. Era callado, trabajador y eficiente. Solamente bebía algo más de la cuenta cuando su mujer le instigaba a pedir aumento de sueldo, y entonces, más animadillo, se atrevía a reclamar su libro de trabajo (para despedirse). Ya se sabía lo que esto significaba, y se llegaba a un acuerdo.

Cuando compramos la casa, se vino con nosotros como portero y se instaló con su familia en la vivienda de junto al tejado. La mujer era muy hábil para todos los trabajos de la casa y excelente madre, muy cariñosa con sus hijos, de los que quería hacer «algo mejor». Para con los demás se mostraba agresiva y enérgica y contaba para ello con una lengua afilada y sin trabas. El marido pululaba como un buenazo por la casa mirando siempre lo que había de hacer. Se levantaba antes que nadie para encender la calefacción y bajaba la escalera con los zapatos en la mano (para no despertar a nadie, especialmente a su mujer). Durante el día trabajaba, como siempre, en la maderería. Murió en nuestra casa. Su mujer nos llamó cuando llegó su último momento. Mi hermano Arno y yo estuvimos a su lado (los dos habíamos prestado servicio en la Cruz Roja durante la guerra). Yo le cerré los ojos.

La maderería era el reino de mi madre. El negocio estaba abierto durante las ocho horas legales de trabajo, es decir, todo el día. Mi madre venía a casa solamente durante la pequeña pausa del mediodía (así lo sigue haciendo aún). La oficina fue una pequeña barraca de madera durante todo el tiempo que el almacén estuvo en la Rosenstrasse. Cuando se trasladó a la Elbingstrasse, local igualmente alquilado, se compró una casita de madera transportable, algo más grande que la anterior, para la oficina. Por fin, mi madre pudo comprar un local grande para el almacén. En este nuevo lugar se hizo un cobertizo con paredes de obra y, a continuación, se estableció la oficina.

Mi madre pasaba el día fuera de casa. Iba de acá para allá con los clientes para buscar la mercancía pedida, tasaba y ponía el precio de lo que había encontrado. Estaba presente en todo y hasta echaba una mano cuando se descargaban los carros y se preparaban los envíos. Muchas veces, cuando salía del almacén un carro de mano cargado, llevado por un obrero, o en tiempos lejanos por un gran perro, mi madre ayudaba empujando por detrás hasta que rebasaba la puerta de salida.

Aprovechó un trozo de terreno que le pertenecía para sembrar verduras y plantar algún árbol frutal. Todavía hoy es para ella una gran alegría contemplar diariamente cómo crecen las fresas, guisantes y tomates que luego recoge con gozo. Debido a las muchas horas que pasaba al aire libre, ha podido permanecer hasta su vejez vigorosa y lozana. También en los días crudos y fríos de invierno mantenía sus manos calientes y podía calentar las mías. Esto, para mí, era el símbolo de que en nuestra casa todo recibía vida y calor de ella.

Cuando por la noche regresaba a casa, estaba totalmente cansada. Lo primero que hacía era quitarse los zapatos de los doloridos pies, y para cenar prefería tomar solamente té y pan con mantequilla. Si no tenía algo urgente que hacer, se iba pronto a la cama. Solía decir: «Lo mejor del mundo es mi cama». Como para ella era tan importante el descanso, sentía mucho tener que despertar a alguien. También era frecuente en ella la siguiente expresión: «El pecado más grande es despertar a una persona cuando duerme». Todavía practica esto conmigo, pues si yo levanto la cabeza de la almohada antes de la hora, me hace una seña y dice: «Tranquila, tranquila, todavía hay tiempo».

Cuando al atardecer se acostaba para descansar, le gustaba que se le leyese en voz alta. Mi hermano mayor lo hacía con sumo gusto y con tal entusiasmo que, de vez en cuando, le preguntaba: «¿Oyes?» Mi madre se despertaba y decía: «Sí, sí». Pero pronto estaba de nuevo dormida. Soñaba con vehemencia y hablaba en alto, a veces tan claro que se le podía seguir toda la conversación. Hasta los seis años dormí con ella. He oído de sus labios muchos de los cuentos que le leían al dormirse y estoy convencida de que no los decía intencionadamente. Esto sucedía cuando vivíamos en la Jägerstrasse. La casa tenía tres grandes habitaciones y una alcoba interior. Mi hermana Else ocupaba la mejor habitación. Tenía un escritorio y trabajaba hasta media noche. A veces, mi madre le apagaba la lámpara. Otra habitación era para los muchachos. Las chicas tuvieron que conformarse con la alcoba interior, sin ventanas, y que recibía luz y aire solamente a través de la habitación de mi madre. Si mal no recuerdo, al principio también Erna dormía en ella. Más tarde, ella y yo dormíamos en la habitación de mi madre, donde también teníamos la gran mesa de comedor.

A temporadas, la mejor habitación la alquilábamos a algún estudiante. Una vez tuvimos a un abogado de una buena familia católica. Era casi inevitable que se enamorase de mi hermana Else. Llegaron casi a comprometerse, pero se tuvo que deshacer el compromiso, porque las dos familias estaban en contra, debido a la diferencia de fe.

Más tarde vendría un divertido estudiante de medicina que nos trajo su madre, ya que conocía a mis padres de la Alta Silesia y quería tener a su hijo bien alojado. Mi hermana tenía que ayudarle con frecuencia en sus estudios; entonces él, por agradecimiento, la liberaba algo de la tarea doméstica; para vestirme, por ejemplo. Aún recuerdo que siempre me decía: «Edith, tú creces como un rabo de vaca, hacia abajo». La expresión me desagradaba tanto como la alusión a mi pequeñez.

Por la noche se hacía el arqueo de la caja del negocio. Las ventas del día se comprobaban y se registraban en el libro de caja. Frecuentemente teníamos que abrir los cartuchos del dinero y contarlo de nuevo. A mí me gustaba jugar con aquellos cartuchos. Había un cliente que tenía la costumbre de pagar con moneda empaquetada en cartuchos, y como me gustaba tanto, solía decir: «Dadme un Pukade» (pues éste era el nombre del cliente). Sin pensarlo, íbamos conociendo a los clientes y empleados. La mayoría eran artesanos. Mi madre conocía toda la historia familiar de cada uno y sabía enseguida si se trataba de personas que adquirían la mercancía sin tener dinero para responder, pero eran dignas de crédito, o de personas que lo que empleaban en comprarla no eran capaces de recuperarlo en buena venta.

Mi madre se ha dejado llevar siempre de su gran corazón. A veces ha dado dinero a clientes holgazanes si los veía en necesidad. Muchas veces le han engañado y el negocio ha sufrido grandes pérdidas. A pesar de todo, seguía adelante. Mi madre lo atribuía siempre a la bendición de lo alto.

Algún tiempo después, cuando yo había perdido mi fe de la infancia, me dijo en una ocasión, como una prueba de la existencia de Dios: «No puedo creerme que todo lo que he conseguido lo deba a mis propias fuerzas». Y era cierto. Pero sus cualidades naturales habían colaborado también. Un día nos visitó una antigua amiga de mi madre, y dijo: «Tengo que contaros lo que he oído en el tranvía. Dos señores hablaban del negocio de maderas de Breslau, y uno de ellos dijo: ¿Sabe usted quién es aquí el comerciante más inteligente del ramo? Es la señora Stein».

CAPITULO SEGUNDO

El mundo de las dos más jóvenes

1

La madre, los hermanos, el amplio círculo de parientes, el almacén de maderas... Éste es el mundo en que las dos niñas crecieron. Mi hermana Erna y yo vivíamos como si fuésemos gemelas. Erna me llevaba un año y ocho meses. Una vez, siendo niña, pregunté cómo era posible que mi hermana me llevase unas veces un año y otras dos.

Éramos, tanto interna como externamente, muy distintas. Erna fue siempre más alta y fuerte de lo que correspondía a su edad. Tenía dos trenzas color castaño largas y gruesas, grandes ojos oscuros, el rostro blanco y rosado como Blancanieves.

Yo, por mi parte, era pequeña y frágil y, a pesar de todos los cuidados, pálida. Mis cabellos, entonces rubios (más tarde se oscurecieron), los llevaba generalmente sueltos y sólo sujetos con una cinta. A muchos les parecía que Erna era mucho mayor que yo. Pero, en cuanto empezaba yo a hablar, todos se sorprendían de la impertinencia de aquel «renacuajo».

En el jardín zoológico de mi hermano, Erna era la «corneja» y yo la «gata». No sé si tengo que agradecer tal apelativo al hecho de que a mi hermano mayor le gustaba jugar conmigo como un gato, o bien al color de mis ojos, o por la destreza con que siempre supe agarrarme a las piernas de los mayores en las peleas infantiles y así nunca me dejaba vencer.

Que a Erna se la llamase corneja indicaba, desde luego, que era propensa a irritarse; y a Rosa le pasaba con los accesos de cólera, lo que a los graznidos de la corneja ante los rugidos del león. No eran, a fin de cuentas, más que tormentas pasajeras. Por lo demás, era una niña buena y dócil. Las hermanas mayores decían en ocasiones de ella que era como el agua clara, al par que de mí se afirmaba que parecía un libro de siete sellos.

De pequeñas apenas nos hemos separado. Juntas recorríamos el camino de la escuela y comunes eran nuestros viajes de vacaciones. Ibamos vestidas iguales (los vestidos de verano me los compraban generalmente en febrero para el cumpleaños de Erna, y los de invierno los estrenábamos con ocasión del mío, en octubre).

Durante el tiempo en que nuestras lecturas fueron cuidadosamente vigiladas y elegidas por nuestras hermanas mayores, leíamos las dos los mismos libros. Contra esta dirección protestaba Erna algunas veces, apoyándose en que ella era mayor y que yo haría las mismas cosas más tarde. Pero se trataba sólo de un ligero acceso que pasaba pronto. Normalmente se sentía muy satisfecha de que fuéramos «gemelas».

Teníamos amigas comunes, hasta el punto de que cuando invitaban a una, la otra se consideraba también invitada. Erna se fue a la escuela con toda normalidad al cumplir los seis años. Hacía sus deberes sin esfuerzo y fue siempre buena escolar, aunque no una alumna destacada. No tenía ningún deseo de sobresalir y, fuera de la escuela, no mostraba ningún interés científico. Como la lectura en nuestra familia tenía mucha importancia, ella leía también libros sencillos y amenos. No tenía apenas otras aspiraciones que representasen esfuerzo.

Cuando estaba en el primer año de la Escuela Superior Femenina, expresó el deseo de ir al Instituto Femenino, que había sido inaugurado hacía unos años. Le fue concedido este deseo sin más. En aquel entonces no tenía una decisión clara sobre los estudios que había de hacer. Yo tenía la impresión de que no tenía aún la suficiente madurez para hacer una elección. Lo que quería era permanecer aún algún tiempo en ambientes conocidos y de su gusto. La decisión de una amiga le afectó.

Dada la forma de pensar de mi familia, estudiar en el Instituto no era una cosa de lujo, sino preparación para estudiar una profesión. Como tenía gusto y facilidad para los idiomas, pensó en principio estudiar filología.

Tenía yo seis años cuando mi hermana Else terminó sus estudios de Magisterio, y dije que quería ser maestra. Los parientes se forjaban agradables ilusiones pensando que ejerceríamos la profesión juntas. Sin embargo, aparecieron otras cosas en el horizonte. Cuando Erna hubo concluido su reválida, nuestro tío David, un hermano de mi madre, la invitó a su casa para que pasase el tiempo que faltaba para ingresar en la Universidad. Yo también fui con ella. Fueron unas vacaciones maravillosas en la casa del farmacéutico de Chemnitz.

Mi tía era la única hija de unos padres muy ricos y sabía muy bien llevar una gran casa. Tenía un gusto exquisito para vestir y cuidaba mucho la vida social. Como no tenía ninguna hija, fue para ella un gran atractivo en convertir a las dos jóvenes sobrinas, al menos durante el tiempo de su estancia con ella, en dos damas elegantes. Los amigos de la casa se esforzaban a porfía por agradarnos, sucediéndose ininterrumpidamente los paseos en bote, excursiones en coche, teatro o invitaciones por la noche.

Nuestro buen tío tenía, por su parte, proyectos más serios para nosotras. El estudio de la medicina era lo único que tenía sentido. Quería convencernos a las dos para que estudiásemos medicina, y ya nos imaginaba a ambas trabajando en una clínica privada en distintas especialidades. Como a mí me faltaban todavía dos años para poder empezar los estudios universitarios, mi tío se limitó a trabajar a mi hermana, teniendo con ella una confidencial entrevista.

Todas las noches, cuando nos quedábamos solas en nuestro dormitorio, le decía a mi hermana: «No te dejes influir, haz lo que a ti misma te parezca conveniente». Ella me aseguraba que permanecería firme. Pero mis vacaciones terminaron antes que las de ella y estuvo allí aún unas semanas. Un poco antes de su vuelta escribió a mi madre comunicándole que tenía deseos de estudiar medicina, para lo cual rogaba el consentimiento materno. La madre se lo dio, porque en estos asuntos siempre nos dejaba decidir libremente. No creo que mi hermana Erna se haya arrepentido nunca de su elección. Terminó sus estudios, a pesar de sus molestias físicas, y aprendió concienzudamente su profesión. Cuando más tarde le ayudaba en la consulta, pude ver, con silenciosa alegría, con qué paz y seguridad realizaba el trabajo; paz y seguridad que en manera alguna le eran tan propicias en la vida personal.

Con este motivo supe por primera vez el valor que tiene una fuerte tradición pedagógica. Al cabo de dos años hice yo también mi examen de madurez, y fui invitada de nuevo a

Chemnizt con todo cariño. Agradecí mucho la invitación, pero hube de añadir que yo ya había hecho mi elección de carrera y no estaba dispuesta a ponerla a discusión. Ante esta advertencia, mi tío rindió sus armas y no hizo el menor intento de convencerme. Algunos meses después le dijo a mi hermana que probablemente de viejo tendría que descubrirse a mi paso, pero que, por el momento, no comprendía una elección de carrera basada solamente en la disposición e inclinación personales.

Me he adelantado mucho en el tiempo al narrar todos estos acontecimientos, pero es que fueron muy decisivos para nosotras dos. En nuestra infancia, la escuela desempeñó un papel muy importante. Yo creo que casi me encontraba más a gusto allí que en casa. Nuestra escuela, situada en la Ritterplatz, era un antiguo palacio gótico que no reunía las condiciones higiénicas de una escuela moderna, pero que tenía románticos rincones. Enfrente, estaba el bello convento de las Ursulinas. En la plaza que se abría delante de la escuela podíamos pasear bajo los viejos y altos árboles durante la «pausa grande» de las diez de la mañana.

El riguroso señor director (en el argot escolar conocido por «Rex»), los maestros y maestras ya conocían a nuestras hermanas mayores y a mi madre por sus visitas con ocasión de las inscripciones y bajas. También nosotras, a través de lo que nos habían contado las hermanas mayores, nos habíamos familiarizado con la escuela y nos sentíamos muy unidas a ella antes de empezar a frecuentarla.

Las compañeras de clase participaban con nosotras de las alegrías y penas de la vida escolar. Son esas cosas que ya para los adultos carecen de sentido, como la tensión ante los deberes semanales y la temerosa espera ante los ejercicios corregidos y calificados. Además, los grandes acontecimientos del año escolar: calificaciones trimestrales y el paso a otro grado superior... Al final de curso nos reuníamos todas las clases en el aula magna. Era la clausura, y el director leía la lista de las que pasaban, comenzando por la clase primera, y dentro de cada clase, por orden de colocación en los bancos, y de este modo se sabía quién «subía» y quién «bajaba». Finalmente, llamaban a la alumna mejor de cada clase y recibía un premio de manos del director.

Era siempre para mí un momento muy desagradable el tener que atravesar la clase entre las dos filas apretadas de alumnas para llegar a la presidencia, donde estaban sentados todos los profesores del colegio. Todos los ojos, desde delante y desde atrás, miraban en la misma dirección, mientras el director pronunciaba unas cordiales palabras.

Para mí tenía menos valor el premio que el puesto en la clase, y me causaba mucha alegría cada nuevo libro que tenía. Pero mis hermanas, mis primas y amigas me saludaban con amistoso orgullo cuando yo, otra vez, me perdía entre la multitud. También el hecho de enseñar las notas en casa me producía sentimientos encontrados. Mi madre y mis hermanas celebraban las buenas notas con viva alegría y nos hacían algún regalo. Pero a mí no me gustaba que se le diese tanta importancia y que se comentase con todos los parientes y conocidos.

No empleábamos mucho tiempo en nuestros deberes escolares. La mayor parte de nuestras horas libres las pasábamos en la maderería en el buen tiempo, y en invierno jugábamos en casa. Compañía no nos faltaba: amigas de la escuela, niños de la casa y, sobre todo, nuestros numerosos primos y primas.

Una hermana de mi madre tenía también cinco hijas y dos hijos (pero con la diferencia de que los hijos eran los menores). La hija más joven era solamente unos meses mayor que yo e íbamos a la misma clase una vez que nuestra familia se trasladó de Lublinitz a Breslau. Por temperamento y aficiones éramos distintas, pero muy buenas compañeras. Con conmovedora bondad se alegraba de mis éxitos escolares. Tenía el pelo muy negro, rizado como el de los negros, y grandes ojos negros. Era un pequeño diablillo y le gustaban las peleas. Yo le decía que no me gustaban las peleas, manteniendo con toda calma mi punto de vista. Recuerdo que una vez me dijo con gran viveza: «Permíteme que una vez tenga yo razón». Pero estas pequeñas escenas no entorpecían nuestra unión.

Cuando nos reuníamos muchos (con ocasión de las fiestas familiares, y los niños tomábamos el café en una habitación especial), jugábamos a la escuela o a tiendas. Para rescatar la «prenda» se requería contestar a «tres preguntas en honor y conciencia». Al que le tocaba tenía que irse fuera, mientras los demás con gran cuidado, preparaban lo que querían preguntar. El que se quedaba volvía con el corazón palpitante cuando le llamaban y tenía que responder «con honor y conciencia», sabiendo que iba a ser examinado hasta el «corazón y los riñones». Las preguntas favoritas eran acerca de a cuál de los hermanos quería más y a cuál de los mayores quería parecerse. Con todo esto se pretendía entrar en el secreto del corazón humano y aquí estaba el valor de este juego infantil. Si, ciertamente, algunas veces la pregunta era difícil de responder, sin embargo, se sentía uno elevado en esa bajada a la propia profundidad.

Al anochecer nos contábamos horripilantes historias. A veces me pedían también entretener a los demás con obras de teatro. La acción la urdía en el momento y, en ocasiones, escribía un «drama».

Nuestros compañeros habituales, que eran casi tan inseparables de nosotras como lo éramos mi hermana y yo, fueron durante muchos años dos primos gemelos que los enviaron a Breslau desde su tierra, la Alta Silesia, para que estudiasen en el Instituto. Eran varios años mayores que nosotras y tenían doce años cuando vinieron. Se parecían tanto que constantemente se les confundía, pero nosotras los conocíamos tan bien que no podíamos comprender que se los confundiera. Temperamentalmente eran muy distintos. El más impulsivo y abierto se acercaba más a mi hermana Erna; el más serio y tardo, a mí. Le he molestado alguna vez con mis bromas, ante las cuales estaba indefenso, y le dejaba notar poco cuánto le quería. Vivían muy cerca de nosotros, con unos parientes comunes, con los que también nosotros nos sentíamos como en casa. Acostumbraban a venir a nuestra casa a primera hora de la tarde, y los recibíamos preguntándoles si habían hecho ya los deberes de la escuela. Nosotros los hacíamos inmediatamente después de comer, y yo no podía complacerme en nada si tenía el peso de no haber hecho aún mis pequeñas obligaciones. Naturalmente, ellos no lo tomaban tan en serio. Eran muy músicos y nos pasábamos mucho tiempo al piano. Con gran paciencia soportaban el tocar con nosotras a cuatro manos, hasta el punto de que me invitaron para tocar una sinfonía de Beethoven, aun cuando no podía aportar la menor agilidad de dedos. Cuando fuimos un poco mayores, íbamos muchas veces con ellos a conciertos y al teatro. Los muchos años de amistad se terminaron, sin ninguna otra causa extraña, cuando yo cumplí los dieciséis años y empecé a ir al Instituto.

Puede que haya entre estos dos hechos una relación escondida. Era el tiempo en que los dos gemelos tenían diecinueve años, y se despertó en ellos el anhelo de «gozar de la vida» y en tal forma, que no podían esperar de nosotras ninguna comprensión. En los círculos burgueses judíos estaba ampliamente extendida la «doble moral», que mi hermana y yo rechazábamos con toda energía. Por esa diferencia esencial de puntos de vista se rompió la relación íntima con nuestros parientes. Sólo quedó la relación externa y la cordial participación en todas las alegrías y tristezas de los acontecimientos familiares. Nos atribuían un idealismo exagerado y desconocimiento del mundo, y, por nuestra parte, rechazábamos muchas cosas de los demás por frívolas. También mi madre se vio afectada por ello.

Mi madre sólo se sentía a gusto, de manera creciente según pasaba el tiempo, en la intimidad de su propia casa, a pesar del cariño hacia sus hermanos y de la necesidad de verlos con frecuencia y de charlar con ellos del presente y del pasado.

Poca inclinación teníamos nosotras para el trabajo de casa y no nos gustaba nada el que nos reclamasen para limpiar el polvo o secar los cubiertos. Cuanto más nos exigían los estudios, más liberadas estábamos de los deberes domésticos, y esto no es una ventaja, pues se cae en una formación unilateral que más tarde he tenido que lamentar.

2

Entre los grandes acontecimientos de la vida del hogar están, junto a las fiestas familiares, las grandes fiestas judías. Sobre todo la Pascua, que casi coincidía con la cristiana. También la fiesta de Año Nuevo y el día de la Reconciliación (en septiembre u octubre, según cayera la diferencia del calendario judío y gregoriano). La mayoría de los cristianos desconocen que la fiesta de los Ácimos es el recuerdo de la salida de los hijos de Israel de Egipto y que todavía hoy se celebra tal y como la celebró el Señor con sus discípulos cuando instituyó el sagrado sacramento del altar y se despidió de ellos. Desde que el templo de Jerusalén fue destruido, ya no se sacrifica el cordero, pero se continúa realizando por el cabeza de familia, a la vez que recita las oraciones prescritas, la distribución del pan ácimo y las hierbas amargas que recuerdan la congoja del destierro. Bendice el vino y lee el relato de la liberación del pueblo del poder de Egipto.

Las fiestas se observaban con ese espíritu de tenaz consecuencia que es peculiar del espíritu judío. Durante una semana completa no se toleraba el uso de pan con levadura ni nada con levadura, ni tampoco tenerla en casa. Una familia numerosa necesitaba disponer, como es natural, de una buena reserva de este pan sin levadura. Se encargaba a una panadería importante, detallando cómo lo habían de hacer y bajo la vigilancia de los rabinos. Lo recibíamos antes de la gran fiesta envuelto en grandes rollos de papel gris o marrón, y no se podían tocar antes de la primera tarde del «Seder» (así llamado por el orden riguroso, según el cual se toma la cena).

El día de preparación anterior a la fiesta toda la casa estaba levantada. Se apartaba todo lo fermentado, se reunían los restos de pan fermentado y se quemaban. Y no era esto todo, pues la vajilla misma la llevábamos al desván y la cambiábamos por otra que estaba todo el año guardaba y que en este día debíamos limpiarla con todo cuidado (durante mi infancia todo esto fue observado cuidadosamente en mi familia. Más tarde, sin embargo, las hermanas mayores de mi madre un tanto liberales cambiaron algunas cosas).

Las mujeres tenían mucho que hacer en el día de la preparación y se sentían felices cuando llegaba la noche y finalmente comenzaba ya la fiesta (la fiesta judía comienza la víspera por la tarde cuando aparece la primera estrella en el cielo).

Nosotros, los niños, disfrutábamos, como es natural, mucho con esta interrupción de lo cotidiano y saludábamos con gozo los pucheros y los cubiertos que no habíamos visto desde el año anterior, regocijándonos con las comidas que en este tiempo había. De todos modos, la semana se hacía larga y constituía para nosotros una nueva fiesta la reaparición en la mesa del pan untado de mantequilla de nuevo por primera vez.

También era motivo de alegría la sucesión de comidas y las abundantes oraciones por las tardes. A mí me correspondía un papel especial. La liturgia de la noche pascual contiene una serie de preguntas con las que el hijo menor interroga por qué en esa noche todo es tan distinto a lo de otras noches. El cabeza de familia contesta y aclara con ello el significado de cada uno de los gestos y palabras. Pasado el tiempo, cuando yo ya estaba «iniciada», me daba alegría ver cómo hacían lo mismo los primos y las primas que venían detrás de mí y me relevaban de ese papel.

La celebración de la fiesta tenía, sin embargo, algo doloroso y era que no participaba con devoción en ella más que mi madre y los niños pequeños. Los hermanos que debían hacer las oraciones en lugar del padre muerto, no las hacían con la debida dignidad. Si no se encontraba presente el mayor y el más joven asumía el papel de cabeza de familia, se notaba con demasiada claridad que interiormente no tomaba en serio la cosa.

Aún más importancia tenían las fiestas del Año Nuevo y de la Reconciliación. El año nuevo se celebraba durante dos días. De víspera se comenzaba con una cena de fiesta. La señora de la casa cocía para esta cena (como en la celebración de todos los sábados) un «Barches», que es un fino pan blanco, de acuerdo con lo prescrito, en forma de trenza. En la festividad de Año Nuevo debía ser redondo. Este pan es para acompañar la carne. Al principio de la comida se cortaba y cada comensal recibía un trozo. La distribución se hacía con arreglo a la edad. Antes de empezar a comerlo, se rezaba la bendición, que decía: «Alabado seas Dios, Señor del mundo, que haces dar fruto y alimento a la tierra». En esa noche también teníamos miel y las primeras uvas. Mi madre no los comía nunca antes del Año Nuevo. Para las horas del café se preparaba una buena cantidad de tartas extraordinarias. Las oraciones prescritas para el Año Nuevo no eran tan extensas como las de la Pascua.

En la sinagoga había una gran ceremonia religiosa, tanto en la víspera como en los dos días festivos. El judaísmo tiene una liturgia magnífica, tiempos fuertes de oración para cada día y, para las grandes fiestas, una ordenación ritual que llena gran parte del día (la liturgia de la Iglesia ha salido en gran parte de aquí y está compuesta por salmos y lecturas bíblicas).

Mi madre no acostumbraba a ir al oficio vespertino a la sinagoga, sino que lo rezaba en casa, en silencio, siguiendo su libro de oraciones, siguiéndolas puntualmente a las horas prescritas y encendía las velas de los candelabros de plata, anunciando así que la fiesta había comenzado.

Por la mañana sí iba a la sinagoga (lo hacía a pie, porque en los días de fiesta no se utiliza ningún vehículo, ya que está prohibido todo trabajo y no se puede ocupar a otra persona en su servicio). Volvía a mediodía a casa. Como éramos niños, no la acompañábamos, tal era la costumbre, pero sí íbamos a recogerla a mediodía. Llevábamos nuestros mejores vestidos y zapatos y nos encontrábamos en el atrio con otros muchos niños que, vestidos de fiesta, esperaban también a sus padres. En estos días de gran fiesta no íbamos a la escuela.

Mi mayor placer en los días festivos era leer un buen libro sin limitación de tiempo. Con antelación ya habíamos preparado material de lectura.

La fiesta judía más solemne era la de la Reconciliación. Es el día en que una vez al año el Sumo Sacerdote entra en el «sancta sanctorum» y ofrece por sí mismo y por todo el pueblo el sacrificio de reconciliación, presentando el chivo expiatorio que carga con los pecados de todo el pueblo. Todo esto ya no se hace. Pero todavía hoy ese día se celebra con ayunos y oraciones y los que conservan aún algo de espíritu judaico visitan el «templo».

Los ricos manjares de las otras fiestas no los he despreciado nunca. Sin embargo, me acostumbré a ayunar las veinticuatro horas de esa fiesta en las que no probaba bocado ni tomaba un sorbo de bebida, y era la celebración que más me atraía. En la víspera se debía cenar siendo de día todavía, pues al aparecer la primera estrella, comenzaba el oficio en la sinagoga. Esa tarde no iba sola mi madre, sino que la acompañaban mis hermanas mayores e incluso los hermanos consideraban un deber honroso el no faltar.

Las viejas melodías solemnes de esa tarde atraían incluso a los pertenecientes a otras creencias. A la mañana siguiente mi madre se levantaba un poco más tarde (normalmente ella se levanta a las cinco y media, aún hoy) y, aun con la excepción, era la primera en estar de pie. Recorría las camas de todos que la despedían cariñosamente, pues iba a permanecer en la sinagoga todo el día. Nosotros nos quedábamos lo más posible en la cama (ya que en este día se nos permitía leer acostadas). Nuestra hermana Frieda no se levantaba en todo el día, pues de lo contrario no podía soportar el ayuno.

Los pequeños íbamos a la sinagoga para la celebración de los difuntos. Para mi madre esto era sagrado pues debíamos recordar así a nuestro padre. Día y noche lucían en casa dos grandes y gruesos cirios en recuerdo de nuestros muertos. Al atardecer, normalmente uno de mis hermanos traía a casa a la madre. Había un momento especialmente alegre cuando de nuevo la familia se reunía habiendo pasado bien el día. La obligación del ayuno comprende a los niños que han cumplido trece años y para las niñas que han cumplido los doce [1]. Por mi parte, yo lo hubiera guardado con gusto, pero a los doce años todavía me cuidaban con mucha ternura y sólo me permitían la abstinencia medio día. A partir de los trece años lo he observado siempre y ninguno de nosotros se dispensaba del ayuno aunque no todos compartíamos la fe de nuestra madre y a pesar de que fuera de casa no practicásemos las prescripciones rituales.

Ese día tenía para mí una significación especial. Yo había nacido el día de la Reconciliación y mi madre celebraba siempre en la fiesta de la Reconciliación mi cumpleaños. Esto no quiere decir que el 12 de octubre faltasen felicitaciones y regalos (también ella celebraba su cumpleaños según el calendario judío el día de la Fiesta de los Tabernáculos, pero sus hijos ya no siguieron la costumbre de celebrar estas fiestas).

Este hecho lo valoraba mi madre extraordinariamente y a mí me parece que su actitud, más que otras cosas, ha sido la causa de ser tan querida por su hija más pequeña. Porque creo que nuestros destinos están especialmente entrelazados, me ha parecido mejor, en esta semblanza de mi madre, hablar más de mi propia evolución que de la de mis hermanos.

3

Cuando yo vine al mundo el día 12 de octubre de 1891, vivían mis padres ya año y medio en Breslau. Mi padre murió en julio de 1893. Ya he contado cómo yo estaba en brazos de mi madre cuando mi padre se despidió de nosotros para hacer aquel viaje del que no habría de volver con vida. Aún en el último momento le llamé cuando se volvía hacia nosotros al marcharse. Por este detalle, era yo para mi madre como el último legado de mi padre. Dormía en la misma habitación que ella y, cuando por la noche volvía cansada del almacén, su primera visita era para mí. Cuando estaba yo enferma, ni siquiera se quitaba el abrigo, y se sentaba al borde de mi cama haciéndose llevar allí su sencilla cena.

Todas mis penas y dolores los disipaba su presencia. Al llegar a los siete años, se me permitió ir con Erna a Lublinitz en las Navidades. En Nochebuena tuve unos dolores fuertes y no

[1] La ley tiene en cuenta la temprana madurez de los orientales.

pude probar bocado de la exquisita carpa de Navidad. El médico diagnosticó una infección y pasé todas las vacaciones enferma. Como mi madre no podía abandonar el negocio, envió a mi hermana Else para cuidarme. El domingo se presentó de repente ella misma sin avisar.

La habitación de dormir que ocupaba era muy grande, abuhardillada, y me resultaba excesiva y solitaria. Mis buenas tías me trasladaron al comedor y me instalaron en el sofá. Cuando repentinamente se presentó mi madre, me colgué de su cuello de un salto y permanecí en su regazo hasta la noche en que tuvo que marcharse.

A pesar de esta unión tan íntima, no fue mi madre mi confidente. Lo fue en tan escasa medida como cualquier otra persona. Y es que para los observadores externos yo manifestaba unos cambios incomprensibles y súbitas transformaciones. En los primeros años de mi vida era como un azogue, viva, siempre en movimiento, de genio chispeante, ocurrente, atrevida y entrometida. Además, indomable, voluntariosa y con genio cuando algo me contrariaba. Mi hermana mayor, a la que yo quería mucho, había empleado inútilmente conmigo su saber pedagógico. Su último recurso fue encerrarme en un cuarto oscuro. Cuando veía próximo este peligro, me arrojaba al suelo y mi encantadora hermana no podía sin gran esfuerzo levantarme y llevarme. En mi oscura prisión no entraba de ningún modo en razón, sino que gritaba con todas mis fuerzas y golpeaba con los puños en la puerta, hasta que mi madre decía por fin que aquello no les podía parecer bien a los vecinos y se me liberaba.

Este espectáculo es el que observaban mis familiares desde fuera. Pero en mi interior había, además, un mundo escondido. Todo lo que durante el día veía y oía lo elaboraba por dentro. El ver un borracho, por ejemplo, me producía una impresión que me perseguía día y noche y me atormentaba. He dado gracias más tarde porque en este punto ninguno de mis hermanos nos preocupó y no tuve que ver en esta espantosa situación a ninguna de las personas cercanas.

Siempre fue para mí incomprensible cómo puede haber gente que se ría de estas cosas y comencé ya en los tiempos de estudiante, sin pertenecer a ninguna organización ni haber hecho ningún voto, a evitar la menor gota de alcohol para no perder por propia culpa algo de mi libertad de espíritu y dignidad humana.

Cuando en mi presencia se hablaba de un crimen, permanecía luego durante la noche largas horas despierta y desde los oscuros rincones de mi habitación venía hacia mí un especial horror. Una expresión poco delicada que profirió mi madre en mi presencia en un momento de excitación me dolió tanto que aquella situación sin importancia (una discusión con mi hermano mayor) no se me podía olvidar. De todas estas cosas que me hacían sufrir interiormente no decía ni una palabra a nadie. No se me alcanzaba en absoluto el que se pudiera hablar de ello. Sólo en rarísimas ocasiones dejé traslucir algo a mis familiares. Me daba fiebre sin motivo, de manera súbita, y en el delirio hablaba de lo que en el interior me invadía. Mis hermanas me han contado que algunas veces me sucedía esto.

Cuando tenía unos cinco años, mi hermana Frieda leyó en la escuela «María Estuardo», y tuvo ocasión de ir al teatro con mi madre a la representación. Se había hablado del tema en casa y yo, como de costumbre, había captado más de lo que correspondía a mi edad. Mientras ellas estaban en el teatro, fui presa de fantasía febril y con gran excitación gritaba una y otra vez: «Cortadle la cabeza a Isabel». Todavía recuerdo lo persistente que fue esta impresión.

Al año siguiente empecé a ir a la escuela y apenas fui capaz de leer cuando busqué el tomo correspondiente de las obras de Schiller en la biblioteca familiar y fui con él a la cocina, donde estaba mi madre para preguntarle si podía leer en alta voz «María Estuardo». Ella, con toda serenidad, me dijo: «Lee». No recuerdo hasta dónde llegué.

Es lógico que semejantes explosiones alarmasen a mis familiares. Se las denominaba «nerviosismo» y se procuraba protegerme en lo posible de las sobreexcitaciones.

El primer cambio de importancia se operó en mí cuando tenía unos siete años. No sabría decir si fue motivado por una causa externa. Solamente puedo afirmar que entonces comenzó a prevalecer en mí lo razonable. Me acuerdo muy bien de que, a partir de entonces, me convencí de que mi madre y mi hermana Frieda sabían mejor que yo lo que me convenía y de que yo tenía que confiar en ellas y obedecerles libremente. Mi anterior obstinación pareció desaparecer y, en los años siguientes, fui una niña fácilmente flexible. Si desobedecía o me permitía una respuesta inadecuada, pedía enseguida perdón, aunque me costase mucho tal superación, y era feliz cuando se había restablecido la paz. Las explosiones coléricas fueron ya más raras y alcancé pronto un autodominio de tal modo que casi sin lucha podía mantener una paz armónica.

No sé como sucedió esto, pero creo que me curaron de mi defecto el horror y la vergüenza que experimentaba al ver las explosiones coléricas de otros y el vivísimo sentimiento de una falta de dignidad que trae ese «dejarse llevar». Poco a poco fue iluminándose y aclarándose también mi mundo interior. Lo oído y lo visto, lo leído y lo vivido, ofrecían a una viva fantasía materia suficiente para la más fina formación.

Un gran acontecimiento que me ocupó largo tiempo fue el ochenta cumpleaños de una tía abuela, al que se invitó a cien personas de las distintas ramas de la familia. La anciana señora –Ernestine Radlauer, cuyo nombre ya ha aparecido más arriba– había conservado su juvenil alegría y sus inteligentes hijos y nietos lo comprendían y prepararon unas brillantes fiestas. En el amplio programa proyectado figuraba un baile de la época de nuestras abuelas que habrían de realizar ocho parejas de niños, vestidos con trajes de aquel tiempo. Les ensayó la maestra de ballet del teatro de la ciudad, que era una francesa. Mi hermana y yo éramos una de las parejas. Entonces teníamos nueve y siete años. Como éramos de las más pequeñas y no habíamos dado clase de baile, no se tenía mucha confianza en nosotras y se nos puso en segundo término. Pero ya en el primer ensayo Madame Prochère nos puso en primera fila. Quedó entusiasmada de la rapidez con que captaba yo sus ideas y las asimilaba. Me preguntó repetidas veces si quería ir con ella a las clases de ballet. Yo no creí que merecía tal pregunta una respuesta seria por mi parte. Sin embargo, halagó mucho mi vanidad. Erna estaba un poco rígida, pero esto no importaba mucho, pues hacía el papel de «caballero». Le dieron un frac de terciopelo marrón y calzón corto azul claro. A mí un vestidito de tela clara estampada y un peinado alto adornado con rosas. Se nos advirtió que también nos maquillarían. De esto protesté con viveza y para mi alegría se comprobó en la noche de la fiesta que era innecesario en absoluto, pues todas nosotras, por el entusiasmo, estábamos al rojo vivo y no fue preciso más coloretes.

Se nos aplaudió mucho y yo fui conducida hasta la anciana festejada, en compañía de una prima que conmigo compartió el premio de las mejores bailarinas, recibiendo palabras de especial agradecimiento por parte de la homenajeada.

Mi tío David me cogió y, levantándome, me puso en la repisa de una ventana para que todos pudieran ver a la diminuta personita. Esa noche me fijé bien en todos los mayores que bailaban y, finalmente, fui invitada por ellos. En las semanas siguientes, mi hermano Arno, que era un buen bailarín, me enseñó lo que aún me faltaba por aprender. Entonces él tenía veintidós años y era muy alto, por lo que tenía que agacharse para bailar conmigo. Pero este inconveniente no nos molestaba a ninguno de los dos.

Antes de salir de aquella brillante fiesta para volver a casa, una prima encantadora y admirable me regaló la campanilla blanca que ella había llevado en el cinturón. Yo me la puse feliz. A la mañana siguiente, mis hermanas mayores creyeron oportuno decirme que la gente se había admirado de mi mirada coqueta durante el baile. Yo repliqué: «¡Qué ridículo!». El «caballero» con el que coqueteaba era solamente mi hermana Erna. El hecho de que a los siete años comprendiese el reproche y lo rechazase indica suficientemente lo que había en aquella cabecita.

En mis sueños veía siempre ante mí un brillante porvenir. Soñaba con felicidad y gloria, pues estaba convencida de que estaba destinada a algo grande y que no pertenecía en absoluto al ambiente estrecho y burgués en el que había nacido. Hablaba de estos sueños tan poco como de las angustias que anteriormente me habían atormentado. Solamente se percibía desde el exterior que estaba absorta y que me sobresaltaba frecuentemente cuando notaba algo a mi alrededor que me sacaba de mi sueño. Fue algo favorable, dada la exuberante fantasía, el que muy pronto comenzase a ir a la escuela en la que el espíritu tan vivo recibió alimento sólido.

Erna, al llegar a los seis años, comenzó a ir a la escuela, y como yo no podía ir con ella, me sentí muy desgraciada. Me faltaba compañía en casa y por ello me inscribieron en la guardería de niños. Esto lo consideré muy inferior a mi dignidad. El llevarme cada mañana era una verdadera batalla. No era nada amable con mis compañeros y difícil conseguir que jugase con ellos. Mis hermanos se alternaban en el desagradable cometido de llevarme. Recuerdo una vez que le correspondió a mi hermano mayor. Al salir, noté que llovía ligeramente. Inmediatamente le dije que no podía caminar por el suelo mojado y que me volvía a casa o me habría de llevar en brazos. El bueno de Paul me cogió y me llevó todo el camino.

Al medio día mi madre me dijo que una niña tan mayor debía avergonzarse por haberse hecho llevar en brazos. Si es que no lo había pensado, continuó mi madre, debía dar una satisfacción. Esto me costó una gran superación. Mi hermano solía hacer todo lo que yo quería sin obligarme a decir «por favor» ni «gracias». Se pasaba largo tiempo llevándome a cuestas por el cuarto, y mientras yo me agarraba a sus cabellos, él cantaba canciones estudiantiles o populares. Era incansable. Nos divertíamos mucho cuando me enseñaba las ilustraciones de su gran historia de la literatura y me preguntaba lo que representaban, mientras tapaba la inscripción aunque yo no sabía leer todavía.

Al acercarse la fecha en que cumpliría seis años decidí terminar con el odiado jardín de la infancia. Dije que a partir de ese día iría sin más discusiones a la «escuela grande». Éste era el único regalo de cumpleaños que yo quería. Si no se me concedía esto, no quería ningún otro regalo. Aquel año el curso, tras las vacaciones de otoño, se reanudaba precisamente el 12 de octubre. No obstante, no resultaba nada fácil imponer mi voluntad, pues el curso escolar había comenzado ya en Pascua y, aunque podía recitar grandes baladas y con mis hermanos jugar a los naipes literarios, ya que sabía todo lo que contenían las cartas, no sabía aún leer ni escribir.

Mi hermana mayor fue al director de la escuela Victoria y le pidió que me admitiese a prueba. Le garantizaba que me adaptaría. Y, debido a que mi hermana era una magnífica alumna y que había pasado hacía muy poco el examen de magisterio, yo fui admitida gracias a su intervención. El primer día de clase el severo señor director me preguntó si había recibido mi regalo de cumpleaños, y el profesor encargado de la clase de párvulos más pequeños me trajo un paquete con pastillas de chocolate. Al principio me fue difícil el escribir con pluma y tinta, cosa que no había hecho nunca, y leer palabras enteras. Pero para Pascua ya me había adaptado a los demás y ocupé uno de los primeros puestos.

Ya he hablado más arriba de las alegrías y trabajos de la vida escolar. Fui una alumna aplicada. Ya podía adelantarme hasta la cátedra con el dedito índice levantado en señal de que sabía las cosas que preguntaban.

Mis asignaturas favoritas eran alemán e historia. Nada más comenzar el curso devoraba el nuevo libro de lectura y el de historia. Muy de mañana me ponía a leer mientras mi madre me peinaba. Hacer composiciones por escrito constituía un placer para mí. En estas redacciones podía emplear algo de las cosas interiores que ocupaban mi imaginación. No tenía ninguna timidez en comunicárselas a los maestros. Pero, en cambio, no me gustaba nada el que se leyesen en casa y menos mostrárselas a los amigos que venían de visita y a los que se les había dicho algo de mis progresos.

Fuera de la escuela, mi comportamiento era callado y sereno, cosa que asombraba a toda la familia. Pero esto se debía a que yo me había sumergido en mi mundo interior. En parte también se debía a la forma inadecuada con que los mayores acostumbran a tratar a los niños. Cuando comenzaba a hablar de algo que consideraban inapropiado para mi edad, se reían y lo tachaban de innecesaria curiosidad. Por eso prefería permanecer en silencio. En la escuela fui bien considerada. Quizá dijese en las clases algunas cosas que la mayoría de mis compañeras no entendían. Yo no lo percibía y los maestros no lo daban a entender más que distinguiéndome con buenas notas.

CAPITULO TERCERO

Preocupaciones y desavenencias familiares

1

(Aquí faltan 28 hojas del manuscrito) *

... prefería tenerlo para sí sola y no compartirlo con sus muchos familiares. Pero cuando ella estaba en el balneario y el tío solo en casa, entonces invitaba a todos sus hermanos acompañados de todos sus hijos. Lo veo aún en la escalinata que conducía al jardín. Se nos repartió la merienda fuera, sobre el césped, y sus ojos brillaban de alegría, mientras nos animaba a hacer honores a la comida. Cuando le visitamos por última vez, ya no vivía en aquella casa tan bonita. Había tenido que abandonarla y cambiarla por una vivienda alquilada. Pero en aquella ocasión estaba especialmente bondadoso y complaciente. Nos ponía sobre sus rodillas y nos preguntaba detalladamente por nuestras ocupaciones escolares.

Tenía yo entonces diez años. Creo recordar que, no mucho después, recibimos la noticia de su muerte repentina. Mi madre fue a su casa, a pesar de que era día de trabajo y hora en que el negocio estaba abierto. Se produjo una gran conmoción en toda la familia. Los niños no podíamos estar en los detalles, pero poco a poco se fue filtrando que se había dispa-

* Falta un cuadernilo de 28 hojas (páginas 162-190 del manuscrito). La última página del cuaderno anterior, la 161, permite reconocer claramente que, más allá de su mitad, comienza un nuevo apartado. Esta parte, desde la página 161, está cortada y en todo caso desprendida del manuscrito.

rado un tiro. Le habían llevado a ello las preocupaciones de los negocios. La dirección que llevaba sobre ellos era intachable, pero había ayudado a sus hermanos que estaban en dificultades, uno en Rumanía y otro en Breslau, y fue arrastrado en su ruina. Cuando ya no vio ninguna salida para satisfacer a sus acreedores, no quiso sobrevivir a la pérdida de su honor.

Más tarde se tuvo la impresión de que hubiese sido posible el arreglar las dificultades. Si no recuerdo mal, éste fue el primer entierro en el que participé. Nos sentamos delante con nuestra madre entre los familiares de luto en la antesala de la capilla ardiente. Los parientes más lejanos y los amigos pasaban por delante de nosotros y nos daban la mano en señal de condolencia. Mi madre, mirándonos a nosotros, dijo: «Era vuestro segundo padre».

Se abrieron las puertas de la capilla ardiente y todos entraron a la vez. Nos recibió una música grave y vimos toda la habitación solemnemente adornada. Al fondo estaba el féretro, encuadrado por unas macetas y cubierto por completo de flores. El rabino inició la oración fúnebre. Yo ya había escuchado otras oraciones semejantes. Eran un resumen de la vida del muerto, en que se realza todo lo bueno que había hecho durante la vida, removiendo el dolor de los familiares y sin que por ello se recibiese ningún consuelo. Por fin, con solemne y engolada voz, dijo el rabino: «Si el cuerpo se convierte en polvo, el espíritu vuelve a Dios, que es quien se lo dio».

Pero, detrás de todo esto, no había una fe en una pervivencia personal y en un volver a encontrarse tras la muerte. Yo tuve una impresión totalmente distinta cuando al cabo de muchos años participé en un culto funerario católico, por primera vez. Se trataba del entierro de un sabio famoso. Pero nada se dijo en la oración fúnebre de sus méritos, ni del apellido que había llevado en el mundo. Solamente se encomendaba a la misericordia de Dios su pobre alma mediante el nombre de pila. Ciertamente, ¡qué consoladoras y serenantes eran las palabras de la liturgia que acompañaban a los muertos a la eternidad!

Siempre era terrible el momento en que al final de la ceremonia, los portadores del féretro lo levantaban y lo llevaban fuera. Los miembros del duelo los seguían de dos en dos hasta el cementerio, donde esperaba la tumba abierta. De nuevo otro trance espantoso: el descenso del féretro y el golpe sordo en la tierra. Sin embargo, a mí me consolaba, al llegar mi turno, arrojar tres paletadas de tierra en la sepultura. Era como el último saludo. Para terminar se hacía una oración nuevamente en la cámara mortuoria.

Un año más tarde, justamente por la misma época, tuvimos un golpe parecido. El hermano más joven de mi padre, que se había quedado con el negocio de los abuelos en Gleiwitz, puso también fin a su vida por dificultades económicas. No le conocíamos mucho, pues nos visitaba pocas veces. Pero un suceso así, tan semejante al anterior, nos conmovió profundamente. Yo tuve la experiencia de que un suicidio es algo terrible, distinto por completo a lo terrible que es la muerte como tal. Mi madre, con su inquebrantable lozanía de vida, solía decir en semejantes casos que sólo se podía explicar un fin así por una perturbación del espíritu. En personas sanas no podía darse.

Más tarde he reflexionado sobre esta posibilidad y sobre la frecuencia del suicidio entre los judíos y encontré otra explicación. Y es que la lucha económica contra los judíos, que produjo en los pasados años tantas ruinas, ha sido también la causa de un espantoso número de suicidios. Creo que hay una relación entre la incapacidad de mirar con ojos serenos y aceptar el hecho de la ruina de la vida externa, con una concepción pobre sobre la vida eterna. La pervivencia personal tras la muerte no es un dogma de fe. Todo el impulso y esfuerzo vital se centra en el aquí, en lo presente. Incluso la piedad de los devotos está dirigida hacia la salvación de esta vida. El judío es capaz de ser tenaz, esforzado e incansable, soportar privaciones años tras año, pero en tanto en cuanto tenga ante sus ojos la finalidad de sus esfuerzos; pero si se le quita esto, su capacidad de tensión se rompe. La vida se le aparece como carente de sentido y con gran facilidad llega al rechazo absoluto de todo. Sin embargo, para el verdadero creyente, la sumisión ante la voluntad de Dios es algo que se mantiene como una realidad.

Nuestro tío de Gleiwitz dejó seis hijos. Las dos mayores, que eran gemelas, hubieron de interrumpir un viaje de recreo que estaban haciendo, cuando les llegó la noticia. Habían estado muy mimadas, no se habían capacitado hasta entonces para ningún trabajo serio. Se las envió a Breslau para hacer un curso en una escuela de comercio y capacitarse lo más rápidamente posible para las actividades comerciales. Tuvieron que separarse y vivir con las hermanas de su madre. Hasta entonces las habíamos tratado muy poco. Ahora nos visitaban muchos domingos y desahogaban su corazón con mi madre. En una ocasión, y en medio de lloros, se confiaron a mi madre y se quejaron de que los parientes no las trataban cariñosamente. Mi madre les dijo: «Venid a casa». Les parecía increíble, pero pudimos notar el entusiasmo que despertó en ellas la proposición. Sus tías también recibieron la noticia con alegría. Una de ellas no tenía hijos, la otra sólo una hija. El traslado se dispuso rápidamente. Por aquel entonces no teníamos todavía nosotros casa propia. Les cedimos una habitación amplia para las dos, y nosotros nos estrechamos un poco. En nuestra familia siempre hemos estado bien dispuestos para acoger huéspedes. No recuerdo bien cuánto tiempo vivieron con nosotros las dos primas. Más tarde se casaron y mantuvieron siempre con mi madre una relación llena de gratitud.

Dada la amplitud de nuestra familia y el profundo sentido de solidaridad de todos sus miembros, no podían faltar, por una parte o por otra, preocupaciones y angustias que compartir. Nuestras hermanas mayores tenían que turnarse para acompañar al balneario a una tía enferma, para asistir a otra que se había sometido a una difícil operación, para cuidar a una tercera en el sobreparto. Cuando llegaba una llamada telefónica de Berlín, o de cualquier otra parte, entonces mi madre no se paraba a pensarlo, sino que daba la orden sin más dilación a una de sus hijas: «Prepárate para el viaje».

Pero, más que por las enfermedades, la familia se mantuvo en tensión durante unos años por otra preocupación. Entre los 14 hermanos de mi madre hubo una «oveja negra», su hermano Siegmund, unos años más joven que ella. Era un hombre bonachón, que poseía, como mi abuelo, el placer de regalar y que, cuando venía a casa, acostumbraba a traer algo para cada niño. Contaba con muchas aptitudes para ser un hábil comerciante, sobre todo por su capacidad extraordinaria para el cálculo. Pero carecía de la rígida rectitud de sus padres y hermanos, y era fácilmente vulnerable a los peores influjos. Le gustaba el despilfarro, y no menos a su mujer. Así que vivieron siempre por encima de sus posibilidades, teniendo que intervenir los hermanos una y otra vez para ayudarle a restablecerse.

En un principio vivieron en Glatz con sus tres hijos, después, por unos cuantos años, en Breslau. El más pequeño de los hijos era el preferido de mi madre y el que mejor se llevaba con nosotras. Los hijos se daban perfecta cuenta de que su propia madre estaba incapacitada para tratarlos. Cuando se ponía inaguantable con su refunfuñeo machacón, la cogía del brazo el mediano, la llevaba a otra habitación y la encerraba allí. Cuando en cierta ocasión estaba en nuestra casa, abrazado a mi madre decía: «¿Por qué nuestra madre no es como tú?»

Quien más sufrió por ella fue el mayor, ya que era del todo diferente a los demás hijos. Aunque sólo tenía pocos años más que nosotras, no tomaba parte en nuestros juegos. Ya desde pequeño ponía en apuros a la gente mayor con sus incesantes preguntas, a las que no sabían dar respuesta alguna. Más tarde prefirió centrarse en los libros. Le interesaba todo lo cognoscible, pero era sobre todo un estupendo matemático.

A la ruina del negocio de Breslau se unió el desgraciado final de nuestro tío Jakob. Con este motivo se produjo un desagradable enfrentamiento comercial, que tuvo como consecuencia que los hermanos se distanciasen de este matrimonio. Mi madre sufrió mucho con estos incidentes. Para ella resultaba doloroso el percibir cómo se ensombrecía el buen nombre de su padre y presenciar las rupturas de sus hermanos. Pero, aunque a lo largo de muchos años no se encontró con su hermano, mostró siempre para los hijos una cordial disposición y espíritu de ayuda. Se alegraba cordialmente de que fuesen buenos e inteligentes y que supliesen con su responsabilidad lo que habían descuidado los padres al educarles.

El preferido de los sobrinos era Ernst, que con su padre y su madre se fue a Berlín, y fue el que más largo tiempo permaneció junto a ellos. Ya dije que murió durante la Gran Guerra. El segundo, Fritz, fue enviado por la firma en la que adquirió su preparación comercial, a Roma y todavía hoy tiene allí su trabajo. Richard, el mayor, siguió en Breslau y se ganaba la vida dando clases de matemáticas, con lo que se sufragaba los gastos del bachillerato primero y de la Universidad después. En el anteúltimo curso preparaba ya a otros para el examen de bachillerato, y como a él no se lo permitieron, abandonó el Instituto y aprobó el examen de bachiller como externo. Luego comenzó a estudiar matemáticas y, tras varios semestres, llegó a ser asistente de David Hilbert en Göttingen. Habilitándose allí, logró el puesto de profesor del segundo director de los matemáticos de Göttingen, Félix Klein (con la «purga» en la Universidad de los «no arios» perdió su puesto. Ahora prepara su emigración a América).

Durante su estancia en Breslau nos visitaba con frecuencia. Durante algún tiempo comía con nosotros una vez a la semana. Nos alegraba mucho, porque tenía siempre chistosas ocurrencias. En medio de su tono humorístico, tenía, sin embargo, conversaciones muy serias con mi madre sobre cómo podría ayudar a sus padres y cómo apartar a su padre de los negocios poco sólidos. Enfocaba las relaciones con sus padres de una manera aguda y clara, manteniendo siempre con ellos una relación correcta, y no se dejaba llevar por su pasión de hijo. Cuando hablaba de todas estas cosas, nosotras no sabíamos si reír o llorar, dado su tono cómico e incisivo a la vez.

A estas grandes contrariedades familiares vinieron a añadirse otras más leves, pero que también ocasionaban a mi madre profundo dolor. Los hermanos Courant estaban muy unidos, pero, por su carácter susceptible y espíritu de contradicción, discutían frecuentemente y llegaban a estar durante mucho tiempo sin dirigirse la palabra y hasta evitaban el encontrarse. Las hermanas, pacificadoras y sensatas, sufrían mucho con estas cosas e intentaban ser elemento de reconciliación. No era asunto fácil. Cuando la reconciliación entre aquellos dos testarudos se producía, la alegría de las hermanas era inmensa. A continuación se manifestaban todas las muestras posibles de deferencia, y se atrevían a estar de nuevo juntos, sin haber aprendido de la experiencia, por lo que resultaba imposible evitar un nuevo enfrentamiento, dada su forma de ser.

2

Junto con las grandes y pequeñas preocupaciones de la familia extensa se registraron constantemente sucesos emocionantes en la nuestra doméstica. Ya he mencionado cuán reciamente se resistió mi madre al noviazgo y matrimonio de mi hermano Paul. Su boda fue la primera en la que participé. Por supuesto, la alegría de la fiesta fue tan grande para nosotros, los niños, que olvidamos la pena de nuestra madre al respecto. ¡Y qué orgullosa estaba yo, cuando a mis diez años fui tía por primera vez! También mi madre acogió enseguida en su corazón a su primer nieto. Mas las escasas atenciones que tenía el pequeño Gerhard por parte de su madre, fueron para ella fuente inagotable de irritación. Cada visita a la «genial» morada de mi cuñada le suponía un esfuerzo penoso. La feliz joven madre nunca había visto anteriormente a un recién nacido. Estaba muy defraudada, porque su pequeño no vino al mundo con largos rizos rubios.

Mi madre se ponía casi fuera de sí cuando su nuera aseguraba una y otra vez que esta inexperiencia nada significaba y que el «instinto materno» todo lo supliría. De hecho, este «instinto» no evitó que el robusto y sano hijo cayese en un lamentable estado. Entonces mi madre trajo al pequeño con nosotras, y con los cuidados esmerados de la abuela y tías pronto desaparecieron todos los males. Este proceder volvió a repetirse con cierta frecuencia. Cada vez que mi madre hallaba al niño enfermo o sin la atención suficiente, lo envolvía en una manta grande, pedía un taxi y lo traía a casa. Gerhard pasó en nuestra casa todos sus achaques infantiles. Por supuesto que la abuela, al atraer a todos los niños, era su soberana y postergaba a los padres.

Esto explica que la madre estuviese celosa. Al segundo hijo, el pequeño Harald, lo pudimos ver pocas veces. Murió a sus dos años de una escarlatina mal curada. Desde entonces Gerhard sería el hijo único. En los primeros años nos visitaba a diario, cuando no permanecía semanas enteras con nosotras. Al principio venía del brazo de la señorita. Por entonces tenía rizos oro rubio realmente hermosos, además de grandes ojos oscuros. Puede decirse que era una criatura guapísima que, ahora sí, respondía a todo lo que su madre soñara. Cuando se le llevaba en el tranvía con su pequeño abrigo y capucha, se decía: «Viene el niño Jesús». Pudo andar y hablar antes de cumplir el año; a los dos comenzó a ir de compras por sí solo en el vecindario. Sucedía que se escapaba por la puerta del patio, en el que jugaba a solas, para comprar en la casa de al lado una bolsa de cerezas y añadía: «La abuela lo pagará». Con tres años venía él solo a nuestra casa en el tranvía. Era llevado de casa a la parada y, a su vez, nosotras lo íbamos a buscar. Todos los cobradores lo conocían. A veces los alarmaba que no se apease junto a nuestra casa. Al advertírselo, él decía que no con un movimiento reposado de mano. En la siguiente parada se bajaba todo gallardo y tomaba el camino hacia el almacén de maderas, que constituía, también para él, un paraíso infantil.

Este niño encantador, con sus ocurrencias graciosas, era, naturalmente, una inagotable fuente de alegría para la abuela y para todos nosotros. Pero cuando llegó a ser un poco mayor, su madre esgrimió todos los recursos a su alcance para atraerle y desligarle de nosotros. Tan pronto como comenzó a ir a la escuela, ella hacía con él los deberes, que le absorbían cada vez más. Los talentos brillantes de los primeros años desaparecieron; no obstante todos los esfuerzos, se quedó en un escolar mediocre. Cuando alguna vez me encargaba de él, no tardé en advertir el motivo: era increíblemente distraído, tenía mil cosas en la cabeza y era incapaz de concentrarse más de cinco minutos en una tarea. En contraste, su concentración era total cuando se trataba de juegos autoideados. Cuando venía a casa, cogía todas las sillas que había para acoplarlas como si fuese un tren. Cuando ya estaban listos los preparativos, de ordinario se había pasado el tiempo y debía regresar a casa.

Más adelante su ocupación predilecta fue colocar las instalaciones eléctricas; tampoco éstas llegarían jamás a estar acabadas. Cuando ponía la casa patas arriba, hasta pretendía que todas sus tías se convirtieran en ayudantes de trabajo, entonces dejaba de ser un huésped grato. Tuvo que oír largos sermones de su tía Rosa, que, en esos tiempos, como señora de la casa, era quien llevaba la carga principal. Mas no por eso se inmutaba lo más mínimo.

Las tías no esperaban que llegase a ser algo una vez aprobado el bachillerato y comenzados los estudios en la Escuela Superior Técnica. De hecho, la planificación de sus tareas siempre le ocupaba un tiempo increíblemente largo. Sin embargo, logró acabar la carrera.

Una tarde pidió a sus padres que se presentasen con él en casa de la abuela. Apareció con levita y sombrero de copa y nos comunicó que acababa de aprobar su examen de doctorado. Éste fue un día en el que todos estuvieron de nuevo contentos con él. En los restantes, la abuela tuvo frecuentes desazones del, en otro tiempo, su predilecto. Cuanto mayor se hacía, tanto más aumentaban las singularidades de su madre para con él. La admiración de que era objeto en casa lo hizo presumido y egoísta. Los padres debían sucumbir a sus deseos; él mismo les había perdido el respeto. Su padre a menudo sufría por ello, mas no fue capaz de hacerle cambiar en nada. En su profesión supo imponerse: en primer lugar fue asistente en la Escuela Superior Técnica de Breslau durante largos años. Más tarde se colocaría en la AEG de Berlín, con la posibilidad de trabajar en su instituto científico. A causa de la ola antisemita le sería quitado el puesto así como la perspectiva de una carrera académica.

3

Si la boda del hijo mayor había proporcionado tantas pesadumbres a mi madre, la noticia del compromiso de la hija mayor se recibió como un gran mensaje de alegría. Else había sido siempre para ella la que más preocupación le había dado. Una vez hubo terminado los estudios de Magisterio, estuvo en varias familias como profesora particular, unas veces en Breslau, sólo ocupada por las tardes como auxiliar de escuela, otras en distintas poblaciones de provincia, encargada de la enseñanza y educación de niños. Tenía alma de educadora, influía fuertemente en sus educandos y la querían mucho. Pero no permanecía mucho tiempo en ninguna parte. Algunas veces encontró motivo para cambiar de colocación en los celos de las madres de los niños ante una maestra bella y joven. Sin embargo, con mucha frecuencia, las relaciones con los niños perduraban. Mi hermana es, por lo general, una fiel amiga y ha mantenido a lo largo de toda la vida lazos afec tivos con maestras y compañeras de estudio.

Desde que obtuvo el diploma, todo su empeño se centró en obtener un puesto en la escuela. Esto era casi imposible en Prusia para una judía. Por ello siguió el consejo de una amiga y pensó en Hamburg. Le satisfizo mucho conseguir en aquella ciudad una escuela privada, aunque no debía durar mucho tiempo en este puesto. En Hamburg se encontró con un familiar, un primo de nuestra madre que se había establecido allí hacía años como dermatólogo. Fue en septiembre de 1903 cuando recibimos la noticia de su compromiso matrimonial.

Aún recuerdo con toda claridad las circunstancias de todo ello. Era un hermoso domingo y toda la familia estaba invitada por un cliente a su huerto espléndido, para hacer un buen uso de las maduras ciruelas y llevarse consigo tantas cuantas pudiera recolectar. Gerhard en esta ocasión se portó admirablemente. Estaba sentado con su vestidito blanco de encajes sobre la hierba debajo de un árbol frondoso. Cogió una gran manzana con ambas manitas, y la comía con gozo. A la manzana le siguieron un par de ciruelas, después otra manzana, y así sucesivamente. Cuando al regreso a casa reclamaba la fruta que había cogido, y su padre creía que ya era suficiente, acudía a mí para decir en tono lastimero: «Edi, él no da nada» (de pequeño hablaba con un fuerte acento de la Silesia, si bien nadie de la familia lo hacía, a excepción de mi madre cuando se descuidaba y caía en la entonación de su tierra natal, Ohlau).

En medio del alborozo de la recogida de la fruta llegó la carta urgente desde Hamburg, en la que Max Gordon comunicaba en pocas palabras a su prima Gustel que se había comprometido con su Else. Más tarde mi hermana nos contaría que le había dado a examinar la carta antes y que solicitó su aprobación para el envío. De esta manera se llevó a efecto el compromiso. También fue desacostumbrado el noviazgo, que duró sólo dos meses. Else permaneció hasta octubre en el puesto de la escuela, viniendo después a casa por muy poco tiempo. En su ausencia preparamos el ajuar febril y gozosamente. Se examinaron catálogos. Mucho se compró hecho, pero se confeccionó más en casa. Vino una costurera de ropa blanca, bajo cuyas habilidosas manos surgían asombrosas obras de arte en lienzo, en damasco y con bordados suizos. Mi hermana Frieda colaboró diligentemente. En tiempo de vacación escolar nosotras también pudimos echar una mano. En ocasiones vinieron para lo mismo nuestras primas. Entonces nos sentábamos en un gran círculo, cosíamos, bordábamos y alguien leía algo divertido. Finalmente estuvo todo concluido. Tanta exquisitez desapareció en grandes cajas y se expidió hacia Hamburg. Nos desilusionó que la boda se celebrase en Hamburg y que no pudiéramos estar presentes. El nuevo cuñado nunca viajaba, a no ser —rara vez— dos días de vacaciones para ver a su madre en Berlín. No quería desatender su consultorio ni tampoco coger sustituto, ya que estaba en pie de guerra con sus colegas. Mi madre tuvo que acceder a muchas cosas, que en modo alguno coincidían con su modo de pensar. Lo más doloroso fue que la pareja no quiso saber nada de una boda religiosa. Ninguno de los dos era creyente. Fue un gran sacrificio el hecho de que mi madre, a pesar de todo, accediese a la boda... * del cuñado, que se ponía hecho una furia ante cualquier discordancia con él. Se había formado él una serie de

* Aquí faltan 4 hojas del manuscrito; la página 219 es la última hoja del cuadernillo anterior; faltan las páginas 220--224; la página 225 está como hoja suelta ante el siguiente cuadernillo, que comienza con la página 226.

teorías que le habían ganado la agria oposición de su entorno y le dificultaban la convivencia con los demás. Tuvo repetidos choques y hasta, en ocasiones, largos enfrentamientos judiciales con el cuerpo médico de Leipzig, cuya idea del «honor profesional» no pudo asimilar.

Como joven médico se había instalado en Hamburg, dando a conocer su consulta a través de anuncios regulares en los periódicos. Dada la especialidad (enfermedades de piel y sexuales), y en una ciudad portuaria, con constante afluir de extranjeros, tenía el éxito asegurado. La asociación médica vio tales formas comerciales como una «competencia desleal» y una ofensa al «honor profesional». Mi cuñado no podía entender por qué a un médico capaz y concienzudo no se le permitía tratar a los enfermos que reclamaban asistencia de una manera sencilla y práctica. Consideraba que el celo de los colegas por el «honor profesional» no era más que enmascaramiento de la envidia profesional. Permitió con la mayor tranquilidad que se le excluyese de la asociación médica y que se le aislase también socialmente. En repetidas ocasiones se defendió en buena conciencia con gran agudeza y con auténtica furia. Quien osaba hablar sobre el tema tocaba, por supuesto, su herida abierta.

Por lo demás, Max era amable y no dado a perder la paz. En esto era bastante agudo, ya que no toleraba en modo alguno oposición a sus pareceres. Los cambios en el tratamiento médico durante el último decenio supusieron nuevas dificultades. Siempre fue enemigo del seguro de enfermos, porque decía que, a causa del gran aumento de los seguros existentes, un concienzudo tratamiento sería imposible. Se mantuvo en ello, aun cuando se extendió el sistema de Seguridad Social y disminuyó cada vez más el número de pacientes privados, al igual que sus ingresos. Cuando empezó a aplicarse el salvarsán para la sífilis, no quiso aceptar este nuevo y jubilosamente saludado tratamiento y siguió aferrado a sus viejos y tradicionales métodos. En consecuencia, su consultorio poco a poco se fue reduciendo al mínimo; además, su actuación comportaba el riesgo de choque con los otros por tales concepciones opuestas.

En todas estas dificultades también estaba implicada, por supuesto, su mujer. Ella amaba y alababa a su marido y en su ausencia defendía a muerte sus opiniones, apasionada como era. Sin embargo, esto no le impedía contradecirle en cada ocasión; así que, a pesar del mutuo afecto, no había paz en la casa. Desde un principio fue muy difícil para mi cuñado constatar que nada podía contentar a mi hermana en Hamburg y que continuamente se lamentase de la soledad y suspirase por «ir a casa», añorando a sus parientes. Precisamente al año de la boda, con motivo de hallarla deprimida y tras investigar las causas, ella le expuso que ansiaba mucho «a los niños». Esta respuesta le confundió un tanto —el nacimiento del primer hijo era esperado para dentro de unos meses—. Después vendría la aclaración: los «niños» eran sus hermanas pequeñas. Rápidamente y con gusto dio los permisos para invitarnos en las vacaciones de verano. El viaje a Hamburg fue para nosotras un gran acontecimiento.

Hasta entonces nunca habíamos ido tan lejos; además, todavía no conocíamos a nuestro cuñado. Teníamos todos los motivos para entusiasmarnos. Él nos recibió con cordialidad fraterna y nos colmó de atenciones. Lo interesante de Hamburg nos lo enseñó nuestra hermana, porque él no disponía de tiempo para ello. Pero el domingo salió con nosotras y fuimos un público más agradecido que nuestra hermana, nos condujo al «Alterspavillon», pudiendo elegir para el café pasteles o tortas a nuestro gusto..., entre un elegante público internacional de turistas, disfrutando de la vista sobre el «Binnenalster», con tantos buques de vapor y veleros o cuando, en el hermoso restaurante del ayuntamiento, se nos ofreció una comida, un placer desconocido. Muy divertidas fueron también para nosotras las bromas de nuestro cuñado, quien raramente decía una palabra en serio y que disponía de abundante acopio de dichos para cada una de las circunstancias. La mayoría de las veces se trataba de una bonita anécdota que después era contada oportunamente en tono serio. Le escuchábamos con gran entusiasmo tocar el piano y cantar durante horas. No había recibido muchas lecciones, pero tenía un fino sentido musical y había alcanzado gran destreza a base del ejercicio constante. Además, era un cómico de nacimiento; uno de sus hermanos había elegido precisamente esta profesión. No tuvo la culpa nuestro cuñado de que Hamburg, a pesar de todas estas alegrías, con el pasar de los años, perdiera su atractivo para nosotras ni de que no accediésemos al deseo de mi hermana de pasar todo el tiempo libre con ella. Todo dependió de las descritas relaciones domésticas insoportables, que poco a poco fueron tomando cuerpo.

Cuando llegaron los hijos, aumentaron las dificultades. El telegrama que nos anunciaba el nacimiento de la primera hijita llegó en un día memorable. Fue el 27 de septiembre de 1904, y mi madre estaba ocupada con todo el personal, para llevar a efecto la mudanza del gran almacén de madera a locales propios recientemente adquiridos. Cuando mi hermana Erna llevó la buena nueva desde casa al negocio, dirigiéndose al amo del carruaje que se ocupaba del traslado, le dijo: «Tengo que partir ahora. Le encomiendo todo a usted. Y confío en que todo esté bien cuidado». Éste era uno de aquellos amigos del negocio que la reverenciaban como a una madre. Asumió el encargo con alegría y orgullo. Mi madre fue a casa, se preparó para el viaje y partió el mismo día. Para ayudar en el parto ya se encontraba en Hamburg mi hermana Frieda. El ginecólogo que trató a mi hermana se burlaba después del parto, porque no cesaba de repetir: «¡Telegrafíen! ¡Telegrafíen!» Se alegró al ver a la madre, que con tanta ansiedad había sido reclamada. En la elección del nombre pudimos votar todos. La pequeña recibiría el nombre de pila sobre el que sus tías se pusieron de acuerdo: Ilse. Además, se le añadió el nombre de la abuela por parte del padre: Mathilde; más el nombre de la amiga que había llamado a mi hermana a Hamburg: Felicitas. La pequeña Ilse Mathilde Felicitas era una niña delicada. Su madre misma era una persona delicada, y, por si fuera poco, había permanecido en el trabajo escolar hasta poco antes de la boda, lo que la fatigó mucho. Padecía constantes dolores de cabeza, y durante el embarazo le fue francamente mal.

Cuando estuvimos nosotras en Hamburg escasos meses antes del nacimiento de la niña, nada se nos reveló del inminente acontecimiento. Entonces todavía éramos niñas y en casa no se hablaba con nosotras de estas cosas, si bien, desde hacía largo tiempo, estábamos «ilustradas» a través de las amigas. Mi hermana, más tarde, siempre me alabaría lo atenta que había estado yo con ella durante aquellas semanas, cómo la ayudaba a subir y bajas las escaleras, etc., aunque oficialmente yo «nada sabía». Sin embargo, al regreso de nuestras vacaciones se rompió el secreto, porque los «mayores» no se atrevieron a expedir el encantador ajuar del bebé sin mostrárnoslo.

Mi hermana no pudo permitirse el alimentar ella misma a sus hijos; a veces lo intentaba, hasta que la obligaba a dejarlo el siguiente bebé. Ellos se desarrollaron bien. Ilse fue siempre delicada, aunque sana: los otros, ya desde el nacimiento, fueron niños fuertes. La primera poseía un mayor apego a la madre y era tímida ante personas extrañas. La abuela nada pudo inventar en sus visitas para que quisiera venir con ella cuando, por el contrario, todos los niños se sentían atraídos. Más tarde esto cambiaría. A los niños les fue infundido el nostálgico amor de la madre por los suyos, y suspiraban constantemente por Breslau y por su visita.

Antes mi madre casi nunca viajaba; únicamente iba regularmente «a casa», es decir, a Lublinitz, para visitar a los hermanos y las tumbas de los padres, así como la pequeña tumba de los niños que había dejado allí. Para esto no necesitaba más que el domingo. Raramente hubo alguna corta visita a los hermanos de Berlín. Su hermana más joven, Emma, estaba casada allí; después de la muerte de los padres, había sido cuidada por los hermanos como una hija. A lo largo de su existencia se mantuvo algo infantil. Cuando mi madre iba alguna vez allí sorpresivamente, y el joven cuñado le abría la puerta, la cogía en brazos y la llevaba hasta su mujercita. Toda la familia, padres y tres hijos, fueron con frecuencia nuestros huéspedes en vacaciones.

Para mi hermana Else no había nada superior a la visita de mi madre. En los primeros años iba allí todas las Navidades por ocho días. Esto suponía una ausencia demasiado larga para ella y para nosotras. Aunque, por otra parte, tampoco la teníamos todo el día con nosotros; la casa durante esa semana nos parecía muerta y vacía, y no sabíamos qué hacer. Ella, a su vez, no se sentía menos incómoda. Jamás estuvo enferma, pero ante el clima desacostumbrado de Hamburg comenzó a padecer frecuentes dolores reumáticos. Siempre fue duro para ella residir tanto tiempo en una casa que no fuese gobernada con orden ritual. Poseía por lo general un sano apetito y podía comer fuerte; pero allí le repugnaba todo. Lo que más la hacía sufrir era su disconformidad con la dirección de la casa de la mayor de las hijas y la manera de conducirse con su marido e hijos. Las amonestaciones maternas, en las que no se ahorraba nada, fueron del todo infructuosas, pues Else no estaba dispuesta a reconocer los fallos. Y así, había constantes controversias que enturbiaban la alegría del estar juntas. Casi eran peores sus visitas a Breslau, porque entonces arremetía contra una falange cerrada.

Cuando vino al mundo el segundo hijo, me encontraba yo en casa de mi hermana. En Pascua de 1906 había dejado la escuela y, a petición de Else, fui a su casa para hacerle compañía y para ayudar al mismo tiempo que para aprender la administración doméstica y atender a los niños. Tenía billete de ida y vuelta válido para seis semanas; nadie lo utilizaría para el regreso, y me quedé allí. Como benjamina consentida en el alegre círculo de hermanos y familiares, yo había disfrutado en casa de una vida tranquila y agradable. No obstante, nunca expresé el deseo de volver al hogar. No me atrevía a hacerlo, porque sabía el daño que proporcionaría con ello a mi hermana. Era quince años mayor que yo; me había cuidado con gran amor cuando era pequeña, y aún hoy me asegura que me quiere igual que a sus propios hijos. Cuando llegué, no tenía más que a Ilschen; tenía año y medio, y mi principal tarea consistía en cuidar de ella. No era medrosa y, por ello, se familiarizó enseguida conmigo; se hallaba tan a gusto conmigo como con su madre. Por lo general, los niños se sentían siempre atraídos hacia mí y estaban pendientes de mí, aunque no me ocupase de ellos.

Al principio dijo mi cuñado a mi hermana (no en mi presencia, pero después me lo ha contado ella repetidas veces) que cómo podía confiar un hijo a una señorita soñadora. Ella respondió con energía: «Esta señorita es mi hermana». Efectivamente, podía fiarse de mí. Cuando en verano nos visitó la que sería más tarde nuestra cuñada Martha, de América, algunas veces se iba mi hermana con ella toda la mañana de compras, cargándome a mí los dos pequeños y todo el trabajo de la casa. A pesar de todos los incidentes que por entonces se sucedían a menudo, mi cuñado encontraba la comida a la hora —siempre llegaba puntualmente— y a los niños atendidos. El 5 de junio nació el segundo hijo. Era una criatura fuerte. Después de haber puesto a su hermana tres nombres, éste no iba a ser menos, y su padre lo tuvo por justo. Esta vez las tías no estaban de acuerdo; la mayoría se inclinaba por Werner, una pequeña minoría por Ulrich. En el segundo puesto iría el nombre de mi padre. Y así se llamó Werner Siegfried Ulrich. Durante unos días vino una experta matrona, después cuidaría yo a la madre y al hijo. Mi hermana pronto se levantó y volvió a su trabajo, pero siguió necesitada de atenciones y cuidados.

El pequeño era un verdadero sol que irradiaba alegría y cariño hacia cualquiera. Cuando al año siguiente fue por primera vez a Breslau, todos estaban entusiasmados con él. Aquí se convirtió en el preferido. Como yo lo conocía desde los primeros días, tenía una especial predilección por mí. Con una máquina que por entonces me regalaron hicimos muchas fotos, puesto que la huésped americana había comenzado a fotografiar. Mi hermana pegaba con mimo las fotos en un álbum. Al comenzar los niños a hablar, se puso también a registrar sus gracias infantiles. Creo que el tiempo que estuve allí fue el mejor de la vida matrimonial de mi hermana. Pudo tener entonces la compañía por la que siempre suspiraba. Hacíamos todos los trabajos en común; participábamos en la alegría de los pequeños y en sus cuidados. Cuando por las noches dormían ya los niños y nos quedaba tiempo hasta el regreso de mi cuñado, de ordinario leíamos algo juntas. Y si ocasionalmente venía alguna chica (caso raro), íbamos de vez en cuando al teatro o a un concierto. A pesar de ser yo tan joven aún, Else hablaba conmigo abiertamente acerca de todo. Por lo general, yo escuchaba tranquila y sin ánimo de contradecirla. Si en ciertos momentos me sentía con la obligación de manifestar una opinión diferente, lo hacía con tanta serenidad que nunca llegamos a controversias airadas.

Puesto que mi hermana estaba contenta, mi cuñado lo tenía más fácil. Yo le estimaba mucho y me alegraba cuando al mediodía o por la noche regresaba a casa desde el consultorio. Su primera pregunta solía ser: «Edith, ¿cómo andan los valores?», y entonces comenzaba yo a examinar el boletín de cotizaciones. Max había comenzado a especular algo en la bolsa de manera precavida y con rigor matemático, para tener algún otro asidero, por si la consulta no alcanzase para mantener a la familia.

Y así, me quedé diez meses en Hamburg. Mi madre no me exigió regresar, si bien, a buen seguro, echaba de menos a su pequeña. Cuando más feliz se sentía, era cuando tenia a sus siete hijos en torno suyo. En ella pesaba el mismo motivo para no pedirme regresar que el que me decidió a permanecer: el temor a hacer sufrir a mi hermana. Mis otros hermanos no comprendían mi prolongada estancia tan lejos; les parecía como una falta de afecto. Hasta que por fin llegó una enérgica llamada. La ocasión fue la grave enfermedad del pequeño Harald, el segundo hijo de nuestro hermano mayor. En realidad, yo podía ayudar tan poco como los demás, pero ante la amenaza de un duro golpe, lo mejor era que la familia entera estuviese reunida. Desde entonces he estado únicamente dos veces en Hamburg temporadas largas (es decir, en vacaciones de verano); después, las visitas fueron más cortas y coyunturales. No por ello se rompió la relación; mi hermana me escribía asidua y detalladamente, y, además, si era posible, venía una vez al año a casa. Mientras los hijos fueron pequeños, los traía consigo.

Al nacimiento del tercer hijo estuvo Rosa de ayudante. Pero Erna y yo conocimos a la pequeña Anni Martha Erika todavía lactante, pues fuimos allí en vacaciones. Mi cuñado era un padre muy cariñoso. Cuando regresaba por las noches a casa, cogía en brazos a la más pequeña y le cantaba, si era el caso. Tan pronto como pudo comer a la mesa, la sentaba en la silla alta de niños junto a él, dándole de comer él mismo. Mas a medida que los hijos crecían, menos acertaba a tratarlos. Además, éstos tuvieron que sufrir las crecientes tensiones entre el padre y la madre.

La mayor se sentía —sin darse cuenta ninguno de los dos— más influida por la madre, tomando partido contra el padre. La menor fue quien mejor supo bandearse. Había heredado las dotes comunicativas de la familia paterna; estaba siempre risueña y era emprendedora, y ya de pequeña prefería estar fuera de casa, con las amigas. Peor parte tuvo el mediano. Entre tantas cosas como la disgustaban en Hamburg, el trato que recibía este niño era la mayor preocupación de mi madre. Mi hermana, que tantos niños había educado y que se gloriaba de comprender a todos, jamás atinó a tratar adecuadamente a su propio hijo. Éste, que de pequeño estaba siempre tan radiante y amable, repetía a los cuatro o cinco años que no quería ser mayor y poco a poco cambió a obstinado y amargado. Era un diablillo, y, cuando las hermanas se quejaban de él, se sucedían reprimendas interminables de la madre e informe de todas las fechorías al padre cuando regresaba a casa, quien lo corregía con recias palabras. Anni, como niña pequeña, hacía resonar muy regularmente la queja: «Werner me está molestando». En una ocasión se encontraba sola con su madre en Breslau; era tiempo escolar y, por eso, los mayores tuvieron que quedarse en Hamburg. Jugaba sola en el jardín, y de repente exclamó: «¡Werner!» Alguien se asomó a la ventana y dijo: «Werner no está aquí». Inmediatamente siguió la respuesta: «Pero él me molesta siempre».

Abuela y tías sufrían mucho por el pobre pequeño, que se aisló ante tales reprimendas. Cuanto más crecía, tanto más se rebelaba contra su madre. Agarraba solemnes berrinches y hablaba sin respeto y de manera despectiva con ella. En Breslau era una persona totalmente distinta. Se sentía feliz en un ambiente en el que se sabía querido, amable con todos, un poco duende que se reía de todo, y agradecido por el más pequeño regalo o por cada buena palabra; siempre dispuesto a ayudar, y desde muy joven decidido a trabajar en el negocio. Le gustaba visitar a todos los familiares, y todos lo querían. A quien más se apegó fue a la abuela. En los días inmediatamente anteriores a la partida no se separaba en ningún momento de ella, y de ella recibía mansamente las más largas amonestaciones. Nosotras mismas nunca habíamos oído tantas cosas. Y es que quería aprovechar bien las vacaciones con Werner para incitarle a una conducta correcta. Por descontado que él tenía buena voluntad, pero ninguna esperanza en mejorar. Con lágrimas se nos lamentaba de cómo se le trataba en casa, y nosotras sabíamos que sus quejas respondían a la realidad. Desde que no tuvieron chica de servicio, dormía en la habitación de la señorita, teniendo que ordenarla él mismo. La hubiera ordenado un poco más a su gusto, pero no obtenía lo necesario para ello. Tampoco se tenía cuidado de su vestido. Mientras fueron pequeños, los niños recibieron cosas bonitas donadas por nosotras en sus cumpleaños. Los «buenos» vestidos escasearon siempre y no pudieron llevarlos. Después resultaría más difícil procurar algo conveniente sin probárselo. Werner no podía llevar amigos a casa; tampoco su madre estaba para recibirlos. Así se acostumbró a jugar en la calle. Más tarde formaría parte de una asociación deportiva, y la estima que allí ganó le compensaba un poco los sufrimientos de la vida familiar.

Durante los años en que los niños estaban creciendo se desató finalmente la crisis total. Los tres hijos, demasiado seguidos, y el largo tiempo que los alimentó fueron agotándola. La economía doméstica no aumentó y quiso llevar la casa sin chica de servicio. Siempre estaba al máximo de sus esfuerzos y cada vez más nerviosa. Por otro lado, mi cuñado sufría por las dificultades de su vida profesional y no hallaba alivio alguno en la intimidad familiar. Y así, un día recibimos una comunicación urgente desde Hamburg, pero esta vez el contenido era del todo desalentador. Mi cuñado anunciaba a mi madre en concisos términos que había abandonado el hogar, y la apremiaba para que fuese a buscar a su hija; hasta tanto no regresaría a casa.

Según mis cálculos, esto debió de suceder por las vacaciones de Pascua de 1914. Por entonces yo estudiaba en Göttingen, pero estaba de vacaciones universitarias en Breslau. Fuertemente impresionados, nos sentamos todos después de comer alrededor de la gran mesa a deliberar. Mi valerosa madre no se sentía con fuerzas suficientes ante este panorama. Al advertir yo cómo temía el viaje, le dije: «Si te parece bien, quisiera ir yo». En un principio ella respiró algo aliviada y a continuación dijo: «Si tú quieres hacer esto, te estaría muy agradecida». Pero al observar cómo también yo palidecía de emoción, repuso enseguida: «No, también para ti resulta demasiado difícil». Aseguré poder afrontarlo, y así obtuve el permiso para partir.

En esa época nuestra cuñada Martha y su primogénito Wolfgang estaban con mi hermana. Martha era una estupenda compañera, mas se encontraba desarmada ante una tal situación. Ambas quisieron evitar el disgusto a mi madre y llamaron en su ayuda al tío Emil de Berlín para procurar el retorno de Max. No se logró y regresó sin resultado. Yo fui recibida con gratitud y amistad. Comunicamos por teléfono mi llegada a mi cuñado y acordé un encuentro en la ciudad. Conmigo estuvo cortés y amable, pero no podía disimular la excitación en que se hallaba. Tuve que tragarme toda la amargura que durante años había ido almacenando: no sólo quejas de mi hermana, sino también reproches contra mi madre, quien, tras el compromiso matrimonial, le había escrito que encontraría en Else una obediente mujer. ¡Nuestra buena madre! Seguramente que ella, en la alegría cordial del momento, le había presentado como realidad lo que ella quería y esperaba, y le debió prometer lo que no estaba en su mano. Max exigía con todo su empeño que me llevase a Else a Breslau. Nosotras tendríamos que hacerla tratar por un ginecólogo o neurólogo y procurar que tornara sana a casa. Sólo regresaría a casa si ella se comprometía a actuar de manera del todo distinta a la observada hasta entonces.

Advertí con claridad que de momento no estaba dispuesto a ceder y que habría de hacer lo posible para que Else se decidiera a viajar conmigo. Tampoco esto resultó fácil. De ninguna manera quería renunciar a sus derechos y deberes de ama de casa, de esposa y de madre. Lo más insoportable de todo era el distanciamiento de su marido. Y es que, a pesar del profundo desacuerdo y de los roces diarios, estaba convencida de que tampoco él podría pasar sin ella. Padecía una excitación que sobrepasaba el límite de lo normal; esto se manifestaba en que hablaba sin parar. Ni siquiera por las noches se daba descanso. Como tuve que estar junto a ella, me reveló su vida matrimonial con toda suerte de detalles; a veces cortaba, porque de repente caía en la cuenta de que estaba hablando con una joven e inexperta señorita. Me pedía disculpas por tratar cosas que seguramente me serían desagradables de oír. Después de muchos intentos manifestó su disposición a venirse conmigo, con tal de que Max regresara al hogar y si Martha se quedaba cuidando de la casa y de los dos mayores. A Anni, que aún no iba a la escuela, queríamos llevarla con nosotras. No quería que su marido trajese para sustituirla a ella a una de sus hermanas. No se llevaba bien con sus cuñadas y temía influjos desfavorables sobre marido e hijos.

Martha estuvo en todo de acuerdo; únicamente deberíamos solicitar a su marido una prolongación del permiso. Esto no fue difícil de obtener contando con la bondad de mi hermano Arno (el resultado fue que no quiso privarse de mujer e hijo tanto como durase el destierro de Else. Pasadas algunas semanas, viajó a Hamburg y recogió a los dos, haciéndose cargo de la dirección de la casa una de las hermanas Gordon. En esta circunstancia tuvo lugar un fuerte enfrentamiento entre ambos cuñados, porque Max repitió sus reproches contra nuestra madre y Arno montó en cólera. Después de tal arrebato, el asunto quedó del todo zanjado para mi hermano, sin anidar en su interior rastro alguno de rencor. Mi cuñado, sin embargo, arrastró años y años el agravio y nunca lo pudo olvidar).

Tuve que exponer yo las condiciones a Max, que se mostró conforme con ellas. A la hora en que le esperábamos en casa, conduje a los niños a su habitación y los entretuve contándoles historietas. Else abrió la puerta a su marido como de costumbre. Durante años se preocupó de despedirle desde el balcón cuando marchaba a la consulta; desde allí le volvía a saludar cuando regresaba, para a continuación abrir rápidamente la puerta. Tuvieron una larga entrevista a solas. Supongo que consistiría en impetuosas ternuras y que se intercambiarían pocas palabras. Al final acudió el padre a saludar también a los hijos. A la mañana siguiente partimos. Mi cuñado nos acompañó hasta la estación. Me dio la mano por la ventana antes de arrancar, agradeciéndome la ayuda. También mi hermana se mostró muy agradecida en un primer momento; más tarde se cuidaría de decir que, a pesar de todo el reconocimiento por las buenas intenciones, no podía agradecerme el que yo le hubiera aconsejado mal entonces, y que no tenía que haberse ido de casa en ningún caso.

La viva y alegre Anni supo distraernos durante el viaje, no dejando aflorar melancolía alguna. La temporada en Breslau resultó difícil para todos. Mi madre quiso complacer en lo posible los deseos de su yerno. Else tuvo que ir a consulta médica y proseguir con el descanso. Se fue unas semanas a la montaña, y después a Lublinitz; allí había transcurrido su infancia y contrajo cordial amistad con las tías. Por fin obtuvo el permiso para regresar a casa. Los conflictos no volvieron a aparecer, si bien Else no cambió esencialmente, con toda seguridad. Se tornó un poco recelosa, agudizando el ingenio en las conversaciones. Con el transcurso de los años se fueron serenando los dos. A ello contribuyó el que las hijas, al hacerse mayores, se constituyeron en apoyo para la madre, ganándose toda su confianza. Además, el descenso en la consulta obligó a mi cuñado la moderación externa. Era él ahora el que tenía que estar agradecido a su mujer, porque con casi nada se las arreglaba para dirigir la casa y porque en tiempos anteriores hubiera ahorrado algo. Esta apremiante necesidad económica y la constante precariedad de la salud de mi hermana fueron una permanente preocupación para mi madre; pero en Hamburg se había superado la peor crisis.

4

Unos años antes habíamos tenido la rápida tragedia del matrimonio de mi hermana Frieda. No mucho después de Frieda se había casado Arno. Mi madre dio expresamente su consentimiento. Ciertamente soportaba mejor a Martha mientras iba a casa tan sólo como amiga. Su carácter alegre y su seguro afecto para con todos nosotros hacía que la quisiéramos. Pero ya al vivir incorporada a nosotros, debido a las grandes diferencias de carácter, hubo muchas dificultades.

Al poco de casarse Frieda, nos habíamos mudado a una amplia casa, capaz para dos familias. Estaba distribuida verticalmente y tenía dos escaleras. Acogimos a Arno y Martha en aquella casa. Durante un cierto tiempo vivimos juntos en la parte más grande y teníamos alquilada la otra. Más tarde el matrimonio se quedó con la pequeña y mi madre, con sus cuatro hijas y la nietecita Erika, siguió en la grande.

La esperanza puesta en que mi cuñada fuese una ayuda eficaz en el negocio no se hizo realidad. El modo de llevar los negocios, tal como lo había aprendido en América, era tan distinto de la tradición de nuestra casa, que mi madre la hubiese alejado por su gusto de toda colaboración. Su ayuda terminó reduciéndose a realizar los trámites para los que nadie tenía tiempo. Esto sí lo hacía con gusto y el «shopping» era una de sus ocupaciones favoritas. Un constante punto de roce era para mi madre el ver que había poco orden en la marcha económica de la casa. Naturalmente, con el aumento del número de familia las dificultades crecían. Martha quería tener muchos hijos, que debían ser altos, fuertes, sanos y bonitos. Ella era alta y fuerte y su aspecto era como un estallido de vida.

Sin embargo, no se cumplieron pronto sus esperanzas. Por eso fue muy grande su felicidad durante la espera de su primer hijo. Nos aseguraba firmemente que iban a ser gemelos, «twins». Durante el parto estábamos todos en el comedor y ella hablaba con nosotros a través de la puerta entornada. Cuando, por fin, llegó el pequeño Wolfgang, Martha preguntó dónde estaba el segundo niño. Tanto mi madre, como la comadrona, mujer con mucha experiencia, decían que jamás habían visto una actitud parecida.

Wolfgang era un niño como ella lo había deseado, al igual que el tercero, Helmut, y la cuarta, Lotte, era un niño alto y fuerte, rubio y con los ojos azules, con mejillas redondas y rojas. Pero de Eva, la segunda, se notó ya en el primer año que no era del todo normal. Aprendió muy tarde a hablar y no del todo bien, teniendo siempre un retraso mental. Esta niña no fue educada por sus padres adecuadamente, debido a su poca sensatez que, al igual que en el caso de los otros hermanos, les hacía tratarlos sin consideración. Fue para mi madre una nueva fuente de preocupación. Se dedicaba a ella más que a los otros tres sanos. A temporadas, mi madre se la traía a casa, para enseñarle con paciencia a hablar y darle el alimento adecuado, así como otros cuidados.

Eva encontró su mejor protección en la pequeña Erika, que crecía con los primos y primas como si fuera una hermana de ellos y que fue la que aceptó cariñosamente a la desgraciada criatura. El método educativo de mi cuñada Martha consistía esencialmente en hartar bien de comida a sus hijos, hacerles dormir mucho y que tomasen el aire. Su orgullo se centraba en que con este tratamiento los niños estaban corporalmente espléndidos. Si se ponían enfermos, su madre no sólo se entristecía y preocupaba, sino que se encolerizaba como si hubiese sucedido una injusticia. Decía sin rebozo que ella no entendía nada de cuidar enfermos y se ponía muy contenta si íbamos nosotros a ayudarla. A mí me tocaba, por experimentada en el cuidado de enfermos, el ser la primera de quien echaban mano en semejantes ocasiones, si estaba en casa. En febrero de 1920 cayeron con gripe todos los niños a la vez. Una noche tres de ellos tuvieron fiebre por encima de cuarenta. Helmut, que tenía entonces cuatro años, fue el que más trabajo dio. Tenía una congestión pulmonar crónica con brotes repetidos y que le duró un trimestre. Cuando se curaron los otros, se le aisló y se le puso en un amplio cuarto, que daba al mío de trabajo. Cuando se quejaba sólo gritaba: «Tía Edith, ven. Podías hacer tus deberes de la escuela aquí» (mis «deberes de la escuela» eran mi trabajo de filosofía). Y seguía: «Mi madre deja solos a los niños enfermos». Yo, al oír esto, recogía mis papeles e intentaba seguir trabajando en el cuarto del niño, en el escritorio de mi hermano.

El pequeño enfermo insistía en que fuese hasta su camita y entonces yo le decía: «Helmut, si me interrumpes tanto, yo no puedo trabajar». La respuesta era: «Pero si tú no necesitas trabajar». Lo decía en un tono tan convincente que me iba a jugar con él. Por eso me tenía tanto cariño.

Algún tiempo después de su restablecimiento se prometió mi hermana Erna, y Helmut vino una tarde de domingo a nuestra casa cuando estábamos tomando el café y la tarta en la mesa familiar. Corrió hacia mí y me susurró al oído: «¿Quieres ser mi novia?» Le di complacida mi «sí», le tomé sobre mis rodillas y le di un trozo de mi tarta, diciéndole que el novio y la novia tenían que compartirlo todo. Esto le gustó a él mucho, y de repente exclamó alarmado: «Precisamente hace un momento he comido tarta en mi casa y no te he dado a ti nada ». Enseguida se tranquilizó diciendo: «Pero en ese momento todavía no eras mi novia».

A partir de aquel día me traía todos los trabajitos que hacía en el jardín de infancia y yo tenía que guardarlos cuidadosamente, pues de vez en cuando habría el arca donde los había puesto para comprobar cuántos regalos me había hecho. Una vez le sorprendí delante de la gran fila de mis libros de filosofía y los estaba contando. Yo le dije: «Con el tiempo tú tendrás que leerlos, para que podamos comentarlos». Con un tono de convicción absoluta él repuso: «Sí, cuando sea mayor los leeré todos». Mantuvo durante mucho tiempo esta promesa.

De vez en cuando tenía el presentimiento vago de que algo no iba bien del todo. Y una vez me preguntó: «Tía Edith, cuando yo sea mayor, ¿serás tú, entonces, todavía más mayor?» Finalmente, las bromas de los mayores le llevaron a la conclusión de que sus proyectos matrimoniales no tenían posibilidad. Pero esto sólo era en mi ausencia, pues cuando yo volvía de visita, le confiaba a su padre que mantendría gustoso el compromiso.

Guardo un recuerdo especial de un día durante la grave enfermedad del pequeño Helmut. Estábamos en plena crisis. El niño estaba blanco y sin conocimiento en su camita. Sólo de vez en cuando profería algunas palabras en su delirio febril. Apenas se le registraba pulso. Erna y yo estábamos sentadas junto a su cama. Erna era ya médico, pero todavía tenía poca experiencia de casos como aquél. Estaba totalmente desesperanzada y grandes lágrimas corrían por sus mejillas. Yo estaba más tranquila y optimista. Durante la guerra había visto en mis pacientes de tifus algunos casos de pulmonía y frecuentemente fui testigo de cómo, tras un grave colapso, que parece una agonía con la muerte, se recuperaban.

En una ocasión entró nuestra cuñada e, inclinándose sobre la camita, dijo entre sollozos airados: «¿Es que se nos puede ir un niño tan precioso?» Y se marchó. Nosotras nos miramos horrorizadas. La actitud que expresaban tales palabras nos era totalmente extraña e inconcebible. Al poco de esto vino el médico de niños, que traía consigo a un especialista del pulmón. Le reconocieron y el especialista ordenó que trajeran una bañera con agua caliente. Introdujimos en ella al niño, que estaba inmóvil. Al poco rato comenzó a patalear con viveza y a salpicar a ambos médicos. Una vez que el chiquillo fue trasladado de nuevo a su cama con las mejillas encendidas y los ojos abiertos, se le dio una taza de café cargado, para reanimar el corazón. Al percibir el fuerte aroma que despedía la taza, dijo asombrado: «Esto no es café de niños, es café de hombres». Luego pidió que dejásemos la habitación en penumbra y que le dejásemos solo. «Cuando los niños deben dormir, los mayores tienen que marcharse», dijo, y nosotros respiramos aliviados. La enfermedad estaba vencida.

Después de aquello, cuando alguno de los niños se encontraba mal, venía mi cuñada y me decía sencillamente: «Wolfgang (o Helmut) me encarga que te salude y que te diga que está malo». Helmut padeció otra pulmonía cuando tenía ya siete años. Fue precisamente durante mis vacaciones largas. En esta ocasión me hice cargo enseguida de su cuidado por completo, en cuanto el médico dio su diagnóstico. Le fajaba el pecho una y otra vez y le contaba cuentos para mantenerlo tranquilo. Necesité recurrir a todo mi repertorio de sagas y cuentos hasta que llegué a las historias de la Biblia. Cuando le hablé del pecado original y de la expulsión del paraíso, me interrumpió con tono de reproche: «¿Cómo me puedes contar una cosa tan horrible?» Pero de las otras cosas no se cansaba de escuchar. Cuando venía su madre y le traía algo de comer, él lo tomaba con amabilidad y enseguida añadía: «Puedes marcharte, no necesito dos personas». A veces tenía que negarle algo que pedía y entonces desaparecía enfurruñado bajo las sábanas. Yo, por mi parte, me sentaba con toda tranquilidad a trabajar y no me preocupaba más de él. A los pocos minutos aparecía con la cara radiante de su escondrijo, y se restablecía la paz.

Al mediodía venía mi hermano a casa y me sustituía, para que yo pudiese ir a comer a la mía. Lo mismo hacíamos a la hora de cenar. A las siete terminaba el día para el pequeño enfermo. A esa hora me despedía amablemente, pero insistía con energía en que al día siguiente a las siete de la mañana debía volver. Un domingo oí cómo Martha se quejaba en el cuarto de al lado, diciendo, con palabras desabridas, que no podía soportar más el estar tan atada y que tenía que tomar el aire. Mi hermano estaba muy abochornado, pues pensaba que yo lo habría oído todo. Cuando al poco entró en el cuarto del niño, le dije que podían salir tranquilamente, porque yo me quedaba gustosa con el pequeño. Así se fue toda la familia a su jardín, fuera de la ciudad. Nos quedamos los dos solos en la casa. Nos lo pasábamos muy bien. Horas después volvieron felices. Martha me aseguró que ahora se sentía completamente otra persona.

A los catorce días volvió el médico, que aseguró muy asombrado que no había ya ni señales de pulmonía. Así pude cesar en mi servicio de enfermera y mi cuñada dijo felicísima: «Pequeño, cuando otra vez tengas algo, llamaremos enseguida a tía Edith. Mamá no sirve para estos asuntos».

En todas las enfermedades de los niños mi madre iba a verlos más de una vez al día. Pero en cada visita registraba algo que la inquietaba y, si lo daba a entender, se producía una desagradable discusión. Por eso evitaba en lo posible fijarse en el orden de la casa de su nuera. El punto culminante del desorden y poca paz de aquel hogar llegó cuando vinieron de América la madre de Martha y la hermana con sus hijos.

Mi cuñada hablaba siempre con pasión de sus familiares y ponderaba su belleza, su inteligencia y sus ocurrencias graciosas. Durante el tiempo de estudios en el seminario, que hizo con mi hermana, ya le había hablado de su preciosa mamá llena de entusiasmo y no descansó hasta que se pudieron conocer. Else se quedó de una pieza, porque, ciertamente, mirando de cerca a la señora Kaminski, se podían percibir todavía huellas de una pasada belleza y rasgos finos de la cara, pero, debido a una enfermedad de los ojos y una erupción cutánea, estaba muy arruinada.

Cuando vino de América, llamaba, además, la atención desde lejos por sus vestidos, por los colores chillones, los sombreros colosales que usaba y sus enormes zapatos. Madre e hija habían vivido juntas en América. Cuando Martha se vino a Alemania, se escribían mucho y largo, comunicándose todas las minucias de la vida diaria y abundando en las bromas que caracterizaban el tono de sus relaciones.

Esta visita familiar fue esperada con alegría durante meses. Era una característica esencial de la manera de ser de Martha el alegrarse con exuberancia y de antemano de los acontecimientos previstos, de modo que en todo caso la alegría anticipada la tenía segura. Mi madre, por el contrario, avisaba siempre del riesgo que tiene el alegrarse prematuramente y no hacía planes a largo plazo y, al hablarse del futuro, apenas decía otra cosa que «con la ayuda de Dios» o «si Dios quiere».

Con los huéspedes americanos llegaron a casa grandes baúles y cestas, de las que salió un abigarrado contenido: vestidos, sombreros, zapatos de todos los colores, formas y tamaños; amén de golosinas, juguetes, revistas y libros. De todo aquello, una parte era para uso propio y otra, traída para otras personas. Pero era hasta difícil encontrar quien quisiese servirse de objetos tan peregrinos. Era imposible disponer, para toda aquella feria de muestras, de suficientes armarios y cajones. Tampoco se sentía mucha necesidad de ello, pues estaban acostumbrados a vivir pendientes de las maletas, y lo que se había sacado y usado quedaba esparcido por el suelo. En América se disponía de servicio que iba poniendo las cosas en orden; pero, aquí, para llevar la casa con cuatro niños, lo más que había era una muchacha y, en general, una asistenta por horas. Con la llegada de dos personas mayores y dos niños hubo que despedirse del orden.

Mi cuñada se había acostumbrado a hacer el trabajo de la casa, aunque lo simplificaba lo más posible, con objeto de tener tiempo para otras cosas. Su madre no veía con agrado que se dedicase a trabajos que en América eran propios de los criados o de varones. Este punto de vista acarreó discrepancias entre la suegra y el yerno y hasta entre la madre y la hija. Al marcharse, después de su última visita, la señora, ya de edad, estaba muy enferma, lo que nos movió a todos nosotros a cordial compasión. Con todas sus genialidades, era, sin embargo, una mujer bondadosa, que quería cordialmente a sus hijos y nietos y trataba a todos con afabilidad; espiritualmente ágil, se interesaba por todo, tenía buen humor y era comunicativa. Las diversas contrariedades que la vida le había deparado las había sobrellevado sin pregonarlas.

Aparte de las deficiencias en el gobierno de la casa y en la educación de los niños, había también otra cosa por la que mi madre se sentía desilusionada de su nuera. Martha, mientras venía a nuestra casa todavía como invitada, nos colmaba a todos (y sin duda con sinceridad) de manifestaciones cariñosas, y se sintió muy feliz cuando fue aceptada en la familia. Todavía recuerdo cómo con risas y lágrimas mezcladas abrazó a mi madre al saludarla por vez primera como novia de su hijo. Mi hermana Else, que siempre había subestimado un poco a su hermano más joven, llegó a afirmar que Martha se interesaba menos por él que por la familia. Nadie la hubiera creído capaz de pensar en sacar provecho a costa de otro. Sin embargo, con el correr del tiempo mi madre fue teniendo la impresión cada vez mayor de que su hijo había sido influido por ella en ese sentido. Mi hermano, por naturaleza, no tenía nada de egoísta. Había sido muy buen hermano y nos había querido, haciéndonos en ocasiones valiosos regalos, como, por ejemplo, a Erna, al comenzar sus estudios de medicina, le compró un buen microscopio. Para Gerhard, su sobrino mayor, al que quería especialmente, reservó, durante mucho tiempo y de manera regular, parte de sus ingresos, porque, según decía, él no necesitaba ahorrar siendo soltero. Hasta su matrimonio, mi madre fue la única propietaria del negocio. Arno y Frieda eran empleados con participación.

Mi cuñada tenía una pequeña fortuna, que fue incorporada a nuestro negocio como capital comercial móvil. Comparándolo con el capital de base y las valiosas instalaciones, no era muy importante, aunque fue bien recibido como ayuda para los pagos. Pero Martha fundó en este capital móvil su aspiración a la copropiedad de los bienes de base y, según aumentó el número de hijos, creció también el deseo de asegurarles el porvenir. Mi madre sufría mucho a causa de estas discusiones. Ella había empleado toda su capacidad de trabajo en favor de sus hijos y lo que teníamos se lo debíamos a ella. Para sí misma no empleaba casi nada. Eran sus hijas las que tenían que preocuparse de sus vestidos.

Muchas veces, con ocasión de su cumpleaños, le regalábamos los hijos las cosas que necesitaba, pues ella, por sí misma, era bastante reacia a adquirir prendas nuevas. Con todo, más de una vez nos reprochaba el haber hecho gastos innecesarios. Si alguna prenda, tras muchísimo tiempo de ser usada, tenía que desecharse o al menos dejarla solamente para usarla en casa, había que ver cómo la defendía ingenuamente como su «buen vestido nuevo». Así vivíamos todos nosotros, confiados en el desvelo materno, sin preocuparnos por nosotros mismos. Y entre los hermanos no hubo nunca egoísmo. Tampoco nos inquietaba el regular la situación económica para el futuro, pues no se nos ocurría pensar que vendría un tiempo en que la madre no estuviese con nosotros. Para la sensibilidad judía es una falta de piedad el pensar en frío, el hablar y tomar medidas de previsión con respecto al hecho de la muerte de un ser querido, que inevitablemente ha de ocurrir un día. Esto se deja al «gojim», que se considera sin delicadeza de sentimientos y finura de corazón.

El que en nuestra familia se introdujeran tales consideraciones, ocasionó un gran dolor a mi madre. Cuando se cercioró de su temor, de que su nuera era interesadamente egoísta y buscaba su provecho, se sintió en el deber de proteger a sus hijas ante futuros abusos. Ella comenzó con nosotras a considerar alguna solución y, una vez que entre nosotras hubimos llegado a un acuerdo, que nos pareció bien a todos, fui yo la encargada de ser el portavoz de mi madre y hermanas ante mi hermano, y presentar nuestra propuesta delante de mi cuñada. Ella decidió esto, porque temía su brusquedad y no estaba segura de dominarse y de permanecer tranquila y serena ante sus explosiones de cólera.

Fue un momento muy desagradable cuando convocamos a Arno para este consejo de familia. Durante mi exposición permaneció muy sereno y sólo respondía con algunas palabras escuetas, que no significaban un claro sí o no. Le molestó mucho el que procediéramos con él de una manera tan formal y que se hubiese colocado frente a él, como autoridad, a la hermana más pequeña. Pidió la ayuda de otro intermediario, en el que tenía tanta confianza como con nuestra madre. Se refería a su hermano Eugen, de Berlín. Ya he dicho anteriormente que este hermano, más joven que mi madre, estaba muy unido a ella y frecuentemente colaboraba de cerca en las cuestiones del negocio.

Era un distinguido e inteligente comerciante, tenía una fábrica de maquinaria que exportaba mucho, especialmente a Inglaterra y Rusia. Todo se lo había hecho él y dirigía toda la empresa con gran discreción. Hasta que no tuvo en sus hijos la suficiente ayuda, había requerido frecuentemente la ayuda de mi hermano para hacer los balances de cierre en los libros. De ahí había surgido una relación de gran confianza entre ellos.

Después del primer acuerdo que tomamos, mi madre quedó como propietaria del negocio y Arno como socio con participación en las ganancias. Al llegar mi madre casi a los setenta años, los hermanos y los hijos comenzaron a insistirle en que debía descansar y dejar el negocio del todo en manos de su hijo. Mi madre no quería ni oír semejante cosa y yo, por mi parte, la apoyaba en su resistencia, porque veía con toda claridad que su actividad en el negocio era inseparable de su misma vida. Diez años más tarde a nadie se le ocurría pensar en enviarla a la jubilación. En una edad tan avanzada, todavía hizo un cambio que consistió en dejar como propietario a Arno, asegurándose para sí y para Frieda una participación en las ganancias.

La distribución del trabajo entre los tres permaneció invariable. Sin embargo, a partir de aquel momento, mi madre llamaba a su hijo «el jefe». Hacia fuera, Arno era el responsable y el director cualificado. Era el que cerraba los tratos, y entre los comerciantes de la ciudad logró un puesto destacado, como correspondía, según la mentalidad de los antiguos, a una firma sólida. Desempeñaba su papel social tal como un hombre en su madurez necesita para la satisfacción de su valer. Bien es verdad que los entendidos sabían que él recogía lo que mi madre había sembrado, protegido y conservado con una vida laboriosa y esforzada.

5

Desde hacía unas décadas, la dirección de la casa había pasado a manos de mi hermana Rosa. Para mi madre, la vuelta a la intimidad hogareña, después de haber tenido que sufrir la vehemencia del «jefe» en el negocio, era como llover sobre mojado. Y es que ambos hermanos, Arno y Rosa, tenían un temperamento muy parecido, aunque ninguno lo quería reconocer, señalándose mutuamente sus faltas, sin sospechar que eran comunes.

La natural vehemencia de Rosa estaba reforzada por una gran excitabilidad, debida a que se sentía insatisfecha. Siempre había rechazado con indignación los intentos de los parientes bien intencionados de buscarle «un buen partido». Y después del desgraciado matrimonio de Frieda, era imposible tocarle el tema. Aunque en la dirección de la casa era muy independiente, no podía sentirse plenamente «señora de la casa», pues la madre y las hermanas tenían sus peculiares deseos, que había de respetar, aunque frecuentemente, y con palabras airadas, llevaba la contraria. Tenía recelo de que los demás subestimasen su trabajo y sentía nostalgia de algo diferente, pero en el momento de la decisión, cuando debía presentar verbalmente sus puntos de vista, no tenía la suficiente iniciativa y energía para llevar a cabo sus planes profesionales ante la resistencia familiar.

Mi madre, que anhelaba la tranquilidad y la paz en su vida hogareña, sufría mucho con estas discusiones diarias. Cualquier proyecto que pudieran hacer ella o Frieda o cualquier opinión que manifestasen, encontraba, la mayoría de las veces, una inmediata y fuerte contradicción. Las dos ayudaban celosamente en los trabajos de la casa, tanto por la mañana temprano, como durante la pausa del mediodía y una vez cerrado el negocio por la tarde. Además, cuidaban el jardín, en que se había convertido una parte del almacén, y allí sembraban, plantaban y hacían la recolección. Si les daba tiempo arreglaban las verduras y las frutas, para tenerlas listas para su condimento. Sin embargo, todos estos servicios también eran duramente criticados.

A menudo tuvo mi madre que dejarse reñir, como un criado desmañado y como si no hubiera llevado nunca una casa. Mi madre, ya en la casa paterna, había cocinado para una numerosa familia y para los invitados y nada apetecían tanto sus hijos como que ella misma les atendiese. Ciertamente, a partir de la muerte de nuestro padre, tuvo que dejar la dirección inmediata de la casa y había perdido la costumbre de algunas cosas, pero también es verdad que los domingos se hacía cargo de todo el trabajo, complaciéndose en ello, para que pudiéramos hacer nosotras, sus hijas, una excursión. Preparaba con toda paz lo necesario para nuestra vuelta y nos servía con el mayor cariño y alegría la cena que había dispuesto.

Cuando en mis tiempos de estudiante soñaba con una casa ideal, ésta era la que podíamos formar mi madre, Erna y yo solas, y en la que ella nos cuidase. Las perturbaciones cotidianas de la paz doméstica nos consumían a todos. Pero se vinieron a añadir otras discrepancias profundas. Mi madre quería mantener lo más unida posible a la familia y que todos compartiesen las alegrías y las penas. Especialmente las parejitas que se habían formado por la semejanza de edad no debían separarse. Erna y yo no ofrecíamos ninguna dificultad, pues los estudios nos unían más de lo que habíamos estado en la infancia. A veces nos resultaba molesto el que las hermanas mayores tuvieran que estar en nuestras reuniones con amigos y amigas, porque les faltaban relaciones propias.

Entre Frieda y Rosa había mayores dificultades. Eran muy distintas temperamentalmente y al lazo de sangre no se añadió ningún fuerte vínculo espiritual. Además, la insatisfecha necesidad de independencia de Rosa se manifestaba en querer tener algo exclusivamente propio. Comenzó a revelarse porque decía que «la unían siempre con Frieda». No quiso vestirse en adelante como ella y quiso tener un cuarto individual para arreglarlo a su gusto y buscaba personas para su trato exclusivo. Todos estos pequeños gustos, tan comprensibles por otra parte, provocaban choques, porque los expresaba con palabras bruscas. A mí me concedían cosas semejantes con la mayor naturalidad, sin que tuviese que emplear muchas palabras.

Por otra parte, desde el divorcio de Frieda, mi madre estaba preocupada por defenderla de un posible agravio, y por ello las tentativas de independencia de Rosa, que afectaban especialmente a esta hermana, le producían gran dolor. A esto vino a añadirse la sospecha, no del todo infundada, de que Frieda, en las conversaciones amistosas con extraños a la casa, se había quejado de su madre, de su hermana y de las dificultades domésticas.

Me ha sucedido en varias ocasiones que mujeres que inicialmente fueron amigas mías, en mi ausencia tuvieron con Rosa una gran intimidad. Esto me dio ocasión para que me llegase la imagen de nuestra vida casera formada por sus descripciones, y me vi en el caso de tener que hacer algunas rectificaciones, aunque reconociendo los diarios sacrificios de Rosa.

Mi hermana quería ser sincera, naturalmente, pero hablaba sólo de lo que ella sufría y no se le pasaba por la imaginación decir también lo que los demás habían de sufrir por su causa. Estas amigas estaban prendadas de la bondad de su corazón y de sus cariñosas atenciones. En el trato con ellas —nada hipócrita en absoluto— era tan dulce y humilde que sus amigas no podían figurarse el comportamiento tan distinto que tenía en el círculo familiar.

Mi madre suspiraba por que un poquito de la amabilidad con que trataba a sus amigos la reservase para los familiares. El trato con las amigas solamente se hacía algo difícil por su gran reserva y cierto rigor y dureza en el juicio. El temor a chocar con la contradicción y la brusca defensa se apoderó tanto de mi madre que terminó por sentir miedo a manifestar sus deseos en su propia casa. En los últimos años recurría a mí en asuntos urgentes para que yo los resolviese con Rosa: «Tienes que ser tú quien se lo diga. A mí no haría sino contradecirme». Cuando yo fui mayor, tuve una influencia cada vez más grande sobre mi hermana, sin habérmelo propuesto en lo más mínimo. Sólo contaré un caso. Fue con ocasión de las bodas de plata de nuestro hermano mayor. Entonces mi madre quería a toda costa que la fiesta tuviera lugar en nuestra casa, dado que nosotros teníamos una sala muy bonita, mientras que la casa de alquiler de la pareja era pequeña y atestada de cosas viejas y no se prestaba en modo alguno para la fiesta. Mi madre sabía el trabajo que esto representaba para Rosa y, por otro lado, temía enormemente unas negociaciones con su nuera, porque no podía soportar sus modales. Pero consideraba su proyecto como un deber de amor y de justicia para su hijo mayor. Yo comprendía sus sentimientos y se los hice comprender también a mi hermana. Las objeciones se podían leer en su cara, pero no dijo nada y se sometió sin más. Se hizo la propuesta, que fue aceptada con toda gratitud. Yo no pude estar en la fiesta por motivos profesionales, pero por las noticias que tuve debió transcurrir bien y pacíficamente.

Cómo pudo ocurrir que mi hermana, mucho mayor que yo, se dejara llevar dócilmente por mí y que su camino, finalmente, desembocara en el mío, lo explicaré más tarde, en su punto.

CAPITULO CUARTO

La evolución de las dos hermanas más pequeñas

1

Si hago desfilar ante mi espíritu a los siete hermanos he de decir que Erna era, de entre todos nosotros, la que tenía más cualidades: bella, abierta y comunicativa, de gran pureza de corazón, de gran bondad, siempre disponible, desconociéndose sus propias preferencias; inteligente, habilidosa y adaptable. Parecía hecha para ser feliz y hacer feliz.

Naturalmente, también tenía sus defectos, que no eran pasados por alto en la intimidad familiar. Era fácil para la cólera, excesivamente influenciable y tenía una cierta pasividad. Pero estos defectos eran de tal índole que se soportaban y perdonaban fácilmente. La madre tuvo que sufrir serios dolores también por esta hija, pero no fue por durezas y modales, sino debido a esa pesada carga que la vida le traía y que conllevó en el amor por los suyos.

Ya he hablado antes de nuestro tiempo de infancia y juventud compartido, y también de la elección profesional de Erna. Los diez meses que yo pasé en Hamburg fueron nuestra primera separación larga. De todos modos se acortó la separación porque Erna fue también a Hamburg en las vacaciones de verano. A mi vuelta a casa volvimos a tener un cuarto para las dos. Y cuando un año más tarde aprobé el examen de ingreso en el gimnasio, ella dijo: «Gracias a Dios que ya no voy a tener que hacer sola el camino de la escuela».

Durante un año, como en nuestros tiempos infantiles, hemos hecho el camino juntas todas las mañanas, cruzando el puente sobre el Oder hasta la Ritterplatz. Mientras íbamos andando, me hablaba con gusto de sus tareas. También tuve que ayudarla para la preparación del examen de reválida. Intenté cambiar algo del embotellamiento memorístico inventándome los ejercicios más disparatados, pero que servían para mi examinanda. Por ejemplo, exigía de mi hermana que las preguntas de historia inglesa o francesa las respondiese en francés o inglés. Ella se quejaba, porque de este modo se aumentaban las dificultades, pero yo le aseguraba que era un ejercicio preparatorio útil para el examen de idiomas modernos y, tras algunas resistencias, se plegó a la propuesta.

Mi hermana tuvo que prepararse seriamente para un examen riguroso. Justo al año siguiente, nuestro Instituto consiguió la autorización para efectuar los exámenes de reválida por sí mismo. Hasta que llegó esta disposición, todas las alumnas debían ir a un gimnasio masculino, donde se examinaban de casi todas las asignaturas ante profesores desconocidos. El resultado de los exámenes era vivido por toda la familia.

Durante la prueba oral me pasé casi todo el día en la sala de espera, para enterarme enseguida del resultado de cada asignatura, y en los descansos poder animar y consolar no sólo a mi hermana, sino a sus compañeras de martirio. A la noche estaban en el lugar del examen mi madre y las hermanas casi en pleno, para conducirla triunfalmente a casa, una vez terminada la batalla.

Ya he mencionado anteriormente cómo tuve ocasión de participar en el viaje de fin de bachillerato de mi hermana. También en sus primeras idas a la Universidad me tenía a su lado, por ejemplo, al hacer la matrícula, y durante mis vacaciones de Pentecostés asistía a sus clases para conocer a los profesores y el ambiente. También me llevaba para que la acompañase a estudiar las colecciones de huesos y tendones en anatomía. Pero esto sólo fue en las primeras semanas del semestre. Muy pronto tuvo otra compañía. Aquella bonita y joven estudiante atrajo las miradas de sus compañeros. El más atrevido se presentó a sí mismo y presentó a sus amigos. Normalmente le acompañaban dos en sus desplazamientos de un departamento a otro. Pronto le propusieron ir a jugar al tenis. Allí fue donde conocí al que pronto habría de ocupar mi lugar junto a mi hermana. Sin embargo, no puedo decir que fuera literalmente así, pues ello hubiera significado una separación entre nosotras dos. Esto no era necesario, porque los·dos, Hans Biberstein y yo, nos entendimos muy bien. Me agradó mucho cuando lo vi frente a mí en el campo de tenis.

Le iba muy bien el traje blanco de jugar a su rostro moreno y a sus brillantes cabellos negros, que contrastaban con unos ojos muy claros. Era pequeño, delgado y bien formado, y corría como una pelota de goma de una punta del campo a la otra. Jugaba con toda el alma y le desesperaba que yo hiciera la estatua ante una pelota que, según mis cálculos, no podía alcanzar. Cuando se jugaba contra él, era un enemigo encarnizado mientras duraba la partida; pero, una vez concluido el juego, venía junto a la red y le tendía a uno la mano con una mirada leal de reconciliación. En las conversaciones, durante el camino de regreso, surgieron pronto temas de común interés. Era, como yo, un entusiasta de la historia. Se hubiera dedicado con gusto a su cultivo a no ser tan de poco provecho práctico. Participaba con pasión en los acontecimientos políticos y era un ardiente patriota. Cuando yo preparaba mi reválida, venía con frecuencia a verme, para estudiar historia juntos. De todos modos yo me daba cuenta de que no prestaba mucha atención a mis exposiciones, con las que preparaba los bombardeos de preguntas a los que era muy aficionado nuestro director. Más tarde confesó a mi hermana, en una ocasión, que por aquel entonces hubiera podido tener ella celos de mí. Pero yo no me dejaba distraer por su falta de atención, sino que seguía hasta el final en lo mío. Una vez terminado, ambos nos alegrábamos, y seguía la recompensa. Poníamos al piano a Erna, que tocaba para que nosotros bailásemos. Hans era el compañero de baile ideal y yo acostumbraba decir que era tal su destreza que se le podían perdonar todos sus defectos. Para los dos era un gran placer el bailar. A mi hermana no le ocurría lo mismo. Solamente bailaba a gusto y bien con mi cuñado.

Durante los primeros meses de nuestra amistad nos veíamos solamente fuera de casa. Está muy presente en mi memoria la noche en que presentamos a nuestra madre el nuevo amigo. Ella nos vio desde la ventana cuando volvíamos del campo de tenis. Desde la calle, a través de la ventana, le dijimos que se trataba de un amigo. Al invierno siguiente hicimos la presentación a ambas madres en el transcurso de un baile. A partir de aquel momento tuvieron lugar recíprocas invitaciones por parte de ambas familias e hicimos algunas excursiones en común.

La señora Biberstein era viuda y vivía sola con su hijo. Hans había perdido muy pronto a su padre, al igual que nosotros. Conociendo al hijo y a la madre, se podía formar uno la imagen del padre, no sólo por lo que de él nos contaban, sino por su manera de ser. Había sido maestro de Laurahütte, cerca de Kattowitz, no exclusivamente para niños judíos, sino en una escuela pública. Debió de ser una persona silenciosa y cultivada, buena y fina. Si entre los hijos de los campesinos polacos, alumnos suyos, se daba un muchacho pobre con deseos de ser sacerdote, él le preparaba para los posteriores estudios desinteresadamente. Al cabo de muchos años, en Breslau, un día la señora Biberstein fue cariñosamente saludada en la calle por un sacerdote católico, que se presentó como antiguo alumno de su marido. Todos sus alumnos guardaban un agradecido recuerdo durante su vida del antiguo maestro. Hans ha heredado de su padre las dotes de investigador y pedagogo.

De la madre proceden su temperamento vivo y sus cualidades de sociabilidad. Sabe contar muy bien las cosas y es inagotable su capacidad para ocurrencias inesperadas. Cuando narraba historias en dialecto silesio o recitaba poesías, en parte de cosecha propia, o también contando chistes judíos, se le podía estar escuchando durante horas sin dejar de reír.

No fue cosa extraña, pues, que en las reuniones sociales se convirtiese enseguida en el centro de atracción, que le lloviesen las invitaciones y madres e hijas lo considerasen como un «deslumbrante partido». No tenía fortuna, pero sí un gran porvenir en su carrera.

La señora Biberstein era la segunda mujer de su marido. Del primer matrimonio vivían un hijo y una hija. Después de la muerte del padre se quedó ella todavía unos años en Laurahütte con los hijos y percibía, junto con su pequeña pensión, algo más por unas clases de trabajo manual. Cuando Hans cumplió diez años, se trasladó a Breslau. El hijo mayor, Fritz, estudió medicina y se quedó en Gleiwitz como dermatólogo. Habiendo conseguido muy pronto una buena clientela y hecho también un matrimonio con una mujer acomodada, pudo enviar a su madre y hermano un periódico suplemento económico, y así, la señora Biberstein no necesitó ya trabajar para el mantenimiento de la casa. Fritz es una persona ponderada y discreta y notablemente parecido a su padre. La madrastra aseguraba que no le quería menos que a su propio hijo. También las relaciones entre los hermanos eran extraordinariamente cordiales. Tanto tiempo como fue posible quedó en secreto para Hans que no tenía la misma madre. Por el contrario, se tenía la impresión de que la señora Biberstein no se excedía en cariño por su hijastra, Rudolfine. Según narraciones propias, parece que ya, desde niña, la vida le fue en verdad difícil. Nosotros sospechábamos que, dado que la joven no era feliz en su casa, se casó con un hombre al que, en otras circunstancias, no habría dado su consentimiento.

Él había crecido bastante deforme y feo; poseía también escaso atractivo humano que ayudase a compensar sus defectos físicos. A pesar de todo, el matrimonio parecía llevarse bien. Rudolfine era buena, cariñosa y confiada, pero carecía evidentemente de las capacidades intelectuales de sus hermanos. Tampoco logró dar a sus tres hijas la educación adecuada. Las relaciones entre las familias Biberstein y Böhm eran del todo cordiales. Se visitaban y se obsequiaban mutuamente, socorriéndose en las adversidades. Aunque a nosotros se nos hacía difícil creer en la compenetración de sentimientos, sin embargo, madre e hijo criticaban de forma despiadada a los familiares, ya fuese en presencia nuestra o de extraños, convirtiendo sus debilidades en blanco de sus burlas. Pero resultaría muy equivocado considerar esto como expresión de mala intención, pues para ellos entretenerse a costa de los demás se había constituido en una segunda naturaleza. Todo ello implicaba que apenas nadie del gran círculo de familiares y conocidos estuviera seguro ante sus lenguas aceradas. A la larga esta circunstancia dificultó en gran medida la relación con ellos. Hay que añadir que ambos eran extremadamente sensibles; bajo la más inofensiva manifestación barruntaban una intención oculta, enojándose rápidamente de manera notoria. Mi buena madre, que siempre se expresaba con libertad y que nunca pudo acostumbrarse a aceptar sus palabras como justas, ha provocado innumerables veces una tormenta en nada presentida.

Madre e hijo se querían tiernamente. La señora Biberstein se complacía mucho en su Hans y lo mimaba especialmente. Aunque vivían modestamente, el hijo estaba acostumbrado a comer y vestir bien. Alababa sus cualidades en su misma presencia y pobre de aquel que no estuviera de acuerdo. Como todo giraba en torno suyo, sin darse cuenta se hizo muy exigente en la vida del hogar. Por otra parte, sus manifestaciones de cariño filial eran conmovedoras. Su madre estaba muy enferma del corazón y siempre tuvo que atenderla en sus ataques. Debido a que fuera de su hijo no tenía a nadie, ya que la única ayuda que tenía era una muchacha joven de poca confianza, Hans dormía en su mismo cuarto. Cuando la madre se ponía a hacer cualquier trabajo manual, él temía que se agotase y le ayudaba solícitamente. Sus manos delgadas y ágiles se hicieron así tan hábiles para los trabajos en la casa como para disección anatómica y más tarde para la práctica médica. Aún de mayor seguía obedeciendo las preocupaciones maternas, que eran una tiranía afectiva. Por eso nos extrañó al principio el que no se atreviese a remar con nosotras, y es que su madre se lo había prohibido como peligro de una vez para siempre.

Desde hacía muchos años pasaba las vacaciones con su madre en el mismo balneario. Tenía decidido no separarse nunca de ella, vivir siempre con ella, cuidarla en su ancianidad y así agradecerle todo lo que había hecho por él. Por ello no quería casarse o hacerlo con una mujer acomodada, para poder cuidar bien a su madre en el atardecer de su vida. Estos proyectos juveniles corrían peligro al conocer a mi hermana. Nos contó repetidas veces cómo sucedió. Había llegado a la Universidad con el prejuicio de que todas las estudiantes eran feas, mayores que él y que llevaban gafas. En la fila para matricularse Erna estaba delante de él (con su solicitud en la mano, donde figuraban sus datos personales). Que era bonita y sin gafas no hacía falta investigarlo. Por encima de su hombro miró la fecha de su nacimiento en la solicitud de la matrícula y comprobó que era dos meses más joven que él. Algunos días más tarde su compañero de colegio Weiss facilitó la presentación, y pronto se hizo costumbre verlos juntos por la Universidad.

Iban de una clase a la otra uno al lado del otro; se sentaban juntos en las aulas, trabajaban unidos y juntos también hacían sus exámenes. Una compañera los llamaba en broma Erna & Biber Stein. Todos los daban por prometidos. Ellos, sin embargo, se trataban de usted y Hans frecuentaba nuestra familia sólo como amigo. Su mutua inclinación era clara. Había siempre muchas chicas que tenían puesta su esperanza en el muy solicitado joven, cosa que a él le agradaba, pero nunca tomó en serio a ninguna otra. Por su parte, mi hermana no tuvo nunca ni una mirada para otro hombre. Como es natural, conoció a otros compañeros y se complacía en su trato, pero ninguno pudo sentirse halagado con alguna esperanza. La calidad de sus relaciones no las he sabido yo exactamente hasta mucho después. En sus diarios encuentros hablaban muy abiertamente. Hans exponía las obligaciones que tenía para con su madre y finalmente llegaron al acuerdo de que no se casarían nunca. Si yo no recuerdo mal, siguieron algunos años en esta situación. Estas relaciones tan peculiares eran para Erna, como es natural, una pesada carga para su espíritu. Frecuentemente surgían desavenencias debidas a la gran susceptibilidad del hijo único mimado. Hubiera sido todavía más difícil para Erna si no hubiera sido aligerada tan pesada carga por una fiel amistad compartida.

En el curso que había entre el de Erna y el mío durante el bachillerato estaban dos inseparables amigas, Lilli Platau y Rose Guttmann, que habían hecho el examen de bachiller un año después de Erna y uno antes que yo. Yo había charlado bastante con ellas durante los recreos, nos habíamos enseñado mutuamente nuestros trabajos y habíamos asistido juntas a clases privadas de literatura. Erna las conoció también cuando Lilli comenzó a estudiar medicina y tuvo clases y prácticas con ella. Pronto conectaron cordialmente. Rose estudiaba matemáticas y ciencias naturales, y cuando yo fui a la Universidad, nos encontramos en algunas clases de filosofía y psicología. Enseguida se estrecharon las relaciones mutuas y se formó un trébol de cuatro hojas muy unido. Como Hans y Erna no se separaban, vinieron a ser cinco las hojas del trébol. Y el muchacho no era un añadido soportado gracias a ella, sino que realmente estaba unido a nosotras tres por lazos de verdadera amistad e intereses comunes. Claro está que no estábamos dispuestas a plegarnos y someternos a él como su madre y Erna lo hacían, sino que nos defendíamos de lo que nos parecía abusivo. Esto ocasionaba frecuentes y fuertes confrontaciones que terminaban siempre en correctas y sinceras reconciliaciones.

A lo largo del semestre estábamos ocupados cada uno en lugares distintos y nos concertábamos siempre una vez por semana para pasar la velada juntos. En el verano, cuando podíamos, íbamos a tomar el aire en grupo, y recuerdo aún que, tras el calor del día, nos sentábamos en un jardín en las afueras de la ciudad, bajo un frondoso manzano, cenando allí, y compartíamos cordial y sinceramente las preocupaciones que teníamos.

En el invierno nos reuníamos alternativamente en nuestras casas y de paso trabajábamos algo en común. Los médicos, por ejemplo, pedían de los filósofos algo en favor de su formación general. Especialmente Lilli, que era muy inquieta intelectualmente y se interesaba por todo, expresaba sus temores ante el peligro de un posible simplismo de especialistas. Y, naturalmente, nos sumergíamos en la *Crítica de la razón pura* de Kant. No recuerdo bien hasta dónde llegamos. Durante un semestre trabajamos como locos, bebiéndonos la *Psicología experimental*, de Meumann, aunque este tomo tan grueso y lleno de listas de resultados de experimentos se nos hacía muy aburrido y con frecuencia nos parecía ridículo.

Por entonces todos nosotros estábamos cálidamente interesados por la cuestión femenina. Hans era un mirlo blanco entre los estudiantes, pues era tan radical en favor de la igualdad de derechos de la mujer como cualquiera de nosotras. Con frecuencia hablábamos sobre el problema de la doble vocación femenina. Erna y nuestras dos amigas albergaban serias dudas de si no se debería renunciar a la profesión a favor del matrimonio. Solamente yo mantenía siempre que por nada del mundo renunciaría a la profesión. ¡Quién hubiera podido entonces vaticinar nuestro futuro! Las tres se casaron y a pesar de ello ejercieron su profesión. Únicamente yo no me casé, pero también soy la única que hice un compromiso por el cual quería sacrificar con toda la alegría cualquier profesión.

2

Además de estos encuentros de círculo reducido, coincidíamos en reuniones más amplias. Las familias Guttmann y Platau estaban ya en relación y se pusieron en contacto con la nuestra. La señora Platau era viuda y también tenía un hijo, que era un año más joven que Lilli. Su marido murió antes de nacer el segundo hijo y, al igual que nuestra madre, tuvo que sacar adelante a sus hijos con su propio esfuerzo. Para ella era muy difícil, ya que sus naturales cualidades e inclinaciones no iban en esa dirección. Abrió un taller de bordados a máquina con bastantes empleadas. Para ella el momento feliz era cuando abandonaba el taller y podía irse a su casa sencilla pero confortable.

Sus dos hijos, especialmente la inteligente y viva Lilli, eran su orgullo y su alegría. Desde luego no es que quisiese menos a su Hans, pero dado su carácter apagado y modesto, quedaba siempre un tanto a la sombra ante su hermana viva e independiente. Esto se producía involuntariamente y los dos hermanos, tan distintos, se querían muchísimo. Lilli era mal hablada, pero poseía tanta frescura y amabilidad, que en la conversación con ella rápidamente se olvidaba. Su madre era una mujer bella, de rasgos nobles y con grandes ojos llenos de vida. Hasta muy entrada en años conservó una gracia especial. Se interesaba por nuestros estudios y tomaba parte activa en todas nuestras cosas. También sentía una fuerte inclinación por las inquietudes del espíritu, pero era mucho más serena y dulce que su hija. Yo me sentía muy atraída por esta señora tan fina e inteligente y también ella me correspondía con un profundo afecto que mantuvo durante toda su vida. Los Platau vivían muy cerca de la Universidad y Lilli puso a mi disposición su simpática y reducida habitación de trabajo para que yo la usase en las horas muertas entre clase y clase. He usado muchas veces su escritorio. La señor Platau venía sólo para saludarme brevemente y ofrecerme un refrigerio. Se iba y me dejaba con mi trabajo. Las noches en que sólo Erna y yo éramos invitadas a aquella casa tan acogedora eran especialmente agradables. En torno a la mesa de té charlábamos con intimidad. La dueña de la casa, tan amable, no se daba descanso en obsequiarnos, teniendo siempre bien abastecida la mesa con apetitosos dulces. Después la señora Platau y Erna tocaban el piano juntas. Lilli y yo nos retirábamos a su cuartito que estaba al lado. Me obligaba a echarme en el sofá y ella se sentaba junto a mí y se producían las confidencias de nuestros pensamientos.

No nos sentíamos tan absolutamente acogidas por la familia Guttmann como cuando estábamos en la casa de las Platau. Vivían ambos esposos. El padre era un hombre alto e imponente, algo rudo y parco en palabras. La que daba el tono en la casa era la esposa, que era pequeña, ágil y chispeantemente viva. Los tres hijos, Rose, Hede y el benjamín Karl, estaban vinculados a su madre por un gran cariño y admiración. Mientras nuestra madre y la señora Platau nos trataban a nosotras con la mayor naturalidad, sin pretender una correspondencia, aquí eran las hijas las que mimaban a la madre. Le llamaban gatita y le hacían la mayor parte de los trabajos de la casa. Eran mucho más dispuestas para ello que nosotras. Las dos eran capaces y hábiles.

Como los negocios del padre no eran suficientes para sostener a la familia, las dos hijas comenzaron muy pronto a trabajar. Rose dando clases de matemáticas y Hede de música. Rose estaba siempre cansada y caía frecuentemente enferma. Hede padecía ataques de asma desde muy joven. Rose, que era delgada y bien proporcionada, sabía vestirse con exquisito gusto. Pero su mejor adorno era el par de trenzas negras y brillantes que llevaba atadas con sencillez en torno a su cabeza. Su cara no era bonita como para llamar la atención, sobre todo venía algo afeada por la dura mirada de los ojos castaños. No obstante, tenía un gran atractivo. No tenía la viveza y cordialidad de Lilli, que atraía a todo el mundo irresistiblemente. Rose era con las personas no conocidas tímida y antipática. Con los de nuestra familia no logró intimar más que con Erna y conmigo, y Erna misma se alejaría interiormente de ella después de los primeros acercamientos cordiales, si bien mantuvo siempre una relación amistosa. En cambio, a la larga, dadas sus extraordinarias cualidades, sobresalía entre todos. Sabía escuchar muy bien despertando confianza. En las conversaciones sobre temas científicos captaba el pensamiento de los demás interlocutores rápida y fácilmente, pudiendo hablar del tema con gran brillantez. La mayoría no advirtió que lo que expresaba raramente era de su propiedad intelectual. Por lo general, se sobrevaloraba su posible autonomía, y ella misma se engañaba a este respecto. Estoy convencida de que en el fondo lo sentía y, con todo, interiormente era insegura, afectando a su autoconsciencia. Esto me aclaró también el motivo por el que Erna y Hans se apartaron: una cierta falta de sinceridad. No profesaba ella ninguna convicción interior fuerte, sino que se acomodaba en la conversación al otro, resultando que en diferentes círculos podía manifestar pareceres totalmente contrarios. Tampoco era fiable su versión personal de los hechos. Mi madre sentía especial repugnancia por el hecho de que hablase tanto de sus realizaciones y éxitos. Ella lo hacía de manera sencilla y objetiva, y únicamente cuando de manera accidental salían estos asuntos. Su capacidad pedagógica era innegable y nada común en absoluto, así como su fuerte influencia sobre las alumnas. Cuando Hans Biberstein y Rose se conocieron, experimentaron un fuerte atractivo. Erna, que por naturaleza no era inclinada a los celos, en este caso, sin embargo, no pudo estar siempre del todo tranquila. Por otra parte, no hay que olvidar el gran afecto que desde el principio unía a las dos jóvenes. Pero la inseguridad de Rose fue para Erna y Hans tan desilusionante que no se avinieron a ello. Lilli y yo advertimos esta debilidad y sufrimos, mas no nos echamos para atrás.

Cuando llegué a la Universidad, también fui atrapada por el encanto que Rose sabía ejercer. Fue la que llevó al principio la voz cantante en nuestra amistad, pero no durante mucho tiempo. Debido a la seguridad con que yo iba forjando mis puntos de vista y que mantenía frente a cualquiera, y más tarde por mi facilidad para un trabajo científico independiente, cobré una gran influencia sobre ella. Cuando los otros la abandonaron, tuvimos una vez una conversación seria con ella. Le manifesté que, a pesar de sus quejas, encontraba totalmente justificados los reproches que se le hacían. No le ocultaba los defectos que percibía en ella. En las faltas de las personas nunca vi motivo suficiente para romper la amistad. Aceptaba agradecida todo lo que le decía y sin susceptibilidad y con ello se hacía más fuerte el vínculo que la unía a mí. Creo que la relación que tenía conmigo era más fuerte que la que tenía con otras personas. Como yo no la miraba con luz artificial, sino a la sobria luz del día, le producía ciertamente dolor, pero también le proporcionaba una paz y una protección que, por otro lado, le faltaba. Nunca habló de ello y ni yo misma sé si era consciente de lo que le ocurría conmigo. De vez en cuando sentía la necesidad de escribirme y decirme todo lo que me quería. A veces añadía que ese cariño era un desgraciado cariño. Por lo demás esto era cierto, pues una relación de este tipo no puede ser recíproca. Sin embargo, yo he mantenido para con ella una amistad siempre fiel e inclinación cordial.

Cuando nos reuníamos con los Guttmann, nos entregábamos a la música. Hede tenía preparación de pianista y de profesora de música. Tenía también una buena voz y era actriz por naturaleza. Cuando cantaba acompañándose del laúd, no nos cansábamos de escucharla. Aunque estas cualidades con frecuencia la hacían el centro de la reunión, ella se sentía siempre algo postergada en nuestro grupo. Externamente era mucho menos atractiva que su hermana. Además, y en esto se parecía a nuestra hermana mayor, no se encontraba entre los académicos a la misma altura intelectual. Siempre estábamos completamente polarizados por nuestros estudios y no podíamos dejar de hablar de temas profesionales. Se hicieron especialmente amigos Hede y Hans Platau que, como era un joven comerciante, se limitaba a oír nuestras conversaciones, la mayor parte de las veces con resignación. Mi madre ya entonces predijo que ella no le soltaría jamás, estando en total desacuerdo con lo mismo. Hans le cayó muy bien, porque era tan callado y serio. Le hizo sufrir el que joven tan agradable tuviera que aceptar una mujer no precisamente bonita y que, además, era una enferma.

Nuestro círculo de relaciones no se limitaba a los miembros de la familia, sino que se extendía ampliamente a otra serie de personas. Como cursábamos estudios diferentes y estábamos en semestres distintos, cada una de nosotras tenía sus conocidos que ponía en contacto con los de los otros. En torno a Lilli estaban dos estudiantes de medicina, que eran como sus satélites fieles, Skupin y Jakobi. Nos eran simpáticos y especialmente trabó amistad con ellos Hans Biberstein. No ocurrió lo mismo con un tercer amigo de Lilli, aparecido más tarde, que fue claramente rechazado por el grupo. Se llamaba Paul Bey y procedía de la provincia de Posen. Había sido educado en estricto judaísmo y sabía más que todos nosotros sobre el tema.

El ambiente de las casas de los Guttmann, los Biberstein y los Platau era todavía mucho más liberal que el de la nuestra. No practicaban los ritos. Por eso no podía extrañarnos el hecho de que Paul Bey, con sus ideas y puntos de vista, nos resultase un tanto pesado, él apenas lo manifestaba. No tenía el desagradable tono de los incultos judíos del este, que sacaba de quicio a los judíos alemanes de la *asimilación*, más aún que a los mismos *arios*. Hablaba un puro y cuidado alemán. En el fondo no teníamos nada que reprocharle, aparte de que era excesivamente cortés y afectuoso y tenía un aire femenino y dulce que no encajaba con nuestro estilo estudiantil, espontáneo y algo agresivo. Su presencia me incitaba a escandalizarle con expresiones del argot estudiantil y Hans Biberstein se mostraba con él implacable con sus chistes mordaces.

Era evidente que, con respecto a Lilli, tenía las más serias intenciones. Y por nada se amilanó. Nos indignaba sólo pensar verle a su lado, porque intelectualmente ni de lejos la alcanzaría. Según ella, nosotros no éramos suficientemente inteligentes. Y aunque Lilli lo defendía débilmente ante nuestros ataques, se mantuvo firme en su amistad, de tal modo que a trancas y barrancas nos tuvimos que acostumbrar a él. Con ocasión de unas vacaciones de Navidad las cuatro amigas y nuestra hermana Rosa fuimos para hacer deporte de invierno a las montañas de Riesen y él decidió venirse con nosotras como único compañero masculino, siendo en aquellos días un servicial *ayuda de cámara*. Cuando volvíamos al refugio cubiertas de nieve, nos ayudaba a cambiarnos de *sweater*, nos cosía los botones caídos y cuando alguna se agotaba, tiraba de su trineo, y nosotras le permitíamos todo esto alegremente. Cuando nos sentábamos alrededor de una gran mesa redonda durante la velada, en la acogedora *Villa Martha* de Oberschreiberhau, y nos calentábamos la cabeza con nuestras teorías sobre la *concepción del universo*, participaba de verdad y cordialmente en todo. Percibíamos cómo agradecía el ser aceptado en un círculo tan exquisito, y esto nos predisponía en su favor. Desde entonces comencé yo a defenderle, cuando en su ausencia se hablaba de él despectivamente, como era costumbre.

Rose nos trajo un matemático joven que fue muy bien recibido. Se llamaba Willy Strietzel —nuestro *enfant terrible* Karl Guttmann afirmó que Rose y él tenían grandes proyectos—, pertenecía a una familia de la pequeña burguesía, hijo de un carpintero, protestante de nombre, pero no creyente. Era pequeño, de cabellos rubios y nariz un poco respingona. Hablaba con un marcado acento silesio, que ya no era habitual en nuestros *escogidos* círculos. La diferencia de origen y posición social saltaba a la vista enseguida, pero no fue motivo de perturbación ni para él ni para nosotros. Su capacidad extraordinaria para las matemáticas le granjeó el respeto de sus compañeros. Era claro y despierto, jovial y alegre como un niño. En nuestro grupo se movía con la mayor espontaneidad, incluso en presencia de la madre.

El punto culminante de nuestras reuniones era la noche de San Silvestre, que celebraron juntas las cuatro familias durante muchos años. Hacíamos *picknick*, es decir, todos aportaban algo para comer y para común entretenimiento. Esa noche de San Silvestre ya la celebraban juntos los Guttmann y los Platau antes de que los conociéramos nosotros. Cuando nos añadimos nosotros a la fiesta, tenía lugar en nuestra casa, porque disponíamos de mayor espacio. La señora Guttmann era una experta en organizar estas cosas. Componía poesías humorísticas de circunstancias, pintaba carteles alusivos y se aprendía pequeñas piezas representables. Hans Biberstein y yo nos ocupábamos del programa de las canciones y de los entretenimientos en el rato en que se bebía cerveza. Cada uno de los presentes tenía que ser capaz en esta noche, al ser requerido para ello, de narrar amenamente los acontecimientos del año que terminaba.

Desde nuestra infancia fue para nosotros la mayor alegría el hacer en verano una excursión familiar. Mi madre alquilaba a tal efecto un gran carruaje e íbamos al bosque un domingo, saliendo muy de mañana. Llevábamos nuestras provisiones y así podíamos comer en el bosque. Siempre procurábamos que hubiera sitio para algunos invitados que se añadían al grupo familiar. Primero fueron nuestros primos y primas los que nos acompañaban. Ahora las familias amigas. Cuando volvíamos por la tarde, el punto de llegada para todos era nuestra casa. Todos se sacudían el polvo del día y compartían una cena sencilla. Mi madre no consentía que un huésped se marchase de casa sin ser debidamente atendido, pero no le gustaba *excederse*. Quería que todos se sintieran como en su casa, sin que ninguno tuviera la impresión molesta de ser gravoso. Estos invitados espontáneamente no eran muy exigentes y se quedaban tan contentos con té y leche, pan con mantequilla y frutas. Lo que más éxito tenía siempre era el recio pan de centeno que mi madre seguía haciendo ella misma, según la costumbre de la Alta Silesia.

En las vacaciones de verano de los años 1911 y 1912, cuando todos estábamos estudiando en Breslau, el trébol de cuatro hojas que formábamos se pasó unas semanas en las montañas de Silesia. La primera vez elegimos Gross Aupa como base de nuestras excursiones. Es una aldea recostada en la falda del monte Riesen y situada lejos de la línea del ferrocarril. Desde Johannesbad había que ir en autobús. Si no recuerdo mal, éramos los únicos veraneantes. Nos enseñoreamos de todo el pueblo. En las noches de luna recorríamos las calles cantando nuestras canciones estudiantiles a pleno pulmón y las gentes nos escuchaban desde sus casas. En una ocasión las fuerzas vivas nos rogaron que fuésemos por la noche a la taberna donde tenían su tertulia y les ofreciésemos nuestro repertorio. Aceptamos la invitación sin más y nuestra ingenua alegría fue para aquella gente honrada, que habitaba aquel rincón, un acontecimiento extraordinario.

No fuimos solos a este viaje. Se unieron a nosotros la señora Guttmann y su hermana soltera, que padecía la enfermedad de

Basedow. Vivíamos en la casa de un panadero, que nos alquiló muy baratas varias habitaciones. Las dos señoras se hacían la comida y nosotros comíamos al mediodía en la taberna y el desayuno y la cena nos lo arreglábamos por nuestra cuenta.

Nuestra madre nos envió una temporada a Frieda. Su separación del marido estaba bastante reciente. Tenía todavía tal depresión por lo que había sucedido que necesitaba distracción y descanso. También vinieron otros invitados que nos hacían compañía por más o menos tiempo. Los padres de una compañera de escuela de Lilli y Rose nos confiaron a la muchacha, por la que estaban preocupados, porque esperaban que nuestra influencia le fuese beneficiosa. Era una chica amable y callada que por entonces comenzaba a tener unas actitudes extrañas en su comportamiento. Eran los primeros síntomas de una *dementia precox*, que no tardó mucho tiempo en declararse.

Otra compañera muy alegre, en cambio, fue Lotte Baerthold, de Sagau. Había sido compañera de Erna en el gimnasio. Ahora vivía de pensión en Breslau y casi todos los días venía a nuestra casa, para estudiar con Erna. En correspondencia mi hermana Erna estuvo invitada en su casa durante unas vacaciones. El padre de Lotte tenía en Sagau una fábrica de paños. Era un hombre de grandes entusiasmos políticos, un liberal puro de los de antes, que fue durante mucho tiempo concejal. La madre era una buena señora, encantadora, de un gran atractivo juvenil. Lotte era la única hija, pues el mayor y el menor de los hijos eran varones. Fue cuidadosamente educada y tenía unas maneras irreprochables, tal como se cultivaban en las buenas familias protestantes. Pero en medio de este refinamiento había permanecido sencilla y natural, viva y alegre. Se incorporó a nosotras con cordialidad muy espontánea y estas relaciones amistosas perduraron a lo largo de toda la vida. Debido a que sus padres tenían frecuentemente cosas que hacer en Breslau, tuvimos ocasión de irlos conociendo. También yo fui a su agradable y hospitalaria casa con frecuencia, siendo para mí etapa de descanso en mis largos viajes de vuelta a Breslau.

Lotte se decidió, tras su examen de reválida, por el estudio de los idiomas modernos. Estudió un semestre en Berlín y otro en París. En el viaje a Francia tuvo como compañero de viaje a un joven ingeniero que fue para ella una buena ayuda. Él la buscó luego en París y se encontraban con frecuencia. Cuando Lotte volvió a su casa, terminado el semestre, él fue y pidió su mano a los padres. En aquel verano de 1911 se encontraba en vísperas de boda y necesitaba un descanso de los preparativos. Por ello vino con nosotros a Gross-Aupa.

Otros conocidos que también pasaban sus vacaciones en las montañas nos visitaban y se quedaban con nosotros un día o unas horas. Una estudiante de medicina, que era muy divertida, preguntó en la aldea que en qué casa vivían un montón de señoritas y enseguida se lo indicaron. Nuestra casita estaba junto al pequeño riachuelo Aupa. La puerta trasera daba directamente al agua. En la otra orilla había una ladera cubierta de césped. Cuando queríamos ir allí, teníamos que cruzar el riachuelo, saltando por las piedras que sobresalían en la corriente. Éste era nuestro primer ejercicio por las montañas. La maniobra tenía como fondo las exclamaciones de la señora Guttmann, preocupada por la suerte que podían correr los cojines y mantas que llevábamos bajo el brazo.

También era una cuestión de dignidad el trepar una vez al día por las empinadas laderas. Incluso nuestros invitados tenían que someterse a esta prueba. Para mayor comodidad, nos hacíamos peinados especiales de verano. Yo llevaba rodetes sobre los oídos. Las otras tres, que tenían unas trenzas largas y espesas, no se las peinaban alrededor de la cabeza al estilo de Gretchen, sino sobre la frente, para dejar libre la nuca. Habíamos venido bien provistas de libros para estas semanas de vacaciones y cada una de nosotras se sumergía en el suyo mientras estábamos al aire libre. Recuerdo que Rose se había traído el *Zarathustra* de Nietzsche. De vez en cuando interrumpía su lectura y recababa mi ayuda: «Pequeña —me decía— tú que eres tan lista, ¿me puedes decir qué significa esto?» Me llamaba así porque era la más joven de todas las del trébol. Además, mi aspecto era tan joven que la señora Guttmann solía decir que a nuestra vuelta a Breslau me inscribirían en la escuela. Por mi parte, yo, que estaba finalizando mi primer semestre, me había llevado como lectura de vacaciones la *Ética* de Spinoza. No me separaba nunca del pequeño volumen. Cuando íbamos al bosque, lo llevaba en el bolsillo de mi impermeable y, mientras los demás se tumbaban bajo los árboles, buscaba yo cerca una torreta para la caza del ciervo y trepaba hasta arriba. Allí me sentaba y me sumergía alternativamente en las deducciones sobre la Sustancia Una y en la contemplación del cielo, montañas y bosques.

Una vez, desde Bad Reinerz, Hans Biberstein tuvo oportunidad de visitarnos. Su madre le dio permiso para hacer una excursión de varios días. Nos vino a buscar y visitamos la ciudad de piedra de Adersbach Weckelsdorf. Al año siguiente, y en atención a él, elegimos como lugar para nuestras vacaciones un lugar cercano a Reinerz. Era Grunwald, en el alto Meuse, el pueblo más alto de Prusia. Erna y yo lo conocíamos desde niñas. Habíamos hecho hasta allí un viaje de vacaciones con nuestra hermana Else y nuestra cuñada Trude. Fue la primera vez que yo vi montañas de verdad. Sin embargo, el recuerdo de nuestra estancia allí no era del todo agradable, pues las dos jóvenes señoras entusiastas nos dejaban abandonadas y con poca comida.

Vivíamos en la casa del maestro y no pudo ocurrir nada peor. Nos teníamos que conformar con recoger arándanos y comer pan con miel que se nos quedaba seco de una comida para la otra con lo que se nos hacían interminables los días.

Esta segunda vez nos alojamos en la pensión. Además de nosotros había otro huésped del balneario. Era el alcalde de Ratibor, llamado Westram. Era un señor de edad, que recibió con gusto la compañía de las cuatro jóvenes estudiantes. Durante largos años nos siguió escribiendo y más tarde nos prestó un gran servicio. Antes de llegar a Grunwald nos detuvimos unos días en Altheide. Allí encontramos a nuestra hermana Else, que había ido allí con una tía para descansar, desde Breslau y que ya estaba a punto de volver a casa. Había sido un gran acontecimiento el conseguir que esta vez nos acompañase la madre. Nunca había ido a un balneario, ni efectuado en su vida un viaje tan largo.

Circunstancias desfavorables habían impedido el viaje de boda (se había casado en 1871). Mi padre la había prometido hacer el viaje de novios más tarde, pero pronto llegaron los hijos, uno tras otro, muy seguidos, y no fue posible. Cuando hablábamos de esto, nos dejaba traslucir la esperanza de que realizaría el fallido viaje con nosotras. En esta ocasión le tomamos la palabra. Vino pues, con nosotras y lo pasó muy bien.

Vivíamos junto al bosque. La madre fue siempre muy sensible para las bellezas de la naturaleza. Pero a los tres días no la pudimos retener más y volvió a casa. Nosotras continuamos en viaje a Reinerz y de allí, en coche, hasta nuestras alturas, las cuatro y nuestro equipaje. Esta vez vino Rosa por algún tiempo. Fue un verano lluvioso y casi todos los días teníamos abundantes chaparrones; pero, en cuanto había un claro, nos íbamos al aire libre para recoger bayas y setas y subir lo más posible.

Hans nos visitaba frecuentemente y nosotras bajábamos muchas veces a Reinerz. Como a la señora Biberstein le gustaban mucho las bayas, le bajábamos una cesta llena y para nosotras constituía un motivo de satisfacción el codearnos con los elegantes huéspedes del balneario por el paseo del mismo. También este año una marcha de varios días debía marcar el punto culminante de nuestras vacaciones. Hans preparó el programa y, como era un entusiasta de las marchas récord, planteó unos cuarenta kilómetros por día. Primero fuimos en coche en dirección a Wolfeslsgrund para, desde allí, escalar la calva de Schneeberg. Luego la marcha debía continuar hasta el monte Altvater, que no conocíamos ninguno.

Rose Guttmann no se podía permitir entonces una excursión semejante, pues su corazón estaba algo afectado. Fue por unos días a Gräfenberg y se reuniría con nosotros en la estación fronteriza de Mittelwalde. Fue nuestra hermana Rosa la que completó el cuarteto en su lugar. Por desgracia, nada más comenzar hubo una sensible contrariedad. Ya en la subida de Schneeberg me torcí un pie y, aunque pude continuar, fue a costa de grandes molestias. Subir me costaba menos trabajo, por ello me esforzaba en las subidas por recuperar el tiempo perdido en los descensos. Cada paso dado en las cuestas abajo era una tortura, precisamente lo que en otras circunstancias hacía llena de alegría y a saltos, pero ahora tenía que ir penosamente pasito a pasito. Hans estaba indignado. La bonita marcha que había esperado con tanta ilusión se le había ido a pique del todo. Cuando en un trecho caminaba más deprisa, no veía en ello un signo de buena voluntad, sino que decía: «Ya se ve que cuando quiere puede». Él llevaba la marcha en cabeza a su paso normal y Erna iba con él, aunque no se sentía a gusto. A la pobre le había tocada la peor parte. Tenía que oír de cerca las explosiones de mal humor de su malcriado amigo y encima soportar los reproches de mis compañeras, que estaban indignadas contra los dos médicos principiantes, y no se recataban de decirles con toda crudeza lo que pensaban en mi favor. Como es lógico, la lesión empeoraba de día en día. Cuando al cabo de varias horas tuvimos que descender un escarpado barranco pedregoso, hasta la estación, Lilli me rodeaba fuertemente con el brazo y me llevaba casi sin que yo caminase.

Así fuimos atravesando los impresionantes paisajes montañosos y cuando perdíamos de vista a la enloquecida parejita, las tres pacíficas rezagadas olvidábamos toda desavenencia y nos lo pasábamos bien. Hubo algún que otro incidente cómico que nos sirvió en años siguientes como motivo para canciones en la mesa o durante nuestras rondas de cerveza. En la primera jornada llegamos tarde, casi de noche, a Ramsau. Desde allí debíamos comenzar a la mañana siguiente la marcha por el Altvater. Cuando llegamos al apeadero, era noche cerrada. Con ayuda de la linterna de bolsillo acertamos con la salida y la posada, que estaba lejos. Estaba completamente llena. A Hans le instalaron en una casucha como un palomar, en el patio. Nosotras logramos un cuarto para las cuatro. Después de cenar muy tarde, nos enviaron a nuestra habitación y tuvimos que atravesar otro cuarto, en el que sorprendimos a dos caballeros y una señora que estaban comenzando a desnudarse. Compadecimos a nuestra compañera de infortunio y nos consideramos felices porque, por lo menos, no nos habían alojado en compañía de nuestro enfadado caballero. Todavía quedaba una quinta cama en nuestra habitación. Como no se podía cerrar la puerta que daba al cuarto de nuestros vecinos, pusimos la cama libre para sujetarla.

Cuando, tras la fatiga, ansiedad y aventuras de aquel largo día, confiábamos en dormir un poco, aparecieron en Lilli las desagradables consecuencias de una desacostumbrada comida del camino. Más que algún malestar y dolor concretos se le hacía insoportable el que nuestro descanso nocturno fuese disturbado por ello. Todas respiramos felices cuando el nuevo día nos liberó de nuestra prisión. Y... otra vez monte arriba, monte abajo, desde la mañana hasta la noche. Pero esta vez logramos, antes de que cerrase la noche, un buen lugar para descansar, el agradable Karlstal.

Nos enviaron desde la administración del balneario a una encantadora casita con habitaciones simpáticas y limpias. Después de habernos lavado a fondo pudimos descansar de verdad y nos sentimos como en el cielo. El desagradable final de la excursión del día siguiente ya lo he contado. Terminó en una estación, donde comprobamos que el imperial y real servicio austriaco de ferrocarriles no era muy observante de los horarios. El tren anunciado en la guía no llegó y tuvimos que esperar unas horas, con lo que no pudimos coincidir con Rose, según lo previsto, en Mittelwalde. Le pusimos un telegrama.

Cuando muy tarde, por fin, llegamos a Mittelwalde con el último tren, de Rose no había ni rastro. Tomamos el camino hacia el hotel más próximo. No había ni una sola habitación libre, pues, aunque quedaban algunas camas libres, no se podía despertar a los huéspedes para alojarnos. Tuvimos que continuar nuestra peregrinación, aunque mi pie se negaba a seguir funcionando. El segundo hotel no era tan distinguido como el primero, pero no nos preocupamos mucho de ello. El resultado fue tan negativo como en el anterior. El tercero estaba en las afueras y era aún menos atractivo. En todo caso no teníamos otra opción. Yo me fui sin más a la recepción y les dije que nos quedaríamos sentados allí hasta la mañana siguiente, aun en el caso de que no hubiera cama para nosotros. Nos dijeron que todavía quedaba una habitación libre, que pusieron a nuestra disposición. Esta vez la compartimos todos. Había dos camas y un sofá. No nos desnudamos y nos arropamos con los abrigos, pues teníamos nuestras dudas no arbitrarias acerca de la limpieza de las sábanas. Las señoras se acomodaron emparejadas en las camas, lo mejor que pudieron. Quizá fue Hans el más afortunado en su sofá, aunque no logró dormir. Repetidas veces encendía su linterna para ver la hora. A la mañana siguiente nos lavamos por turno en el diminuto lavabo.

Deshicimos a continuación el camino que habíamos recorrido la noche anterior en la oscuridad. Cuando rebasábamos el hotel tan elegante que habíamos visto hacía unas horas, salía por la puerta nuestra Rose bien dormida y descansada. Había estado en una habitación con cuatro camas libres que había logrado momentos antes de que nosotros llamásemos a aquella puerta en vano. Nos había estado esperando leyendo y comiendo bocadillo tras bocadillo hasta que se fue al hotel, cuando le dijeron los empleados del ferrocarril que ya no había más trenes.

Todavía tuvimos humor para reírnos de esta mala pasada del destino. El encuentro con Rose y la comunicación de nuestra experiencia produjo una distensión de los ánimos. De todas formas, cuando nuestra hermana Rosa, tuvo que separarse de nosotras para regresar a Breslau, no tuvo por parte de Hans más que una seca despedida; claramente se notó que le costó darle la mano. Conmigo estuvo más reconciliado. Ya se había convencido, si bien no dijera nada, de que la lesión no era fingida. Por otra parte, yo no había compartido los reproches que le habían hecho las demás, pues me pesaba demasiado el haber sido sin culpa el aguafiestas.

Tuvimos que volver por Reinerz de nuevo, pues no había otro camino a Grunwald. La señora Biberstein nos recibió en el porche de la casa. Le bastó una mirada al rostro de su Hans para comprender que estaba contrariado. Debido a este detalle, los demás quedamos al margen. Sólo Erna fue invitada a pasar a despedirse. A nosotras nos despacharon en la puerta. Nos fuimos al balneario para quitarnos todo el polvo que llevábamos del camino y del tren. A continuación nos instalamos, por fin, las cuatro solas en un coche cerrado que nos condujo a Grunwald. Nos sentimos aliviadas al volver a estar *entre nosotras*, pero apenas hablamos durante el viaje. Erna estaba cohibida ante nosotras, con el sentimiento de haber sido la culpable de todo. Cuando llegamos arriba y entramos en el hotel, se arrodilló inmediatamente y me quitó la pesada bota de mi pie inflado.

Después de comer, me llevaron a la cama. Las dos estudiantes de medicina me vendaron convenientemente y me pusieron en alto el pie. Rose y Lilli se fueron a dar un paseo. Erna se sentó en el borde de mi cama y me leía cartas de Goethe. Al cabo de un rato volvieron las otras dos, muy despejadas y divertidas. Rose sacó una tableta grande de chocolate *Lindt* que nos había traído de Gräfenberg. El trébol se había reunido de nuevo y con este festín se consumó la reconciliación, sin que se volviese a hablar ni una palabra más del asunto. No me acuerdo en absoluto cómo se restableció la paz con Hans. En todo caso no tardó en llegar la recomposición de la amistad. Nosotras estábamos siempre predispuestas a un amistoso arreglo. Hechos como aquél, sin embargo, nos dejaban muy pensativas y preocupadas sobre la suerte que le aguardaba a Erna.

Durante estas estancias en la montaña, teníamos dos habitaciones para las cuatro, cada una de ellas con dos camas. Erna y Lilli ocupaban una. Rose y yo la otra. Entre las dos habitaciones que nos habían dado había otra, en la que vivía el alcalde, lo que le permitía oír a través de las paredes, cómo a su derecha se estudiaban textos de medicina y a su izquierda se planteaban problemas de matemáticas y física teórica. A veces nos cambiábamos de pareja, para poder hablar íntimamente todas, ya que las horas de la noche con su silencio eran las más propicias para confidencias que podían prolongarse hasta las tantas. Ahora, realmente, no sé en detalle lo que nos teníamos que decir en unos coloquios tan dilatados. En todo caso lo que sí sé es que no nos faltaba nunca materia y que para nosotras no había nada mejor que abrir nuestros corazones. Casi siempre de lo que se trataba era de la historia del *trébol* y de las personas próximas a él, así como de los planes para el futuro; de la formación de nuestra propia vida y de aquellos ideales a cuyo triunfo queríamos colaborar a través de nuestra acción en el mundo.

3

El invierno de 1912 a 1913 nos deparó un viaje, todavía reunidas, que hicimos en trineo en Schreiberhau. El *trébol* se disgregó en el semestre de verano de 1913, cuando Rose y yo abandonamos Breslau. Pero antes de seguir, y para claridad de mi relato, quizá sea mejor que exponga mi evolución personal, hasta el punto a que he llegado, y antes de contar las peripecias de Erna.

Ya he contado cómo perdía mi fe infantil y cómo, casi al mismo tiempo, comencé a sustraerme, como *persona independiente*, a toda tutela de mi madre y hermanos. Con catorce años y medio había superado los nueve cursos de la Escuela Superior Femenina. Era la Pacua de 1906. Precisamente en esta época, el hasta entonces optativo año "Selecta", al que pocas alumnas accedían, fue declarado curso décimo, y su acceso estaba ligado a determinadas autorizaciones. Cuando el director recibió la carta en la que me daba de baja en la escuela, se puso muy excitado, declarándome todos los motivos por los que le parecía aconsejable el continuar un año más. Pero no consiguió convencerme.

Con la misma decisión que ahora, había rechazado dos años antes pasar al gimnasio. En aquella época se habían reformado los cursos del *Realgimnasium*, que eran de cuatro años de duración y que se equiparaban a nuestra clase novena de la escuela, convirtiéndose en seis y que se bifurcaba después del séptimo año escolar. A causa de este cambio de planes de estudios, mi curso se encontraba en la situación de no poder hacer ya el plan antiguo y teníamos que perder un año si queríamos entrar en el plan nuevo.

Esto me desalentó un tanto; pero creo que, tanto entonces como ahora, un instinto sano fue lo que me hizo ver decisivamente que yo había estado ya lo suficiente en el banco escolar y que necesitaba ya otra cosa distinta. Precisamente en el séptimo año mis esfuerzos habían decaído un tanto. Seguía en los primeros puestos, pero a veces fallaba. En parte, el motivo era que yo comenzaba ya a preocuparme de cuestiones, especialmente de las relativas a la manera de ver el mundo, de las cuales en la escuela no se nos decía gran cosa. Echaba de menos sobre todo una iniciación con respecto al desarrollo físico que ya estaba a las puertas.

Mi madre no puso la menor resistencia a mi decidida voluntad. «No te forzaré —decía—, te dejé entrar en la escuela cuando tú quisiste, puedes dejarla ahora si tú lo quieres». Así dejé la escuela y fui a Hamburg unas semanas después para aquella prolongada estancia de la que antes di cuenta.

Poco tiempo antes de abandonar la escuela, la muerte produjo un nuevo hueco entre los hermanos de mi madre. Cilla Burchard, su segunda hermana mayor, murió después de un largo proceso canceroso y una grave intervención, que sólo sirvió para prolongar un poco el fin. Vivimos muy de cerca todas las fases de la enfermedad, pues teníamos con la familia Burchard unas relaciones muy estrechas. El tío era el amigo fiel de mi madre que la apoyó en el negocio con todas sus fuerzas. Cuando eran jóvenes, fue mi madre la que le inició en el negocio paterno. Ahora no era negociante establecido por su cuenta y miraba a la sobrina, que ya era su cuñada, con admiración. Ya dije antes que era hermano de nuestra abuela.

El tío llevó los libros de ella algún tiempo. Cuando ya no era necesario, venía regularmente todos los días por si podía ayudar en algo. Mi madre sentía por él un gran afecto y siempre estaba de su parte. Él estaba poco considerado en su propia casa. Mi tía Cilla tenía un carácter áspero y cerrado. Era excesivamente desprendida y nada ahorradora como ama de casa. Hería su orgullo el que sus padres tuvieran que ayudarles alguna vez, debido a que su marido no alcanzaba a mantener la familia, y que su querida hija hubiera tenido que ponerse a trabajar muy pronto. Fritz, el único varón, estudió medicina. De momento no esperaba de él ninguna ayuda. Corrían los tiempos en que era normal que las hermanas se vieran precisadas a trabajar para hacer posible el estudio de los hermanos.

Martha, la hija mayor, era solamente un poco mayor que mi hermana Else y su amiga más querida. Mientras Else estuvo en casa, Martha venía todas las tardes con nosotras y la considerábamos como una hermana. Obtuvo el título de maestra, pero se colocó de empleada en la *Seguridad Comarcal* de Breslau, ejerciendo su trabajo concienzudamente hasta su jubilación. Era callada y cerrada como su madre, y las dos hijas habían heredado su prodigalidad y una hospitalidad sin fronteras. Únicamente Martha no tenía el carácter áspero y malhumorado como la tía, sino que era simpática y atenta. A mi madre no le cabía en la cabeza cómo estas personas, que eran tan afables y disponibles para con los amigos, no tenían para con su buen padre una palabra cariñosa.

En una ocasión habló mi madre a solas de este punto con Martha y obtuvo una respuesta brusca y defensiva, reprochando a su padre falta de dignidad. Ni yo ni ninguno de nosotros supo nunca en qué podía consistir esta falta. Mi madre estaba convencida de que tenía que haber habido en mi tía un radical error de juicio sobre su marido, que había transmitido a sus hijas.

Adelheid, la más joven, a la que llamábamos Heidel, fue la más mimada por la madre. En contraste con sus hermanos, que eran tan callados, era charlatana, ruidosa y nada inhibida; pero en sus colocaciones en el comercio era eficiente y responsable. Era igualmente muy dispuesta para las faenas caseras cuando por enfermedad de su madre y tras su muerte tuvo que asumirlas.

Erna y yo hemos pasado en esta casa muchas mañanas antes de que empezásemos a ir a la escuela. Nuestra madre podía enviarnos allí en todo momento, sabiendo que seríamos bien atendidas. La tía nos dejaba hacer lo que queríamos. Solamente cuando no sabíamos qué hacer, nos daba alguna ocupación. Aquí fue donde por vez primera recibí el encargo de zurcir una media. La tía me enseñó cómo debía hacerlo y luego me dejó sola con la tarea. Por aquel entonces debía yo tener unos cinco años. Me senté en una silla muy alta para mí y me sumergí con gran celo y aire de gravedad en aquel negocio difícil por demás. Mucho me indigné cuando el primo mayor —unos veinte años más que yo— se acercó a mí con intenciones de arrebatarme mi trabajo. Salté de la silla como un rayo, eludiendo su persecución dando vueltas a la mesa, hasta que mi tía vino en mi ayuda y me defendió con enérgicas palabras. A Fritz le gustaba meterse conmigo.

Fritz era, como su madre, parco en palabras y de humor seco, aunque todavía no estaba reprimido por traumas. Luego le veíamos ya raras veces. Después de su examen de reválida, hizo primero algunos viajes como médico naval, que lo convirtió ante nuestros ojos en algo muy interesante cuando volvió tostado por el sol y con una gorra azul. Después se instaló en una pequeña ciudad de la Turingia. Nos contaron que, cuando llegó a aquella ciudad, salió un pregonero con una campana por las calles, anunciando que había venido un médico nuevo. Más tarde vivió en Berlín y venía a ver a su familia varias veces al año. En estas ocasiones le veíamos de pasada y cambiábamos algunas palabras con él.

Guardaba bien el recuerdo de las cosas que había observado en mí en los tiempos infantiles y tuve siempre la impresión de que se prolongaba en él el afecto que su madre había tenido por mí. Yo era su preferida sin género de dudas. Aunque lo manifestaba en una forma un tanto ruda, saltaba a la vista. Cuando la señora Burchard hacía sus compras mañaneras para la casa, nos la encontrábamos con alguna frecuencia y casi siempre me hacía un pequeño obsequio. Esto era para mí un consuelo en mi camino hacia el odiado jardín de infancia. En una ocasión en que era conducida a la fuerza, como de costumbre, me compró un gran cucurucho de ciruelas amarillas. Me quedé anonadada ante tal tesoro, pero no me dejé sobornar por tales cosas materiales. Mi repulsa por aquel lugar humillante permanecía inalterable. Tía Cilla me apoyó fuertemente en mis exigencias de ir a la escuela *grande*. Más tarde me repetía que le debía a ella aquel año que adelanté y se sentía muy orgullosa de mis éxitos en la escuela. Bien es verdad que incluso esto lo decía de una forma un tanto desagradable. Me llamaba, ciertamente con cariño, *ambiciosa*. Yo percibía con claridad que era una broma cariñosa, pero para mí tenía algo de punzante.

Toda la familia me definió desde la más tierna infancia por dos cualidades. Se me reprochaba (con toda razón) el ser ambiciosa y también se me llamaba la *inteligente* Edith. Ambas cosas me dolían mucho. La segunda porque yo interpretaba que lo decían pensando que yo me lo creía y, además, me parecía que se indicaba que solamente era inteligente. Desde los primeros años de mi vida yo sabía, por otra parte, que era más importante ser bueno que inteligente.

Cuando mi prima Leni Pick fue a mis clases, tía Cilla le prometió un marco si me pasaba, es decir, si obtenía en la clase un puesto mejor que el mío. Pero ambas estaban convencidas de que aquel premio era inalcanzable.

La casa de los Burchard había sido desde su fundación un hogar abierto constantemente. En los viejos tiempos se encontraban allí cada domingo todos los hermanos y primos de mi madre que estaban en Breslau, ya en la escuela o en la Universidad o colocados en el comercio. Más tarde estuvieron de pensión nuestros inseparables compañeros, los gemelos Hans y Franz. La tía los cuidaba con todo esmero dándoles a cada uno sus comidas preferidas, aunque en algunas ocasiones sufrieran también el duro trato. Una vez, durante su etapa de transición adolescente, que no se habían lavado bien, fueron puestos bajo la ducha y jabonados a fondo.

En aquella casa los cafés organizados con motivo de los cumpleaños eran especialmente simpáticos. En ninguna parte éramos obsequiados mejor con tartas de nata que en la habitación de los niños, y en ninguna parte podíamos jugar con más libertad que allí. Sólo había una interrupción desagradable: cuando teníamos que presentarnos en la mesa de los mayores y dar una vuelta estrechando la mano de cada uno de ellos, mientras nos teníamos que dejar inspeccionar por todas las tías y primas mayores. El que me impresionaba más era un amigo de estudios de mi primo, que nunca faltaba a estos cafés. Era un médico, de carácter agradable y amplia cultura, pero algo extravagante y engolado en sus ideas y expresiones.

Antes de saludarle, yo les anunciaba a los otros niños lo que indefectiblemente me iba a decir al verme, porque era siempre lo mismo: que tenía cabeza de Cristo y ojos de Virgen. A continuación preguntaba si no se había encontrado aún un escultor que atraído por mi color de alabastro me hubiera hecho su modelo. Apenas podía yo dominarme cuando tenía que soportar semejante discurso sobre mí.

Tan pronto como salíamos fuera de la presencia de los mayores, me dejaba llevar de mi disgusto y convertía mi contrariedad en placer con comentarios hirientes. Así observé que el alabastro no me necesitaba a mí para tener el color que tenía.

Cuando fui mayor, mi presencia motivaba en este huésped constante otros temas de conversación, que no me eran menos penosos. Me planteaba sus problemas filosóficos y a mí me parecía que, tomando café y ante el círculo de familiares, la ocasión no era la más propicia.

Mi tía, dado su carácter hermético, ocultó todo lo que pudo los síntomas de su enfermedad. Cuando los dolores se le hicieron insoportables, el mal había avanzado tanto que ya no había salvación posible. Recuerdo la última visita que le hice. Estaba en la cama y tan débil que no podía incorporarse, y solamente hablaba con un hililo de voz. Yo creía que no podría ni entrar a verla, pero Heidel me introdujo en la habitación y me dio un platito con un poco de alimento para que se lo diese a la enferma a cucharaditas. Me resultó duro, pues pensé lo difícil que debería ser para personas orgullosas e independientes el dejarse alimentar por una niña. Pero ya estaba acostumbrada y me dejó hacer tranquila.

Después se informó de mis trabajos escolares y se interesó especialmente de un contratiempo del que había oído hablar: había tenido mi primera y única amonestación de todos mis estudios. Dábamos clase de geografía con el severo y temido director Röhl. Era la asignatura que menos me gustaba. A pesar de ello, habíamos acordado en firme que yo habría de exponer a todo el curso, y con el mapa, la lección del día antes de la hora de clase. El director se había enterado, pero no había manifestado su desaprobación. Únicamente alguna vez, cuando alguna alumna no decía bien una cosa, se volvía a mí amablemente y me preguntaba si yo no lo había explicado bien. Una mañana llegaron mi prima Leni y su amiga Johanna muy tarde a la escuela. Mi repaso había ya terminado y habían tocado para la oración de la mañana. En su miedo por lo que *iba a venir* las dos me pidieron que me quedase con ellas al final del aula, en la puerta, y que les repasase durante la oración. Esto me resultaba muy desagradable, pero en estricta moral escolar la camaradería está por encima de todo.

Así pues, juntamos nuestras cabezas y yo les enseñaba la lección en un susurro discreto. Pero, por desgracia, una maestra vino por allí y se dio cuenta. No pudo oír lo que hablábamos; pero se hablaba y esto no se podía tolerar durante el tiempo de oración y esto era un delito espeluznante. La maestra se precipitó sobre nosotras en cuanto atravesamos la puerta de salida y nos echó la filípica adecuada. Como no se trataba de ninguna de nuestras maestras, se creyó en la obligación de comunicar el asunto al director. El nos dirigió la segunda reprimenda y nos puso una amonestación en el cuaderno de escolaridad. No supe si las otras dos *malhechoras* tuvieron otro castigo o solamente yo como la principal habladora. En todo caso pidieron permiso para explicarse y se hicieron completamente responsables de lo sucedido, afirmando que a mí se me debía levantar el castigo. Pero no sirvió de nada. La amonestación se mantuvo.

El consejo de profesores no debió considerar el delito tan grave, pues en las notas apareció un «muy bien hasta un incidente» (el «muy bien» era uno de calificación). Y... de este acontecimiento tuve que informarle a la tía moribunda. Ella se reía despectivamente del director y decía: «¡Qué estúpido!»

Ya no la vi más, ni siquiera después de muerta. Yo no había visto nunca un cadáver y mi madre me lo evitó. Pero estuve en el entierro y después en el duelo de la casa, cuando estaban todos los familiares reunidos. Era verdaderamente extraño y desabrido que en estas circunstancias, como en las fiestas, nos reuniésemos en torno a una mesa para tomar el café, aunque el estado de ánimo era serio y afligido.

Cuando todo había pasado, se cerró la casa. Los gemelos fueron acogidos por los familiares. Vivieron de pensión hasta que más tarde sus padres se trasladaron de la Alta Silesia a Breslau. Martha y Heidel se vinieron a nuestra casa hasta que pudieron poner una casa nueva. Para el tío se alquiló una casa frente a nosotros. A comer venía a nuestra casa. Martha no salía del duelo. No podía ni llorar, ni hablar. Todos nosotros rivalizábamos por hacerle la vida agradable. En especial, Frieda no pudo esforzarse más en amables servicios hasta que desapareció el colapso emocional.

Más tarde ambas hermanas llevaron en común su casa con la misma disponibilidad y apertura que reinaba en ella en vida de la madre. Y el padre vivió con ellas hasta su última enfermedad. Mi madre llevó muy a mal que lo llevasen al hospital cuando la situación se hizo desesperada. Murió en el primer año de la guerra. Martha y Heidel siguieron juntas, aunque se soportaban difícilmente, debido a la gran diferencia de carácter. Pero la fraterna fidelidad y el cariño eran mayores que las discrepancias.

Me he entretenido trayendo a colación estos recuerdos, porque están unidos a mis últimas vivencias de la época escolar. En general, las imágenes de los últimos años de la escuela palidecen y quedan relegados a segundo plano ante los posteriores del gimnasio y la Universidad.

No me costó decir adiós a la escuela. Por un lado, estaba harta de aprender. Y por otro, no sentía especial cariño por ninguno de mis maestros o maestras. Me resultaba un horror la exaltación entusiasta quinceañera. Nunca participaba en ello y recibía por esto algunos reproches. Tuvimos un maestro durante tres años que a mí me gustaba mucho. Era muy joven cuando vino a darnos clase. Era su primer destino fijo. Tenía una manera de ser juvenil y abierta y sabía tratar a los niños, entonces algo excepcional. Por eso nos lo llevaron pronto. Fue nombrado director en Königsberg. Entonces tenía yo trece años. Nuestra clase, por iniciativa mía, le regaló como despedida la *Isla de los muertos*, de Böcklins. En el reverso de la lámina pegó una hoja donde tuvimos que poner todos nuestros nombres de puño y letra. Él correspondió a nuestro obsequio con una fotografía suya para cada una firmada por él. Después de unos años regresó a Breslau como consejero escolar provincial; al entrar en la escuela tuve que presentarme a él. Enseguida me reconoció y dijo: «Usted estuvo conmigo en la clase de cuarto».

No tenía tampoco gran sintonía con ninguna de mis compañeras. En las clases inferiores trataba casi diariamente a una niña que vivía unas pocas casas más allá de la nuestra. Pero nos conocimos por vez primera en la escuela. Ella entró medio año después que yo. Con anterioridad había recibido lecciones particulares. Su madre la llevaba a la escuela y la iba a buscar. Advirtió que yo hacía el mismo camino; habló conmigo enseguida en los primeros días por la calle y me invitó insistentemente a visitar a su «Mariechen». Más tarde serían los padres quienes me llevaban siempre a casa, esperando que yo influyese favorablemente sobre su hija, porque la clase era numerosa, los niños procedían de diferentes estratos sociales mezclados y Mariechen no era exigente ni escrupulosa en sus relaciones. El padre, Dr. Grünberg, era un médico ocupadísimo, en ocasiones requerido también por nosotros, cuando nuestro buen médico de cabecera, Dr. Kamm, primo de mi madre, se hallaba de viaje o enfermo. Era despierto y amable; perteneció en otros tiempos a la asociación estudiantil; tenía en su redondo y agradable rostro un par de pequeñas cicatrices. La madre una vigorosa polaca, cuyo fuerte acento denotaba la procedencia. También la abuela vivía en casa. Además, había una pequeña hermana, en cuyo primer cumpleaños participé —más tarde la tendría como alumna en la escuela—, una cocinera y una doncella, estrechamente unidas a la familia.

La vivienda era amplia; la habitación de los niños estaba repleta de bonitos juguetes y libros, que para mí constituían la mayor atracción. Mariechen y yo nos entendíamos bien, sin intimar demasiado. Fue bien vista en nuestra familia, ya que era despierta y cariñosa. Pero en la escuela afloraron muchos rasgos característicos que me repelían en gran medida. No decía siempre la verdad y engañaba deliberadamente. Según las normas escolares, era lo más reprobable que se podía hacer. Cuando nuestra clase fue dividida a causa del número, fuimos a diferentes secciones. Un año más tarde pasaría ella al Instituto. Desde entonces nuestra relación fue menos intensa y, una vez que nos trasladamos a una casa más lejos, cesó del todo.

Con otras mi relación consistía en que nos invitábamos recíprocamente en los cumpleaños; pero por lo demás era raro coincidir fuera de la escuela. En la clase superior estaba una antigua compañera de juegos que había estado en otra escuela. Su madre procedía como la mía de Lublinitz. Por eso nos habíamos conocido. Kaethe era de la edad de Erna. Su hermana mayor, Emma, era muy amiga de Fríeda y su hermano Emil se trataba con mi hermano Arno. La señora Kleemann era una mujer alta, elegante, de presencia imponente. Pero mi madre no olvidaba que provenía de una familia no muy importante de Lublinitz y que había trabajado en casa de mis abuelos como costurera. Su marido había subido con empeño y energía desde oficial de cerrajero hasta llegar a ser un adinerado dueño de fábrica. Todavía trabajaba infatigablemente. Le veíamos muy poco y cuando estaba entre nosotros no pronunciaba apenas una palabra. Kaethe fue durante varios años mi compañera de banco y nos entendíamos muy bien. En los recreos y en el camino a casa hablábamos de las cuestiones que en la escuela se daban de pasada. En ella y en mí se había despertado la primera búsqueda de la verdad. A pesar de todo esto, nuestras relaciones terminaron cuando dejamos la escuela. Está claro que las relaciones entre las familias se habían roto ya antes. Los Kleemann se instalaron al sur de la ciudad, donde —como en Berlín oeste— se concentraban los judíos enriquecidos. Para mi madre supuso una prueba más del carácter de los advenedizos. Nosotros, por nuestro negocio, permanecimos en la parte menos distinguida del norte. Además, Emma se había casado en Hamburg con un rabino (más tarde se trasladaría a América) y Emil se instaló en Berlín como farmacéutico.

Después de dejar la escuela, tuvieron que pasar algunos años hasta que Kaethe y yo nos encontramos de nuevo otra vez. Fue en 1909, en una fiesta conmemorativa de Schiller.

Kaethe acababa de prometerse. Nos saludamos con sincera alegría y me pidió cordialmente que le hiciese alguna visita y, si era posible, acompañada de Erna. Fuimos al poco tiempo una vez a verla y pasamos una animada velada. El novio, un médico joven, no estuvo. La señora Kleemann se alegró especialmente de que Arno viniese a recogernos, porque él se acordaba más que nosotras, *las pequeñas*, de los viejos tiempos. Tuvo que sentarse a tomar una taza de té y quedarse un rato. Nos prometieron devolvernos la visita y la señora Kleemann vendría también para volver a ver a mi madre. Pero no fue así. Habrían de pasar veinte años hasta encontrarnos de nuevo.

Tampoco me costaba mucho el salir fuera de casa. Mi estancia en Hamburg fue proyectada en principio sólo para unas semanas. Mi primo Franz dijo antes de mi partida que era una lástima que no llevase billete de ida y vuelta. En este caso se sabría con certeza que el viaje duraría exactamente seis semanas y esto era soportable. Pero, no siendo así, la cosa era imprevisible. Ante esta afirmación yo me reía, pero ninguno de los presentes sabía lo fundados que eran sus temores. Al principio mi primo me escribía frecuentemente; pero, como yo no le contesté más que una o dos veces, dejó de escribir. Yo no podía pensar que esta falta en contestar lo pudiera considerar como un signo de indiferencia. El que, cuando al cabo de diez meses de ausencia, volví de noche a Breslau, y que al descender del tren fuese él el primero a quien encontré, fue para mí algo normal.

Cuando recuerdo ahora la temporada de Hamburg me parece que fue como una etapa de juego de muñecas. Mi círculo era muy reducido y vivía todavía más aislada en mi mundo interior que en mi casa. Leía todo el tiempo que me lo permitía el trabajo de la casa. Oía y leía también cosas que no me hacían bien. Debido a la especialidad de mi cuñado, había libros en la casa que no eran precisamente adecuados para una muchacha de quince años. Además, Max y Else eran incrédulos por completo. En aquella casa, de religión, nada en absoluto.

Aquí tuve conciencia completa de la oración y la abandoné por una decisión libre. No pensaba en mi porvenir, pero seguía viviendo con la convicción de que se me había asignado algo grande. Mi prima Leni, que había terminado la escuela conmigo, comenzó entonces a prepararse con clases particulares para los cursos superiores del Instituto. El consejo de familia había decidido que debía ser farmacéutica. Esto lo supe después, ya en Breslau, por nuestro común tío Richard Courant. La madre de Leni le había pedido que le diese clases de matemáticas. El no quería negarle nada a la tía, pero no estaba dispuesto a perder el tiempo en una tarea sin perspectivas. «¿Cómo es de tonta?» —me preguntó—. Yo le dije que no era tonta en absoluto, sino que daba una media alta buena. Por mi parte, dudaba de si sería capaz de ser constante en un trabajo intenso y prolongado, sobre todo teniendo en cuenta que el proyecto no había salido de ella, sino que se lo habían impuesto desde fuera. «Si fuera para ti lo haría inmediatamente» —me dijo—. Pero no, yo quería prepararme para el gimnasio. Y si yo no recuerdo mal, no se hizo cargo de las clases. Hans Horowitz fue el encargado del asunto en su lugar. Era jurista y no tenía la experiencia de maestro como Richard, pero había hecho muy bien su reválida y dominaba las matemáticas y el latín, como se exigía en los exámenes que había aprobado. Y es que, cuando podíamos encontrar lo que necesitábamos dentro de la familia, no recurríamos a extraños.

En el otoño Leni tuvo que presentarse al examen de ingreso y la suspendieron. Al poco me escribió a Hamburg, con motivo de mi cumpleaños, y estaba muy deprimida. Yo le contesté con una cordial carta consolándola. Le decía que no debía entristecerse por este fracaso y que seguramente vendrían cosas mejores a continuación. Yo misma no había acometido aún nada, estando convencida de que de mí se haría algo importante.

Mi madre se preocupaba desde lejos de que no estuviese demasiado sola. Dispuso que mi hermano mayor pasase su permiso en Hamburg y le dio severas instrucciones para que me acompañase en todas las visitas y excursiones. Else me habría de dejar tiempo libre para todo ello. Lo más bonito fue un viaje de dos días a la isla de Helgoland. Hasta entonces no había pasado de Cuxhaven. El viaje por el Elba ya lo había hecho varias veces. En aquella ocasión había una espesa niebla y no se veía nada de la bella orilla. A cada momento sonaban las inquietantes sirenas, para avisar a los barcos que nos cruzábamos. Era preciso, pues sólo se les veía como siluetas fantásticas cuando ya estaban encima.

De repente la niebla se rasgó y apareció ante nosotros, iluminada por el sol, la rada de Cuxhaven con sus numerosos vapores, mástiles y velas. Después vino la amplia superficie del mar transparente y verde. Finalmente vimos surgir de entre las verdes olas las rocas rojas y escarpadas de la pequeña isla. Allí estaba el famoso "Puente de la blasfemia", el desembarcadero desde donde los bañistas contemplaban los barcos que llegaban y los pasajeros recién venidos.

Pronto cruzamos la parte baja de la isla con sus grandes hoteles, la parte alta con sus casitas de pescadores y vimos el blanco faro, que me gustó mucho. Arriba tomamos habitación para dormir. Por la tarde fuimos de nuevo a ver el solitario faro. No lejos de allí había una oveja atada a un poste. Cuando nos acercamos, balaba lastimosamente y, desde el fondo de sus ojos verde claro y transparentes, venía un abismo de angustia mortal e incomprensión, que no pude olvidar.

Desde la habitación donde dormía se podía ver el mar, y en la noche me impresionaba el susurro de las olas que llegaba hasta mí. Todo esto me llenaba de gozo, de tal modo que casi no pude dormir.

Durante las vacaciones de verano vino Erna, y en Navidades mi madre. Entre las dos visitas, distintos parientes que pasaban por allí.

Ahora me parece que en las relaciones tanto primeras como más recientes he pecado un poco de lentitud. Pero físicamente me desarrollaba rápida y vigorosamente. Aquella criatura débil se hizo casi del todo una mujer. Además, los cabellos rubios se oscurecieron mucho. Cuando volví a Breslau, apenas me reconocían. Me confundían con mi prima Martha Courant, a la que he mencionado constantemente.

Como ya indiqué anteriormente, la grave enfermedad de nuestro sobrino Harald fue el motivo por el cual me llamaron a casa. En una noche muy fría de principios de marzo llegué a Breslau. En la estación solamente me esperaba mi hermano Arno y el fiel primo Franz. Raras veces dejaba mi madre de acudir a recibirnos. Pero esta vez, tanto ella como mis hermanas se quedaron en casa por el mucho frío y por hallarse fatigadas, debido a las emociones de los últimos días y las frecuentes visitas al enfermo. A pesar de la tristeza reinante, el recibimiento fue alegre. Mi hermana Frieda me dijo riendo: «Habíamos dicho: si ahora no viene, es que no es nuestra hermana». Esto, como recibimiento, me produjo una penosa impresión y enseguida me retraje un tanto.

El enfermito murió pocos días después. Ahora yo no tenía una ocupación determinada. Ayudaba algo en casa y me encargué totalmente de ella durante ocho días, mientras Rosa hacía una excursión por las montañas. Por lo demás, tenía mucho tiempo libre. Lo aprovechaba sobre todo para leer, con preferencia dramas: Grillparzer, Hebbel, Ibsen y sobre todo Shakespeare, era mi pan cotidiano. Sumergida en este mundo multicolor de las grandes pasiones y acciones, me sentía más en mí misma que en la vida cotidiana. Un día tomé de la biblioteca la obra de Schopenhauer *El mundo como voluntad y representación.* Ante lo cual mis hermanas mayores protestaron enérgicamente. Temían por mi salud espiritual y tuve que volver a su sitio los dos volúmenes sin haberlos leído.

Los gemelos Hans y Franz venían a casa casi todos los días desde que yo había vuelto. Durante mi ausencia se habían dejado ver bastante poco y habían intimado más con nuestras primas Heidel y con Grete Pick, la hermana mayor de mi compañera de clase Leni. Ahora venían habitualmente después de cenar, pues durante el día estaban colocados, el uno como estudiante de derecho y el otro como empleado de banca. Volvimos a practicar la música y el deporte. Jugábamos al tenis y remábamos. Ahora yo ya no era una niña ingenua. Cuando no necesitaba manifestar mis deseos, sino que con una mirada podía conseguir lo que quería, me alegraba.

Erna estaba en el penúltimo curso de la escuela (clase octava) y tenía que estudiar mucho. Cada vez que tenía que hacer una composición, volvía a casa gimoteando. Yo hacía que me expusiera el tema, me informaba de las orientaciones del maestro y discutía con ella el enfoque de la cuestión. En mis queridos libros había siempre ejemplos explicativos para cualquier refrán o cita del ejercicio de composición de mi hermana. A continuación del diálogo la animaba para que comenzase. Cuando había nacido el hijo del dolor, mi hermana me lo daba para que lo revisase. A veces todo había ido bien y solamente faltaba la introducción. En este caso, yo misma se la escribía. En una ocasión pareció que estaba mal toda la composición y acto seguido me senté y escribí una nueva. Erna la encontró mucho mejor que la suya. Tras algunos titubeos presentó la mía. El trabajo le gustó al muy exigente profesor Olbrich. Por lo demás, no era para mi hermana imprescindible mi ayuda, pues era capaz de hacer buenas composiciones; pero rehuía el esfuerzo y no le gustaba escribir, ocupación que para mí constituía un placer.

Una vez tenía que comentar la poesía de Goethe titulada «En la muerte de Micdycis». Yo escribí la introducción sobre la narración *humorística* de la situación teatral de Weimar, que figura en la primera estrofa. «¿Humorística?» —dijo Erna, mirándome con alguna desconfianza—. «En la clase no se nos ha dicho nada de esto y sería raro que una poesía de duelo fuese a tener un comienzo humorístico». Yo no me desconcerté. «Lee; lee, simplemente. ¡Está bien claro!» Erna se tranquilizó y dejó la introducción como yo la había hecho. El profesor no puso ninguna objeción.

En aquella época pensaba de vez en cuando para mis adentros: «Sería más sensato que yo fuera al gimnasio y no conformarme con colaborar ocasionalmente un poco». Pero no estaba convencida plenamente de ello. Sentía como si hubiera perdido unos años antes la conexión para siempre. Toda la numerosa familia esperaba con enorme interés y tensión lo que yo habría de decidir sobre mi porvenir. Las hermanas me hacían a este propósito frecuentes proposiciones. Por ejemplo, apoyándose en que yo había dibujado muy bien desde niña, me preguntaban por qué no me matriculaba en la escuela de arte. Esto lo rechazaba, porque estaba convencida de que no tenía especiales cualidades.

Una vez me llevó mi hermano Arno con él a casa de un fotógrafo conocido suyo y se informó de la preparación que se necesitaba para trabajar en su estudio. Escuché todo lo que dijeron y dejé estar las cosas sin hacer nada. Y es que yo no podía actuar mientras no tuviera un impulso interior. Las decisiones que yo he tomado siempre procedieron de una hondura que yo misma desconocía. Una vez que algo subía a la clara luz de la conciencia y tomaba firme forma racional, nada podía detenerme. Ciertamente experimentaba una especie de placer deportivo en emprender lo aparentemente imposible.

Mi madre había guardado silencio durante todo este tiempo. Esto me defendía de las insistencias cargantes de los demás. Hacia el final del verano, una mañana en que ella me peinaba (cosa que hacía con gusto, aunque hacía mucho tiempo que lo hacía yo sola) me preguntó si no tenía ninguna ilusión por nada. Yo le dije que sentía el no haber ido al gimnasio. Y ella me repuso que esto no debía ser ningún motivo de disgusto. Hay quienes empiezan cuando tienen treinta años, dijo. Con dieciséis aún no cumplidos no sería demasiado tarde para mí.

Unos días después de esto fue a ver a mi primo Richard al negocio. Había estudiado en el verano en Zurich y sabíamos que había vuelto. Mi madre le pidió consejo para mí. Le dijo que era posible el ingreso en el séptimo curso. El plazo era hasta julio siguiente y estábamos en septiembre. Él mismo se encargó de darme las matemáticas. Para el latín nos trajo un filólogo clásico, que estaba a punto de terminar sus estudios y tenía buena fama como profesor particular.

El doctor Marek vino para hablar con nosotras. Era un hombre joven, delgado, con quevedos y muy concreto en sus maneras. Mi madre le preguntó si podía encargarse hasta el verano de mi preparación para el séptimo curso. Nos dijo que no podía comprometerse en aquel momento, pues no dependía de él sólo. Yo comprendí su fina insinuación. Es que tenía que conocer primero la capacidad de su alumna. Esta precaución despertó en mí confianza y me fue simpático.

Ahora había comenzado una nueva vida. Todos los días tenía una hora de latín y una de matemáticas, y me ponían tantos deberes que estaba ocupada todo el día. En estas materias tenía que recuperar el trabajo de tres años de gimnasio (femenino). Estas clases exigían más que las correspondientes de muchachos, dado que las materias estaban distribuidas en menos tiempo. En latín teníamos que dar toda la gramática y, además, los primeros autores, César y Ovidio. En las otras asignaturas me bastaban los conocimientos míos anteriores, adquiridos en la Escuela Superior Femenina. Sólo tenía que refrescarlos algo y sin ayuda de nadie. Lo dejé para la última etapa antes del examen de ingreso. Esta empresa, que a mí me parecía muy arriesgada, quise ocultársela a los familiares no inmediatos. No me hacía ninguna gracia que se hablase mucho de mí. Si así sucedía, tenía el sentimiento de que habladurías prematuras podían poner en peligro el resultado. Mi madre era de la misma opinión. Mis hermanas se portaron muy bien y callaron hasta diciembre. Pero mi hermana Frieda se enfadó porque yo no quería suspender mis clases el día de su cumpleaños y me traicionó ante un tío que vino a casa a felicitarla y que se encontró con mi profesor de matemáticas en la antesala. Éste no era, por desgracia, mi primo Richard. Con él tuve pocas clases, en las que pude apreciar su valor. Pero luego tuvo que marchar, por consejo de sus amigos, a Göttingen, lo que era de gran importancia para su ulterior carrera. Tuvimos que buscar un sustituto. El doctor Marek nos recomendó a sus conocidos.

El doctor Grossmann era un estudiante entrado en años, pasaba de los treinta. Había comenzado tarde sus estudios, habiendo ejercido antes una profesión práctica. Se tomó muy pronto unas confianzas que desde el principio me produjeron una impresión desconfiada. Luego acabó por atacarme los nervios, debido a sus malas maneras, hasta el punto de que cada clase se convertía en una pequeña tortura. Daba vueltas por la habitación durante la clase mordiéndose las uñas.

Además, le gustaban bromitas que a mí no me hacían ninguna gracia. Por ejemplo, convertía la figura que había dibujado para demostrar el teorema de Pitágoras en un hombrecito y decía que era Pitágoras viejo. También intentaba trabar conversaciones sobre asuntos personales. No tuvo éxito. Le dije, sin más, que no teníamos tiempo para charlar. De lo contrario, no podríamos terminar la materia. Él replicó algo molesto que qué es lo que yo quería, pues de no haber estado tan excepcionalmente dotada nos hubiera sido imposible el lograr lo que ya habíamos logrado. Pero de buena o mala gana volvió a la materia de la clase.

Con frecuencia me aseguraba que tenía que estudiar matemáticas sin dudarlo, pues tenía condiciones para ello y que era mucho más ventajoso que otros estudios, ya que no sólo eran útiles en la enseñanza. Me aconsejaba que pensara en ello. Le dije escuetamente que no descartaba la posibilidad de la medicina, por ejemplo. Se quedó desconcertado, pues él no había creído que mis inclinaciones saliesen de las asignaturas de filología. Así se terminó la discusión. Y esto era únicamente lo que yo había pretendido con mi observación. Otro molesto defecto era su impuntualidad. A veces venía con una hora de retraso y otras no aparecía.

Nosotras estábamos educadas en la más estricta puntualidad. Era la herencia familiar de los Courant. Por ello esta informalidad era para mí algo atroz. Cuando me daba la mano al despedirse, yo le decía: «Pero, por favor, la próxima vez puntual». Él lo prometía de buena fe, pero no se corrigió. Yo me hubiera liberado con mucho gusto de aquel maestro desagradable. Pero me decía que otro cambio significaría pérdida de tiempo y soporté el mal en consideración a lo que perseguía.

Todo lo contrario me ocurrió con el doctor Marek. Estaba totalmente contenta con él. Apenas cruzábamos una palabra que no fuese del estudio y avanzábamos sin parar, con tranquilidad y firmeza. Después de una semana, me dijo que, si seguía trabajando al mismo ritmo, podría incorporarme para Pascua en la clase séptima. Añadía que desde luego era mucho mejor para la adaptación el comenzar al principio del curso escolar que no incorporarse a la mitad. Naturalmente, con todo esto yo me animaba mucho.

No tomé para nada en cuenta las objeciones que me hacía el profesor de matemáticas. Se sintió espoleado más fuertemente que hasta entonces y tuvo que acomodarse suspirando a la aplicación de la incansable alumna.

Mi madre había hablado una vez, al principio, con los profesores. Después me entendía yo sola con ellos. Me llamaban *distinguida señorita* y me trataban con mucha consideración. Era yo la que les daba mensualmente sus honorarios. Esto era para mí algo penoso, pues para mí era algo vergonzoso recibir dinero. Intenté suavizar esto procurando, en lo posible, hacerlo con monedas de oro. Me parecía más digno que la plata o el papel. Estoy segura de que los dos maestros no experimentaban semejantes inhibiciones. Ellos dependían de sus ingresos. Especialmente el señor Grossmann la mayor parte de las veces, a final de mes, estaba en apuros y tenía que pedir un adelanto.

Recuerdo aquel medio año de trabajo constante como la primera época verdaderamente feliz de mi vida. Esto se debía a que por primera vez también estuvieron mis energías espirituales completamente polarizadas en un objetivo que me llenaba. Cuando yo me encontraba completamente sola, en el cuarto donde trabajaba —por aquel entonces no tenía todavía uno para mí— sentada ante la mesa, me tenía sin cuidado el resto del mundo. Cada vez que resolvía un problema de matemáticas, silbaba un par de compases como canción de victoria. Nunca se me ocurrió el dedicarme a las matemáticas. Me producía una deportiva satisfacción como una gimnasia mental sana. Pero no era aquello para lo que había nacido. Muy distinto era el latín. El estudio de las lenguas modernas no me había producido, ni de lejos, un placer como el latín. Su gramática, con leyes tan exactas, me encantaba. Tenía la impresión de que aprendía mi lengua materna. Aunque entonces no tenía ni el presentimiento de que era el idioma de la Santa Iglesia y de que habría de rezar con él.

En esta temporada de trabajo mi familia no me veía más que a las horas de comer y después de cenar. No podía seguir trabajando por la noche. Estábamos acostumbrados, como niños que éramos, a acostarnos a las ocho en punto. Más tarde esta hora se alargó hasta las nueve. Nunca necesité, cuando ya estaba en los cursos superiores del gimnasio, que me sacudiesen por la mañana para despertarme, porque siempre, desde muy temprano me encontraba despejada y dispuesta a la tarea.

En los primeros meses de aquel trabajo secreto no se lo dije ni siquiera a mi fiel caballero Franz. En una ocasión se tropezó con un papel escrito que había sobre mi mesa. Lo recogí rápidamente y me lo guardé antes de que pudiera leerlo. Con una cierta tristeza me preguntó si es que yo tenía algún secreto. Tras una ligera lucha interior, le alargué el papel en cuestión. Estaba lleno de numerales latinos: «¿Vas a hacer el bachillerato?» —me preguntó—. «Sí», le respondí. Él se quedó pensativo, pero no hizo el menor comentario. Yo le pedí que no lo divulgase. Con esto terminó el diálogo. No sé lo que sintió en aquel momento. Es posible que se dijese que me había perdido.

Franz era más serio y caviloso que su hermano gemelo. Precisamente por esto me había atraído siempre. Pero el estudio le costaba y, tras un ataque de difteria muy fuerte, perdió un curso. Después de una fuerte lucha, se decidió a abandonar el gimnasio, ya aprobado el primer año, y entrar como aprendiz en un banco. Con este motivo yo le había decepcionado profundamente, pues no tuve comprensión para su decisión. Y es que, cuando él pasó su crisis de adolescencia, yo era todavía una niña muy cumplidora.

Franz sabía que yo me habría de sentir en mi elemento con los estudios, pero quizá se dijese que de este modo nuestros caminos se separaban. Ya me referí antes a que los dos gemelos, que venían a casa todos los días, interrumpieron sus visitas a raíz de mi ingreso en el gimnasio y, a partir de entonces, nos veíamos raras veces. Los dos se quedaron solteros. Nunca hemos hablado de por qué terminó nuestra amistad. Hans me escribió una vez desde el frente y me decía que había sido una pena que nos hubiéramos distanciado después de aquellos años tan bonitos de la infancia, que habíamos pasado juntos.

Cuando hubo transcurrido algún tiempo de preparación, mi madre y yo visitamos al riguroso director Roehl. Tenía que matricularme para el examen de ingreso y pedirle algunos consejos para su preparación. Su actitud fue tal que parecía estaba haciendo todo lo posible por desanimarme. Puso las cosas como imposibles de alcanzar e insistió enérgicamente en que no sólo había de tener una buena preparación en latín y matemáticas, sino en el resto de las asignaturas. Me aconsejó también que estudiase con los textos establecidos.

Para facilitar las cosas, busqué a mi antigua compañera de juegos de la infancia, María Grünberg, que frecuentaba el séptimo curso. «La antigua amiga ha vuelto», dijo su madre con cordial alegría. El padre dio su opinión con palabras poco halagadoras sobre tanto faroleo del director. Ellos no cesaban de alentarme para que me matriculara en el curso superior, para así volver a estar junto a Mariechen. Esto me parecía entonces inalcanzable. Me decidí a ir a clase de las jóvenes al haberme determinado a estudiar tan tarde. Por lo demás, nunca me he arrepentido. Los dos años que permanecí libre de la enseñanza obligatoria me fortalecieron corporalmente tanto, que estaba preparada para afrontar esfuerzos sin gran dificultad.

Con todos los libros e informaciones necesarias y equipada con buenos deseos dejé a los Grünberg.

Ahora comencé también a repasar el francés, el inglés y la historia. Para estas materias tuve pronto una compañera. Una condiscípula de Erna le dijo que estaba de pensión en casa de sus padres una muchacha de la Alta Silesia que también se preparaba para el séptimo y que quería estudiar conmigo. Por este motivo, Trude Mervins venía mucho a mi casa. Era una personita encantadora, de presencia simpática, espabilada y amable. Sin embargo, sus conocimientos eran tan escasos que yo tenía poca esperanza de su suerte.

Cuando los exámenes se aproximaron, también tuve miedo por mí misma. No había tenido que hacer nunca un examen y creía que había que saberse todo lo comprendido en los tres primeros cursos. Cuando más tarde fui yo la que examinaba a otros, descubrí que el examinador es feliz cuando saca algo positivo de su víctima. Ante la afirmación de mis hermanas de que era imposible que me suspendieran, yo me enfadaba mucho. Frieda me dijo una vez: «Tu hermano tiene muy buena opinión de ti. Me ha dicho que los profesores habrían de ser poco inteligentes si te suspendieran. Nadie podría estar más preparada que tú». Yo le repliqué, irritada: «No tiene idea de lo que se trata». Otra vez me preguntó qué es lo que pensaba yo hacer si me suspendían. Ella no lo creía. Pero si se diese el caso..., era Frieda la que llevaba la caja de la casa. La gran cantidad de monedas de oro que yo había gastado para mis clases particulares iba en contra de su sentido de la administración y no era partidaria en modo alguno de prolongar esta enseñanza particular, tan costosa. Frieda hubiera preferido el dejar las clases cuando Richard Courant se marchó (el primo las había dado gratis).

Ahora pensaba que, si no aprobaba en Pascua, debía dejar en absoluto mi propósito. En todo caso, lo que había aprendido me habría de ser útil. Por ejemplo, yo podría colocarme por las tardes en alguna casa para vigilar los trabajos escolares de los niños, como había hecho Leni Pick. Interiormente, yo me revelaba ante la perspectiva de verme encerrada en un ambiente tan estrecho. Pero yo no decía nada. Rechazada la cuestión en sí misma. Ya habría tiempo para ello después del examen.

A principios de marzo, al finalizar el semestre, el doctor Marek se despidió. Se iba a pasar las vacaciones en su tierra, la Alta Silesia. Habíamos terminado el programa. Debería continuar mi preparación yo sola en las semanas que faltaban. Yo le pregunté, asustada: «¿Pero es que no va a volver antes del examen?» Él no tenía intención de volver. Creía que no era necesario. Me preguntó si es que tenía miedo. Y, en efecto, yo tenía miedo. El se asombró mucho. «¿Por qué ha de tener miedo? Usted domina la gramática como pocos y también puede traducir y leer versos». El señor Marek nunca me había dirigido adulación alguna. Y con estas palabras me tranquilicé.

A final de abril llegó, por fin, el día temido. Además de Trudi Mewins y yo, había una tercera aspirante para alcanzar la plaza en el séptimo curso. Nos conocimos mientras esperábamos en un aula vacía el comienzo del examen. La otra nos dijo que sabía mucho, pero que si le hacían preguntas sencillas, podía naufragar.

El examen de latín, matemáticas, francés e inglés era escrito. Duraba varias horas. Erna aguardaba a los del tribunal cuando salían del aula y se informaba de la marcha del examen. No podían decirle mucho, pero le dieron a entender que la cosa iba bien.

Al mediodía también vino mi madre y esperó con nosotras en el aula la notificación del resultado. El director leyó la lista de las admitidas en cada curso, comenzando por los inferiores. Yo fui la única aprobada para el curso séptimo. A Trudi Mewins le propusieron para quinto curso. Lo había intentado también. En las primeras semanas en los recreos se escapaban de su clase, viniendo a mí y colgándose de mi brazo. No pudo amoldarse y se volvió con sus padres. No he sabido qué ha sido de ella.

4

Así empecé de nuevo mi vida de estudiante. Cuando entré en la escuela, el día del examen, me encontré en la escalera al antiguo director. Me saludó tan amablemente como lo hiciera diez años antes, cuando vine por primera vez aquí. Le pregunté dónde estaba el aula de séptima, y me acompañó él mismo.

Si no recuerdo mal, fui la primera en llegar. Poco a poco iban llegando las demás. Entró una muchacha alta y pelirroja que, arrojando su mochila sobre una mesa, dijo suspirando: «La vida es fatigosa y molesta». El argot escolar lo tenía ya a mi alrededor. Yo conocía ya a algunas de mis nuevas condiscípulas, porque habían ido anteriormente a la escuela Victoria, como yo. Una de ellas era mi compañera de banco, Julia Heimann. Pasaba por ser la muchacha más rica de la ciudad, y sus padres la enviaron al Instituto porque era el mejor medio de formación. Pero, aparte de la enseñanza ordinaria, pusieron a su disposición otras posibilidades. Tenía una *miss* que iba siempre con un perro negro muy bonito y la recogía de la escuela. Además, tenía clases particulares de conversación en francés e italiano. No era muy inteligente, pero trabajaba mucho y siempre estaba entre las primeras de la clase. Por naturaleza era inclinada a las travesuras, y sin una educación esmerada no hubiera sido una chica sensata. Iba vestida muy bien, con gusto, pero sencillamente. No llevaba apenas adornos, y un día nos dijo que sus padres habían prohibido a todos sus parientes hacerle regalos. Su abuela debía ser una excepción, pues me acuerdo haberle visto llevar un collar de oro y turquesas que le había traído de Egipto. Me llamó la atención el hecho de que tenía su despertador debajo de la almohada para no molestar a la *miss*, que dormía en el mismo cuarto que ella.

Además de Julia y yo, había en la clase otras siete alumnas judías, pero ninguna de ellas educada en la estricta observancia. A partir del séptimo curso ya no teníamos clase de religión, dado que ya no entraba como asignatura en los exámenes (esto se cambió más tarde). En todo caso, yo no pude apreciar en las demás compañeras una piedad profunda. La clase de religión para protestantes de los cursos superiores las daba un profesor que de manera ostensible centraba su cometido en que sus alumnas le admirasen, y esto fue para algunas un verdadero peligro.

Solamente una condiscípula era católica, y tuvo que repetir curso por dificultades con el latín. Por eso, tras este curso nos separamos. Pero mientras estuvo la escuela en Ritterplatz coincidieron nuestros caminos a casa y volvíamos juntas al mediodía. Si alguna vez yo no asistía a clase, iba con ella a hacer los deberes. Era una muchacha sensata, comprensiva, equilibrada y amable. Yo la apreciaba mucho. Nunca hablábamos de temas religiosos. Después de mi reválida, nos perdimos de vista. Después supimos la una de la otra por conocidas comunes. Me enteré, con bastante retraso, que había ingresado benedictina en San Gabriel (en la región de Estiria). En estos últimos años me escribe desde allí.

La clase de primera hora era lectura de latín en mi nuevo período escolar. Lo daba el profesor Olbrich. Era un maestro de profunda formación y de muchos conocimientos. Nos gustaban mucho sus explicaciones. Pero la mayoría de las alumnas tenían miedo, pues exigía mucho y tenía un modo rudo e hiriente de corregirnos. Nos llamaba la atención el hecho de que no nos tuviese grandes consideraciones y le molestase ostensiblemente el que, como hacíamos con los otros profesores, subiésemos a la cátedra una vez terminada la lección para hablar con él o ver de cerca alguna cosa que nos había traído. Por eso decíamos de él que era un misógino y nos daba la impresión de que se creía demasiado bueno para un centro femenino.

El curso era nuevo para él. No había explicado más que en las clases superiores. No me había examinado y no quiso fiarse sin más del juicio de sus colegas. De todas maneras, fui la primera a la que hizo leer. Se trataba del comienzo de la autobiografía de Ovidio: *Ille ego qui fuerim, tenerorum lusor amorum...* El pasaje me era conocido y familiar la medida del verso. Leí un largo trozo, subrayando el ritmo. «Usted sabe leer», dijo el *estricto.*

Al principio yo no estaba al tanto de si en cuestión de *soplar* y *copiar* reinaban en el gimnasio las mismas costumbres que en la escuela femenina. En el primer trabajo que tuvimos en clase me puso al corriente del asunto un amistoso codazo de mi vecina Julia. A partir de aquel momento sabía ya lo que tenía que hacer, y colocaba mis cuadernos de tal forma que la compañera de banco pudiese fácilmente echarles una mirada.

Las primeras calificaciones nos las dieron en otoño. Los puestos en clase estaban oficialmente suprimidos, pero el profesor Olbrich, que era el director del curso, nos dio los cuadernos de notas por riguroso orden de calificación. El mío estaba el primero. Antes de entregármelo, me dirigió una pequeña alocución ante toda la clase. Dijo que yo era por mi inteligencia la mejor con mucho. Pero que esto no debía ser motivo para aflojar en mi esfuerzo. Estas palabras, bien intencionadas, pero dichas con su acostumbrada aspereza, me mortificaron tanto, que casi perdí por completo la alegría de la buena calificación.

Al llegar a casa me encontré con Erna en la puerta. Estaba, naturalmente, deseosa de ver las notas, y no pudo comprender el contraste entre mi disgusto y las calificaciones. Le conté casi llorando lo sucedido, y dije: «¿Por qué clase de *gansa ilustrada* me habrá tomado para decirme lo que me ha dicho?» En casa hubo gran alegría por el éxito, como es natural, con lo que se suavizó el pildorazo.

El curso al que me incorporé no marchaba nada bien. Había cambiado varias veces de profesor de latín y últimamente había tenido uno de apariencia extraña y que no pisaba fuerte en ninguna de las numerosas asignaturas que explicaba. Por esto, el profesor Olbrich tenía motivos para reprender mucho y algunas veces ponía de vuelta y media a toda la clase. Cuando había pasado bastante tiempo, le gustaba ponerme como modelo ante las demás. Esto me molestaba siempre mucho. En una ocasión llegó a decir que hacía falta una gran firmeza de carácter para conseguir algo con semejante compañía. No citó ningún nombre; pero, en cuanto terminó la clase, las compañeras me saludaron como *la de firme carácter*. En otra ocasión dijo en curso distinto al mío: «En la clase inferior a ustedes está la señorita Stein la primera, luego, nadie, y a gran distancia, las demás». Esto, naturalmente, corrió por toda la escuela y con ello casi por toda la ciudad. Estas cosas me molestaban, especialmente porque no había nada mejor para dificultar las buenas relaciones con las compañeras. Pero no ocurrió nada grave.

No éramos muchas. Al examen de estado llegamos sólo quince. Este pequeño rebaño estaba muy unido y creo que yo tenía la confianza de todas. Antes de la clase de latín tenía que leerles en voz alta la traducción que iba para el día. Generalmente me sentaba para esto en una mesa y las demás me rodeaban apretadas en mesas y sillas. Algunas compañeras me traían sus ejercicios de composición en alemán y francés para que los revisase antes de ponerlos en limpio. Como, cuando llegué era una extraña para el curso, me llamaban de usted, pero al poco tiempo acordamos todas el tú.

Con motivo de la primera excursión, una compañera me pidió que diéramos un paseo juntas durante una pausa. En esta entrevista a solas me ofreció su amistad. Me habló detalladamente de las personas con las que tenía relación fuera de la escuela. No había ninguna que la complaciese del todo. Este ofrecimiento de su amistad tan formalístico me pareció a mí algo raro, pero le dije, sin más, que iría a verla a su casa. Me presentó en primer término a su madre, y encontré gracia ante sus ojos. También fui presentada al padre y a la hermanita. Desde entonces nos visitábamos con frecuencia. En el verano siguiente tuve que ir con toda la familia, durante unas semanas, a los montes de Riesen.

Lene Koppel era más joven que yo y más infantil aún. Cuando Hans Biberstein la conoció en nuestra casa le profetizó que yo sólo me casaría con un hombre inferior a mí (Lene se casó después con su primo el doctor Martin Biberstein, y entre ambas familias hay unas relaciones muy buenas).

Aquellas bromas no me desconcertaban. La amiga más joven era abierta y sincera y me tenía mucho afecto. También era muy inteligente, especialmente para las disciplinas matemáticas y aplicadas. Cuando nos reuníamos para repasar un tema de matemáticas o de física, era útil para las dos. Gracias a ella entré yo en el círculo literario de la señorita Freyhan, del que formaban parte Rose Guttmann y Lilli Platau.

Aunque raramente, alguna vez salí con las amigas de clase de Lene, Hanna Tworoger y Lotte Henschel. Hanna era una de las mayores de la clase y tenía múltiples intereses. Esto le brindaba muchos puntos de contacto. Era algo exagerada, inquieta y desordenada en su manera de ser, lo que me repelía mucho. Me daba la sensación de que se desperdigaba demasiado, y que por eso en la escuela rendía en comparación poco; incluso tuvo que desistir del examen oral en el bachillerato, mientras que todo el resto logró pasar. Lotte era una compañera cariñosa e inteligente, más dotada para el arte que para las ciencias. También al acabar mi primer año de bachillerato dejó la escuela y se fue a la Academia de Artes en München. Cuando después de unos años nos volvimos a encontrar, me pidió con urgencia que le enseñase filosofía, y, por algún tiempo, estuvo viniendo regularmente a mi casa para las lecciones.

Algunos meses después me vino una «nueva» a la clase: Grete Bergius. Por su aspecto externo la denominábamos «hija de elefante»: grande, fuerte, torpe. A estas formas externas le correspondía una alegría sonora e infantil. Bajo estas apariencias se ocultaba un alma limpia y noble. Estaba llena de entusiasmo juvenil y cautivada por dos aficiones: Schiller y la química. Su padre era dueño de una fábrica de química en las proximidades de Breslau. Tras la muerte de sus padres, se haría cargo de la misma su hermano. También ella se cuestionó el seguir estudiando. Ante las repetidas insistencias, la visité alguna vez los domingos por la tarde. Vivía en completa soledad con una tía, la cual parecía existir únicamente para la sobrina, alegrándose de proporcionarle alguna compañía. Me sentó bien esta atmósfera tan pacífica y tan limpia. A Grete la encantaba jugar al ajedrez, con ella renové mis conocimientos de este juego —de pequeña había jugado en ocasiones con mis primos.

Julia, mi compañera de banco, y yo éramos buenas compañeras. En las clases del profesor Scholz, tan aburridas (del que dije antes que tenía una extraña figura), nos entreteníamos en buscar en las palabras aisladas en griego que traía el texto de historia antigua las letras del alfabeto, y así nos entrenábamos. Más tarde nos separaron y ocupábamos bancos alejados, y entonces nos escribíamos cartitas en caracteres griegos. Siguiendo el ejemplo de la correspondencia entre Schiller y Körner, firmábamos *Julius* y *Raphael*.

Las más amigas de Julia eran Toni Hamburger y Hedi Kopf. Hedi era la más joven de la clase y, como Julia, de familia muy acomodada. Daba la impresión de ser una niña muy protegida. Era de las más inteligentes entre nosotras, especialmente para las matemáticas. Pero era tan modesta que, a pesar de su aplicación, nunca llegó a ser una alumna *brillante*. Me atrajo mucho su manera de ser, fina y apacible, y creo que la prefería a casi todas las demás. A pesar de ello, no nos tratábamos fuera de la escuela. No acostumbraba ser la primera en invitar a mi casa, y probablemente a ella le pasaba lo mismo. Durante los recreos estaba mucho con ella y sus amigas.

Una vez se planteó la cuestión (no en clase, naturalmente, sino entre nosotras) de quién decidiría casarse. Hanna y yo sopesamos muy críticamente el pro y el contra. Cuando le llegó a Hedi el turno para responder dijo sencillamente: «Sí, si encuentro alguien que me guste». Esta respuesta me pareció mejor que mi postura, fuertemente tocada entonces de feminismo. Toni Hamburger se relacionaba con las niñas más ricas, pero procedía de familia modesta. Sus hermanos mayores la incitaban mucho intelectualmente, y, debido a estas inquietudes, también sentía atracción por mí. Me invitaba a su casa y a veces pasé con ella un par de horas. La familia era aficionada al arte, y yo pude ver allí —como en casa de los Koppel— muchas cosas que faltaban en nuestra casa. El cultivo de las artes plásticas estaba menos desarrollado en nuestra familia que el de la literatura y la música.

Toni estaba seriamente empeñada por trabajar en la debida forma en la escuela. Iba bien en matemáticas, pero tenía grandes dificultades para los idiomas, a veces tan fuerte que pensó abandonar la reválida. Entonces me llamó en confianza y me pidió consejo. Aparte de sus dos amigas más cercanas, nadie en la clase habría de enterarse. Nos esforzábamos en ayudarla a salir de la crisis. Pasó el examen bien y llegó a ser una química excelente.

Poco después del estallido de la guerra, frecuentamos un curso de formación para enfermeras. Una vez finalizado el curso, trabajamos todavía como voluntarias durante algunas semanas en distintos consultorios del hospital de Todos los Santos. En todo este tiempo reinó entre nosotras el viejo talante de compañerismo; pero después no nos volvimos a encontrar.

Además del profesor Scholz, que nos daba alemán e historia, teníamos excelentes maestros. El de matemáticas, profesor Sumpf, que fue director de curso en octavo, era original y tenía un trato curioso. Cuando alguna alumna al tablero tenía que resolver algún teorema o problema y se equivocaba, él decía: «¿Se ha levantado usted hoy con la bolsa torpe?», o «¿Lleva usted hoy medias de lana?» No nos nombraba, como estaba prescrito en estos cursos, diciendo «señorita X», sino por el apellido solamente, y cuando se sentía especialmente amable nos llamaba a todas *Lotte*. Como todo esto lo hacía con humor y bonachería, nosotras lo tomábamos de la misma manera. Además. apreciábamos su magnífica enseñanza. Cuando en clase de literatura aprendimos lo que era un acróstico, yo compuse el siguiente, dedicado al profesor Sumpf (= pantano):

Seht den kleinen Mann,	Mira al pequeño hombre,
Unsern Liebling an:	nuestro preferido:
Mit vergnügtem Sinn	con sentido del humor
Pilgert er dahin,	camina hacia allí,
Fest die Mütze über beiden. Ohren.	calada la gorra hasta las orejas.

Siempre tenía *Bien* en matemáticas, pero ahora sabía, mejor todavía que antes, que no tenía especial aptitud para ellas, como la que tenían algunas de mis compañeras. Creo que también influyó algo en el juicio del profesor mis logros en las otras asignaturas. Solamente una vez, con toda seguridad sin proponérmelo, me produjo un gran dolor el profesor de matemáticas. Fue durante la vuelta de una excursión, mientras jugábamos a las prendas. Yo me quedaba y me enviaron al departamento de al lado, y las otras cuchicheaban refiriéndose a mí. Cada una debía decir una cualidad, buena o mala, y una de ellas me comunicaría el resultado del juicio. Yo tendría que decir lo que más me había gustado y lo que más me había molestado y adivinar de quién provenía el juicio. De lo que me dijeron, sólo había una cosa que me mortificaba: alguien había dicho que yo me alegraba del mal ajeno, y el que lo había dicho era el profesor. Para mí no había cosa más horrible que aquel defecto. El que me creyeran capaz de él me hirió de tal manera que se me saltaron las lágrimas. Era muy raro el que me vieran llorar. Las compañeras se esforzaron por tranquilizarme. Me aseguraban que no lo había dicho en serio.

Quizá podía haber dado motivos para tal sospecha el que algunas veces me reía ante respuestas tontas en clase. Los profesores sabían bastante poco de nosotras y no podían hacer juicios definitivos. Hedi Kopf asintió cuando el profesor lo propuso, y esto es lo que me resultó especialmente doloroso. Cuando vio lo que me había dolido la acusación, me miró tímidamente de reojo. El buen profesor no dijo nada. Él había tomado todo el juego como una broma inofensiva y estaba desconcertado ante el efecto.

Nuestro profesor Leugert, filólogo de lenguas modernas, había conseguido un profundo saber gracias a una gran constancia. Tenía una franca admiración por las personas que eran más sencillas que él. En su compañía se aprendía, y durante toda mi vida le estoy agradecida por el conocimiento del lenguaje que adquirí en sus clases. Pero las lecciones eran muy aburridas. La mayoría de las alumnas o dormitaban o se entretenían con otras cosas. Yo tenía dos métodos para mantenerme despierta. Uno consistía en tomar parte muy activa en la lección. Si miraba al profesor muy fijamente, la mayor parte de las veces lograba el efecto sugestivo de que me mandara leer o traducir. Pero esto no se podría repetir muchas veces en una clase, porque también las demás debían intervenir. Si contaba algo que me interesaba, yo hacía preguntas y añadía observaciones. Algunas veces el profesor se volvía a mí, preguntándome de tal modo que la clase se convertía en diálogo.

Había descubierto que yo leía regularmente el periódico, y se dirigía a mí cuando las cuestiones del día se relacionaban con algo del idioma. Si no me daba resultado nada de esto y venía el aburrimiento, sacaba otros trabajos del pupitre y los hacía. El señor Leugert lo notaba perfectamente y se esforzaba por sorprenderme en mi desatención. Pero si me preguntaba de repente, yo sabía siempre por dónde íbamos y le daba la respuesta adecuada. Él movía la cabeza, sonriendo, y yo seguía recibiendo mi *uno* en atención. Una maliciosa compañera afirmaba que el profesor me miraba constantemente a mí y que leía en mi cara los aciertos y desaciertos de las otras. Otra compañera, cuando hice yo una observación durante la explicación, me dijo en alta voz: «No seas tan impertinente». El profesor hizo un gesto aprobatorio, acompañado de una sonrisa bonachona. Aquello me pareció simplemente una ingratitud. Yo tenía conciencia de ser su único apoyo constante, y pensé: «Espera, vas a saber qué es lo que pasa si yo no soy "impertinente"». A la clase siguiente me senté tranquilamente en mi sitio, sin levantar los ojos. Cuantas veces me preguntó contesté serena, pero sin poner nada de iniciativa propia. Cuando tocaron para el recreo, el buen Leugert (le llamábamos *corderito*) se dirigió a mí y me preguntó qué me pasaba, si había recibido algún trabajo con nota baja o si me había ocurrido algo. Yo le contesté secamente que no me pasaba nada, y las demás se echaron a reír. Él salió pensativo de la clase. Yo quedé avergonzada por dentro. A partir de entonces volví a ser la misma de siempre y ambas partes quedamos contentas.

En los dos últimos cursos nos daba clase de historia el director Roehl. Ahora no le teníamos tanto miedo como cuando éramos pequeñas. También él con los años se había dulcificado. Pero, sobre todo, ahora éramos suficientemente hábiles para tratarlo. Cuando no queríamos que explicase mucho, interrumpíamos su exposición con una pregunta sobre la socialdemocracia. Sabíamos que aquel empedernido conservador no dejaría el tema hasta que tocase la campana. Y de este modo teníamos la tarde libre para otros trabajos.

La enseñanza de la historia era del todo prusiano conservadora. Brandenburgo —Prusia— el nuevo Imperio alemán, ésta era la gloriosa evolución que nos presentaba. El Gran Príncipe lector, Federico el Grande y Guillermo I eran los grandes hombres. La única incógnita era saber si Guillermo II no dejaría a todos en la sombra. Mi actitud ante esta interpretación era muy crítica. Mi hermano Arno en política era un entusiasta liberal. En casa leíamos solamente periódicos liberales. Esto era un contrapeso del hurra patriótico oficial. La conmemoración de Sedan era algo que yo impugnaba. Se celebraba el 2 de septiembre, y si el tiempo era bueno, toda la escuela, menos las más pequeñas, iba en barco, Oder arriba, hasta el jardín de Schaffgotsch. Allí tenía lugar, al aire libre, un encendido discurso patriótico (a cargo de un profesor, por turno). Cantábamos canciones patrióticas y algunas tenían que recitar poesías. Para suerte mía, nunca fui elegida para ello, pues aquel pathos me era ajeno. Me disgustaba oír aquellas declamaciones. El hecho de que la victoria sobre los franceses se continuase celebrando no me era nada simpático. Yo no era pacifista, pero una actitud así para con un enemigo vencido me parecía poco caballeresca.

En mi penúltimo año de escuela celebramos esta fiesta en la clase y se recitó, como de costumbre, la poesía: *Que las campanas de torre en torre...* Cuando se llegó a aquello de *derribó al dragón de su trono dorado con truenos estruendosos al cenagal*, yo pensé: «Esto se refiere a Napoleón III. ¡Qué idiotez!» Y de repente me invadió un desprecio tal por semejantes entusiasmos que me prometí no participar más. Al año siguiente, cuando llegó el 2 de septiembre, estaba perpleja. No se podía en semejante fiesta faltar a la escuela. Menos que si hubiera clase. Tenía que haber un motivo. Decir el verdadero por el que yo quería faltar ni se me pasó por la cabeza. Y, por otra parte, no quería mentir, ya que mi madre no se hubiera dejado convencer para tal cosa. Entonces tuve una idea salvadora.

Mi hermana había hecho en una ocasión, con toda su clase, una excursión de dos días. Esto era algo desacostumbrado en aquella época y yo había tenido siempre el proyecto de que nuestra clase lo hiciera. Así que yo propuse a mis compañeras aprovechar la última oportunidad que teníamos antes del examen de fin de bachillerato. Si el director nos daba vacación el día de Sedan y el siguiente, podíamos ir a Schneekoppe. Como era natural, todas estaban entusiasmadas. Los profesores nos enviaron al director, pero tenían poca esperanza de que lo consiguiésemos. Yo fui con algunas otras decididas a su despacho y le expuse con palabras conmovedoras nuestro deseo. Finalmente, nos dijo que concedía nuestra petición si encontrábamos algún profesor que quisiera acompañarnos y siempre y cuando se celebrase durante la excursión el día de Sedan. Nosotras ya teníamos preparada una maestra que nos acompañase. Nuestra maestra de gimnasia, que era amable y todavía joven, había sido fácil de convencer. Como no aceptó lo de hacer el discurso sobre Sedan, tuve que encargarme yo de él. Compuse un discurso en verso que, ciertamente, no se parecía a los acostumbrados.

En el camino salió un Bi-Ba-Bo que alguna había traído. Era un juego de moda entre los niños mayores (consistía en unas cabecitas chinas de celuloide, de las que colgaban vestidos de muñeca. Metiendo los dedos en la cabeza y mangas, se hacía gesticular al personaje). Me dejaron uno y con el muñeco hice mi discurso. Con ello habíamos cumplido nuestra obligación.

Conseguimos llegar antes de oscurecer a Koppe, conquistando impetuosamente la cumbre por los zigzagueantes caminos pedregosos y escarpados. Arriba pudimos pasar la noche. La velada fue agradable, con una simpática representación, canciones y baile. Al día siguiente hicimos la marcha de regreso. Toda la escuela esperaba en tensión el relato del desarrollo de la extraordinaria empresa y se admiraban de nuestra audacia.

El profesor Olbrich nos daba en los dos últimos años, además de latín, alemán, cosa que nos gustaba mucho. Fue muy positivo para animarnos en nuestros primeros entusiasmos. Las poesías filosóficas de Schiller me ofrecieron una concepción del mundo que me agradaba. El temario ordinario concluía con los clásicos, pero como suplemento generoso nos dieron una visión panorámica de la poesía del siglo XIX.

Grillparzer, Hebbel, Otto Lugwig fueron mis amigos íntimos. Escuchaba con mis cinco sentidos y no podía reprimir alguna observación ante la solemnidad del *Requiem*, de Hebbel.

En una ocasión en que el profesor iba a hablar del *Rubí*, de Hebbel, y comenzó con la explicación del contenido, yo exclamé asombrada: «¡Es diamante, no rubí!» Se le había deslizado este pequeño lapsus. Después de la exposición del *Agnes Bernauer*, pedí yo la palabra para indicar mis discrepancias de interpretación. Aquella mañana, en un recreo, volvió Olbrich a dirigirse a mí para continuar la discusión. Todo esto era algo extraordinario y desacostumbrado. Por lo general, no solía tener conversaciones personales con nosotras; y es que no es siempre cómodo tener oyentes tan críticos. Pero no me lo daba a entender.

Los ejercicios de composición eran la gran cruz para muchas, pero para mí eran un placer. Olbrich se ponía a corregir en cuanto le dábamos el montón de cuadernos con los trabajos. En el edificio de la escuela antigua podíamos verle en el recreo desde la ventana de enfrente. Cuando, según nuestro cálculo, podía haber acabado, se quedaba una de nosotras en las inmediaciones de la sala de profesores. Luego se abría la puerta un poco y por el hueco aparecía una mano con los cuadernos. Rápidamente se repartían y se abrían con expectación. Cuando veía en el mío un gran *Uno*, saltaba de alegría. Al verlo, una compañera me dijo un día: «Me alegro que tú seas capaz de alegrarte cada vez. Creía que tú debías estar acostumbrada ya hace mucho tiempo». Pero esto no se daba en mí. No calibraba lo que escribía y la nota era para mí como un oráculo.

Por otra parte, las buenas notas resultaban caras en nuestra casa. En los últimos años iban acompañadas de recompensas en metálico, que guardábamos para la fiesta de fin de curso. Los trabajos malos no tenían premio. Por un tres se ganaban cinco céntimos; por un dos, diez, y por un uno, veinte. Pero un uno en composición representaba cincuenta céntimos de premio. Cuando hablaba en casa de mis trabajos, mi madre me daba la recompensa con toda alegría. Pero no era frecuente que mi familia se enterase por mí de mis éxitos. Normalmente llegaban las noticias indirectamente, por otros. Y esto le dolía mucho a mi madre. Como es natural, yo era una fuente de alegría para ella. Pero el temor de convertirme en orgullo de la familia podía más en mí y me retraía.

Mis años de gimnasio fueron una época feliz. Sin embargo, todavía en el curso séptimo tuve que hacer esfuerzos de adaptación. Los dos últimos fueron un juego. Cuando no teníamos que hacer una composición, a las cuatro estaba ya casi siempre con los deberes del día hechos, y el resto de la tarde lo tenía a mi disposición para dedicarme a lo que me gustaba. La buena literatura que entonces leí fue un caudal para toda mi vida. Me fue posteriormente muy útil cuando tuve que explicar literatura. Pero más que leer me gustaba aún ir al teatro. Cuando en aquellos años se anunciaba la representación de un drama clásico, yo me sentía personalmente invitada. Una representación inminente era para mí como una estrella luminosa que se acercaba lentamente. Contaba los días y las horas que faltaban. Era una felicidad sentarse en el teatro y esperar a que el pesado telón metálico se alzase lentamente. Los timbres sonaban y, por fin, se abría un nuevo mundo extraño. Entonces yo vivía por completo lo que se desarrollaba sobre las tablas y lo cotidiano desaparecía.

No me gustaban menos que las tragedias las óperas clásicas. La primera que vi fue *La flauta mágica*. Nos compramos la partitura para piano y pronto nos la supimos de memoria. Igualmente sucedió con *Fidelio*, para mí era la mejor. También oí a Wagner y, durante una representación, no pude sustraerme a su encanto. Pero esta música no me gustaba. Sólo los *Maestros cantores* se salvaban. Especialmente me arrebataba Bach. Sentía en lo más profundo una atracción por este mundo de pureza y orden absoluto. Cuando más tarde conocí el gregoriano, me sentí en un ambiente familiar y comprendí lo que me había entusiasmado de Bach.

La reválida se acercaba. Había que pensar en la elección de carrera. Incluso por motivos estadísticos teníamos que señalar en la escuela nuestras asignaturas preferidas. La cuestión me la había planteado por vez primera antes de ingresar en el gimnasio. Cuando mi familia supo que había llegado el momento de decidir, se encargó a mi primo Franz de que consultase a varias personas sobre lo que yo iba a estudiar. Yo le dejé que se informase. Repasó todas las facultades. Finalmente dijo: «Ya lo sé: historia de la literatura». Yo asentí y dije: «Literatura y filosofía». Frieda puso durante esta conversación la cara cada vez más larga. Parecía que yo no pensaba en absoluto en el aspecto práctico de la vida. Yo leía en su rostro el horror que le producía, y me reía por dentro. De hecho yo no me preocupaba mucho por la manera de ganarme el pan. Pero comprendía que debía tener una cierta consideración a mis familiares.

Sabía que las disciplinas que me interesaban eran las adecuadas para la enseñanza. Y cuando me preguntaban por mis estudios, enumeraba las disciplinas sobre las que yo quería hacer mi examen de estado: alemán, historia y latín. También estaba en mi programa la filosofía, pero no hablaba de ella, porque no sabía todavía que figuraba en el examen como asignatura.

En cierta ocasión nos visitó nuestro primo Richard Courant, de Göttingen. Se le había hablado de mis ideas poco prácticas. También a él le había desaconsejado nuestro tío las matemáticas, e incluso pagarle los estudios si se hacía médico o abogado; pero para una profesión tan poco lucrativa no quería ayudarle. «¿Pero cómo se te ocurre estudiar precisamente filosofía?», me preguntó. «¡Ay!, ¿cómo se te ocurrió a ti estudiar precisamente matemáticas?», le repliqué, riendo. Comprendió perfectamente mi intención, pero no se quedó satisfecho. «¿Te has dedicado ya a la filosofía?», me insistió. «No; propiamente, todavía no; pero quiero. He leído algo de Haeckel, pero en realidad esto no es filosofía». Quizá este juicio despertó en él una confianza sobre mi capacidad filosófica. No me preguntó nada más.

Nadie estorbó mi elección. Mi madre puso en este asunto su mano protectora, aunque ocasionalmente decía que le hubiese gustado para mí la carrera de derecho. A esto tenía yo el argumento de que hasta entonces no habían admitido todavía mujeres a los exámenes de esa facultad. Ninguna de las dos pensábamos en una profesión social para mí. Por lo demás, mi madre no me hacía más que una discreta sugerencia. Ella quería dejarme en completa libertad. «No debe entrometerse nadie. Nadie nos ha dado nada. Haz lo que creas mejor». Así pude seguir mi camino sin ser perturbada.

El curso que nos precedía fue el primero que fue autorizado para hacer el examen en la misma escuela. Entonces nadie podía convalidar la prueba oral, porque se había convertido en examen del Centro. Habíamos tomado parte en ello con entusiasmo. Al comienzo del examen escrito ofrecimos una tarta (era una tradición) a las que se examinaban. Durante el oral nos reuníamos todas en la escuela para informarnos de cómo le iba a cada una, y por la noche les dábamos un ramito de violetas. Ahora nos tocaba a nosotras. Para hacer nuestros trabajos escritos tuvimos que ir a otra aula; antes en nuestra clase nos pusimos a bailar. Vino por fin la tarta del octavo curso y, cuando íbamos a empezarla, nos interrumpió una maestra, con la que estábamos siempre en pie de guerra. No nos daba clase a nosotras, pero cuando tenía vigilancia en nuestro pasillo, durante el recreo nos obligaba a salir del aula, cumpliendo así su deber. Pero nosotros siempre teníamos algo que hacer dentro. Yo rápidamente cogí la tarta y en el tono más agradable le dije: «¿Nos permite que le ofrezcamos un trozo?» Se volvió desconcertada, abandonó la clase y no la vimos más.

El examen comenzó con la composición en alemán. De ordinario me sobraba una hora del tiempo que nos daban durante los ejercicios de curso. Pero esta vez no lo había terminado de pasar a limpio cuando se acabó el tiempo. Ciertamente no era nada catastrófico, pues aunque tuvimos que entregar el borrador, el mío era como si fuera el definitivo. De todas formas estuve inconsolable por la tarde. El profesor Olbrich también estaba algo preocupado al día siguiente. Vino varias veces a mí durante el examen de latín y me preguntaba si me daría tiempo. Pero esta vez estaba muy segura. Nada más oír el dictado del texto ya tenía clara la traducción y el escribirla fue cosa rápida; pero no me tranquilizaba. También todo lo demás fue como la seda. A nosotras nos libraron del examen oral. Los profesores no podían decirnos nada sobre el resultado de los ejercicios escritos, pero su gesto era significativo.

Las semanas siguientes se dedicaban en exclusiva a preparar el examen oral y la que no lo tenía que hacer por lo general no volvía más. Advertí en aquellas horas que estaba como excluida, pero no estaba del todo segura. En todo caso era inútil el quemarse las cejas trabajando, pues era tiempo perdido. Y si llegara el caso, yo tendría tiempo en los días del examen de preparar, si es que me habían aprobado el escrito. A lo largo del año había preparado mucho el examen oral. Tenía un cuaderno con todas las odas de Horacio que habíamos dado traducidas y comentadas. Tenía una serie de temas de historia desarrollados, algunos de ellos en francés o inglés. Todos estos tesoros los repartía en clase entre las necesitadas. Se tendían manos suplicantes y lo que les daba era recibido con inmensa gratitud.

Me tocó en aquella etapa el honor de componer el *Drama de la cerveza*. No lo he conservado, pero recuerdo la trama de la acción. La heroína era una revalidista después del examen. Por el mucho estudiar su cabeza se había trastornado y su madre la lleva a un mago, para que le expulse los malos espíritus. El mago conjura a los espíritus perturbadores y van saliendo uno tras otro: Cicerón, Horacio, la señora Stein (la escritora), Gretchen, Klarche, etc. Al final, la paciente despierta como de una pesadilla, se siente mejor, pero no sabe nada. Encuentra junto a sí un papel que le quita toda preocupación:

> Mi cabeza está vacía de todo saber.
> No temo a nada ni a nadie.
> Aquí está claro y distinto
> que he alcanzado la madurez para estudiar.

Por otra parte, se nombró una comisión para preparar la fiesta de despedida. Aparte de mí, estaba compuesta en su mayoría por las niñas de buenas familias, que sabían cómo se organiza una fiesta de sociedad. Nuestra caja no era suficiente ni de lejos para atender nuestros audaces planes. En atención a nuestras compañeras poco pudientes, no quisimos poner una cuota suplementaria para todas. Las más fuertes económicamente corrieron gustosas con algunos gastos. Una se preocupó de las flores, otra de los platos fríos, otra de las bebidas, tartas y pasteles. Fue todo muy agradable y bonito. Al estilo de los banquetes de estudiantes, sólo se anunciaba el *Drama de la cerveza* y el *Periódico de la cerveza*. Enviamos las invitaciones antes del examen oral. Los profesores tomaron esto como una ligereza imperdonable, que nos acarreó un buen sermón soportado de pie. Pero todos vinieron, incluso nuestro viejo director, que entonces ya estaba muy delicado.

Por fin llegó la mañana del examen, el 3 de marzo de 1911. Primero tuvimos que esperar en una sala de visitas del piso bajo, hasta que nos llamaron al aula del examen. Cuando todas, y yo también, según las instrucciones prescritas, subimos, el profesor Sumpf me dijo sonriendo bondadosamente en el pasillo: «¿Qué, tiene usted mucho miedo?» Aquello sonó en mis oídos tranquilizadoramente.

La comisión examinadora estaba ya reunida. La componían nuestros maestros, un inspector provincial y el segundo alcalde, como representante de la ciudad. Primero nos dirigieron un solemne discurso. A continuación fueron nombradas las que estaban dispensadas del examen oral. Eran cinco. Nos podíamos ir ya. En la sala de espera nos abrazamos las unas a las otras, cosa que iba contra nuestra costumbre, pues en la escuela no había afectuosidad.

Esperamos aún a las que les habían dado ya el horario del examen. A la que le tocaba más tarde todavía, tenía tiempo de ir a casa antes de examinarse. Julia Heimann tenía unas dos horas de espera. Me pidió que la llevase a casa, pues la suya estaba a una hora de camino. Mi casa, en cambio, a partir del traslado de la escuela a la calle de Blucher, estaba a muy pocos minutos. En casa me esperaba una tarta en la que la familia me expresaba su felicitación en letras de chocolate. No me pude entretener mucho atendiendo los alegres saludos de la familia, pues tenía que dedicarme a mi invitada. Julia quería varias cosas. Debía repasar algo de historia conmigo. Además, me confesó que hacía tiempo esperaba la ocasión de poderme peinar a su gusto. Para complacerla traje peine y cepillo y me senté ante el espejo y, mientras manipulaba en mi cabeza, yo desarrollé la explicación que me había pedido sobre la guerra de los treinta años. Julia no había estado nunca en casa. Observó detenidamente el entorno nuestro y casi tuve la impresión de que no sólo había venido por ahorrar tiempo yendo a su casa, sino para conocer, por fin, mi ambiente familiar. Expresó sin disimulo su sorpresa de encontrar una casa tan bonita en un barrio poco aristocrático. Le impresionaron especialmente la amplia escalera interior de madera de roble y la sala en la que la recibí. Le gustó también mucho el que una de mis hermanas nos obsequiase con sendas tazas de chocolate y pastas, que fue un segundo desayuno.

Mientras yo atendía a Julia, mi madre dio la buena noticia a sus hermanos. También el tío de Chemnitz había pedido noticias por teléfono. Me llamaron varias veces para felicitarme personalmente. Cuando por fin se hizo la hora para Julia, volví con ella a la escuela, y todavía vi a las otras que se examinaban. La visita a nuestra casa le había producido una gran impresión. Su amiga Toni Hamburger recordaba al cabo del tiempo todos los pormenores de este encuentro por la descripción que Julia le había hecho.

5

Al día siguiente del examen me quedé en la cama más tiempo que nunca. Me llevaron la correspondencia. Eran ya cartas de felicitación. Una de ellas era del tío David que me invitaba a ir a Chemnitz. Las leí y continué echada y pensando en silencio. Aquella gran felicidad que había soñado alcanzar tras el examen no había hecho acto de presencia, más bien experimentaba un gran vacío interior. Quedaba atrás para siempre una manera de vivir que yo había querido tan entrañablemente. Y ahora, ¿qué? Meditaba sobre las objeciones tácitas que mi buen tío tenía contra mi elección de carrera. ¿Era buena la decisión que había tomado? Estamos en el mundo para servir a la humanidad... esto se consigue mejor si se hace aquello a lo que nos inclinan nuestras peculiares aptitudes... Entonces... nada había que objetar... me parecía. Toda duda fue disipada y aquel mismo día escribí a Chemnitz la carta firme que ya he mencionado más arriba.

La fiesta de despedida transcurrió bien hasta que se produjo un pequeño incidente. Cantamos una canción, compuesta por una de las peores de la clase. Tuvo su origen en nuestra excursión de Sedan y la repetimos. Se describía en ella un día de clase, desde el primer toque de campana hasta el último. Una estrofa trataba de todas nuestras ocupaciones marginales durante las clases de inglés o francés. El bondadoso profesor Leugert desapareció después del banquete. Nadie se apercibió de su marcha. Al ser echado de menos, todos se sorprendieron mucho. «¿Por qué no me habré sentado a su lado?», me reprochaba a mí misma. «Seguro que no le hubiera dejado marcharse».

Como compañero de mesa, me había tocado nuestro antiguo profesor de religión. Hacía tiempo que ya no teníamos clase con él, pero continuaba informándose con interés de cómo iban nuestras cosas cuando nos tropezaba por la escuela. Por eso le invitamos y vino a la fiesta. Si mal no recuerdo, encargamos para él su comida en un restaurante que observa las costumbres rituales.

Después de la fiesta, el director Roehl nos reprochó el haber cantado una canción impertinente. Elisabeth Spohr, que era la mayor de la clase (y maestra antes de ser nuestra compañera), juntamente conmigo, fuimos encargadas de acudir al despacho del ofendido y hacer las paces. El profesor Leugert nos recibió con su acostumbrada amabilidad. Nos dijo con toda sinceridad que no le hubiera parecido mal el que hubiésemos cantado la canción entre nosotras; pero le había resultado desagradable solamente porque estaba presente el director. ¡Pobre! Tales preocupaciones estaban todavía lejos de nosotras. Al insistirle yo en que no guardase rencor a nuestro curso, él se puso la mano en el corazón y dijo: «Pero señorita, usted me conoce».

El *drama-cerveza* me había dado muchas preocupaciones, porque las actrices no se habían aprendido bien sus papeles para el ensayo general; pero la representación salió bien. Yo no tenía ningún papel. Era la directora y la apuntadora. Al final se reclamó al autor y Horacio me puso en medio del escenario su corona. El profesor Olbrich me aseguró que no había visto en ninguna fiesta de despedida una obra tan bien llevada. Esto me sonó a mí a cumplido equívoco.

El *periódico-cerveza* fue leído en alto. Contenía epigramas alusivos a cada una de nosotras. Los profesores pidieron que, después de leídos los versos, se pusiera de pie la aludida porque ellos no caían. El mío decía:

Igualdad de la mujer y del hombre
así dice la sufragista,
a la que un día, con seguridad,
en el Ministerio veremos.

Cuando me levanté, todos se quedaron asombrados. Comprendieron claramente lo poco que conocían nuestra personalidad.

Al terminar, nos sentamos para charlar y les pedimos a los profesores que escribieran algo en la hoja blanca de nuestro periódico conmemorativo, como recuerdo. Mi nombre, como de costumbre, fue motivo de alusiones. El en otros tiempos tan temido director me escribió esta cariñosa sentencia: «Golpea la piedra (Stein) y brotan tesoros». Lo que más me gustó fue una corta frase de Ibsen que el profesor Olbrich me dedicó: «Martillazo sobre martillazo, hasta el día final del mundo».

Después del examen ya no teníamos que volver a la escuela. El curso se dispersó y no nos volvimos a reunir. Ni siquiera hubo un acto solemne para la entrega de los diplomas de madurez. Nos los enviaron al poco tiempo a nuestras casas. Cuando llegó el mío, yo estaba en Berlín y mi familia me remitió una copia. Mi madre estaba tan orgullosa con el diploma, que se lo enseñaba a sus amigos del negocio. Años después me enteré por un amigo común que una de esas personas que frecuentaban el trato de mi madre se hizo una copia del diploma y lo enseñó a sus amistades.

El viaje tradicional después de terminar el bachillerato empezó con mi ida a Berlín. El hermano preferido de mi madre, Eugen Courant, cumplía el 19 de marzo su cincuenta aniversario. Yo fui antes y mi madre y algunas hermanas vinieron después para la celebración. Me quedé luego algún tiempo, pues mi tío y su mujer se fueron a Italia y me dejaron muy contentos, para que con uno de sus hijos cuidase la casa. El primo con el que me quedé era Fritz Courant, el más querido de los tres hijos que tenían mis tíos. Nuestra preferencia se debía a que era el que tenía más aire a la familia. Por otra parte, su madre también era pariente nuestra. Era prima nuestra por parte de padre. Por lo general, no era muy acogedora con los invitados, pero a mí me tenía especial cariño desde mi niñez.

Como *señora de compañía* se vino a vivir con nosotros también una prima mayor. Durante el día no estaba en casa, porque estaba colocada en un comercio. La vigilancia que representaba su presencia, por un lado me hacía gracia, pero por otro me indignaba en mi interior orgullosa de mi virtud. Me parecía absurda la idea de que necesitásemos esta vigilancia. Sin embargo, me entendí muy bien con la prima. Mi primo Fritz tenía que sustituir a su padre en el despacho y en la fábrica, con lo que durante el día tampoco se podía ocupar de mí. Y yo no tenía que ocuparme de la casa, pero llenar el tiempo no fue problema para mí.

Teníamos en Berlín muchos parientes y siempre se corría el peligro de que alguno se molestase si no le dedicábamos algo de tiempo. Si eran pocos los días que estábamos en la ciudad, era materialmente imposible el que no hubiera alguien *molesto* por no haber sido visitado. Este inconveniente terminó por quitarnos las ganas de ir a Berlín. Pero esta vez yo tenía tres semanas y me invitaron sucesivamente todos, bien al mediodía, bien a la noche o a ir al teatro. Pero a las representaciones a que fui no eran de mi gusto. Se trataba de operetas modernas y de humor berlinés, cosas insustanciales que no hubiera ido a ver por mi propia voluntad. El bueno del primo me recogía de donde me habían invitado y terminábamos la velada generalmente en un café.

De todos los parientes de Berlín, mis primas Adelheid y Martha Courant fueron las más simpáticas, las dos algo mayores que yo. Se habían educado en Rumanía, donde su padre estuvo colocado muchos años como comerciante de maderas. Su madre procedía de la Galitzia. Fue en su juventud una hermosa mujer, pero su temperamento y las preferencias no coincidían con lo que la familia Courant valoraba. Las hijas lo sufrieron.

Mi tío quiso que se educasen a la alemana. Hizo que fuesen a un colegio de monjas y finalmente las envió por un año a Alemania. Durante este tiempo fueron con nosotras a la escuela Victoria. Todos los parientes estaban encantados con ellas.

Eran muy bajitas y para su estatura excesivamente fornidas, pero sobre todo eran graciosas y amables. Nos gustaba mucho el verlas con el vestido típico rumano, que ellas mismas se habían hecho. No eran fáciles para tener con ellas una reunión y pasar unas horas de velada. Adelheid intimó más conmigo, y aunque estaba en una clase superior a la mía, nos pasábamos juntas los recreos. Por la época en que me preparaba para el gimnasio vinieron de Rumanía y estuvieron algunas semanas invitadas en casa. Más tarde, toda la familia se estableció en Berlín. Después nacieron dos hijos más, Sigurd y Helmut. Eran dos chicos guapos e inteligentes. Sigurd tenía ahora ya quince años. Me pedía ayuda cuando no le salía algún problema de matemáticas y me gustaba ver su rapidez de comprensión.

Hasta entonces no había tratado mucho al cabeza de familia, mi tío Berthold, porque, como es lógico, había hecho desde Rumanía pocos viajes a Alemania. Era un extraordinario y eficiente comerciante, muy amable en el trato y de gran humor, que recordaba algo a nuestro abuelo. Había tenido un papel funesto en aquella gran crisis del negocio, que costó la vida de su hermano mayor Jakob. Yo, entonces, era demasiado pequeña para enterarme de todo, pero me había quedado un cierto recelo hacia él. Ahora le iba muy bien todo.

La familia vivía en una casa grande y elegante del oeste de Berlín, con gran lujo. Las hijas fueron educadas austeramente y eran capaces de cualquier trabajo. Por desgracia, en mi siguiente viaje a Berlín me vi metida en uno de los conflictos familiares que ya he contado antes. Por aquel entonces hubo una desagradable polémica comercial entre los dos hermanos Berthold y Eugen Courant.

El tío Eugen estaba tan indignado por la injusticia (real o imaginaria) que le habían hecho, que me prohibió visitar a Berthold. Yo estaba solamente de paso en Berlín y no tenía mucho tiempo. A la tía le pareció exagerada la exigencia del tío y también despertó en él escrúpulos. Por mi parte, me di cuenta de que sería para él como un voto de confianza si le hacía caso. Pensé en su cariño por mi madre y todo lo que por ella había hecho y quise darle ese gusto.

Cuando Martha Courant me saludó por teléfono y me preguntó si iba a ir a verlos, le dije que no podía. Me llamó luego el mismo tío Berthold exigiéndome que le dijese los motivos. Me prometió darme todos los datos, para que yo juzgase por mí misma: «Tú eres una muchacha culta y conoces la sentencia: "audiatur et altera pars"». Pero, a pesar de todo, no fui a verlos. Le dije que no juzgaba sobre el asunto, pero que, dadas las relaciones que había habido siempre entre mi madre y el tío Eugen, me consideraba obligada a estar de su parte.

Todo el asunto era para mí muy penoso y más tarde me arrepentí de mi comportamiento. Por este motivo el tío Berthold estuvo muy enfadado muchos años, no sólo conmigo, sino también con mi madre. Como estuve luego muchos años sin ir a Berlín, no volví a verle ni tampoco a mis queridas primas. Mucho tiempo después le hice llegar que me dolía todo aquello y recibí también de él un saludo como signo de reconciliación.

Cuando volvieron mis tíos de Italia, yo me fui a Chemnitz. Al igual que en mi anterior visita, me encontraba como en mi casa, en aquella tan bonita y ordenada, rodeada de un círculo de amistades. Esta vez estaba también mi primo Erich. Era un año más joven que yo y entonces comenzaba su curso superior. Le pusieron como ejemplo mi buen examen de reválida. Esto no le gustó nada. Al enterarse de que yo había leído la segunda parte de *Fausto*, me dijo airado: «Sólo tenéis tiempo para leer, porque sois unos perezosos para hacer deporte». Por lo demás, nos entendíamos muy bien.

En una ocasión, en que volvía yo con mi tía de un paseo, le encontré ensayando un baile con un amigo. La música era de gramófono. En cuanto me vio, Erich me preguntó si yo sabía bailar. La tía le censuró aquel atrevimiento, pero yo estaba dispuesta a darle con mucho gusto la prueba. Gracias a Hans

Biberstein estaba yo familiarizada con todo lo que estaba de moda. Erich, acusando el golpe, dijo lleno de admiración: «Una chica que ha hecho la reválida sin tener que hacer el oral, que ha leído *Fausto* y sabe bailar valses con giro a la izquierda, hay que exhibirla en el teatro Hansa» (la mayor varieté de Chemnitz). También él aprobó bien la reválida, pero luego no siguió los estudios. Se fue como comerciante a América. No le he vuelto a ver en decenas de años.

Walter, su hermano mayor, había dado siempre a sus padres muchos disgustos. Su madre, que era algo derrochadora, había fomentado en él una frivolidad casi morbosa. Con grandes esfuerzos se consiguió que aprobase primero. Luego fue aprendiz de un sólido negocio que se buscó lo más lejos posible de su casa y de sus antiguas amistades. Pero ni allí ni en otro empleo posterior pudo durar, porque contraía enseguida muchas deudas y estaba envuelto en toda clase de negocios sucios. Su padre lo envió a América, pero al poco volvió.

Al estallar la guerra se fue inmediatamente al frente. Fue un audaz soldado y volvió muy pronto con la cruz de hierro y una herida grave en la mandíbula. Luego volvió a las andadas. Mi tío ya no supo hacer otra cosa para ayudarle que romper toda relación con él y no admitirle en la casa paterna. Esto lo viví de cerca una vez que él preguntó por teléfono desde Berlín por sus padres y si podía volver a casa, siendo rechazado con sequedad. Por fin se casó con una muchacha cristiana de la pequeña burguesía. Vivía en un pequeño alojamiento proletario de su suegro, que era una buena persona, maestro carpintero. Sus padres se sintieron desedificados por este *matrimonio desigual* y ya no se preocuparon ni de su hijo ni de su familia. El matrimonio, sin embargo, iba bien y la joven esposa estaba inconsolable cuando él murió, tras corta enfermedad. Dejó dos hijos pequeños. Al entierro fueron los padres. Mi tío llevó del brazo a su nuera hasta la sepultura. Cuando el rabino había hecho las últimas oraciones y todo el séquito fúnebre se iba, la joven viuda se arrodilló al borde de la sepultura y con gran dolor rezó en voz alta el Padrenuestro. Esto, como es natural, era algo inaudito en un cementerio judío, pero nadie se escandalizó. Estaban todos conmovidos.

Durante mi estancia en Chemnitz, mi tío hablaba de la venta de su farmacia. Estaba enfermo y, evidentemente, no podía soportar la atmósfera de una ciudad industrial. Además, su mujer influía, porque tenía ganas de trasladarse a Berlín.

Había una persona interesada, que deseaba tener una farmacia tan magníficamente situada junto al mercado y la gran casa, pero le asustaba la gran suma que pedía. Mi tío, ante las dilaciones del otro, se quedaba tan tranquilo. «Las dudas le van a costar caras», decía. «Cada vez que venga a preguntar le subo 10.000 marcos más». Y se mantuvo en sus trece. Cuando el colega se decidió, por fin, tuvo que pagar 30.000 marcos más sobre el precio inicial. Mi tío comunicó el final feliz del asunto a Breslau por teléfono. De paso me informé yo del comienzo de mis clases. Había encargado a Erna que mirase el «tablón negro». Supe que al día siguiente, 27 de abril, ya estaban anunciadas algunas. Aunque era el cumpleaños de mi buen tío, hice los preparativos para la marcha sin dilación. Mi tía no podía entenderlo, pero mi tío sonriente me dejó en total libertad.

CAPITULO QUINTO

Los años universitarios en Breslau

1

Al día siguiente estaba yo ante el famoso «tablón negro». Había toda una fila de pizarras en un pasillo estrecho de nuestra querida y vieja Universidad de Breslau. Estaban cubiertas con pequeños trozos de papel blanco en los que los profesores anunciaban el tema, la hora, el lugar y el comienzo de las clases. Había que estar muy atentos a aquello, pues se daban frecuentes variaciones con respecto a lo que figuraba impreso en el tablón de anuncios. Confeccioné mi plan de estudios aquí. Fue bueno que algunos cursos que yo tenía en perspectiva coincidieran a la misma hora, pues de esta manera tuve que elegir. De lo contrario, hubiera tenido de cuarenta a cincuenta horas a la semana.

De todas maneras resultaron bastantes: indogermánico, germánico primitivo, gramática alemana moderna, historia del drama alemán, historia prusiana de la época de Federico el Grande e historia de la constitución inglesa y un curso de griego para principiantes (me había disgustado siempre el que no tuviéramos un gimnasio femenino humanístico y quería ahora reparar este hueco. Además, se exigía para los estudios de historia algunos conocimientos de griego con examen). Además, tendría lo que más me atraía: cuatro horas semanales de introducción a la psicología con William Stern y una hora semanal de filosofía natural con Richar Hönigswald. Los dos me admitieron ya en el primer semestre en su seminario.

El curso de psicología fue realmente el primero al que asistía en la Universidad. Esto podía ser un signo anunciador, ya que los cuatro semestres que estudié en Breslau fue la psicología a lo que más me dediqué. La explicación de Stern era sencilla y comprensible y yo la seguía como una hora de conversación. Me defraudó algo. Con Hönigswald me tenía que esforzar más. Su taladrante agudeza y su rigurosos razonamiento me encantaban. Era un declarado criticista y pertenece aún hoy al pequeño grupo que ha permanecido fiel a esa dirección. Había que hacerse con la estructura conceptual del kantismo para poderlo seguir. En su seminario era seductor para los jóvenes el ejercitarse en la lucha dialéctica con esas armas afiladas. Si alguno quería introducir algo que no hubiera crecido en ese suelo, Hönigswald, con su convincente dialéctica y su incisiva ironía, lo reducía al silencio, aun cuando el contenido de la observación fuese difícilmente rebatible. Un estudiante mayor y muy independiente me dijo una vez: «En el seminario de Hönigswald hay cosas que uno no se atreve a pensar. Sin embargo, fuera del seminario yo no puedo cerrarme a ellas». En todo caso era un excelente entrenamiento en el pensar lógico y entonces aquello era suficiente para hacerme feliz.

Además, Hönigswald daba clases de historia de la filosofía, que yo seguí más tarde. Era magnífico en la clara y exacta elaboración del sistema del pensamiento. En contraste con él, me disgustó su colega de especialidad, el entonces famoso y muy admirado Eugen Kuhnemann, por su patético ímpetu y su permanente entusiasmo por todo, cual «espíritu bello». Por lo demás, fuera de Breslau causaba asombro el que fuese profesor ordinario de filosofía. Era conocido por sus obras sobre Schiller y Herder y, por ello, los profanos lo consideraban historiador de literatura. El origen judío de Stern y Hönigswald era un inconveniente para su carrera académica. La cátedra de psicología en Breslau no era de numerario y Hönigswald era todavía *privatdozent* (no catedrático) y así continuó muchos años todavía. Consiguió más tarde que le encargasen de psicología cuando Stern aceptó contrato en Hamburg. Muy tarde consiguió una llamada para cátedra filosófica (München). Por todo esto sufrió visiblemente mucho.

La *libertad académica* en la que yo había entrado era una espada de dos filos. En aquel entonces nosotros no teníamos un plan de estudio reglamentado, como, por ejemplo, los de medicina, que tenían fijadas las asignaturas de cada semestre. Lo único obligatorio eran las disposiciones estatales para el examen de profesorado. A través de estas disposiciones podíamos entrever lo que se nos iba a exigir al final. Yo me las compré ya en el primer semestre, animada por una compañera que desde el principio preparaba muy objetivamente el examen de estado [1]. Esto no me afecta mucho en sí mismo. Yo iba a hacer el examen de estado solamente *por mi familia*, pues de momento sólo me interesaba la ciencia. Pero comprendí que era razonable, al elaborar el plan del semestre, tener en cuenta desde el principio lo que era necesario. Pero, naturalmente, no podía sacrificar por ello excesivamente lo que tanto me interesaba.

Algo que me alegró fue el enterarme de que la propedéutica filosófica era una asignatura de examen final. Naturalmente, decidí enseguida elegir esta asignatura. Con ello tenía yo una coartada moral para mis estudios preferidos. Con todo, no abandoné las otras asignaturas previstas. Al cabo de algunos semestres me di cuenta de que seguir cuatro asignaturas fundamentales representaba una gran dispersión (para el examen se exigían como mínimo 1 + 2, es decir, una asignatura para el grado superior y dos para el grado medio). Como, por otra parte, comprendí que las lenguas clásicas no se podían separar y que el latín sin el griego es una cosa a medias, me decidí, no sin lamentarlo, a sacrificar el latín en favor de la filosofía.

Cuando aún no me había decidido, le expuse a mi madre los pros y contras del problema. «Querida hija», me dijo, «por desgracia no te puedo aconsejar en esto. Haz lo que creas conveniente. Tú eres la que mejor puedes saberlo». Tampoco yo sabía de nadie que pudiera aconsejarme y así, tranquilamente, fui yo misma la que busqué mi camino. Había muchos que llevaban varios semestres en la Universidad sin ver claro lo que debían hacer exactamente. Muchos cambian de especialidad, porque caen en la cuenta de que en la escuela se engañaron sobre sus capacidades e inclinaciones. Esto es sobre todo frecuente en matemáticas. En esta materia no se puede lograr nada con la simple aplicación si falta la aptitud peculiar. Algunos se desmoralizan por esta inseguridad y hasta se quedan en el camino. Naturalmente, los que están en mejor situación son los que vienen de familia intelectual y han recibi-

[1] Reválida de la carrera que faculta para enseñar *(N. del T.)*

do del padre una dirección adecuada. En todo caso, al final de los estudios es cuando se reconoce que precisamente ahora se ha aprendido cómo tendría que haber empezado.

Entonces la libertad no me pesaba en modo alguno. Me encontraba muy a gusto con el día completamente ocupado y me sentía como un pez en el agua clara y a la luz del sol. Solamente años más tarde caí en la cuenta de las consecuencias funestas que también a mí me produjo la falta de experta dirección.

En las primeras semanas conocí a la ya nombrada compañera, bien orientada desde el principio. No había hecho el examen de estado del bachillerato, sino el de magisterio y tenía dos años de práctica escolar. Era el llamado cuarto camino para la Universidad, que fue rechazado por el movimiento feminista, por considerarlo como una limosna. Este modo de ingresar en la Universidad no traía en absoluto una preparación adecuada y podía acarrear juicios desfavorables sobre los logros de las mujeres que estudiaban.

La mayoría de las maestras no se daban cuenta en un principio de la deficiencia y recibieron con alegría esta facilidad de acceder a la Universidad. Pero las más prudentes no se aprovecharon de ella, sino que hicieron su examen de reválida después o cuando menos trataron de suplir los conocimientos que les faltaban. Kaethe Scholz era una persona excepcionalmente inteligente y bien dotada. Yo la conocía ya de vista, pues durante sus años de prácticas había dado clase en la escuela Victoria de párvulos. Esto bastó para entablar relación. Enseguida nos concertamos para trabajar juntas, y en los descansos entre las clases nos paseábamos arriba y abajo en la Universidad hablando animadamente. No éramos la única *parejita*. Es una opinión extendida el que en los años de Universidad se forman tales vínculos firmes y realmente con estar nada más que un par de meses en una Universidad se pueden conocer perfectamente estas afinidades.

Kaethe Scholz provenía de una familia protestante del campo. Era alta, delgada y rubia, y en sus ojos claros brillaba la lozanía, la alegría de vivir y un sobreabundante temperamento. Como desde el principio dirigía su trabajo al examen y a su profesión de maestra, no estaba con menos alegría que yo en el estudio universitario. Además, era muy *práctica*. Tenía varios grupos de señoras de la alta sociedad a las que iniciaba en los temas históricos y filosóficos. Esto estaba mejor remunerado que las clases particulares y así pudo sufragarse los estudios.

Además, este quehacer le gustaba mucho y era un buen modo de fijar y de reafirmarse en lo que había oído ella en los cursos. Sus padres vivían lejos, en Brokkau. Venía a Breslau por la mañana en tren y se quedaba todo el día. Le gustaba mucho venir en sus horas libres a mi casa para trabajar juntas, y al poco tiempo pasaba todo el día con nosotros. Cuando se le ofrecía un pequeño piscolabis, lo aceptaba agradecida y sin remilgos. También en la Universidad se comía con buen apetito mi bocadillo de la mañana. Estudiábamos griego juntas y con entusiasmo. En el curso de principiantes teníamos tres horas a la semana. En un semestre de verano repasamos toda la gramática. Claro que a grandes rasgos.

En el semestre de invierno se añadía, además, otra hora de ampliación, para una introducción a la lectura de la *Anábasis*, de Jenofonte, y algo de Homero. Como es lógico, esta enseñanza no podía ser otra cosa que un estímulo para el trabajo personal. La mayoría de los matriculados —juristas, teólogos e historiadores— no podían realizar este trabajo personal y pronto fueron dejando el curso. No tenían otro interés que el de poder enseñar el certificado de que habían estado matriculados. Nosotras dos trabajamos fuerte para aprendernos muchas formas verbales y seguimos. Pero, naturalmente, nosotras éramos estudiantes y no podíamos quitar mucho tiempo a nuestros estudios obligatorios en favor de materias complementarias. Por eso no logré, para mi mal, un dominio fundamental y firme de la lengua griega como lo tenía de la latina.

También empezamos juntas el curso de alemán antiguo. La concordancia de los Evangelios de Tations y, algo más tarde, la traducción de la Biblia de Ulfila fueron mi primer contacto con el Evangelio (aparte de los trozos que conocía por las oraciones del colegio). En nuestro libro la lectura gótica figuraba, bajo el texto gótico, el primitivo texto griego. Entonces no me sentía interesada por lo religioso. Tampoco en Kaethe Scholz noté que la Escritura tuviese un significado sagrado para ella. Ni la diferencia de confesión ni de origen fueron obstáculo para nuestra amistad, y hubiéramos hablado sobre cuestiones de religión tan abiertamente como sobre otros si hubiésemos tenido interés.

A veces se daba una pequeña discrepancia en nuestras conversaciones políticas. Entonces yo estaba muy influida por las tendencias liberales. La población rural de Silesia estaba oprimida por los grandes propietarios, prusiano conservadores en su mayoría. El hermano de Kaethe comenzaba precisamente entonces la carrera de oficial. Este ambiente le producía una cierta influencia, aunque se movía en otros medios distintos. Más tarde ha cambiado algunas de sus opiniones. También en mí comenzaba a operarse un cambio en mis actitudes con el Estado. Esto lo produjo el estudio de la historia.

El viejo consejero privado Kaufmann, un anciano de bellos cabellos blancos y unos ojos azules joviales y radiantes, era político nacional liberal, así como el profesor Ziekursel, que era bastante joven, pequeño, pero tieso y enérgico. Se sentían orgullosos del nuevo Imperio en el que todos habíamos sido educados, pero no había en ello ninguna ciega divinización de la casa reinante, ni empequeñecimiento causado por el punto de vista prusiano. El gran panorama de la interdependencia universal despertó en mí de nuevo mi antiguo gusto por la historia, hasta el punto de que en los primeros semestres llegase a dudar de si no había de ser la historia el campo fundamental de mi trabajo. Este amor por la historia no era en mí un simple sumergirme romántico en el pasado. Iba unido estrechamente a una participación apasionada en los sucesos políticos del presente, como historia que se está haciendo. Ambas cosas produjeron una extraordinaria y fuerte conciencia de responsabilidad social, un sentimiento en favor de la solidaridad de todos los hombres, pero también de las comunidades pequeñas. Con la misma fuerza que rechazaba un nacionalismo darvinista, me adhería al sentido y necesidad, tanto natural como histórica, de estados independientes y naciones distintas. Por ello las concepciones socialistas y otras aspiraciones internacionalistas no ejercieron nunca influencia sobre mí. También cada vez me liberaba más de las ideas liberales en las que había crecido y llegué a una concepción del Estado positiva, cercana a la conservadora, aunque estuve siempre lejos de la nota característica del conservadurismo prusiano.

Al lado de las convicciones puramente teóricas nació, como personal motivo, un profundo agradecimiento para con el Estado que me había dado el derecho de ciudadanía académica y con ello la libre entrada a las ciencias del espíritu de la humanidad.

Todas las pequeñas bonificaciones que nos garantizaba nuestra tarjeta de estudiantes —entradas rebajadas para el teatro, conciertos y cosas semejantes— las veía yo como un cuidado amoroso del Estado para con sus hijos predilectos, y despertaban en mí el deseo de corresponder más tarde agradecidamente al pueblo y al Estado mediante el ejercicio de mi profesión. Yo me indignaba por la indiferencia con que la mayoría de mis compañeros reaccionaban ante las cuestiones comunitarias. Parte de ellos no hacían otra cosa en los primeros semestres que ir tras los placeres. A otros sólo les preocupaba lo que necesitaban para pasar el examen y más tarde asegurarse el pesebre.

Desde este sentimiento de responsabilidad social me puse decididamente en favor del derecho de voto femenino. Esto era entonces, incluso dentro del movimiento ciudadano femenino, no del todo evidente. La asociación prusiana en favor del voto de la mujer, en la que ingresé con mis amigas, estaba integrada en su mayoría por socialistas, debido a que postulaba la total igualdad política de derechos para la mujer.

2

Aunque la gran mayoría de los estudiantes vivía abúlicamente (yo les llamaba «los idiotas» con enojado desprecio y ni les dirigía la mirada en las aulas), no estaha sola con mis ideales y encontré pronto compañeros de la misma opinión. Ya he hablado detalladamente de nuestro círculo íntimo de amigos: mi hermana Erna, Hans Biberstein, Rose Guttmann y Lilli Platau. Con Rose coincidía en las clases de filosofía y psicología, y ella me incorporó a un grupo de jóvenes a los que debo lo más valioso de mi etapa estudiantil de Breslau.

Este grupo se llamaba a sí mismo «Grupo Pedagógico» y se componía principalmente de alumnos y alumnas procedentes del seminario de Stern. Estos futuros maestros y maestras consideraban insoportable que en la Universidad no se hiciese nada específico por la preparación de los que más tarde habrían de ejercer la enseñanza. Ciertamente, había clases teóricas de pedagogía y había que aprobar en el examen final algunos conocimientos de esta materia; pero no se prestaba atención a los grandes interrogantes pedagógicos en su aspecto vivo, en su realidad inmediata y práctica. Este defecto es lo que condujo más tarde a la reforma de la formación de los maestros y a la fundación de Academias Pedagógicas. Este grupo de jóvenes habían comenzado intentando ayudarse a sí mismos.

Stern, con su bondad característica, puso a disposición del grupo el seminario de psicología como lugar de reunión. Entonces estaban en el segundo piso de una antigua residencia de estudiantes en Schmiedebrucke, 35 (todavía alcanzamos a ver cómo este seminario de psicología y el de filosofía fueron trasladados a un local mucho más bonito y digno del primer piso y pudimos instalarnos allí). Allí nos reuníamos una vez por semana de ocho a diez de la noche. A las diez se cerraba el edificio. Si no habíamos terminado la discusión, nos íbamos a un café y, en verano, algunas veces al parque de Scheitinger (un bello jardín inglés antiguo, al este de la ciudad), para poder oír también a los ruiseñores. En estas veladas había exposiciones y diálogos sobre cuestiones pedagógicas. Con frecuencia teníamos entre nosotros directores de centros o maestros de escuelas diversas, que nos comunicaban sus experiencias. A veces venían también profesores de la Universidad. Contábamos con Stern una vez cada semestre. Cuando no disponíamos de ningún invitado, cualquiera de nosotros hablaba sobre algún libro o sobre un tema que estaba trabajando. Friedrich W. Förster, Kerschensteiner, Gaudig, Wyneken nos ocupaban a menudo y con entusiasmo.

Todos nosotros pertenecíamos a la Liga para la Reforma Escolar e íbamos juntos a sus reuniones. Me di cuenta de que allí había aún mucha confusión y poca claridad y con frecuencia se divagaba. Cada semestre hacíamos algunas visitas. Así conocimos, expertamente dirigidas, escuelas para niños retrasados, instituciones para mudos, ciegos y reformatorios, así como residencias para débiles mentales y niños abandonados. Nos produjo una profundísima impresión una residencia de niños de Warteberg que visitamos varias veces.

Era un antiguo palacio situado en un precioso paisaje en las cercanías de Obernigk con un extenso jardín. Niños de familias deshechas habían sido instalados en unas habitaciones claras y acogedoras. Los más pequeños entonces eran unos gemelos de dos años. Estaban en el jardín en un cochecito doble, limpio, bien alimentados y alegres. A los mayores se les educaba para que cuidasen y vigilasen a los más pequeños. La casa la llevaban diaconisas de la fundación «Madre Eva» (Condese Thiele Winkler) de Miechowitz, Alta Silesia. La directora, la discreta y amable hermana Frieda, nos enseñó todas las dependencias, explicándonos el funcionamiento de la fundación. Los niños estaban distribuidos por «familias»: mayores y pequeños. Niños y niñas estaban juntos como sucede en las familias. Las «familias» tenían nombres de flores y las habitaciones estaban pintadas con la flor correspondiente. Las niñas llevaban en la cabeza cintas de color de la flor.

En una habitación de trabajo la hermana Frieda nos enseñó una máquina de coser: «Nos era muy necesaria una máquina de coser», dijo con toda sencillez y naturalidad. «Entonces nos pusimos a rezar y enseguida nos enviaron una». Todos a los que contó esto eran librepensadores, pero ninguno se burló. Todos inclinamos la cabeza ante esta confianza tan infantil. La hermana Frieda se fue durante la guerra a Varsovia y sin ningún medio fundó un hogar infantil para ayudar en las enormes calamidades que sufrían los niños.

Después de recorrer la casa y el jardín, nos obsequiaron en el fresco comedor con café y pan con mantequilla y una gran fuente de fresas de la cosecha del jardín. Como despedida, las hermanas nos cantaron en coro.

El fundador y alma de nuestro grupo era Hugo Hermsen, de la Baja Alemania, natural de una pequeña ciudad en Braunschweig. Tendría unos veintisiete años cuando yo comencé mis estudios y él estaba terminando. Era pequeño, pero muy fuerte, sano y deportista. Tenía una cabeza que no se podía fácilmente olvidar después de haberla visto: tostada por el sol, con correctas y nobles facciones. De sus ojos grises y algo hundidos salía un fuego santo. A través de su voz suave y algo velada se percibía que todo lo que decía le salía de lo hondo del corazón. Una vez nos llevó a Rose y a mí a un campamento de los Wandervögeln (grupo del movimiento de la juventud). Leyó a los jóvenes cuentos en el dialecto de su patria chica. Recuerdo especialmente el cuento de *Machandelboom*, y al cabo de más de veinte años me parece oír su voz delicada y sostenida cuando cantaba ilustrando la narración.

Era enemigo de la moderna educación masiva. Su ideal era la educación de corte en el siglo XVIII. Intentaba poderla realizar prácticamente. Por aquel entonces le confiaron para su educación a un joven estudiante de derecho de primer semestre: el conde de Rothschild. Vivían juntos y Hermsen lo llevaba consigo a todas partes. También le acompañaba a nuestras reuniones de grupo. Más tarde Hermsen fue a la finca del conde Yorck de Wartenburg. Tenía que encargarse allí de la educación de un muchacho enfermo, pero pronto se vio rodeado de un enjambre de niños. Una vez que hizo en Breslau su examen de doctor y el de estado, le llamaron como preceptor del príncipe de Wied. Desde allí marchó a la guerra y no volvió más.

Cuando yo me incorporé, Hermsen había cedido la dirección del grupo a otro; pero continuaba dirigiéndolo. Todos miraban hacia él instintivamente y esperaban de él su opinión, aunque estuviese ausente. Cuando no podía venir, faltaba lo mejor. Creo que desde mi infancia ninguna persona ha ejercido tan fuerte influencia como él. Nos veíamos solamente en las reuniones del grupo y raras veces hablábamos solos. Estas contadas ocasiones perduran en mi recuerdo con toda claridad.

La primera vez fue en un café, después de una exposición que el profesor Stern había tenido para nosotros. Estábamos todos sentados en un amplio círculo y a Hermsen le tocó a mi lado. Stern frente a nosotros. En una reunión anterior había hablado yo por primera vez en el grupo. El tema había sido la coeducación (dado mi juvenil idealismo y mi inexperiencia, sin conocer aún las reales dificultades, había dado una solución positiva a la cuestión). Stern se interesaba por el tema, pero aquella noche no había estado. Quiso enterarse de lo que había dicho yo. Hermsen y yo contestábamos alternativamente a sus preguntas. Después de un rato, el profesor tuvo que interrumpir el diálogo con nosotros para dirigirse a los demás, que naturalmente esperaban también algunas palabras de él. Y fue entonces cuando mi vecino entabló conmigo, en voz baja, un diálogo confidencial. Se trataba de una incomprensión entre él y un conocido común. Esperaba que yo encontrase la ocasión para ayudarle a la reconciliación. Nos metimos tanto en el asunto que olvidamos por completo lo que sucedía a nuestro alrededor y despertamos como de un sueño cuando se levantaron los demás.

Otra vez estábamos al lado una del otro en un regreso de Wartensberg. El ruido del tren no permitía una conversación en común de los que íbamos. Hermsen me habló en voz baja de sus experiencias en la casa de Yorck y de sus planes para el futuro.

Poco antes de abandonar Breslau —yo para ir a Göttingen y él para Neuwied— nos invitó a una fiesta de despedida a los dos una estudiante de magisterio, con la que él tenía buenas relaciones y con la que había colaborado, y a mí. También fue

Rose Guttmann. Hermsen me acompañó a casa. Después de nuestras reuniones, dejaba a otro que lo hiciera, pues él vivía muy lejos. Cuando llegamos a mi casa, dijo: «Bien, le deseo que encuentre en Göttingen gente que le satisfaga. Aquí ha sido usted demasiado exigente y crítica». Aquellas palabras me dejaron muy sorprendida. Yo no estaba acostumbrada a ser reprendida. En casa apenas se atrevía nadie a hacerme observaciones. Mis amigas estaban unidas a mí por cariño y admiración. Vivía en el ingenuo autoengaño de que todo en mí era correcto, como es frecuente en las personas incrédulas, que viven en un tenso idealismo ético. Y es que, cuando se está entusiasmado por el bien, cree uno que es bueno. Yo había considerado siempre como un justo derecho mío el señalar despiadadamente con el dedo las debilidades, errores y faltas de otras personas; a menudo en tono irónico y despectivo. Había quienes me encontraban «encantadoramente implacable». Por eso estas serias palabras de despedida, dichas por un hombre al que valoraba mucho y quería, me dolieron de verdad. No me enfadé con él ni tampoco eché en saco roto lo dicho, como si fuera un reproche injusto. Aquello fue como una primera llamada que me hizo reflexionar.

Volvimos a encontrarnos al coincidir en Breslau en las vacaciones. Hermsen prometió visitarme en Göttingen cuando pasara desde Neuwied camino de su casa. En los primeros días de agosto de 1914, poco antes de estallar la guerra, recibí una tarjeta reexpedida desde Göttingen a Breslau en que me anunciaba su visita. Si hizo este viaje o como consecuencia del comienzo de la guerra no lo pudo realizar, es algo que no sé. No recibí ninguna noticia de él. Sólo más tarde y por conducto de Rose supe que figuraba en la lista de desaparecidos, y detalles de sus últimos días en Karpathenwinter, hasta que se perdió su huella.

Cuando en el otoño de 1916 fui a Freiburg i. Br. vi en el escaparate de un fotógrafo de la Kaisertrasse un retrato de Hermsen. Llevaba el uniforme alemán de los regimientos alpinos, con los que había hecho prácticas en la Selva Negra para la lucha en la alta montaña. Todavía no habían destruido el negativo y pude dar la alegría a los viejos amigos del muerto de enviarles copias.

Después de Hermsen, el miembro más influyente del grupo era Hermann Popp. Tenía más de treinta años y había sido maestro varios años en la escuela popular (Volkschule) antes de hacer su reválida e ingresar en la Universidad. Su apariencia externa recordaba algo a don Quijote, el caballero de la triste figura. Se podía estar seguro de que en todas las discusiones él tomaría la palabra y que no se la dejaría fácilmente a otro. Tenía ya tal firmeza en sus principios que en cualquier cuestión tomaba postura con seguridad. Defendía su opinión con mucha vehemencia y vigor, con una voz sonora y frecuentemente en forma extrañamente exuberante. No era fácil estar serio a su lado, aun cuando él lo tomaba todo en serio. Sin embargo, lo valorábamos mucho como hombre de carácter firme y recto, pensaba independientemente y con agudeza. Hizo su tesis doctoral con Stern (sobre el problema de la asociación), pero se había liberado completamente de la tutela del «maestro».

En general, nuestras relaciones con nuestros profesores eran de gran independencia. Stern representaba un tipo específico del humanismo judío. Entonces tenía algo más de cuarenta años, de mediana altura y parecía más pequeño, porque andaba algo inclinado. Su rostro pálido estaba rodeado de una barba color castaño. Sus ojos eran inteligentes y bondadosos y la expresión de su rostro y el sonido de su voz eran sumamente dulces y afables. Cuando una vez, en una fiesta de máscaras, apareció vestido con un traje oriental, parecía Nathan el Sabio. Afirmaba siempre que él era filósofo en lo más profundo de su corazón (con ello, criticaba de paso la separación de las cátedras filosóficas y psicológicas) y que la más importante de sus obras era *Persona y cosa*. Sin embargo, se dedicaba cada vez más a la psicología experimental y su fama se la debía a sus obras psicológicas, que se habían traducido a todos los idiomas cultos. Sus libros sobre *El lenguaje infantil* y la *Psicología de la primera infancia* se basaban en la cuidadosa observación de sus propios hijos y en los minuciosos diarios de su inteligente y encantadora esposa, que era su más fiel colaboradora.

Por aquel entonces se ocupaba mucho de los métodos de pruebas para medir la inteligencia. Su proceder para el examen de las actitudes profesionales, que desarrolló de manera práctica más tarde en Hamburg, lo preparó con sus experiencias. Nosotros teníamos fuertes reservas contra estas cosas, así como contra su principio general del «dorado término medio». Su mordaz colega Hönigswald, ante una cuestión sobre la introducción a la obra *Psicólogos de la escuela*, se expresó así: «El psicólogo de la escuela será el hombre más poderoso en el Estado. Él fija a cada hombre lo que debe ser y, si tiene especial simpatía por alguno, lo destinará a psicólogo de escuela». Los más encarnizados enemigos concretos de Stern eran precisamente sus más entusiastas alumnos.

En el seminario nos sentábamos ante una mesa circular, a la derecha y a la izquierda de él, y frecuentemente prorrumpíamos con un vivo y decidido: «¡No!» No nos lo tomaba a mal y siempre era igualmente bondadoso y amable, pero se mantenía imperturbable en su línea. Popp, un pensador radical, no podía ciertamente conformarse con un «término medio» tan sensato. Siguió su propio camino. Conocí profundamente su problema, pues desde que ingresé en el grupo, él era el que tenía el honor de acompañarme a casa. No consintió nunca el dejar de hacerlo, aunque en ocasiones venían también otros. Cuando llegábamos a mi casa, generalmente no había concluido con sus puntualizaciones. Yo tenía que pasear con él un gran rato arriba y abajo delante de la verja de nuestro jardín y oír su exposición hasta el fin. Algunas veces llegaba en el entretanto mi hermano, y fue delante de la puerta donde los presenté.

Estas conversaciones tan tarde delante de la puerta no le gustaban a mi madre. Se creyó en el deber de manifestar su desaprobación y me dijo que le recordaba a mi hermana Else, que también tenía con frecuencia semejantes «plantones» en la puerta, cuando volvía por la noche. Yo sabía a qué «cortejador» aludía y en mi caso no había ni rastro de cosa semejante. Tampoco mi madre tenía esa sospecha. Pero, naturalmente, la gente de la vecindad, que podía vernos en estos paseos nocturnos, no podía adivinar que estábamos enfrascados en problemas de psicología o teoría del conocimiento. Pero nosotros estábamos entonces muy ajenos a tales miramientos. No perdíamos la oportunidad de afirmar con energía que nos era igual lo que «se dijese» o la «gente» pudiera pensar. Ésta fue una de las pocas contestaciones duras e inadecuadas que mi madre tuvo de mí. Más tarde me he arrepentido profundamente.

En el verano de 1912 el doctor Popp trabajaba en su examen de estado. Cuando su cuarto de trabajo estaba muy caliente, hasta el punto que su cabeza ya no funcionaba, se iba a la cocina y se ponía cerca del fogón. Al rato volvía a su escritorio y sentía un agradable alivio y que su cerebro podía seguir trabajando. Una vez que hubo terminado su examen y ya se debía ir a una escuela en la provincia, me pidió, mediante una tarjeta postal, que diésemos un paseo de despedida. Hubiera podido escribir en la tarjeta los más íntimos secretos, pues nadie excepto yo era capaz de descifrar sus jeroglíficos. Ésta fue la primera y última vez que nos citamos para vernos. Él quería una vez más hablar con profundidad, antes de sumergirse en la vida burguesa.

El trato con personas mayores más maduras y adelantadas en la vida científica constituía una incitación y exigencia para la pequeña estudiante. Pero también tenía su peligro. Cuando los compañeros me hablaban de sus trabajos de doctorado o de examen de estado, me ponía en contacto con una facilidad de comprensión y una capacidad grande para seguir el pensamiento de otros, acompasándome momentáneamente a ellos y hasta a hacer alguna crítica estimulante. Y esto provocaba el espejismo de que estaba a su misma altura y me engañaba a mí misma. Asistía a cursos y seminarios para los que estaban delante de mí y omitía algunas cosas fundamentales que me hubieran sido necesarias.

El director del «Grupo Pedagógico» era aquel semestre Alfredo Mann. También era algunos años mayor que yo, pero considerablemente más joven e inmaduro que Hermsen y Popp. En los diálogos estaba visiblemente muy por detrás de ellos. Solamente algunas observaciones que él hacía en conversaciones privadas denunciaban sus claras inclinaciones democráticas (el grupo como tal era completamente apolítico) y una aguda crítica junto con un humor tosco. Era alto y, para su edad, ya demasiado grueso. Su bello rostro redondo era pálido. Le hacía molesto una debilidad de nervios que se manifestaba en contracciones de la cabeza de vez en cuando. Además, era distraído y olvidadizo, cosa que explotaba con coquetería. Muchas veces me telefoneaba antes de las ocho de la mañana para decirme todo lo que yo tenía que recordarle a lo largo del día. Como yo entonces tenía una memoria extraordinaria, él podía quedar tranquilo. En aquella época apenas se manifestaba el individualismo exagerado y sus maneras poco respetuosas, que más tarde llamaron desagradablemente la atención en su vida pública, cuando después de la revolución fue director de la escuela pública (Volkschule) de Breslau.

Georg Moskiewicz (sus amigos le llamaban «Mos») era huésped transitorio del «Grupo Pedagógico» y del seminario de Stern. Era ya doctor en medicina y filosofía. Tenía alrededor de los treinta y tres años cuando comenzó a estudiar. Rose

Guttmann fue la que nos puso en contacto. Mos era el hijo de un pudiente comerciante judío. Por consideración a su padre había elegido los estudios «prácticos» de medicina y más tarde obtuvo permiso para pasarse a la filosofía y psicología. Era alumno de Ebbinghaus e iba a hacer la habilitación con él; pero su maestro murió antes de que realizase su proyecto. Ahora continuaba trabajando en su tesis de habilitación, sin saber quién iba a patrocinarle. Tenía, como muchos judíos del este, cabellos rojos y ojos claros. Su pálido rostro nervioso y su mirada algo tímida e inquieta denunciaban que algo interior le atormentaba. Más tarde descubrí la tragedia que ocultaba su vida. Entonces me adulaba mucho el que también este hombe de amplia cultura me pidiese que colaborase con él.

En primer lugar, me pidió que yo le sirviese como persona de ensayo para su trabajo. Se trataba de los «experimentos de interrogación», según el discutido método de Würzbürg (Külpe, Bühler, Messer, etc.). Nos encontrábamos regularmente en el seminario de psicología, pero empleábamos más tiempo en la discusión de los métodos que en verdaderas investigaciones. Me di cuenta de que iba abandonando poco a poco el trabajo, dedicándose solamente a la reunión de protocolos de investigación. Su duda personal sobre la validez del método le tenía paralizado, hasta que finalmente hizo imposible la continuación del trabajo.

Por otra parte, le agobiaba el hecho de que su familia estuviese esperando su habilitación y estuviese convencida de su éxito en la carrera hacia el profesorado. Le desasosegaba que su padre, ya viejo, siguiese ayudándolo en una edad en que otros ya llevaban tiempo ejerciendo la profesión y podían sostener su propia familia.

El «Grupo Pedagógico» no era la única asociación a la que yo pertenecía. El «trébol» completo había ingresado en la asociación femenina de estudiantes. Teníamos una reunión semanal que era sobre todo una velada de amigos. Disponíamos de un pequeño local en las proximidades de la Universidad, que podíamos frecuentar diariamente. Cuando nos reuníamos por la noche, venía el muchacho de una confitería cercana, le hacíamos un pedido y nos traía lo que queríamos. Tomábamos nuestro café o chocolate en pequeños grupos y charlábamos con toda libertad; nos aconsejábamos sobre las incidencias de las asignaturas o también hablábamos todas juntas sobre algún tema de interés común.

La preparación de una gran fiesta de disfraces, que dio la asociación al final de mi segundo semestre, fue causa de un pueril conflicto entre todo el grupo y la directora. Como habíamos invitado a nuestros profesores y compañeros, no teníamos más remedio que hacer la fiesta. Pero anunciamos que habíamos decidido darnos de baja, y no nos dejamos quitar la alegría de la gozosa velada por los disgustos que la precedieron y los que iban a venir después.

Una estudiante, tan graciosa como encantadora —compañera de clase de Erna y que se llamaba Else Hess— había hecho la invitación en versos jocosos y compuesto, también en verso, una *Conversación de señores*. Entre representaciones y bailes nos dio la madrugada. El señor doctor Popp apareció con traje alemán antiguo y nos sacaba infatigablemente a bailar a mi hermana y a mí. Hacia las seis de la mañana nos acompañó hasta casa. Mis hermanas iban delante y nosotros proseguíamos nuestras animadas discusiones filosóficas.

El principal aliciente había sido el ver a nuestros profesores disfrazados y bailar con ellos. Corría el tiempo del conflicto entre Turquía e Italia. Stern se disfrazó de turco y su mujer de italiana. Kuhnemann llevaba una clámide griega y corona de laurel en la cabeza. Se presentó como Espeusipo. Yo pensé con cierta malicia: «Se presenta como Espeusipo, pero lo que está imaginando es ser Platón». Yo iba vestida de holandesa y tuve que oír repetidas veces que me sentaba muy bien. Else Hess me aseguró, como mujer experimentada y entendida en cosas de baile, que «había caído muy bien». Esto me resultó antipático. Entonces todavía me gustaba mucho bailar. Pero prefería los bailes improvisados libremente en casa a estas reuniones oficiales. Erna y yo habíamos frecuentado poco los bailes, y al volver de una fiesta y acostarnos nos decíamos: «Gracias a Dios que esto no es lo que llena nuestra vida».

Si no me equivoco, fue una filóloga de la asociación estudiantil quien me introdujo en la «Akademischen Zweigverein des Humbolt Vereins für Volksbildung». Los estudiantes pertenecientes a esta asociación se ponían a disposición de la dirección de los cursos de trabajo. Tales cursos se diferenciaban sustancialmente de los impartidos después en las Escuelas Populares Superiores. Abarcaban únicamente asignaturas elementales, como alemán y matemáticas. La gente venía con objetivos prácticos, por ejemplo, para el ascenso del grado inferior al medio en correos, y para refrescar sus conocimientos escolares. Durante el primer semestre di un curso de matemáticas junto con un estudiante algo mayor (una tarde por semana); en el segundo, lo tuve yo sola. Un estudiante antiguo anunció un curso elemental de inglés para el invierno de 1912. Esto se salía de los límites establecidos y fue un primer intento. Se inscribieron tantos alumnos que hubo que organizar tres cursos paralelos. El director primigenio me rogó hacerme cargo de uno. Conocí a este señor —se llamaba Artur Wilhem Wolf— de una manera un tanto original. Un día me abordó después de clase y me comentó que por qué no respondía a su saludo en la calle. Yo le respondí con toda sinceridad que no había advertido su saludo y que tampoco recordaba haberlo visto antes (poseía yo una memoria excelente para las personas y reconocía a cada uno con tal de que lo hubiera observado detenidamente una vez, incluso después de años. Tampoco había oído aún nada de la «mortificación de la vista», y miraba a la gente que me interesaba aguda y profundamente, pero a la masa de los estudiantes los contemplaba cual *quantité negligeable*. Pasaba por las aulas sin advertirlos y, a poder ser, elegía sitio en primera fila para seguir las clases sin molestias. Por ello no me imaginaba que pudiera ser observada desde la cátedra. Suponía que los profesores se tomaban tan en serio sus temas, que no podrían fijarse en ninguna otra cosa. Sólo después, en las charlas amistosas con docentes, y finalmente, por propia experiencia, aprendí cómo se inspecciona una clase desde el punto de vista del profesor).

Ser ignorado era, para un joven arrogante consciente de sí mismo, más hiriente que dejarlo «cortado». Me hizo notar que me había presentado en una sesión de la «Asociación Académica Humbolt» y que, por tanto, algún derecho a saludarme tenía. Le expresé mis disculpas, que me esforzaría por fijarme mejor en la calle, y que me sería muy grato contestar a su saludo. También ahora le prometí amigablemente atender su ruego. Antes del comienzo del curso, el entonces presidente de la «Akademischen Zweigvrein», Eduard Metis, me anunció que el señor Wolf y su amigo querían hacerse cargo del tercer curso paralelo. Moralmente no eran irreprensibles y aprovechaban los cursos para entablar relaciones con el elemento femenino. A mí me sacaba de quicio tan indignante abuso de una institución social. Después de algunas reflexiones me vino una idea feliz: pedir al señor Wolf hacerme cargo de las «señoritas» inscritas y dejar al señor Fellmann con los «caballeros».

La propuesta era tan natural que no necesité aportar razón alguna. Pilló tan de sorpresa al peligroso «don Juan», que dijo que sí a la primera. Mas cuando la noche primera nos encontramos en la escuela del Nikolaisstadgraben (donde se impartían las clases), pocos minutos antes del inicio me comunicó que habían reflexionado y que preferían un curso mixto. Me sorprendí mucho, pero tuve la suficiente serenidad para expresar que, al menos, tendríamos que proponerlo y dejar que la gente decidiera por sí misma. Era tan convincente esto que de nuevo no halló nada que oponer.

Nos dirigimos los tres a la gran sala en la que el tropel de estudiantes esperaba a la apertura. El señor Wolf los saludó y expuso la necesidad de repartirse; nos presentó al señor Fellmann y a mí, y aclaró que, si las señoritas preferían tener una clase propia, tendrían que ir conmigo. A excepción de una sola señorita, levantaron la mano todas las demás, y me marché con mi rebaño, tan alegre como después de ganar una batalla. Me daba pena en verdad la oveja perdida; gustosamente la hubiera ido a buscar, pero no la podía obligar. Pronto supe, al respecto, que la referida señorita frecuentaba los cursos del señor Wolf desde bastantes semestres. Las restantes me siguieron al aula designada para nosotras. Me expresaron su alegría y agradecimiento con palabras entusiastas por haberles salvado del curso general. Ellas se avergonzaban mucho ante los jóvenes caballeros. En su mayoría no eran más que jóvenes empleadas del comercio.

Por supuesto que de lo ocurrido entre bastidores y de mis razones para el cambio no sospecharon nada, y así me gané su afecto. Aprendían diligentemente, aunque también con resultados muy desiguales; conservaron hacia mí un gran cariño. Cuando me despedí al final del semestre de verano, me enviaron un ramo de rosas y una preciosa obra de historia del arte en agradecimiento, incluso me escribieron a Göttingen.

Además de estas reuniones periódicas, durante mi primer semestre —verano de 1911— hubo alguna extraordinaria. Celebramos el centenario de nuestra Universidad, que se llamaba Universidad Silesia de Federico Guillermo. Fue fundada en 1811, durante la dominación francesa, por Federico Guillermo III. Realmente no fue una fundación absoluta, sino la fusión de la Universidad protestante de Frankfurt del Oder, del tiempo de la Reforma, con el Colegio de Jesuitas de Breslau, el Leopoldino, que había construido el emperador Leopoldo a finales del XVI. A ellos les debíamos el antiguo y bello edificio de gruesos muros, con sus ventanas de alféizar ancho, y el «aula leopoldina», con sus ricos adornos barrocos, así como la sala de música. ¡Qué solemnes eran las fiestas oficiales, como el cumpleaños del Emperador, la toma de posesión de nuevo rector, etc.! Aquellas salas resplandecían con la gran riqueza de colores de las pinturas en las paredes y techos y los adornos de estuco, junto con el espectáculo multicolor de los estudiantes en traje de gala y su comité representativo, que ocupaba con sus banderas los huecos de las ventanas. Finalmente, entraba todo el cuerpo de profesores, precedidos por el bedel mayor con su recio báculo. Iba primero el rector, los decanos y los claustrales con toga y birrete y muceta del color de su facultad. Algunos llevaban amplias bandas de color de doctores «honoris causa» de otras universidades (especialmente americanas).

Aquel viejo edificio gris (hace unos años, «moda del tiempo», se pintó de amarillo) se convirtió muy pronto para mí en un hogar querido. En las horas libres me gustaba sentarme en un aula vacía, en el amplio antepecho de ventana que proporcionaba el grosor de los muros, y allí trabajaba. Desde esta atalaya podía contemplar el río y el puente de la Universidad, tan bullicioso siempre, y me sentía la joven de un castillo. También me sentía acogida en el edificio vecino e igualmente vulnerable residencia de estudiantes, donde teníamos el seminario de psicología y filosofía, y en la biblioteca de la Universidad, que era una antigua fundación de Agustinos en la Sandstrasse. Al lado estaba la iglesia de Sand, que era una construcción maciza del gótico primitivo. Era la parroquia catedralicia y, justo detrás, el pequeño puente de la catedral conducía a la isla de la catedral. Todo esto es un mundo silencioso y ensimismado.

La amplia y recta calle de la catedral conduce desde el puente a la iglesia de la Cruz, con su esbelta torre de agujas góticas, y una vez rebasada se llega al atrio de la catedral. A ambos lados, las pequeñas y dignas casas de los canónigos. Al lado de la catedral, el palacio del arzobispo. Me gustaba mucho ir por el camino que pasa por la isla de la catedral. Allí me sentía como en un mundo de silencio y paz y retrotraída a siglos pasados. Sin embargo, no entraba en estas bellas iglesias y mucho menos en los momentos de celebración. Yo no tenía nada que buscar allí y hubiese sido indelicado el molestar a otros en su oración. Sólo una vez estuve con Julia Heimann, durante una hora libre, en la iglesia de San Matías, que estaba pegando a la Universidad y que anteriormente había pertenecido a su recinto. Una puerta condenada indicaba todavía la antigua comunicación.

Para mí, la Universidad era realmente mi «alma mater», y tuve una gran alegría al participar en su centenario. Como es natural, estuvimos en el aula magna durante la solemnidad conmemorativa. Hubo algunos problemas para la participación en el banquete. Para resolverlo se plantó una gigantesca tienda en la plaza de armas, delante del palacio real, porque no había ninguna sala con capacidad para el enorme número de «señores mayores» que llegaron. En la asociación femenina de estudiantes había grandes discusiones. Teníamos noticias de Berlín, por las que sabíamos que el año anterior, al celebrarse el centenario de la Universidad, el banquete no había resultado bien. Por ello, en principio, las estudiantes nos negamos a ir. Recibimos una segunda invitación del «magnífico» señor rector, diciendo que lamentaría mucho la ausencia de las estudiantes, y disponía que algunas esposas de profesores se sentarían con nosotras en las mesas para protegernos ante cualquier cosa desagradable. Entonces prometimos nuestra asistencia, pero no aceptábamos el «maternalismo» por considerarlo ridículo. Pensábamos quedarnos hasta que comenzase propiamente el «Fidelitas», y en ese momento nos iríamos en silencio. La cosa fue muy bien.

La mesa ocupada por las muchachas, todas vestidas de blanco, atrajo, como era natural, la atención de los señores respetables que recorrían la gran tienda para saludar a sus antiguos conocidos. Una cosa así no había sucedido en «sus tiempos». Se representó una encantadora pieza teatral compuesta por dos venerables señores, el doctor Hermann Hamburger y el abogado doctor Tarnowski, conocidos ambos en Breslau como ingeniosos y ocurrentes (los dos judíos). Cuando terminaron las representaciones y los discursos, desaparecimos, sin que hubiese empañado nuestra alegría ninguna impertinencia.

Junto a las ocupaciones normales y numerosas del estudiante estaba, como ocupación marginal, el dar algunas clases particulares. Yo hubiera preferido el dedicar todo el tiempo al estudio, aunque la mayoría de los estudiantes se ayudaban algo económicamente con las clases particulares. Mi madre costeaba mi manutención y las matrículas, y nuestra situación económica entonces era tal que esto no representaba sacrificio para nadie. Por eso me pareció mejor no desperdiciar inútilmente el tiempo. Sin embargo, constantemente era solicitada para dar lecciones de repaso o clases preparatorias en un curso superior del gimnasio, y no pude negarme ante la insistencia. De esta manera tenía casi continuamente alumnas. Esto empezó ya cuando aún iba yo al gimnasio.

Un día vino el bedel de la escuela a la clase de dibujo y dijo que la señorita Stein debía ir a ver al señor director. Esto era algo inusitado y conmovió a toda la clase. Mientras subía las escaleras, repasé con la memoria lo sucedido en las últimas semanas. No podía caer en la cuenta de por qué habría podido merecer una regañina. Por ello entré completamente tranquila en el despacho. Con el director estaba un señor desconocido. Era el preocupado padre de una alumna de cuarto curso. La niña iba muy mal y apenas tenía posibilidades de pasar al curso siguiente. El director propuso, como última tentativa, rehacer bajo una dirección los trabajos escolares, y me pidió me encargase yo de esta tarea. A mí no me hacía mucha gracia, pero ambos señores insistieron tanto que al final acepté. Pronto noté que no había nada que hacer. La niña no tenía ni dotes ni inclinación para el estudio y se atormentaba en vano por completo. Yo dije al director que para mí era penoso recibir honorarios por una cosa tan sin porvenir. Pero me insistió en que continuase hasta Pascua. El padre sabía que no había ninguna esperanza, pero sólo por quedarse tranquilo quería poner todos los medios a su alcance. Así, en Pascua, me vi libre de mi primera alumna. Pero no tardó mucho tiempo en venir otra.

En cuarto curso había una niña polaca encantadora. Tenía quince años, pelo rubio rizado y ojos azules y apasionada por todo. Durante los recreos se la veía casi siempre con un grupo de muchachas mayores, que les chocaba el modo de hablar alemán de la chiquilla y se reían de lo lindo. Yo no tomaba parte en aquello. Un buen día, sin más, se cogió a mi brazo cuando estábamos en el patio de la escuela y me arrebató de mis compañeras de clase. Me dijo que iba mal en los estudios y que tendría que quedarse en Breslau durante las vacaciones de Pentecostés para repasar fuerte. Su directora del pensionado —era una anciana señora amiga de la familia del director—, me escribiría, pero ella había preferido hablar antes conmigo y pedirme que la ayudase.

Durante las cortas vacaciones de Pentecostés iba todas las mañanas a su casa. No podía ella venir a la mía porque era aún pequeña para hacerlo sola. Lena era muy capaz y estudió mucho conmigo. Se admiraba mucho de mi saber, y en pocos días de vacaciones me cobró mucho afecto. Un día me pidió cariñosamente que fuese con ella a la ópera. Ella no podía ir sin alguna compañía y estaba deseando ver el espectáculo. Se representaba *Carmen.* «Yo quisiera ser Carmen —me dijo, con los ojos relucientes—, para que todos los hombres tuvieran que amarme». Yo me quedé mirando a aquella personita muy sorprendida. Para su edad estaba muy desarrollada y podía pasar por una muchacha de dieciocho años. Yo me sentía al lado de aquella niña como una muchacha sin experiencia ante una mujer que lo sabía todo.

La mañana del día que íbamos a ir al teatro fui a la casa donde se hospedaba. Me recibió con una noticia triste. Su padre estaba gravemente enfermo y ella tenía que ir rápidamente a su casa. Me pidió que las entradas las utilizásemos mi hermana y yo. Al ver que me hacía poca ilusión el ir al teatro, me insistió para que fuese. Luego me abrazó y besó llorando. Erna y yo fuimos a la ópera; pero yo no podía dejar de pensar en aquella pobre criatura, que en aquellas horas estaba haciendo sola el triste viaje. Lena volvió de luto. No llegó a ver a su padre todavía con vida.

De la misma pensión Scheel procedían algunas otras alumnas a las que di clase. Cuando volví de Chemnitz para comenzar mis estudios universitarios, ya me esperaba una carta en la que se me ofrecían clases particulares. Los honorarios que percibía se los entregaba a mi madre. Ella tomaba el primer dinero ganado por su hija más pequeña con alegre satisfacción. No sería tratado como dinero cualquiera; es decir, no podía ser gastado. En las Navidades de 1911 quise hacer un viaje con Erna a las montañas de Riesen, contando con los ahorros de mis clases. Mi madre asintió complaciente y aun hizo que Rosa se uniese a nosotras. El importe de este viaje invernal lo puso mi misma madre, y así mi caudal quedó intacto. Pero no se quedó inactivo en un calcetín ese dinero. Todo nuestro dinero en efectivo pasaba a la administración del negocio y quedaba puntualmente asignado en nuestro favor. Cada uno de nosotros tenía su propia cuenta en el negocio. La abuela Stein nos había dejado a cada una la cantidad de 1.000 marcos. Luego, cuando bajo la dirección de mi madre el negocio hubo prosperado y el capital aumentó, esa cantidad alcanzó la de 10.000 marcos. En los años en que yo estudié fuera de casa y, más tarde, cuando me dediqué al trabajo científico no rentable, sufragué mis gastos gracias a esa cuenta a mi nombre. Primero en Göttingen y después en Freiburg, a través del banco de Dresde, donde tenía reconocida la firma, percibía lo necesario, liquidando mis cobros nuestra empresa.

En una ocasión pregunté a mi hermana Frieda si mis reservas tocaban a su fin, y ella me dijo que, efectivamente, así debería ser la situación, si no fuera porque mi madre, al final de cada año, había repuesto la cantidad que yo había ido sacando. Durante la guerra, por vez primera capitalizaba una fuerta suma nuestro negocio. Y es que teníamos una reserva de maderas extranjeras mayor que otras empresas. La venta fue grande y los ingresos no pudieron ser invertidos en mercancía, dado que las fronteras estaban cerradas. Los impuestos de guerra y la inflación dieron al traste con aquel capital.

3

Al volver la vista atrás y comprobar lo que hice en los primeros semestres de mi vida universitaria, no puedo por menos de preguntarme de dónde saqué el tiempo necesario para el estudio. Ciertamente, todo mi día estaba ocupado. Las clases particulares procuraba tenerlas, en lo posible, o a primera hora de la mañana o antes de cenar. Las otras ocupaciones las dejaba para la noche. Así me quedaba el día libre, y lo empleaba bien.

En los primeros semestres, mi compañera de trabajo fue principalmente Kaethe Scholz. Cuando se fue a París, ocupó su lugar Eduard Metis. Le conocía en las escasas reuniones de la Asociación de la Academia Humboldt, que dirigía como presidente. Le presté tan poca atención como al resto de los presentes. En estas reuniones sólo se trataba de cosas administrativas —distribución de cursos y cosas semejantes—, y yo respiraba cuando terminaban. Al final del semestre del verano de 1912 se organizó una fiesta para los participantes del curso y sus familias. Estos folklores no me gustaban, pero era deber de cortesía para con el auditorio el tomar parte en ellos. Fui con todos al campo después de comer e intenté sacar el mejor partido de aquello. Me dediqué sobre todo a jugar con los niños sobre el césped. Al caer la tarde, las madres recogieron a los niños. Los que se quedaban se ponían a bailar.

Esto fue para mí la ocasión de marcharme. Cuando vi que el señor Metis se disponía a marcharse, le propuse que volviésemos a pie a la ciudad. Numerosas pandillas se dirigían a la estación, y yo no tenía ninguna gana de ir en un departamento hasta los topes. Accedió gustosamente a mi deseo, y caminamos solos bajo la clara luna de aquella calurosa noche de verano. No sé de qué hablamos. En el silencio de aquel camino vecinal me sentía distendida y los dos disfrutamos como niños cuando pasa en la lejanía un tren del que sólo se ve la luz, que parece una serpiente luminosa atravesando la noche. Al llegar a la estación final, subimos al tranvía, pues todavía mi casa quedaba lejos. En el camino, mi acompañante dijo que lo más bonito de la fiesta había sido aquel paseo.

Por mi parte, nada tenía que objetar a aquella apreciación, pues siempre prefería el silencio a las aglomeraciones, y me dejó un recuerdo agradable aquel paseo nocturno, aunque no lo consideré como algo extraordinario. Al poco tiempo hicimos nuestro viaje de vacaciones a Grunwald. A nuestro regreso recibí una cartita del señor Metis en la que me rogaba vernos, si yo tenía tiempo, en el seminario de germanística de la Universidad. Tenía que decirme algo y allí nos podríamos encontrar. Yo pensé que se trataba del curso de reválida, y me pasé por el seminario de germanística, al que de ordinario no iba. Los asuntos profesionales de que me habló el señor Metis eran insignificantes. Cuando estuvieron despachados, me preguntó si no querría ir con él al parque de Scheitinger. Yo noté que se hacía una violencia interior y se mostró atrevido. Esto me divirtió. ¿Era una cosa tan importante el dar un pequeño paseo estando de vacaciones? No dejé traslucir nada y le dije sencillamente que aceptaba.

En el paseo conocí perfectamente a aquel buen muchacho. Era hijo único, mimado por una madre cariñosa, y hasta el momento se había mantenido apartado temerosamente de toda relación femenina. Incluso el trato con las estudiantes le parecía algo muy peligroso y aquel paseo nocturno que habíamos hecho le había asustado enormemente. En efecto, el paseo en cuestión produjo en el ánimo susceptible del inocente joven una profunda impresión. Su recuerdo no le había dejado tranquilo en semanas enteras. Cuando me dijo esto, me di cuenta de que yo debía tener mucho cuidado.

Al poco tiempo Metis me propuso, de nuevo por escrito, el ir juntos a una reunión de concejales en la que se iba a tratar de problemas teatrales. Esta vez no acepté. Le dije que no, y aproveché la carta para aclararle mi «punto de vista»: yo estaba acostumbrada a la camaradería entre compañeros y dispuesta a mantenerla con él, pero tenía que abandonar cualquier otro pensamiento. La proposición fue aceptada y, asombrosamente, le vino muy bien al nuevo amigo para dominar la inclinación que apuntaba, aunque nos encontrábamos casi diariamente en la Universidad y trabajábamos juntos. No necesité nunca tomar precauciones.

Todavia en las vacaciones comenzamos a estudiar intensamente el gótico, porque íbamos a asistir al grado superior del seminario de germanística y había un examen de ingreso en el que se exigían conocimientos profundos sobre el gótico. Leímos todo el texto de los Evangelios de Ulfila, y para hacer traducción inversa nos poníamos textos el uno al otro. Aparte del alemán, no teníamos juntos ninguna otra asignatura. Él hacía, además, lenguas modernas. El tema de su tesis doctoral iba a ser de literatura alemana (los dramas de Gutzkows).

Después del comienzo del semestre, me propuso que diésemos un repaso de las lecciones una vez por semana, dando un paseo. Él se sentía avergonzado, porque solamente aportaba secos datos filológicos, mientras que yo hacía interesantes exposiciones filosóficas e históricas y llevaba mucho más material del que permitía el tiempo que teníamos. Ya entonces me vaticinaba un brillante examen. También el señor Popp lo había dicho. Pero esta afirmación se apoyaba, menos en la garantía de mis conocimientos que en su juicio psicológico, según el cual yo tenía la naturaleza apropiada para los exámenes.

Eduard Metis se ocupaba, además de sus estudios, en actividades periodísticas. Tenía muchas relaciones con el *Diario de Breslau*, el viejo periódico liberal, que se leía en casi todas las familias judías. El número dominical traía regularmente un suplemento literario, donde venían críticas de libros firmadas por E. M. Como es natural, yo las leía con mayor interés desde que conocía al autor. Tenía mucho interés en saber cuál era mi opinión sobre estos ensayos literarios suyos. En una ocasión me pareció que usaba un tono frívolo al comentar temas eróticos de una novela. Esto me molestó mucho. Yo estaba convencida firmemente que en esta amistosa relación trataba con una persona pura de verdad. ¿Me había equivocado? En este caso la amistad se disolvería. Yo no quería tener trato con gentes que en este punto no fueran en absoluto limpias.

Erna tuvo una discusión con Hans Biberstein sobre este punto, y a partir de entonces las dos estábamos muy contentas con poder confiar en él. Ahora, por mi parte, quería aclarar el asunto completamente con Metis. Cuando al día siguiente nos encontramos durante una hora libre, tuvo el pobre que aguantar un buen sermón. Lo escuchó en silencio, y quizá quedó mas mortificado que yo. Cuando hube terminado, me aclaró que le había sido extraordinariamente penoso el tener que tocar esos temas y que lo había tratado de pasada. Por eso había adoptado el tono superficial periodístico. No había pensado que tuviese las consecuencias que yo le enseñaba. No se podía dudar de su sinceridad, y nos reconciliamos rápidamente. «Si mi madre hubiera oído esta conversación...», dijo al final.

Metis tenía un cierto encanto femenino. Era alto y esbelto y su rostro alargado se sonrojaba frecuentemente. Al exterior no se apreciaban huellas de ninguna enfermedad, pero sufría mucho con jaquecas y algunos días no podía trabajar nada. Como yo tuve durante toda mi carrera salud y energía, sentí siempre una cierta compasión por su débil vitalidad.

Metis tenía algo que lo distinguía de todos los demás compañeros. Era un judío de fe firme y observante de la ley. No hablábamos mucho de ello. Yo era respetuosa para con él y, por su parte, tampoco hacía nada por influenciarme. Cuando venía a trabajar en mi casa, solamente tomaba algo de fruta. Cuando una vez le ofrecí un pastel, me dijo sonriendo: «Lo que yo no puedo definir lo considero prohibido». Un día en que íbamos por la calle tenía que resolver un asunto en una casa. Le di rápidamente delante de la puerta mi carpeta para que la sostuviese mientras tanto y entré en el portal. Me di cuenta demasiado tarde de que era sábado y en ese día no se puede llevar ninguna carga. Al bajar, le encontré tranquilamente esperándome dentro del portal. Me excusé de que en mi descuido le había hecho hacer algo prohibido. Él me dijo tranquilamente: «No he hecho nada prohibido. Solamente en la calle está prohibido llevar algo en la mano, pero en casa está permitido». Por eso se había quedado en la entrada y había evitado cuidadosamente no tener puesto un pie en la calle. Ésta era una de las sutilezas talmúdicas que a mí me repelían. Pero no dije nada.

Cuando más tarde, en Göttingen, comencé con mis preocupaciones religiosas, le pregunté en una ocasión, por carta, cuál era su idea de Dios, si creía en un Dios personal. Él me contestó escuetamente: «Dios es espíritu». Más no se podía decir. Y esto fue para mí como haber recibido una piedra en lugar de pan.

En Göttingen recibía semanalmente carta suya. En las vacaciones estudiábamos juntos literatura alemana. Yo para el examen de estado y él para la prueba del doctorado. Le suspendieron la primera vez y tuvo que repetirlo. Esto le agobió mucho. Estuve presente en su examen de doctorado. Allí conocí también a sus padres, que me saludaron muy afablemente, incluso su madre, que había tenido sus miedos en un principio sobre mi posible influencia.

Cuando más tarde yo me doctoré con *summa cum laude*, Metis me escribió diciendo: «Sucedió lo que tenía que suceder». Fue declarado inútil para el servicio en la guerra. Entretanto había hecho ya su examen de estado y entró en el servicio escolar. En Freiburg recibí la sorprendente noticia de que había muerto de una afección pulmonar.

Mi familia me envió la esquela mortuoria y me comunicaba lo triste que había sido el momento del entierro del hijo único. Naturalmente, les escribí, y más tarde pensé más de una vez si no debería ir a ver a su madre. El temor de que mi posterior evolución fuese algo totalmente incomprensible para ella fue lo que me detuvo siempre. No sé tampoco cómo hubiera reaccionado él ante este cambio mío. Ya había constituido un cierto extrañamiento el que me sumergiese en las aguas de la ciencia pura. Yo le había introducido, en Breslau, en el «Grupo Pedagógico», y le resultaba doloroso que quien le había acercado a cuestiones educativas tomase un camino completamente distinto.

4

Si las muchas ocupaciones de la vida estudiantil y las relaciones amistosas no entorpecían mi trabajo personal, sí me hacía sufrir otro aspecto de mi vida. Apenas me quedaba tiempo para la vida familiar. Mi familia apenas me veía un poco más que a las horas de comer. Y esto no siempre. Cuando me sentaba a la mesa, mis pensamientos estaban todavía en el trabajo y hablaba muy poco. Mi madre acostumbraba a decir que se me podía poner lo que quisiera en el plato, que yo no me daba cuenta. Esto le llenaba de alegría, porque así al menos podía encargarse de que estuviese bien servida. Más tarde, cuando le preocupaba mi falta de apetito, pensaba con nostalgia en aquellos tiempos.

A mí me costaba más que a Erna hablar de mis estudios. En las clínicas se vivían cosas que podía entender cualquiera e interesaban siempre a todos. Pero mis problemas filosóficos no tenían nada que hacer en la mesa familiar. Una vez mi madre entró en mi habitación de trabajo cuando estaba yo enfrascada en Platón. Siquiera por una vez cogió el libro para ver el asunto en que yo estaba sumergida. Completamente desconcertada, dijo: «Pero esto ya lo sabes hace tiempo». Si no recuerdo mal, se trataba del *Parménides* y había pescado un par de frases sobre lo «Uno y lo múltiple», que para los no iniciados suenan a simples perogrulladas.

No era raro que se pasase un día entero y a veces dos sin que mi madre lograse verme. Por la mañana temprano se iba al negocio, muchos días antes de que yo apareciese para el desayuno. Su hora de comer era entre doce y una, y yo algunos días tenía clase hasta la una y comía luego sola. Si por la tarde estaba ocupada en la Universidad hasta las siete e iba luego a las ocho a alguna reunión en el centro de la ciudad, no compensaba el volver a casa. Me pasaba la hora intermedia en el seminario de filosofía o en el hogar de la asociación femenina de estudiantes y allí me comía el pan con mantequilla que me había llevado. Cuando volvía a casa, todo el mundo estaba durmiendo. En la mesa del comedor me esperaba un tentempié y mi correo.

Otra diferencia que había entre Erna y yo era que no introducía a mis amigos en la familia como lo hacía ella. En general, yo no invitaba a casa a nadie, a no ser que fuera preciso por razones de trabajo. Cuando alguien venía por este motivo, yo consideraba que no podía agradarle el ser presentado a una familia numerosa y hacerle perder su tiempo en un conversación de tipo general. Solamente cuando en el recibidor o en la escalera de casa se encontraban con alguien, los presentaba. Con gran vergüenza tengo que confesar que tales encuentros siempre me resultaban muy desagradables. Sí; era tan tonta que me avergonzaba del vestido de trabajo y de las manos de faena de mi querida madre si el encuentro se producía al volver del almacén. Por otra parte, las amigas que venían a casa siempre habían procurado que las conociesen mis familiares, y ni una sola de ellas hubo que no reconociese las extraordinarias cualidades de mi madre y no la mirase con amor y veneración.

Yo participaba mucho en los cumpleaños y otras fiestas familiares y me encargaba también de componer las poesías de circunstancias para entretenimientos. Apenas me daba cuenta de que siempre estaba apartada de los míos y de que esto les dolía. Vivía completamente en mis estudios y aspiraciones, a las que me había entregado. En ello veía yo mi deber y no era consciente de ninguna injusticia.

La constante tensión de todas las fuerzas del espíritu despertaba en mí la grata sensación propia de una vida profunda y tenía conciencia de ser una criatura rica y privilegiada. En los comienzos de mis estudios universitarios, nuestro antiguo director me llamó para que me encargase de una alumna del gimnasio. Naturalmente, me preguntó cómo iba yo en mis estudios, y cuando con toda sinceridad le dije: «Ah, me va muy bien», abrió sus grandes ojos redondos y saltones y dijo, asombrado: «¡Vaya!, esto no es frecuente oírlo». Pero en contra de esta valoración positiva y satisfactoria vino, no mucho después, un sentimiento contradictorio.

Por aquel entonces yo compartía con Erna la misma habitación, cosa que duró hasta su matrimonio. Todavía no teníamos luz eléctrica en casa, sino gas. La lámpara de nuestro dormitorio permanecía durante la noche encendida muy tenuamente para poder tener en un momento dado luz. Una mañana nuestra hermana Frieda abrió la puerta del dormitorio y lanzó un grito de horror. Una oleada de olor a gas le llegó al rostro, mientras se dio cuenta de que nosotras dos estábamos en las camas pálidas y sin sentido. La llama se había apagado y el gas había seguido saliendo. Frieda abrió rápidamente la ventana, cerró la llave de la lámpara y nos despertó.

Yo salí de un sueño dulce, de un reposo sin pesadilla, y cuando cobré el sentido de la realidad mi primera idea fue: «¡Qué lástima! ¿Por qué no me habrán dejado para siempre en este descanso completo?» Había descubierto con asombro lo poco apegada que estaba a la vida.

También tengo un recuerdo, éste de los momentos de vigilia, cuando una vez el sol parecía que se iba a apagar. Sería en el verano de 1912, cuando yo leía la novela de tesis *Helmut Haringa*. En ella se describe con los tonos más alarmistas la vida de los estudiantes, las desordenadas diversiones, con sus insensatas borracheras y desviaciones morales correspondientes. Esto me produjo tal asco que durante semanas no pude superarlo. Había perdido toda la confianza en los hombres, entre los cuales discurría diariamente mi vida, y me sentía como agobiada por una pesada carga, de tal modo que no podía recobrar mi alegría. Y me resulta significativo el modo como me curé de aquella depresión.

En aquel año se celebraba en Breslau la gran fiesta en honor de Bach. Bach era mi músico preferido y tenía entradas para todas las audiciones de sus obras: conciertos de órgano, música de cámara, orquestal y corales. No recuerdo qué oratorio se interpretaba aquella noche. Sólo guardo en la memoria que cantaron el himno de espíritu desafiante de Lutero, «Un firme castillo...» Me había gustado cantarlo en las celebraciones de la escuela. Y cuando resonó con ganas de lucha la estrofa: «Y aunque el mundo estuviese lleno de demonios / y nos quisieran devorar, / no nos dominaría el temor; / tenemos que vencer...», en ese momento desapareció del todo mi melancolía. Ciertamente, el mundo podía ser malo, pero si nosotros poníamos en pie todas nuestras fuerzas, el pequeño grupo de amigos en el que podía confiar, y yo con ellos, entonce venceríamos a todos los «demonios».

5

Durante cuatro semestres, estudié en la Universidad de Breslau. Participé en la vida de esa «alma mater» como pocos estudiantes lo hacen, y me parecía que había sido injertada en ella de tal modo que no podría separarme voluntariamente de ella. Pero en esto, como más tarde tantas veces en la vida, yo pude romper los lazos tan aparentemente fuertes con un simple movimiento y volar libre como un pájaro que rompe su atadura.

Siempre había tenido el proyecto de estudiar en otra Universidad. Estando aún en el gimnasio, Erna y yo planeábamos ir ya el primer semestre a Heidelberg, cuyo encanto pregonaban de modo fascinante las antiguas canciones estudiantiles.

No pudimos realizar nuestro deseo, porque durante lo que había de ser mi primer semestre, Erna debía hacer su examen «físico», que le impedía abandonar Breslau. Al verano siguiente tenía tan cercano el examen de estado, que tuvo que quedarse en casa. Por otro lado, el punto de atracción más fuerte que la inclinaba a Breslau era Hans Biberstein. Hans había estudiado el semestre de verano anterior a mi reválida de bachillerato en Freiburg i. Br. y no podía irse otra vez.

Me di cuenta de que no podía atarme a mi hermana y no quería esperar a que también yo, por la inminencia del examen final, no pudiera moverme. En el cuarto semestre comprendí que Breslau ya no tenía más que darme y que necesitaba nuevos estímulos. Esto no era objetivo. Había aún suficientes posibilidades no explotadas y hubiera podido aprender mucho todavía. Pero me sentía impulsada a marchar. Y para la elección de una nueva Universidad, la poesía de las canciones estudiantiles no era ahora factor determinante. Algo completamente distinto era lo que iba a decidir de forma única.

En el semestre de verano de 1912 y en el de invierno de 1912-1913 se trataron en el seminario de Stern problemas de psicología racional, especialmente en conexión con la «escuela de Würzburg» (Külpe, Bühler, Messer, etc.). En ambos semestres yo me encargué de una ponencia. En los manuales que manejé para dicho trabajo encontraba constantemente citadas las *Investigaciones lógicas*, de Edmund Husserl.

Un día, en el seminario de psicología me encontró el doctor Moskiewicz enfrascada en estos temas, preparando mi trabajo. «Deje usted todas esas cosas —me dijo—; lea usted esto; los otros autores no han hecho otra cosa que explotarlo». Diciéndome esto, me alargó un grueso volumen. Era el segundo tomo de las *Investigaciones lógicas*, de Husserl. No pude lanzarme a ello de inmediato, pues no me lo permitían mis trabajos del semestre. Pero lo dejé para las próximas vacaciones.

Mos conocía pesonalmente a Husserl. Había estudiado con él un semestre en Göttingen y añoraba constantemente volver allí. «En Göttingen no se hace otra cosa sino filosofar día y noche, en la comida y por la calle. En todas partes. Sólo se habla de fenómenos».

Un día apareció en los periódicos ilustrados el retrato de una estudiante de Göttingen que había obtenido una distinción por un trabajo filosófico. Se trataba de Hedwig Martius, la brillante e inteligente alumna de Husserl. Mos la conocía también y sabía que se había casado con un antiguo alumno de Husserl, Hans Theodor Conrad.

Al volver tarde una noche a casa, encontré sobre la mesa una carta de Göttingen. Mi primo Richard Courant era desde hacía poco docente de matemáticas allí y se había casado con su compañera de estudios Nelli Neumann, de Breslau. Esta carta era de Nelli para mi madre y le daba las gracias por nuestro regalo de boda. Nos contaba la vida del joven matrimonio. Y añadía esta frase: «Richard ha aportado al matrimonio muchos amigos, pero pocas amigas. ¿No te gustaría enviar aquí a estudiar a Erna y a Edith? Esto equilibraría nuestras amistades». Ésta era la última gota que me faltaba. Al día siguiente comuniqué a mi asombrada familia que al próximo semestre de verano me iba a Göttingen. Como no conocían el proceso anterior que me había llevado a esto, la noticia cayó como un rayo con un cielo despejado. Mi madre dijo: «Si es útil para tus estudios, yo no voy a oponerme». Pero ella estaba muy triste. Más triste de lo que correspondía a la separación por un corto semestre de verano. «Es que no está a gusto en casa», dijo una vez, en mi presencia, a la pequeña Erika. La niña me quería mucho. Le gustaba estar conmigo en mi habitación mientras yo trabajaba. Yo la sentaba en la alfombra y le ponía en la mano un libro con fotografías. Se estaba calladita y no me molestaba. Se le podían dejar los mejores libros. No los estropeaba. Y no necesitaba conversación alguna, sino que se quedaba callada y tranquila hasta que alguien se la llevaba.

El primer paso que di para la realización de mis planes fue escribir una carta a mi primo, pidiéndole información sobre las clases del filósofo de Göttingen en el semestre próximo. Rápidamente me envió el folleto informativo de los cursos. Aproveché las vacaciones de Navidad para estudiar las *Investigaciones lógicas*. Como estaban agotadas en aquel momento, tuve que usar el ejemplar del seminario de filosofía, y allí pasaba la jornada.

El profesor Hönigswald, que iba por allí frecuentemente, terminó por preguntarme qué era lo que estudiaba con tanto interés, estando en vacaciones. «Oh, nada menos que Husserl», fue su reacción a mi respuesta. Entonces el corazón se me aceleró. «En verano me voy a Göttingen», le dije radiante de alegría. «¡Oh, si una pudiera llegar ya tan lejos por sí misma como para poder elaborar algo en esa dirección!» El profesor estaba un poco desconcertado. Aquel invierno tenía un curso de psicología racional por primera vez. Era el comienzo de su confrontación con la fenomenología, que más tarde degeneró en una fuerte rivalidad. En aquel momento no era todavía tan decidida su oposición. Sin embargo, no le gustaba nada que una alumna se pasase al otro campamento a banderas desplegadas. Yo no pensé en tal cosa. Con toda la admiración que sentía por la sutileza de Hönigswald, yo no podía pensar que se atreviese a equipararse con Husserl. Yo estaba ya convencida de que Husserl era el filósofo de nuestro tiempo. Desde entonces, cuando en el seminario de Hönigswald se hablaba de fenomenología, recurrían a mí como «experta».

En la noche de fin de año, Lilli Platau, Rose y Hede Guttmann leyeron una pequeña poesía festiva. Dedicaron una estrofa a cada uno de los presentes, que terminaba con el conocido estribillo: «¿No es esto estar cabeza abajo?» Cantaban detrás de un biombo y no se les veía más que la cabeza. Al llegar al estribillo bajaban las cabezas y sacaban los pies (aunque, en realidad, lo que hacían era mostrar unos zapatos con medias que sostenía con las mano). Mi estrofa decía así:

> Muchas chicas sueñan con un besito [Busser],
> pero Edith sólo con Husserl.
> Pues en Göttingen ella verá
> al Husserl vivo ante sí estar.

También tuve que oír cosas más serias. En nuestra hoja de fin de año apareció un cuento de una *Piedrecita [Steinchen] azul*, cuyo tierno simbolismo comprendí. Mis familiares y amigas sentían como una pérdida personal mi inmersión en la ciencia pura. Lilli era la autora.

Poco a poco se fueron haciendo los preparativos necesarios para la marcha. Una vez que tuve asegurado el semestre de verano en Göttingen, tuve otra idea nueva. Göttingen no era sólo una paraíso para los filósofos, sino también para los matemáticos. Por eso le propuse a Rose que se viniese conmigo. La idea la seducía, pero tenía sus dudas sobre si podría sostenerse allí. Los estudios se los costeaba con clases particulares, y esto era imposible en una Universidad extraña. Allí necesitaría todo su tiempo para responder a las exigencias de aquel ambiente. Pero esto era precisamente lo que yo quería para Rose. Me preocupaba su sobrecarga de trabajo siendo tan joven, y hubiera querido apartarla de aquellas ocupaciones al menos un par de meses.

Un día, estando a solas con mi madre, le pregunté bromeando: «Mamá, ¿eres una señora rica?» Y ella me contestó en el mismo tono: «Sí, hija mía; ¿qué es lo que quieres?» Entonces le dije si quería sufragar los gastos para que Rose estudiase un semestre en Göttingen. Aceptó en seguida.

Cuando le comuniqué esto a mi amiga, se decidió en seguida a venirse conmigo. En la conversación con sus familiares le dijeron que podía ir por sus propios medios y que no necesitaba recurrir a la bondad de mi madre. Nuestra decisión hizo que también terminase de madurar el proyecto de Georg Moskiewicz de volver a Göttingen. Esto fue una cosa muy favorable para nosotras, porque él ya era conocido allí y nos podía introducir en el círculo de los fenomenólogos.

Yo no había pensado estar allí más de un semestre. Aunque los estudios en una Universidad pequeña era una satisfacción entonces no cara, sin embargo, costaban más que cuando se vive en casa. El espíritu de ahorro, al que estaba acostumbrada desde mi niñez, no me permitía tener el deseo de aspirar a semejante gasto por más tiempo. Por eso la tristeza de mi madre ante la inminente separación me parecía exagerada. Pero en lo profundo del corazón tenía yo, al igual que ella, el presentimiento secreto de que se trataba de una cortante separación trascendental. Y como para contrarrestar este apenas consciente presentimiento, hice algo que me obligaba a volver: fui a ver al profesor Stern a pedirle un tema de psicología para mi tesis.

Yo le prefería a los otros filósofos porque creía, según las experiencias que tenía hasta entonces, que me dejaría más libertad. Pero en esto me engañé. En las sesiones del seminario siempre había aceptado nuestras críticas a sus métodos amablemente y sin susceptibilidad. Pero estaba tan amarrado a sus ideas, que nada del mundo le movía de ellas, y en los trabajos de sus alumnas buscaba que fueran una defensa de las mismas. Esto lo aprecié con toda claridad en nuestra conversación. Me recibió bondadoso, como siempre; aceptó bien dispuesto mi deseo, aunque yo era todavía muy joven, pero lo que me propuso no pudo convencerme plenamente. Debía —en relación con la conferencia que yo había tenido aquel invierno— estudiar el desarrollo del pensamiento infantil y, además, a base de encuestas, que fueron durante años la tortura del desgraciado Mos.

Como tenía la intención de pasar por Berlín y Hamburg antes de llegar a Göttingen, Stern me aconsejó visitase en Berlín el Instituto de Psicología Aplicada de Klein Glieneke, cerca de Potsdam, para que me enseñasen todo el material que tenía allí un colaborador suyo, el doctor Otto Lipmann, para que viese si entre todo aquel material encontraba algo que viniese bien para mi trabajo. Mi visita a Klein Glieneke fue lo único que hice para mi tesis doctoral de psicología.

Moskiewicz tenía amistad con el doctor Lipmann, que nos citó una tarde a los tres, Mos, Rose y yo. El señor de la casa y su encantadora esposa, que era bajita, nos recibieron cordialísimamente. Nos invitaron a café y luego a cenar. Nos presentaron a los niños, muy simpáticos, y nos enseñaron toda la pequeña casa, dando luego un paseo hasta el lago Havel, a lo largo del cual se extiende el pueblo.

Entre unas cosas y otras fuimos a las habitaciones subterráneas, donde estaba instalado el Instituto. Las colecciones de fotografías, que estaban en un archivo, no me gustaron demasiado, y el inteligente doctor Lipmann me aseguró que con aquello no se podía hacer gran cosa.

Quedó en mi recuerdo una tarde muy agradable y el convencimiento de que nada servía para mi trabajo. Era un error desde el principio pensar en un trabajo psicológico. Todos mis estudios de psicología me habían llevado al convencimiento de que esta ciencia estaba todavía en mantillas. Le faltaba el necesario fundamento de ideas básicas claras y que la misma ciencia era incapaz de elaborar esos presupuestos.

En cambio, lo que hasta aquel momento conocía de la fenomenología me había entusiasmado, porque consistía fundamental y esencialmente en un trabajo de clarificación y porque desde el principio ella misma había forjado los instrumentos intelectuales que necesitaba. Todavía en mis comienzos de Göttingen recordaba ligeramente mi tema de psicología, pero pronto lo deseché.

CAPITULO SEXTO

Diario de dos corazones juveniles

1

Antes de que siga hablando de estos nuevos períodos tan decisivos de mi vida, tengo que contar la historia de mi hermana Erna. Durante mi primer semestre de verano (1911) hizo ella el ciclo básico de medicina. Los numerosos aspirantes estaban divididos en grupos de cuatro. Erna y Hans Biberstein estaban en el mismo y se preparaban juntos, naturalmente. Tenían dificultades para encontrar otros dos compañeros, pues a todos les asustaba su aplicación y profundos conocimientos. Puesto que el examen era público, no dejé de presenciarlo. En fisiología, gracias a mis cursos de psicología, pude ayudarles algo. Me sentía orgullosa por ello. Erna sacó en la nota final un uno. Pero Hans, el aplicado, inteligente y ambicioso quedó con una «pendiente». Había suspendido en zoología y tuvo que repetir más tarde el examen. El examen «físico», aun con varios suspensos, se daba por aprobado. Los suspensos eran frecuentes, y los demás los soportaban con humor. Pero esto mortificó mucho a Hans y tardó mucho tiempo en olvidarlo. A mi madre le dolió casi más aquella «vergüenza». La buena Erna de corazón hubiera cambiado su nota por la de Hans y no pudo disfrutar del todo su uno.

Por fortuna en el examen de estado las cosas fueron mejor. Los dos tuvieron uno en todas las asignaturas. Pronto pudieron hacer la prueba oral del doctorado, antes de haber terminado sus trabajos prácticos. Los dos se habían dedicado a análisis serológicos en la clínica, bajo la dirección de un joven e inteligente asistente, el doctor Félix Rosenthal, hijo de un rabino ortodoxo. Erna con ratones blancos y Hans con conejos. Los trabajos de investigación estaban ya terminados, pero el resumen escrito de los resultados no era esencial y podía dejarse para después del examen.

Los exámenes terminaron a principios de verano de 1914. Habían hecho un gran esfuerzo y tenían bien ganado el descanso. La parejita hubiera hecho por su gusto un viaje después de tanto trabajo en común. Pero dejar que volasen solos por el mundo era una cosa que iba en contra de la tradición. Nuestras madres nos parecían como gallinas que habían incubado a sus polluelos y ahora miraban con un cierto susto el que volasen por su cuenta. Además, había una objeción decisiva.

Yo intervine, en parte por cariño y por amistad hacia mi hermana y en parte porque me gustaba «escandalizar a la gente». Les propuse que me visitasen en Göttingen. Ante esto, la familia accedió. No recuerdo muy bien si la idea partió de mí o de Hans. En todo caso lo cierto es que pasaron unos días en Göttingen. Erna vivió conmigo y Hans fue acogido amistosamente en casa de unos conocidos de Breslau. El bueno de Erich Danziger y una antigua amiga de Breslau, que estudiaba entonces en Göttingen, Toni Meyer, me ayudaron fielmente para hacer agradable las estancia a los huéspedes. Ya era mediados de septiembre y yo tenía mucho trabajo, por lo que podía ocuparme relativamente poco de ellos. Pero les había organizado un gran plan y me preocupé de que conocieran las bellas montañas Weser y Leine, la ciudad de Kassel y su galería de pintura, la maravillosa y antigua ciudad de Munden y Hildesheim. Hans tuvo que marcharse primero. Danziger y yo hicimos con Erna una marcha por el Harz de varios días, como fin de nuestro encuentro. Creo que para Erna aquellos fueron los días más agradables y tranquilos. También las horas que pasamos en Göttingen fueron muy serenantes y reposadas. En las excursiones que hicieron los dos solos hubo algún incidente, según supe después, que turbó el goce de la belleza de la naturaleza y el encanto de las viejas ciudades históricas.

Unas semanas después de esta visita estalló la guerra. Hans se alistó inmediatamente en el ejército. Fue destinado como médico de campaña. Todos los que habían aprobado el examen final recibieron el título sin el requisito de tiempos normales del año de prácticas. Su primer empleo fue en un trenhospital, lo que permitía hacer frecuentes visitas a Breslau o a los alrededores, a donde iban a verle su madre y Erna. Bastante después, fue trasladado como médico de unidad al frente. Fue promovido a médico militar, y más tarde ascendió a jefe médico. Con esto tenía grado de oficial y él se sentía oficial.

Al poco tiempo de estallar la guerra, el jefe de la clínica de mujeres de la Universidad, Kuttner, antiguo consejero, se encontró con Erna en la calle y la detuvo para preguntarle si quería trabajar con él como ayudante. Por supuesto que aceptó inmediatamente. Esto representaba una buena posibilidad de aprendizaje y prácticas, que en tiempos de paz no se le hubiera presentado fácilmente. Este puesto, en tiempos normales, estaba solicitadísimo y había que conformarse con ser admitido simplemente como voluntario y sin percibir sueldo. Ahora el anciano caballero tomaba como ayudante a su alumna, debido a que casi todos sus colaboradores se habían ido al frente.

Estaba yo con Erna y sus amigas de visita en la clínica cuando llegó el jefe médico, de uniforme, a la sala de médicos para despedirse. Dijo dirigiéndose a las doctoras: «Señoras: considérense en su casa. Ahora son ustedes los señores de la clínica». Lilli también estaba entre los ayudantes sustitutos, aun cuando no había hecho su examen de estado. Ella y Erna vivían en dos habitaciones contiguas. Tenían un duro trabajo y gran responsabilidad. Las llamaban con frecuencia a casas humildes para partos difíciles y tenían que hacer, en condiciones nada favorables, intervenciones que hasta entonces sólo habían presenciado como espectadoras o las conocían teóricamente por los libros.

Esta actividad «policlínica» no era retribuida y los pobres fueron los pacientes con los que los jóvenes médicos iban adquiriendo práctica. Aquellos avisos, frecuentemente nocturnos, eran tensos y emocionantes, pero proporcionaban también mucha satisfacción. Así fueron adquiriendo madurez y seguridad en sí mismos para el ejercicio de la profesión. En la sala de médicos, el casino, reinaba la alegría y un espíritu de camaradería. Pero también se daba la oportunidad para las peores experiencias humanas. Cuando Erna venía a casa, o la visitábamos en la clínica, siempre tenía muchas cosas que contar.

A la vez que ejercía su práctica profesional, concluyó su trabajo de doctorado y fue recogiendo para Hans bibliografía y artículos de revista, para que pudiese él, por su parte, terminar y redactar el suyo. También se ocupaba mi hermana de la madre de Hans. Cuando la señora Biberstein se ponía enferma, la visitaba diariamente, en cuanto le era posible. Estando buena, la invitábamos frecuentemente a casa o a la clínica, para llenarle el tiempo de su soledad. Así cumplía Erna los deberes de una novia y de una nuera, sin poder serlo oficialmente.

Un año y medio llevaría en la clínica de mujeres cuando le ofrecieron un puesto en la casa-cuna de la ciudad. Tras muchas reflexiones y consejos lo aceptó, dado que sería muy útil una buena preparación en esta especialidad para su posterior dedicación a la ginecología. Igualmente pensábamos que le era necesaria experiencia como internista. Con este fin fue, en octubre de 1916, como ayudante a la sección de medicina interna del hospital Rodolf Virchow, de Berlín.

Era la primera vez que salía de casa por una temporada larga. Por la misma época yo fui a Freiburg i. Br. Hice el viaje por Berlín y la dejé en su nuevo puesto antes de continuar hacia mi destino. En todo ello me acompañó mi tío Emil Courant, que es el que había conseguido el empleo para Erna. En las vacaciones de Pascua de 1917 fui a Breslau y pasé igualmente por Berlín y me quedé con mi hermana un día y una noche. El hospital Virchow es una pequeña ciudad. Los distintos pabellones forman calles regulares y simétricas. En una casita muy agradable estaba instalada la sección donde trabajaba Erna, y allí mismo tenía a su disposición dos habitaciones. La noche que pasé con ella me cedió su cama y ella ocupó el sofá del cuarto de estar. Dejamos abierta la puerta de comunicación y así hablamos hasta muy tarde.

Le pregunté por sus relaciones con Hans Biberstein, pues yo sabía que tenía muchas cosas guardadas dentro, que necesitaban salir en una confidencia. Hacía tiempo que Lilli me había revelado que Erna se sentía cortada para hablar conmigo de este asunto, porque me consideraba sin sensibilidad para estas cosas. Pero esta impresión que, por otro lado, era compartida por el resto de la familia, no era exacta.

En medio y junto a toda la entrega al trabajo yo mantenía la esperanza en lo íntimo del corazón de un gran amor y un matrimonio feliz. Sin tener la menor idea de la fe y de la moral católica, vivía transida del ideal del matrimonio católico. Tenía la sensación de que entre los jóvenes con los que trataba había uno que me atraía y me lo imaginaba como mi futuro compañero de vida. Pero de esto apenas nadie se pudo dar cuenta y así debía aparecer a la mayoría de las personas fría e inaccesible. También me agradaba mucho Hans Biberstein, pero desde el principio vi con toda seguridad que no era una posibilidad para mí, porque percibí con toda claridad la inclinación de Erna hacia él.

Me sentí un poco dolida por el hecho de que hubiera tenido mi hermana confidencias sobre este punto con las amigas y no conmigo. Pero a la vez comprendía el motivo de esta inhibición y estaba segura de que sería un gran alivio para ella el hablar conmigo. Por eso le pregunté sin rodeos: «¿Pensáis en serio casaros?» Casi llorando me respondió: «Por el momento no podemos pensar en ello». Estábamos en el tercer año de guerra y no se vislumbraba aún su término. Cuando Hans volviese, tendría que enfrentarse con la tarea de perfeccionar su formación en el ejercicio clínico y aún pasarían años antes de poderse establecer. Además, había tenido siempre el proyecto de prepararse para cátedra y Erna no quería ser la causa de que Hans sacrificase su carrera científica.

Supe rápidamente ayudarle en sus preocupaciones —excepto en lo referente al fin de la guerra—. «Lo que tú tienes que hacer es prepararte para establecerte como médico lo antes posible. Así podréis los dos, al principio, vivir de tu trabajo». Erna no veía como verosímil que Hans aceptase esta solución. Pero yo no admitía sus dudas y escrúpulos. «No le queda otro remedio. ¿Hasta cuándo tenéis que seguir esperando?»

En el verano de 1917 vinieron a Freiburg Erna, Rose y Lilli y fuimos juntas a pasar unas semanas a la Selva Negra. En las solitarias alturas de Herzogenhorn vivimos tan libres, independientes e identificadas como en otros tiempos en las montañas de Silesia. Cuando se trató de si Erna, después de un año de permanencia en la clínica berlinesa de mujeres, debería volver a Breslau, yo le aconsejé decididamente que sí, a pesar de que allí le esperaban algunas contrariedades. A mí me parecía que éste era el camino más derecho para terminar su formación como ginecóloga.

Rose y Lillí tenían el proyecto de conocer algo nuevo en las próximas vacaciones de verano. Por su parte, Erna no se unió a ellas sino que prefirió volver conmigo a Freiburg. Y esta vez nos quedamos en Freiburg, aunque le enseñé en mis horas libres sus maravillosos alrededores.

De nuevo se encontraba ante un momento en el que había que tomar una decisión y ella quiso oír mi consejo. Iba a establecerse en el plazo de unos meses. Nuestra madre la quería tener cerca por encima de todo y estaba dispuesta a amueblarle dos habitaciones contiguas del piso bajo, una como sala de espera y otra para la consulta. Otras personas, sin embargo, le decían que el sitio indicado para establecerse era la parte sur de la ciudad, dado que allí vivían las familias judías ricas. Allí había más perspectivas de clientela que donde vivíamos nosotros, en el noreste de la ciudad, donde se contaba fundamentalmente con proletarios y, en el mejor de los casos, con modestos o intermedios empleados que, en su mayoría, tenían su seguro social. A Erna le atraían las ricas y acomodadas damas del sur. «Creo que no sabría entenderme con esa clase de gente. No quiero enriquecerme. Me basta ganar lo necesario para que podamos vivir». También ésa era mi opinión.

A esto se añadieron consideraciones de tipo práctico, pues en aquella época el montar una casa era punto menos que imposible, y Erna en la de mi madre podría contar siempre con la ayuda de las hermanas, mientras que en otro sitio tendría que buscar personal extraño. Así es que nos decidimos por comenzar modestamente en la calle Michael, 38.

Pocos meses después vino la gran catástrofe, el final de la guerra y la revolución. Yo fui a casa para tranquilidad de mi madre. No es que la situación política la agobiase, esto no sucedió, sino que en unos momentos tan revueltos hubiera sufrido mucho teniéndome lejos. Aproximadamente por la misma época, Erna dejó su puesto en la clínica de mujeres para preparar su establecimiento. Así fue como las dos a la vez regresamos a la casa paterna y de nuevo ocupamos nuestro dormitorio abuhardillado. Erna podía organizar ya para su trabajo las dos habitaciones, ya mencionadas, en el piso bajo. Mi madre, en su alegría de tenernos de nuevo en casa, puso a mi disposición la «gran sala» del primer piso para la que usase como cuarto de trabajo.

Pasó todavía largo tiempo hasta que Hans volviera del frente. La guerra para él había conservado hasta el fin como un halo romántico y, tras la catástrofe, no podía reencontrarse. Cuando su capitán cayó —era el profesor Lehenel, abogado de Freiburg— mandaba desenterrar su cadáver cada vez que cambiaban de sitio y así lo fue trasladando durante la retirada hasta su patria chica «como hacían los antiguos godos con su rey muerto», según el mismo Hans decía. Cuando estalló la revolución, se preocupó, junto con el nuevo capitán, de que sus tropas no se dispersasen, sino que volviesen ordenadamente a la patria. Revólver en mano cabalgaban al lado de la tropa para «mantener la cuadrilla disciplinada». No fue necesario hacer uso del revólver. Bastó la firme voluntad de disciplina.

Hans esperaba encontrar en Alemania dos grandes partidos: el republicano y el del Emperador. Él se incorporaría con entusiasmo al del Emperador. Pero no podía comprender cómo nadie se atrevía a ponerse al lado de la monarquía. Cuando a finales de diciembre volvió por fin a Breslau, encontró que su novia y su madre militaban en el Partido Democrático Alemán. En las elecciones no le quedó otra salida que la de votar él también en su favor, pues como judío no podía tener simpatía por otro más a la derecha.

Densas sombras se cernían sobre el reencuentro. Pero la alegría de volver a estar unidos, tras largos años de separación, las disipó victoriosamente. Un día apareció Hans vestido de negro, con su madre, para, por fin, con el protocolo debido, solicitar la mano de Erna. En «mi sala» celebraron ambas familias la ceremonia de petición de mano con gran alegría. Pero pronto se produjo una nueva separación. Hans tuvo que empezar inmediatamente su preparación para la especialidad. Quería ser, como su hermano Fritz, dermatólogo, y en primer término se fue por un año a Berlín para trabajar con el bacteriólogo profesor Morgenroth. Poco le pudo dar aquel Berlín de la postguerra con sus revueltas bolcheviques, sus huelgas, sus barricadas y alambradas por las calles. No pudo hallar peores circunstancias. Él se sumergió por completo en su trabajo y, siendo tan amante de la vida social, no tenía el menor humor para salir. Lógicamente tenía nostalgia y su estado de ánimo era casi siempre sombrío.

A lo largo de este año 1919 tuve que ir dos veces a Berlín. Aquellos días se reanimaba. Salió a recibirme a la estación muy temprano, antes de comenzar su trabajo, y me llevó a casa de mis parientes.

Desde que el tío David Courant vivía en Berlín, su casa era mi punto de parada. También Hans era amablemente recibido en aquel hogar hospitalario. Nos encontrábamos siempre que lo permitían sus ocupaciones y las mías y me llevaba al teatro, cosa que él solo no hacía casi nunca. Agradecía mucho estas visitas, pero al mismo tiempo aumentaban un secreto malestar, porque Erna en todo el año no fue a Berlín. Le parecía aquello un signo de indiferencia cuyo recuerdo arrastró incluso mucho tiempo después de estar casados.

Seguramente Erna lo deseaba no menos que él ir a verle, pero tenía que cumplir con su deber y, por otra parte, la familia se hubiera opuesto al viaje a Berlín, sin «un motivo especial». Dada su manera de ser tan influenciable, esto bastó para renunciar a su deseo, que no llegó a manifestar. Hans registraba muy sensiblemente esta influencia de la familia y así comenzó una actitud hostil que siempre fue en aumento.

Para el 1 de febrero Erna había anunciado en los periódicos la apertura de su consulta. En la casa y en la verja del jardín se pusieron las placas y al lado una campana para los avisos nocturnos, que sonaba en nuestro dormitorio. En la noche del 31 de enero al 1 de febrero me despertó por vez primera la campana. Llamé a Erna. Tambaleándose adormilada, se dirigía hacia arriba. «Tienes que asomarte a la ventana», le dije. Poco a poco se fue despertando. Y en efecto, abajo estaba un hombre, que venía a avisar para que Erna atendiese a su mujer. Vivían en una casa proletaria de un barrio algo siniestro.

Después de unas horas volvió. Había tenido una intervención feliz. La consulta se montó con extraordinaria rapidez. Toda la familia colaboró con entusiasmo y no se resignaba a perderse la información de cada caso. Erna tenía que reaccionar con negativos movimientos de cabeza, arguyendo su obligación de secreto profesional.

En el invierno cayó enferma una anciana prima, aquejada de grave afección abdominal. La operó un «famoso» ginecólogo (mi madre y Hans lo tomaron muy a mal). Erna fue llamada tan sólo para asistir a la operación y, cuando el estado de la enferma empeoró y no hubo esperanza, ella anhelaba con frecuencia su presencia.

En una ocasión llamaron por la noche muy tarde a Erna desde el hospital. En la fría noche de invierno no encontró otro medio para volver que un trineo descubierto. La consecuencia fue un fuerte catarro bronquial muy rebelde y largo. Esto, unido al esfuerzo excesivo de todo un año, en el que no se concedió el menor descanso, y la tensión constante fue la causa de un fuerte agotamiento. Tenía un aspecto enfermizo y adelgazó notablemente.

En noviembre murió nuestra prima. En enero de 1920 volvió Hans a Breslau para quedarse. Comenzó su trabajo en la clínica de la Universidad. Primero como voluntario, luego como asistente de plantilla. Finalmente, ascendió a jefe médico. Estaba muy contento de haber vuelto a casa; pero encontró enferma a su madre y a su novia. Esta contrariedad le afectó como una enfermedad personal. Reaccionó ante ello como un niño mimado. Se empeñó en que Erna se tomase la temperatura diariamente y de hecho se pudo comprobar que todas las tardes tenía décimas. Para Hans no hubo duda de que se trataba de una afección pulmonar. Mi madre estaba fuera de sí. Para ella no había nada más horrible que el fantasma de la tuberculosis y no podía admitir que se pudiera dar una cosa así en una familia como la nuestra, tan sana.

Mi madre creía que la causa del mal era el tomarse diariamente la temperatura y acusaba a Hans de querer atormentarnos a todos con sus negras aprensiones. Esto no era exactamente cierto, pero la prevención que Hans tenía contra nuestra familia, junto con su preocupación, jugó un papel importante. Erna no podía acudir a él a causa de los familiares, para quienes él, como médico, no era lo suficientemente bueno, y puso en peligro su salud. Finalmente, enviamos a nuestra hermana, en pleno invierno, a las montañas Riesen, donde estuvo algunas semanas. Se restableció rápidamente y muy pronto pudo reanudar su consulta.

Una vez que Erna se hubo marchado llamé aparte a mi cuñado y le hice me prometiese dejar tranquila a mi hermana durante el tiempo de su restablecimiento y no perturbarla con ninguna clase de acusaciones ni reproches. Si él o su madre se sintieran disgustados con alguien de nuestra familia, cosa previsible dada la experiencia, deberían decírmelo a mí y yo pondría de mi parte todo lo necesario para resolverlo. Tras algunas vacilaciones, aceptó la propuesta.

2

En aquel entonces yo no vivía en casa. Cuando murió nuestra prima Selma Schlesinger, estaba yo en Hamburg y volví rápidamente a Breslau. Su madre, tía Bianca, la hermana mayor de mi madre, había vivido los último años con ella. La hija mayor estaba casada en Budapest y la segunda dirigía un jardín de infancia en Berlín. El único varón, orgullo de toda la familia, tenía una gran consulta médica en Berlín.

La tía Bianca tenía entonces setenta y tres años y padecía una incurable afección de ojos, además de su natural enfermizo. A pesar de todo, era ella la que llevaba la casa, ayudada únicamente por una muchacha de servicio jovencísima. Su principal ocupación era atender a su hija más joven, que, hasta su enfermedad, desempeñó un puesto de confianza como empleada de una oficina. La pérdida de su querida hija fue un golpe muy duro y no se la podía ahora dejar sola.

El consejo de familia acordó que una de las sobrinas debía ir a pasar las noches con ella. Primero fue Gerta Pick y luego Martha Burchard. Pero las dos estaban muy ocupadas fuera de casa durante el día y les era muy pesado el no poder volver a su casa por la noche. En la primera visita que yo hice a mi tía, después de mi regreso a Hamburg, me di cuenta del panorama y al salir le dije a mi madre que yo iría con gusto a estar con la tía, dado que las otras se quedaban con ella por obligación. A mi madre le gustó mucho esta propuesta e igualmente les pareció buena a todos los que se la comunicamos. El día primero de año comencé mi nueva tarea. La tía me saludó conmovida y sorprendida: «¿Pero de verdad te quedas conmigo? No me lo puedo creer».

En realidad yo era en aquella casa más extraña que en la de otros parientes. Por un motivo muy particular la relación entre ambas familias se había cortado durante años. Jenny, nuestra prima mayor, fue novia en su juventud de nuestro cuñado Max Gordon. Él había roto las relaciones, porque se le instaba a casarse antes de que tuviese una situación para mantener a su mujer. Cuando muchos años más tarde se prometió con mi hermana Else, toda la familia Schlesinger lo tomó como una ofensa y no pisaron más nuestra casa, a pesar de que mi madre no tenía arte ni parte en este noviazgo.

A la tía le dolió mucho esto, porque ninguna de sus tres hijas, en edad ya madura, se había casado. Cuando al fin tuvo la suerte de encontrar un marido para la hija mayor (un viudo con tres hijas), se reconcilió acto seguido con mi madre.

No me tuve que hacer cargo de las cosas de la casa. Por el contrario, lo que sucedió es que la tía tuvo de nuevo alguien de quien ocuparse. Tenía su mesita de costura ente la ventana, un poco elevada para poder ver bien la calle. Éste sería mi lugar de trabajo. Cuando yo me ponía a escribir allí y ella no tenía nada que hacer en la cocina, ella se sentaba silenciosamente con sus agujas de hacer calceta en la otra ventana y me miraba llena de respeto. Agradecía de todo corazón cada cuartito de hora que le daba conversación. Lo mismo cuando le leía algo en alta voz, ya que ella apenas podía leer con sus ojos enfermos.

3

Durante aquellas semanas, cuando el corazón de Hans se inquietaba, me iba a buscar y yo le acompañaba a la clínica. También nos citábamos algunas veces en la clínica y hacíamos una visita a la calle Michael, 38. Entonces conocí, por propia experiencia, las discusiones en que Erna estaba constantemente implicada. A mí me afectaba, claro, mucho menos que a ella.

Quiero contar un caso que todavía guardo en la memoria. Hans y su madre quisieron pasar una velada en nuestra casa. La señora Biberstein vino desde su casa y Hans de la clínica. Él llegó bastante más tarde de la hora acostumbrada para cenar. Como mi madre, al volver del negocio, solía pedir té y luego no tomaba nada más, no le esperamos. Así que le servimos a él solo la cena cuando llegó. Aquella noche, en lugar de nuestra sencilla cena, Rosa había preparado para Hans un filete, pues pensó que, tras el trabajo del día, le vendría muy bien algo más fuerte. Pero no se le ocurrió preparar otro para la madre. Yo no sé si su madre había cenado en su casa o si cenó con nosotros. En todo caso tomó té, pastas y fruta como hacíamos todos nosotros a última hora cuando teníamos invitados; pero el que no le ofreciésemos un filete fue tomado a mal y considerado como falta de atención o indiferencia.

Yo permanecí muy seria cuando oí una acusación tan grave. Aseguré naturalmente que Rosa estaba muy lejos de tener un propósito mortificante, pero que yo me preocuparía de que se disculpase. En efecto, hablé con ella a solas y le rogué que hiciese ese sacrificio para restablecer la paz. Le dije que había que aceptar a las personas tal como son y accedió a pedirles perdón por carta por la involuntaria ofensa. Esto bastó para que se lograse la reconciliación con la señora Biberstein y volvió a reinar la paz hasta la próxima ocasión.

Estas entrevistas entre Hans y yo servían solamente para el fortalecimiento de la antigua amistad. Me acuerdo que una vez, con un tono muy cordial, me dijo en una de dichas conversaciones: «Has de saber que después de Erna tengo en ti la mayor confianza, casi ilimitada». Ahora nunca discutíamos como había sucedido frecuentemente en nuestro tiempo de estudiantes. Esto se debía a que mi actitud ante las personas y ante mí misma había cambiado totalmente. No pensaba ya en tener siempre razón y vencer al adversario a toda costa. Y aun cuando continuaba teniendo juicio duro para las debilidades de las personas, ya no lo usaba para tocar su punto débil, sino para ser indulgente. Tampoco se resintió de esta mirada crítica mi función de educadora que siempre me correspondió. Aprendía que raras veces las personas se mejoran cuando se «les dice la verdad». Esto puede ayudar solamente cuando ellos mismos tienen la seria exigencia de ser mejores y si conceden el derecho a la crítica.

Esto es lo que me sucedía en aquellas conversaciones con mi cuñado y fue lo más importante que aprendí a conocer mejor en su forma de ser, tan distinta a la nuestra, tanto al hijo como a la madre. Debido a esto, pude más tarde ayudar frecuentemente a Erna.

La boda se fue preparando a lo largo del año 1920. El ajuar de ambos se confeccionó en el convento del Buen Pastor. Los muebles los encargó mi madre a algunos buenos clientes y de una buena madera que había reservado para este fin. Hans lo quería todo lo más elegante y moderno y no fue fácil contentarle.

Lo más difícil fue encontrar vivienda adecuada. Era la época de la más grande penuria de viviendas. Durante la guerra la construcción había estado parada en toda Alemania. A esto se añadió el que llegaron a Breslau los fugitivos de Posen y la Alta Silesia. Sólo se podía conseguir el alquiler de una casa mediante tarjeta que facilitaba la Oficina de la Vivienda. Erna y Hans tenían el número 23.000 aproximadamente (era algo superior, no recuerdo el número con exactitud). Estaba claro que no podían esperar. No había otra solución que arreglarles la parte abuhardillada de nuestra casa. Para ello teníamos primero que desalojar, con pleito judicial, a un ama de llaves muy desagradable, pues no quiso irse por las buenas.

Yo estuve en Breslau durante ese año. Pero el suelo me quemaba los pies. Atravesaba una crisis interna, desconocida para mis familiares y que no podía resolver en casa. No quería marcharme antes de que se decidiese el destino de Erna. Su noviazgo fue un largo martirio. Por las mañanas, cuando ella bajaba de nuestro cuarto abuhardillado, generalmente yo estaba ya sentada en mi escritorio trabajando. Por lo general, entraba para contarme lo que había sucedido la noche anterior. Los novios se encontraban todos los días, bien en nuestra casa o en la de los Biberstein. Muchísimas veces empezaba así: «No sé qué hacer. Estoy desesperada». Entonces yo la hacía sentar en la butaca, junto al escritorio, quedando en posición oblicua con respecto a mí.

(Mi amiga Trude Kuznitzky decía de esta butaca que era la «silla de las consultas»). Mi hermana se sentaba y lo contaba todo y yo le aconsejaba como podía. Mi pauta era siempre la misma: ceder a todo lo que no fuera injusto. Después de la conversación bajaba aliviada a desayunar y a la consulta. La mayor parte de las veces se trataba de incidentes como el que he contado más arriba. Pero detrás de ello había algo mucho más serio. Cuando Hans, en contra de sus juveniles planes de futuro, decidió casarse, mantuvo con firmeza el que no se separaría de su madre y Erna debía irse dócilmente con ellos. Pero toda la familia la desaconsejó que llevase la casa en unión de su madre y ella misma se asustó del panorama. Incluso los parientes de Hans, que enseguida tomaron cariño a la bella y amable novia, hablaban en secreto a mi madre para que no cediese a semejante propuesta, pues Erna sufriría mucho.

Mi madre, por su parte, repetía en presencia de la señora Biberstein que ella misma no hubiera pensado nunca en irse a casa de un hijo. La cuestión se resolvió de hecho, debido a que no se encontraba vivienda adecuada. En nuestra buhardilla era imposible el instalar a la madre. Además, ella debía mantener su vivienda en la parte sur de la ciudad, para asegurársela a Hans, por si alguna vez quería establecerse. Así no fue preciso que los interesados volviesen a tratar tan peligroso tema.

Con todo, mamá Biberstein y Hans percibían claramente la alegría de mi familia por una solución que a ellos dos les dolía, y no se les ocultaba que la misma Erna respiraba aliviada. De ahí nació aquella hostilidad, centrada en mi madre, como expliqué más arriba. Los dos estaban ciegos para apreciar sus grandes cualidades humanas y la trataron con tan poca consideración como quizá nunca tuvo que sufrir. Es comprensible que por este motivo ella se sintiese molesta y no pudiera aceptar cordialmente al hijo político.

Sobre todo, lo que contrariaba más a mi madre y hacía sufrir a su corazón era lo que su hija tenía que padecer y que probablemente lo habría de sufrir toda la vida. Esta preocupación a veces era tan grande que pensaba en la disolución del compromiso, a pesar de que como auténtica madre judía nada deseaba tanto para su hija como verla casada. Cuando Erna entraba «en desesperación», surgía también en ella este pensamiento de ruptura. Pero yo no le dejaba que lo alimentase. Estaba firmemente convencida de que eran el uno para el otro y de que la vida de Erna especialmente se destruiría si el matrimonio no llegaba a realizarse. También esperaba que todo iría mucho mejor en cuanto estuvieran casados, pues muchas incomprensiones desaparecerían con la vida común.

La boda se celebró en los primeros días de diciembre. Tuvimos la fiesta durante dos días, pues los invitados no cabían ni en nuestra habitación más grande. El día del matrimonio civil vinieron por la noche a casa nuestros primos y primas y las amigas más íntimas, Lilli y Rose, con sus novios. A la ceremonia religiosa y banquete de bodas solamente fueron invitados los hermanos de los novios con sus hijos y los hermanos de los padres (es decir: a la ceremonia religiosa vinieron todos los parientes y conocidos, pero, tan pronto ésta terminó, se quedaron sólo los familiares). Dado lo numerosa que era nuestra familia este «pequeño grupo» ocupó una mesa con más de cincuenta personas.

Por aquella época mi salud no iba muy bien a causa del combate espiritual que sufría en total secreto y sin ninguna ayuda humana. En la mañana que se celebró el matrimonio civil, mientras subían por la escalera los últimos y pesados muebles, estaba yo echada en el butacón de uno de nuestros dormitorios estremeciéndome a cada ruido que percibía. Al subir una vez Erna, me dijo que no podía dejarme así y me dio una leve dosis de morfina. Por la noche estaba totalmente restablecida. Al principio no bailé, pero avanzada la velada y estando junto a Hans, de repente comenzó una vieja melodía muy animada. «¿No es un dreher?» —baile alemán—, pregunté yo. Este baile había estado en boga en nuestro tiempo de estudiantes y me lo había enseñado Hans. «Sí», dijo él, «¿quieres bailarlo?», y añadió: «No te he invitado antes a bailar, porque sé que no te encuentras bien».

Nos pusimos y lo bailamos entero. Era una danza un poco desenfrenada. Cuando Hans me quería llevar a la silla, la música empezó a tocar un vals lento. «Bien —dijo Hans— ahora tenemos que demostrar que también sabemos bailar cosas serias» y entonces bailamos todo el vals; ésta fue la última vez que bailé bien. Luego, tras algunos años, volví a bailar solamente un par de veces con mis alumnas, cuando me insistían mucho en las fiestas de carnaval.

La celebración religiosa del matrimonio tuvo lugar en casa. La preparación de la sala corrió a cargo de mi hermano Arno y mía. En las bodas judías la novia se sienta en un lugar separado, mientras el novio, con el rabino y algunos hombres —por lo menos han de ser diez— reza en otra habitación. Luego el rabino pronuncia una bendición sobre la novia, antes de que el novio la recoja en solemne procesión bajo palio para el acto de estricta celebración de la boda. Colocamos la silla para Erna en una jamba entre dos ventanas, donde normalmente estaba mi escritorio. Encima estaba colgado un cuadro de San Francisco, de Cimabue. «Esto lo debemos quitar», dijo Arno, pensando que el santo no era un testigo muy propio para una boda judía. «Déjalo estar —respondí yo— nadie se va a fijar». Y allí se quedó.

Erna de novia estaba extraordinariamente guapa. En el sillón, litúrgicamente adornado, estaba sentada entre unas bonitas plantas y parecía una princesa oriental. Vi a San Francisco sobre su cabeza y fue para mí un gran consuelo el que estuviese allí.

Después de la boda, los novios se fueron a los montes de Riesen. Desde allí Erna me escribió una carta desbordante de felicidad. Sentía la necesidad de escribirme y decirme lo feliz que era, porque sabía que yo me alegraría. Ahora yo estaba ya tranquila para cargar con mis propias preocupaciones.

CAPITULO SÉPTIMO

Los años universitarios en Göttingen

1

Yo había recorrido y dejado atrás un largo camino que va desde aquel día de abril de 1913, en que por vez primera llegué a Göttingen, hasta marzo de 1921 en que volví —al encuentro de la mayor decisión de mi vida.

¡Querida ciudad de Göttingen!... Creo que solamente quien haya estudiado allí entre los años 1905 y 1914, en el corto tiempo de esplendor de la escuela fenomenológica de Göttingen, puede comprender lo que nos hace vibrar este nombre.

Tenía veintiún años y toda yo era expectación ante lo que debía producirse. En las vacaciones había hecho un viaje a Hamburg. Antes de finales de abril no había clase todavía, pero el 15 comenzaba oficialmente el semestre. La Secretaría de la Universidad ya funcionaba y podía hacer la matrícula y resolver otros asuntos de tipo práctico para inmediatamente organizar el trabajo para cuando comenzasen las clases.

Salí de Hamburg el 17 de abril. Mi cuñado Max estaba preocupado por el hecho de que me dejaran tan sola en un ambiente por completo desconocido. Me preguntó si al menos la primera noche no dormiría en casa de los Courant en lugar de ir a la pensión que ellos nos habían proporcionado a Rose y a mí. Yo, naturalmente, rechacé la idea. Solamente les avisé y Richard salió a recibirme a la estación, aunque tenía un pie muy averiado. Ya era de noche y me llevó a través de la oscuridad a mi nueva casa. Rose vendría de Berlín unos días después.

Me puse muy contenta cuando me abrió la puerta una mujer joven de rostro bonito y amable. Posteriormente ella me confesó que también mi aspecto le había sorprendido agradablemente. No había tenido nunca muchachas estudiantes en su casa y pensaba que habían de ser viejas y feas. En casi todas las casas de Göttingen tenían estudiantes de pensión. Muchas amas de casa no admitían, por principio, señoritas. Unas por prejuicio moral. Otras temían que les invadiesen la cocina para lavar, cocinar y planchar o que deteriorasen la habitación con el uso de alguna cocinilla. Era muy penoso cuando una muchacha buscaba habitación y, a través de una rendija desconfiadamente abierta, un rostro gruñón murmuraba palabras irónicas. Nosotras habíamos tenido suerte y mucha.

La casa estaba situada en la Langen Geismarstrasse, que era una estrecha calleja que iba desde el interior de la ciudad hasta el patio de la iglesia de Albano.

Era el número dos pegando al «patio de la iglesia». En Göttingen se llama «patio de la iglesia» (Kirchhof) toda plaza que hay delante de una iglesia. El patio de la iglesia de Albano está en el límite de la parte antigua de la ciudad. Más allá se extendían las simpáticas calles formadas por las villas, que eran las casas de los profesores y las pensiones más caras.

San Albano es la iglesia más antigua, con fachada completamente lisa y una pesada torre. La campana sonaba tres veces al día para el Angelus, que delataba su origen católico. Yo oía su tañido pero no conocía su significado. Al día siguiente de mi llegada empecé mis paseos de exploración por la ciudad. Desde niña me había gustado mucho el ir en busca de descubrimientos. Cuando Erna y yo en Breslau o en Hamburg salíamos solas a pasear, yo solía decir: «Hoy vamos a llegar a donde no hemos ido nunca». Ahora tenía yo ante mí una ciudad entera y sus inmediatos y alejados alrededores. Había mucho que ver. Bastaba con bajar la larga Geismarstrasse y, doblando la esquina, a la derecha se estaba ya en la plaza del mercado. Allí se erguía el bello ayuntamiento de estilo gótico. En sus ventanas florecían los rojos geranios en contraste alegre con la piedra gris.

Delante del ayuntamiento estaba la deliciosa fuente Gänseliesel de Schaper. No lejos de allí, en una calle lateral, estaba la más bella casa de Göttingen, llamada «Mütze» (la «gorra»), que era una taberna antigua, típica alemana, con su hastial entramado y ventanas con cristales emplomados.

Desde el mercado hacia el norte iba la calle principal de la ciudad, la Weenderstrasse, hasta la puerta del mismo nombre. Era el lugar del gran «paseo» de por la tarde. En la acera derecha, hacia la mitad, se alzaba el monumento típico de Göttingen: la torre de la iglesia de San Jacobo. Juntamente con las dos menos vistosas de la iglesia de San Juan caracterizaban el perfil de la ciudad cuando se la contemplaba desde lejos. En la acera de enfrente estaba la famosa confitería de Kron y Lanz, donde hay las mejores tartas y donde profesores y estudiantes (en cuanto el bolsillo lo permite) toman su café de las cuatro y leen los periódicos.

La última casa junto a la Puerta Weende, a la derecha, está el edificio de los auditorios, punto central de la vida universitaria. No es un edificio monumental y no se puede comparar con nuestra vieja Leopoldina de Breslau ni con las modernas y suntuosas Universidades de Jena o München. Es una casa sencilla y sobria con sencillos y sobrios cuartos de trabajo. La fachada está un poco retirada de la acera y protegida por una zona verde que los estudiantes frecuentan en los minutos libres entre clase y clase y donde fuman sus cigarrillos.

Más moderno y elegante es el edificio de los seminarios, que está cerca también, tan sólo con dar la vuelta a la esquina en el Nikolausbergerweg. Entonces estaba recién terminado. Justo debajo del tejado, tal como los he encontrado por todas partes, el de filosofía. El Instituto de Psicología estaba instalado independientemente, muy cerca de la iglesia de San Juan, un poco al oeste del mercado. Era un edificio antiguo con escaleras desgastadas y cuartos angostos. Esta separación física denunciaba ya que en Göttingen la filosofía y la psicología no tenían nada en común.

El Nikolausbergerweg conduce desde la Puerta de Weende, dando muchas vueltas, hacia las afueras del este de la ciudad y hacia arriba. Cuando se dejaban atrás las últimas casas, se veía en alto el lindo pueblecito Nikolausberg. Los iniciados sabían que la dueña del restaurante hacía unos barquillos especialmente buenos. Si se encargaba de antemano una cena y se llegaba allí tras el cansancio del día y el esfuerzo de la ascensión, uno se sentía reconfortado con la presencia de una sopa humeante. Pero esto no lo experimenté personalmente hasta mucho más tarde. A la izquierda de Nikolausberg se alzaba una colina pelada con tres árboles sacudidos por el viento que a mí me evocaba siempre las tres cruces del Gólgota.

Todo esto lo vi ya en los primeros días, pero en el primer paseo no llegué hasta arriba del todo, sino que me quedé en la ladera en un prado. Me familiaricé con el suelo de Lieneberge (en dialecto de Göttingen Laaneberge): rara vez se volvía de un paseo sin grandes trozos de barro adheridos a los zapatos. También el pavimento de las calles de la ciudad es peculiar. Es una especie de asfalto que se reblandece bien por él solo o por la lluvia. Más frecuentemente por la lluvia, pues en Göttingen llueve mucho.

La ciudad entonces contaba con unos 30.000 habitantes. No había tranvías. Hasta la guerra fue un tema de constante discusión si se ponía uno. Más tarde su inutilidad se hizo patente. La Universidad y los estudiantes eran el centro de la vida. Göttingen era una Universidad-ciudad y no como Breslau, una ciudad que, además, tiene Universidad.

Mucho me llamaban la atención los letreros conmemorativos que había en casi todas las casas antiguas. Indicaban las personas famosas que habían vivido en ellas. El pasado se recordaba a cada paso: los hermanos Grimm, los físicos Gauss y Weber y otros que, aunque no pertenecían a «los siete de Göttingen», habían vivido o hecho algo aquí y se hacía presente su recuerdo a las generaciones venideras.

También se conserva la antigua arboleda con espesos y altos tilos. En el verano llegaba su fragancia hasta las aulas. El edificio del auditorio está pegado a la muralla. Cuando allí oí hablar de Heine, pensé que también él en su tiempo se había sentado en aquellos bancos y que imaginaba la muralla de Göttingen cuando en sus versos describía «las murallas de Salamanca».

Me gustó mucho dar un paseo andando sobre la muralla. El panorama era muy bello. Se dominaban, de una parte, las casas antiguas del centro de la ciudad; de otra, las villas y los jardines de fuera. En un punto de la muralla estaba la chocita en la que había vivido Bismarck cuando era estudiante.

Pocos días después que yo llegó Rose y organizamos nuestra vida casera. Teníamos, para los dos, dos habitaciones. En una dormíamos y la más amplia fue nuestro cuarto de estar y de trabajo. Muy temprano nuestra patrona nos traía leche caliente y panecillos tiernos y nosotras añadíamos cacao. Nos encontrábamos para comer. Ibamos generalmente a un restaurante vegetariano. La dueña era una señora del sur de Alemania, a la que ayudaban sus tres hijas, muy simpáticas. Era un sitio al que iba mucha gente. Habían juntado varias mesas y allí se sentaban siempre los estudiantes ingleses y americanos. Su alegría ruidosa e ingenua dominaba el local. La primera que llegaba a casa después de las clases preparaba el té y los bocadillos para la cena. La que llegaba más tarde se encontraba la mesa puesta.

No recuerdo que hubiese entre nosotras durante aquel semestre de verano en que vivimos juntas ni una desavenencia ni un disgusto. Rose venía a mis clases de filosofía en la medida en que su tiempo se lo permitía y yo también iba a algunas clases de matemáticas con ella. Pero nuestros planes de estudios eran muy diferentes.

Los miércoles y los sábados por la tarde no había clase en Göttingen. Era tradicional que los estudiantes y hasta los profesores con sus hijas fueran a bailar a María Sprung. Solamente los filósofos Nelson y Husserl no tomaban esto en consideración. Los miércoles por la tarde Husserl tenía un seminario. Pero la tarde del sábado estábamos libres. Nosotras no íbamos a María Sprung, pero sí, cuando el tiempo alguna vez lo permitía, íbamos al campo. Antes de salir, escribíamos a casa nuestra carta semanal y a unos u otros de los amigos y amigas que habíamos dejado. El domingo, si el tiempo era bueno, estábamos casi siempre todo el día fuera. A veces permanecíamos fuera desde el mediodía del sábado hasta la tarde del domingo.

En aquel verano quisimos conocer también el paisaje de Alemania central. Esto se podía hacer magníficamente desde Göttingen. La ciudad se recostaba sobre una colina al sudeste. En lo alto estaba la torre de Bismarck. Bellos parques se extendían desde el límite de la ciudad en forma ascendente y llegaban hasta el bosque de Göttingen: aquí se puede caminar todo el día sin llegar al final y también, la mayoría de las veces, sin encontrar a nadie. Los habitantes de Göttingen no hacían marchas largas. Cuando nosotras salíamos el domingo por la tarde, los veíamos salir en grandes grupos. Pero su objetivo era tan sólo uno de los dos grandes puestos de café que había en aquella extensa colina hacia la mitad del camino y convenientemente separados uno de otro. Se llamaban el «Rohn» y el «Kehr».

La gente de la ciudad se distinguía fácilmente de los estudiantes, porque llevaban sombrero, cosa que no ocurría ni entre los estudiantes ni entre las estudiantes. Además, iban cargados con grandes paquetes de tartas. Cuando querían ir más allá del «Kehr», tomaban un coche. La costumbre de llevarse los dulces de la ciudad traía como consecuencia el que en los restaurantes no servían casi nada. Sólo había un mal pan del país y salchicha de Göttingen. Para excursiones más largas nosotras llevábamos nuestras provisiones en la mochila y comíamos en el bosque: pan negro, una lata con mantequilla, algo de fiambre, fruta y chocolate. Esto nos sabía mejor que un banquete en un hotel.

También por las otras partes está rodeada Göttingen de colinas y de bosques. Mucho bosque de hayas que brilla en rojo y oro en el otoño, cuando los estudiantes llegan para el semestre de invierno. Y desde las alturas se contemplan en el valle las ruinas de castillos antiguos. A mí me gustaban especialmente los «Gleichen», dos crestas gemelas coronadas ambas por ruinas. En el desfiladero entre las dos crestas había un sencillo restaurante. Allí había una crónica de los condes de Gleichen, que habían vivido allí arriba en otros tiempos.

Cuando contemplábamos el valle desde arriba, me sentía en el corazón de Alemania: un paisaje amable, en las vertientes campos cuidadosamente cultivados, deliciosas áreas y alrededor una corona de verdes bosques. Era como si en cualquier instante pudiera salir de los linderos del bosque un cortejo nupcial como los de un cuadro de Ludwig Richter.

En salidas más largas conocimos Kassel y la región del Weser, Goslar y el Harz. En Pentecostés hicimos una marcha de varios días por Thüringen. Subimos desde Eisenach a Wartburg y por el Drachenschlucht hasta Hohen Sonne y luego por Rempfad hasta Inselsberg. A trozos utilizábamos el tren para poder ver más cosas en pocos días. Ni que decir tiene que Weimar estaba en nuestro itinerario y que el remate había de ser la visita a la Asociación de la escuela libre de Wickersdorf.

Tuvimos un tiempo magnífico durante los primeros días. Al tercero (si no recuerdo mal) comenzó a llover al caer la tarde. Estábamos en marcha desde la mañana y queríamos llegar a Ilmenau antes de hacerse de noche, pues era nuestra última etapa antes de Weimar. La lluvia arreció, la carretera se hacía cada vez más larga, nuestros pies se resistían a seguir caminando y no se vislumbraba lugar alguno donde guarecernos. Rose, debido al cansancio, no decía ni una palabra, y estaba abatida, yo me esforzaba para mantenerme animosa. Eran bien dadas las ocho cuando encontramos una aldea que se extendía a lo largo del camino. Debía ser un lugar de veraneo, pues había pensiones en la carretera. Pero en todas partes donde llamamos no había un solo lugar libre. Me decidí a preguntar de nuevo, pero fue inútil. Tras una buena media hora de ir de acá para allá, encontramos una fonda que, por fin, nos admitió. Los cuartos para los huéspedes estaban en un edificio construido a tal efecto frente a la casa del dueño. Mientras nos preparaban las camas, pasamos al comedor. Una copiosa cena caliente nos devolvió la vida. Preguntamos al amable huésped dónde nos encontrábamos exactamente. Manebach se llamaba el caserío.

Manebach... aquel nombre sonaba tan lejano como la interminable lluvia y la carretera sin fin... Ya teníamos suficientemente recobrado el humor para poder reírnos de la trapisonda. En cuanto estuvo preparada la habitación, cambiamos nuestros vestidos mojados por las calientes camas. Ahora teníamos que hacer un nuevo plan de campaña. Sacamos los magníficos mapas de Estado Mayor de Richard, recuerdo de una maniobra militar en Thüringen. Hasta aquella tarde nos habían guiado acertadamente. ¿Dónde estaba Manebach? Exacto, allí estaba. Nos separaba sólo una parada de tren de Ilmenau. Pero el tiempo que habíamos perdido en la jornada ya no se podía recuperar. Renunciamos a Ilmenau y a Gickehahn y decidimos dirigirnos a la mañana siguiente a Weimar. También teníamos a mano una guía de ferrocarriles para ver cuál era el primer tren.

En Weimar visitamos la elegante casa de Goethe en Frauenplan y la villa Stern. También la casa de Schiller con la habitación conmovedoramente pobre donde murió. Por la tarde llegamos hasta Tiefurt. Era domingo y había enjambres de paseantes. Estábamos bastante quebrantadas de la marcha del día anterior y creímos que íbamos a hacer el recorrido arrastrándonos como caracoles. A pesar de todo, dejamos pronto atrás todos los vecinos de Weimar. En el bello parque de Tiefurt nos sentamos en un banco y tuvimos que ocuparnos en un asunto poco poético: contar nuestro dinero.

Antes de salir, yo había sacado del banco una cantidad suficiente para mí. Pero Rose, por economía, no había sido bastante precavida. Comprobamos que la caja común no daba para ir a Wickersdorf. Por telégrafo avisamos que no iríamos. Teníamos suficiente dinero para ir en tren aquella noche a Jena y desde allí, al día siguiente, directamente a Göttingen. Me gustó conocer Jena y me sentí más a gusto que en Weimar. Se podía, con toda paz, ir en busca de los lugares cargados de recuerdos. Aquí era todo menos cargante y no se tropezaba una por cualquier esquina con señoritas del pensionado que miraran admiradas.

Cuando a nuestro regreso devolvimos el mapa de Estado Mayor a los Courant, tuvimos, como es lógico, que dar cuenta de nuestro viaje. Hubiéramos dejado en silencio de buena gana el lamentable final, pero Richard se quiso enterar de la visita a Wickersdorf. Y es que tenía un don especial para preguntar siempre lo que los demás no querían decir.

Este viaje lo hicimos Rose y yo solas. Pero casi siempre teníamos un acompañante, el doctor Erich Danziger, asistente en el Instituto de química. Era oriundo de Breslau. Rose le había conocido allí durante sus estudios de química. Era pequeño y no de buena presencia y, además, algo desmañado. Pero Rose decía de él que tenía las manos más habilidosas de todo el Instituto y se requería su ayuda siempre que se trataba de algún experimento especialmente delicado. Siempre estaba agobiado como consecuencia de las circunstancias muy tristes de su casa. Su madre estaba hacía muchos años en una casa de salud. Él y su única hermana se habían criado casi como huérfanos. Ahora se unió a nosotras dos y apenas tenía otras relaciones. Era una persona bondadosa y fiel (a mí me parecía que tenía una secreta inclinación por Rose y que no se atrevía a pensar que esta muchacha tan inteligente y elegante pudiese reparar en él). Le atormentaba un poco el estar siempre al margen del mundo filosófico en el que nosotras vivíamos.

Algo más tarde que nosotras llegó también Georg Moskiewicz. Era bastante mayor que nosotras. En mayo celebramos juntos su treinta y cinco cumpleaños. No alquiló un «cuarto de estudiante», sino dos amplias habitaciones bien amuebladas en el silencioso Kirchweg cerca de las Clínicas. Así correspondía a su dignidad de doctor en medicina y filosofía y docente privado en ciernes.

También para él nosotros fuimos apoyo humano. Tomaba parte raras veces en nuestras excursiones, pues no era fácil que se encontrase con los arrestos necesarios para tales empresas. Pero cuando venía con nosotras, era muy alegre y expansivo como un mozo. En él sí que estaba clara la inclinación grande que tenía por Rose. Pero, ¿cómo se iba a atrever a comprometerla dada la inseguridad de su porvenir? A mí le unía una profunda amistad, el común interés por la filosofía.

Dejando a un lado muchas circunstancias accidentales, paso al motivo principal que me había llevado a Göttingen: la fenomenología y los fenomenólogos.

En Breslau me había dado ya Mos la consigna: «Cuando se llega a Göttingen, lo primero que se hace es ir a ver a Reinach; él se cuida de lo demás». Adolf Reinach era privatdozent de filosofía. Él y sus amigos Hans Theodor Conrad, Moritz Geiger y algunos otros eran originariamente discípulos de Theodor Lipps en München. A raíz de la aparición de las *Investigaciones lógicas,* habían insistido en que Lipps comentara con ellos esta obra en un seminario.

Cuando Husserl fue llamado a Göttingen, se reunieron en torno a él (año 1905), para que el maestro en persona les iniciase en los misterios de la nueva ciencia. Éste fue el origen de la «escuela de Göttingen». Del grupo, fue Reinach el primero en ser profesor en Göttingen, siendo la mano derecha de Husserl, sobre todo el enlace entre él y los alumnos, pues tenía un gran don de gentes en contraste con Husserl, que, en este punto, era casi una nulidad. Reinach tenía entonces treinta y tres años.

Yo seguí el consejo de Moskiewicz al pie de la letra. Creo que el mismo día de mi llegada hice el recorrido hasta Steinsgraben, 28. Esta calle lleva hasta el límite de la ciudad. La casa en que vivían los Reinach era la última. Detrás se extendía un gran campo de trigo. Un estrecho sendero conducía, por delante del parque del Emperador Guillermo y pasando por la torre de Bismarck, hasta el bosque de Göttingen.

Pregunté por el doctor Reinach, y una rubia muchacha me condujo a su cuarto de trabajo y tomó mi tarjeta de visita para anunciarme. Era un amplio y hermoso salón con dos grandes ventanas con alfombras oscuras y muebles de haya oscuros. Las dos paredes de la izquierda según se entra estaban cubiertas casi hasta el techo con estanterías de libros. A la derecha había una puerta de cristales de colores que daba a las otras habitaciones. El ancho rincón que quedaba entre esa puerta y una ventana estaba ocupado por una gran mesa de trabajo. Frente a la silla del profesor y delante de la mesa había unos sillones para los visitantes. En el ángulo formado por las dos estanterías se había hecho un rincón acogedor con una mesa y sofá y varios asientos. Frente a la silla de la mesa de trabajo había colgada de la pared una gran reproducción de la *Creación del hombre* de Miguel Ángel. Era el cuarto de trabajo más cómodo y con más gusto que he visto.

Reinach se había casado hacía medio año. Toda la amplia casa había sido planeada con gran amor por su esposa, que dirigió la instalación. No creo, por lo demás, que me diera cuenta de todos estos detalles en la primera visita. Solamente llevaba unos momentos de espera cuando oí al final del largo pasillo una exclamación de alegre sorpresa. Enseguida alguien se acercaba con paso acelerado, se abrió la puerta y Reinach apareció.

Era de una estatura que apenas llegaba a la media, no muy fuerte de complexión, pero ancho de hombros. Barbilla lampiña, con pequeño bigote oscuro, la frente ancha y despejada. A través de los cristales de sus lentes unos ojos castaños miraban inteligente y amablemente. Me saludó con cordial amabilidad. Me hizo sentar en la butaca más próxima junto a la mesa y luego tomó él asiento en su silla de trabajo poniéndola de lado, quedando frente a mí.

«El doctor Moskiewicz me ha escrito hablándome de usted. ¿Ha estudiado algo de fenomenología?» (hablaba con marcado acento de Mainz). Le di una breve información. Enseguida se mostró dispuesto a admitirme en sus «ejercicios para adelantados», aunque no me podía precisar todavía el día y la hora, porque iba a reunirse con sus alumnos precisamente para determinarlo. Me prometió hablar a Husserl de mí. «¿Quizás desee usted conocer a alguien de la Sociedad Filosófica? Podría presentarle a las señoritas». Yo le dije que no era necesario que se molestase, pues el doctor Moskiewicz lo haría. «De acuerdo. En ese caso pronto conocerá usted a todos».

Quedé encantada de este primer encuentro y muy agradecida. Me parecía que no había encontrado nunca una persona con una bondad de corazón tan pura. Me resultó de lo más natural el que los allegados y amigos que le conocían de tiempo le profesaran un gran cariño. Tenía ante mí algo completamente distinto. Era como la primera mirada a un mundo totalmente nuevo. A los pocos días recibí una tarjeta con la agradable noticia de que los ejercicios se habían fijado para el lunes, de seis a ocho. Por desgracia, justo a esas horas tenía otra cosa que no me gustaba dejar: el seminario de historia con Max Lehmann. Hube de renunciar a él, aunque muy a disgusto.

Mi primer encuentro con Husserl no fue visitándole en su casa. Había anunciado en el tablero una entrevista preparatoria que tendría lugar en el seminario de filosofía. A ella debían ir también los nuevos para ser admitidos. Fue allí, pues, donde vi «estar ante mí a Husserl "vivito"». No había nada llamativo o asombroso en su apariencia externa. Un típico distinguido profesor. De estatura mediana, aire digno, la cabeza noble y amplia. Su pronunciación denunciaba inmediatamente su nacimiento austriaco: era oriundo de Mähren y había estudiado en Viena. También su vivaz amabilidad tenía algo de la antigua Viena. Acababa de cumplir cincuenta y cuatro años.

Después de las advertencias generales, llamó a los nuevos, uno a uno. Cuando yo le dije mi nombre, él añadió: «El Dr. Reinach me ha hablado de usted. ¿Ha leído usted algo mío?» *Las investigaciones lógicas* (el primer tomo de las *Investigaciones lógicas* apareció en 1900 e hizo verdaderamente época por la crítica radical contra el psicologismo reinante, así como otros relativismos. El segundo tomo apareció al año siguiente. Superó al primero en tamaño e importancia. Aquí se utilizó por vez primera, para tratar los problemas lógicos, el método que Husserl habría de reelaborar más tarde sistemáticamente como «método fenomenológico» y extender a todos los campos de la filosofía). «¿Todas las *Investigaciones lógicas*?» «El segundo tomo completo». «¿Incluso el segundo tomo?» «Entonces es usted una heroína», dijo sonriendo. Así fui admitida.

Poco antes de comenzar el semestre, apareció una nueva obra de Husserl. *Ideas para una fenomenología pura y una filosofía fenomenológica.* Iba a comentarla en el seminario. Además, Husserl advirtió que quería que todas las semanas fuésemos regularmente a su casa una tarde para poder estar con él y presentarle nuestras dudas y dificultades.

Ni que decir tiene que compré inmediatamente el libro (es el primer volumen del Jahrbuch für Philosophie und phänomenologische Forschung. Este Jahrbuch editaría, reunidos, todos los trabajos de los fenomenólogos). En la primera «tarde abierta» fui yo la primera que me presenté en casa de Husserl con mis problemas. Enseguida llegaron otros. A todos les inquietaba la misma cuestión. Las *Investigaciones lógicas* habían impresionado, sobre todo porque eran un abandono radical del idealismo crítico kantiano y del idealismo de cuño neokantiano. Se consideraba la obra como una «nueva escolástica», debido a que, apartándose la mirada filosófica del sujeto, se dirigía ahora al objeto: el conocimiento parecía ser de nuevo un «recibir» que tenía su estatuto regulador en la cosa y no —como en el criticismo— en el que el conocimiento es un «determinar» que impone su norma a las cosas. Todos los jóvenes fenomenólogos eran decididos realistas.

Las *Ideas* (Ideen) contenían, sin embargo, algunas expresiones que sonaban como si el maestro se volviese al idealismo. Lo que él nos decía verbalmente como aclaración no podía disipar nuestras dudas. Esto era el comienzo de aquella evolución que habría de llevar, cada vez más, a Husserl hacia lo que él llamaría «idealismo trascendental» (que no corresponde al idealismo trascendental de la escuela kantiana) y ver en él el núcleo de su filosofía. Husserl empleó todas sus energías para fundamentar un camino que sus antiguos alumnos de Göttingen no podían seguir, para dolor de maestro y discípulos.

Husserl tenía una casa propia en Hohen Weg, también al extremo de la ciudad, situada en la subida hacia el «Rohn» (el «Rohn» tenía un gran papel en sus diálogos filosóficos. Servía muchas veces de ejemplo cuando Husserl hablaba de la percepción de las cosas). La casa había sido construida según las directrices de su esposa con vistas a las necesidades familiares.

El cuarto de trabajo del maestro estaba en el piso superior. Tenía un pequeño balcón al que salía para «meditar». El mueble más importante era un viejo sofá de cuero. Lo había adquirido en Halle cuando era privatdozent, al recibir una gratificación. Yo acostumbra a sentarme en una esquina del sofá. Más tarde, en Freiburg, mantuvimos nuestras discusiones sobre el idealismo de una esquina a otra de este sofá. Los discípulos, cuando hablaban entre sí, no le llamaban más que «el maestro». Lo sabía y no le molestaba. A su esposa le llamábamos, por su poético nombre: Malwine. Era pequeña y delgada. Sus brillantes cabellos negros los llevaba lisos, con raya. Tenía unos ojos oscuros, que miraban con viveza y curiosidad como en constante asombro ante el mundo. Su timbre de voz era agudo y algo duro, como si quisiera arremeter, pero entreverado de humor se suavizaba.

Siempre se estaba con ella con una cierta preocupación de lo que podría ocurrir. Muchas veces decía cosas que sumían en perplejidad. A la gente que no podía sufrir la trataba muy mal. Pero también tenía sus grandes simpatías. Yo, personalmente, no he recibido de ella sino atenciones. El por qué las he merecido no sé el motivo. En años posteriores se podía haber atribuido a los valiosos servicios que presté a su marido. Pero su simpatía la gocé cuando yo era una joven e insignificante estudiante. Cuando estaba hablando con su esposo, entraba muchas veces diciendo que quería saludarme (los mejores diálogos se cortaban así al momento).

Malwine asistía regularmente a las clases de Husserl, y me ha confesado más tarde, ocasionalmente, que solía entretenerse contando el número de oyentes (cosa que todos nosotros sabíamos hacía mucho tiempo). No tenía una relación íntima con la filosofía. La consideraba como la desgracia de su vida, debido a que Husserl tuvo que vivir doce años como privatdozent en Halle hasta que fue contratado como profesor. Y en Göttingen no estaba como ordinario, sino en una situación particular que había creado para él el ministro de Enseñanza, Althoff, hombre de gran energía y visión, aunque un poco orgulloso. La situación de Husserl en la Facultad era penosa.

Estas experiencias impulsaron a la señora Malwine a alejar a sus hijos de la filosofía. Elli, la mayor, era de mi edad. Estudiaba historia del arte. Externamente se parecía mucho a su madre, pero tenía un natural algo más blando y tierno. Gerhart estudiaba derecho y, posteriormente, no se mantuvo apartado de la filosofía. Wolfgang estaba entonces aún en el gimnasio. Tenía una extraordinaria capacidad para los idiomas y quería seguir la carrera de lenguas. El más joven era el preferido de su madre. Cuando hablaba de él, después de su temprana muerte —cayó a los diecisiete años como voluntario en Flandes—, se podía pulsar su corazón. Un día me dijo que el porvenir de Wolfgang nunca le había causado preocupación. Ella había sabido siempre dónde y en qué posición se habría colocado su hijo para hacer la felicidad de los que le hubieran rodeado.

Ambos esposos eran judíos de nacimiento, pero pronto se habían hecho protestantes. Los hijos fueron educados en el protestantismo. Se cuenta —no puedo dar fe de la veracidad de ello— que Gerhart, a la edad de seis años, iba a la escuela con Franz Hilbert, el único hijo del gran matemático. Un día preguntó a su pequeño camarada qué es lo que era (a qué confesión pertenecía), Franz no lo sabía. «Si tú no lo sabes, es que seguro eres judío». La conclusión no era exacta, pero significativa. Más tarde, Gerhart solía hablar abiertamente de su origen judío.

En aquel semestre de verano las clases de Husserl, versaron sobre «Naturaleza y Espíritu». Investigaciones para la fundamentación de las ciencias naturales y las del espíritu. Este tema lo habría de tratar en el segundo tomo de las *Ideen*, que todavía no había aparecido. El maestro había hecho un esbozo en el primer tomo, pero había dejado su elaboración sin darla a la imprenta por estar ocupado en la nueva edición de las *Investigaciones lógicas*. Esto era un trabajo apremiante, porque la obra estaba agotada hacía años y constantemente se pedía.

Al poco de encontrarse en Göttingen Moskiewicz tuvo lugar la primera sesión del semestre de la «Sociedad filosófica». La constituía el círculo de los verdaderos discípulos de Husserl, que una vez a la semana se reunían por la noche para tratar determinadas cuestiones. Rose y yo no sospechábamos lo audaz que era por nuestra parte el encontrarnos tan pronto en medio de aquellos elegidos. Como Mos consideró lógico el que participásemos, nosotras también lo estimamos así. De otro modo podían pasar semestres enteros antes de que se tuviesen noticias de esta institución, y, caso de ingresar, durante meses no se habría hecho otra cosa sino callar respetuosamente antes de atreverse a abrir la boca. Sin embargo, yo hablé enseguida.

Como Moskiewicz era con mucho el de más edad, le correspondió la presidencia para aquel semestre. Pero en el grupo difícilmente habría otro que se sintiese realmente tan inseguro como él. En las sesiones se podía percibir lo desgraciado que se sentía en su papel. Presidía la mesa, pero pronto se le escapaba la dirección del diálogo Nuestro punto de reunión era la casa del señor von Heister. Era un joven propietario al que le gustaba vivir en Göttingen, oír clases de filosofía y tratar personalmente con los filósofos. Le agradaba que nos reuniésemos en su casa y no le molestaba el que sus intervenciones en el diálogo se desechasen la mayoría de las veces como sin importancia. Nos era mucho más simpática que él su encantadora y rubia esposa. Era hija del pintor de Düsseldorf, Achenbach. La casa estaba adornada con muchos cuadros del padre. Cuando llegábamos —y esto era muy frecuente, dado el típico tiempo lluvioso de Göttingen— con nuestros abrigos y zapatos de agua, nos ayudaba a quitárnoslos un criado que lo hacía con silenciosa amabilidad. Pero era de notar el hecho de que, ante los invitados llamativos, sacudía maliciosamente la cabeza. Cuando después de la sesión nos servía té o vino —a elección— en el comedor feudal, tenía que soportar espectáculos insólitos. Nunca olvidaré una vez en la que Hans Lipps, en medio de la acalorada discusión, sacudía la ceniza de su cigarro en la azucarera de plata, hasta que nuestra risa le llevó a la realidad.

De los fundadores de la «Asociación filosófica» no estaban todos allí. Reinach no volvió desde que era dozent y se casó. Conrad y Hedwig Martius vivían desde su matrimonio, alternativamente, en München y Bergzabern (Pfalz). Dietrich von Hildebrand se había ido a München. Alexander Koyré, a París. Johannes Hering, que iba a hacer en el próximo verano su examen de estado, había vuelto a su patria, Strasburg, para poder trabajar sin estorbos. Aún quedaban algunos que, durante varios semestres, habían trabajado con estos ilustres corifeos y podían transmitirnos la tradición a los nuevos.

Desempeñaba un papel directivo Rudolf Clemens. Era lingüista. Su barba de color rubio oscuro y sus corbatas, su voz débil y sus ojos, a la vez afectuosos y pícaros, recordaban los tiempos del romanticismo. Su tono era amable, pero su amabilidad era tal que no inspiraba confianza completa.

Fritz Frankfurther procedía de Breslau y estudiaba matemáticas. A sus oscuros ojos se asomaba una ingenuidad, franqueza y bondad infantil. La clara alegría que nos era característica por el filosofar era en él especialmente atrayente. En una ocasión me contaba algo del curso de Husserl sobre Kant, que yo todavía no había oído. Se interrumpió a sí mismo de repente y dijo: «No, lo que ahora viene es demasiado bello para destriparlo anticipándolo. Esto lo tiene usted que oír directamente».

De todos, el que mayor impresión me produjo fue Hans Lipps. Tenía entonces veintitrés años, pero parecía mucho más joven aún. Era muy alto, esbelto, pero fuerte. Su hermoso y expresivo rostro era fresco como el de un niño y sus grandes ojos redondos eran —interrogadores como los de un niño— serios. Exponía ordinariamente su opinión en una frase breve, pero muy precisa. Si se le pedían más explicaciones, decía que no se podía añadir más, porque la cosa era evidente por sí misma. Con esto nos teníamos que dar por satisfechos y todos estábamos convencidos de la autenticidad y profundidad de sus opiniones, aunque no fuéramos capaces de comprobarlas. Cuando le era difícil expresarse con palabras, hablaban tanto más elocuentemente sus ojos y sus vivaces gestos espontáneos. No le era posible asistir durante aquel semestre regularmente a las reuniones vespertinas, debido a que entonces estaba ocupado con la preparación del examen básico de medicina, consistente en un estudio sobre la fisiología de las plantas, además de su doctorado en filosofía. El estudio de la medicina y de las ciencias naturales lo realizaba para llenar las horas en las que no se podía filosofar. Había dejado algunas otras cosas. Había comenzado arquitecto y artes industriales, pero esto no le podía llenar. Siempre anduvo inclinado en este sentido, pues su naturaleza estaba muy marcada por la tendencia artística. Durante su servicio militar, que cumplió en Dresde, en el Regimiento de Dragones, conoció las *Investigaciones lógicas* y esto significó para él el comienzo de una nueva vida. Por ello vino a Göttingen. Era el único que tenía un trato asiduo con el pobre Mos y que le apreciaba cordialmente. Los demás se burlaban a su espalda de su inseguridad y de sus eternas preguntas insolubles.

En todos los hasta aquí nombrados, la filosofía era el elemento esencial de la vida, aun cuando estudiasen otra cosa, además. También había otros a los que les sucedía lo contrario, es decir, que tenían otra especialidad como fundamental, pero fecundada por la fenomenología. A éstos pertenecerían los germanistas Friedrich Neumann y Günther Müller, que llegaron relativamente pronto ambos a ser titulares de su especialidad.

También había dos señoritas que pertenecían a la Sociedad desde hacía una serie de semestres: Grete Ortmann y Erika Gothe. Eran bastante mayores que yo. Ambas tenían experiencia como maestras antes de haberse decidido a ir a la Universidad. Eran del Mecklenburg: la señorita Gothe, de Schwerin; la señorita Ortmann, de una granja. Ésta era una personilla pequeña e insignificante, pero que pisaba tan fuerte que la mayoría de las veces su abrigo iba salpicado hasta arriba con el típico barrillo de las calles de Göttingen. Igualmente su forma de hablar era enfática, pero el contenido, que sonaba a pregón solemne, se me hacía muy trivial. Por lo general, no hablaba mucho, sino que tanto en el seminario como en la «Sociedad filosófica» escuchaba con una expresión de ferviente devoción, reflejada en sus grandes ojos azules. En ella esto se me hacía raro. Por el contrario, en Erika Gothe me atraía su actitud de silencio reverencial.

La señorita Ortmann manifestó inmediatamente que yo le era muy antipática. Ella misma me contó en un momento de confidencia que Reinach le había reprochado muy en serio el que tuviese una actitud tan poco amable con la señorita Stein, que era tan correcta. Para fundamentar su actitud le dijo a Reinach: «Ella habla con sencillez y las cosas son muy complicadas». Mos me había encargado ya en la primera sesión que llevase la dirección en la tarea de confeccionar el protocolo, cosa que acepté sin reparos. Nadie se sintió molesto con lo que yo hacía. Eran muy amables conmigo y valoraban mis observaciones en el diálogo.

El resultado de la actitud de la señorita Ortmann fue que no tuvo ningún contacto personal con el grupo. Ella y Erika Gothe parecían inseparables. Debían haber intentado el atraerme. En aquel semestre yo no lo eché de menos. porque mi necesidad de relaciones humanas estaba ampliamente cubierta con los conocidos de Breslau. Sólo mucho después me di cuenta de lo que sucedía fuera de la «Sociedad filosófica» y de la Universidad, pero entonces no advertí que estaba desconectada.

Además de Rose y de mí, había también otros miembros recién llegados a la Sociedad. Betty Heymann era una judía de Hamburg. Era pequeña y no desarrollada normalmente. Su fino rostro, algo desfigurado por unos enormes dientes. Sus ojos, extraordinariamente inteligentes y claros. Era alumna de Georg Simmel y pensaba doctorarse con él. Había venido, en principio, sólo por un semestre con objeto de conocer a Husserl.

Fritz Kaufmann tenía también un pasado filosófico del que se sentía orgulloso. Venía del Marburgo de Natorp y había asimilado tanto neo-kantismo que tenía muchas dificultades para adaptarse al método fenomenológico. Era el hijo mayor de una familia judía muy acomodada de comerciantes de Leipzig. Como tenía otros dos hermanos más jóvenes que se habían encargado del negocio paterno, pudo él consagrarse por entero a la filosofía y permitirse el lujo de una carrera universitaria. Era el único entre nosotros que no tenía que preocuparse por su manutención durante los estudios. En este nuestro ambiente, en donde se daba poca importancia a las cosas externas, llamaba poderosamente la atención su manera de vestir. Todos se regocijaron interiormente cuando un día un americano que estaba sentado al lado de Kaufmann sacudió enérgicamente su pluma estilográfica causando en su vecino una gran alarma por su traje gris claro en peligro. El lenguaje que usaba era un alto-alemán purísimo sin el menor dejo de Sajonia, en contraste con Lipps, que, para su desesperación, nada más abrir la boca se delataba como sajón (no quería reconocer que lo era, sino que, por el contrario, afirmaba enérgicamente que era prusiano, ya que había heredado de su padre la nacionalidad prusiana).

El día que tuvimos la reunión preliminar con Husserl, Rose y yo fuimos por la tarde, por primer vez, a la torre de Bismarck. Cuando estábamos afanadas en hacer ramitos de violetas, nos alcanzó Kaufmann. Nos reconoció por el encuentro de la mañana y nos saludó amistosamente. Nos dijo: «Allí hay muchas violetas». Así se inició nuestra primera conversación. Me quedé asombrada cuando, incidentalmente, nos contó cómo Reinach, en la primera visita que le había hecho, «casi le había echado» y se había negado rotundamente a admitirle a los ejercicios. Hasta entonces no me había podido imaginar que la bondad con que me había recibido pudiera ser distinción personal. Cuando luego asistí a los ejercicios de Reinach, encontré la explicación. Reinach rechazaba con amabilidad y cortesía, pero enérgicamente, toda petulancia. Kaufmann quizá se presentase con cierta autosuficiencia. Y es que él se hacía daño ante casi todos por esa actitud y por un cierto amaneramiento en el hablar. Yo pude apreciar muy pronto que esto no era más que la superficie. Me propuse gastarle unas cuantas buenas bromas, sin tener en cuenta su categoría distinguida. Y él me miraba en esos casos muy admirado, como ante algo insólito, pero que le caía bien. Se fue descongelando poco a poco y sus aires se hicieron sencillos y cordiales.

En el seminario de Husserl había también algunos que trabajaban personalmente con él, pero que no frecuentaban la «Sociedad filosófica». Al poco de comenzar el semestre, fui invitada a casa de los Courant una noche. Richard me dijo: «Yendo al seminario de Husserl conocerás, seguro, a Bell». Era un canadiense. Aunque yo había ya conocido a algún americano o inglés, no sabía a quién se refería. «Es el estudiante más simpático de Göttingen. Lo descubrirás enseguida».

Poco después vi en la rampa que hay delante del auditorio a un estudiante con un traje sport y sin sombrero. Parecía estar buscando a alguien con la mirada y tenía algo atractivamente libre e independiente en su porte. «Éste es Bell», pensé yo. Y lo era. No alternaba mucho con los otros fenomenólogos. En Göttingen los americanos y los ingleses formaban una colonia independiente y estaban muy unidos. Además, Bell tenía otras amistades que no tenían nada que ver con sus estudios. A ellas pertenecía mi primo. Por él me enteré de la prehistoria de Bell.

Originariamente era ingeniero, pero en sus viajes por el océano Glacial Artico —su patria era Halifax— había comenzado a filosofar. Vino primero a estudiar a Inglaterra y luego a Alemania. Me contó en una ocasión él mismo que le había llamado la atención un comentario de Moritz Schlick sobre las *Investigaciones lógicas* y que esto le había llevado a Göttingen. Ahora llevaba ya tres años aquí y hacía con Husserl un trabajo de doctorado sobre el filósofo americano Royce. Tenía treinta y un años, pero parecía mucho más joven.

En aquel semestre de verano elegimos como tema de diálogo en la «Sociedad filosófica» la segunda gran obra que había publicado el Anuario. Es un libro que quizá haya influido aún más en la vida del espíritu de los últimos diez años que las *Ideen* de Husserl. Se trataba del *Formalismo en la Ética y Ética material de los valores,* de Scheler.

Los jóvenes fenomenólogos estaban muy influidos por Scheler. Algunos —como Hildebrand y Clemens— dependían más de él que del propio Husserl. Scheler se encontraba entonces en una situación personal muy desagradable. Su primera mujer, de la que se había divorciado, le había metido en un proceso escandaloso en München. Todo lo que salió a relucir produjo el que la Universidad le privase de la *venia legendi.* Así se quedó privado de poder enseñar. Además, no podía contar con ingresos fijos y vivía de su pluma, la mayor parte del tiempo en Berlín, con su segunda mujer (Märit Furtwängler) en una habitación de pensión modesta y haciendo frecuentes viajes.

La «Sociedad filosófica» le invitaba cada semestre por un par de semanas a dar unas conferencias en Göttingen. No podía hablar en la Universidad ni nosotros anunciar en el tablero sus conferencias, sino sólo comunicarlo de palabra. Teníamos que reunirnos en algún hotel o café. También al final de aquel semestre vino Scheler. En principio se habían proyectado solamente algunas noches a la semana para las conferencias, pero no supo Scheler repartir bien el tiempo y al final quedaba tanta materia que hubimos de ir diariamente. Cuando terminaba la parte oficial de la conferencia, él se quedaba con un pequeño grupo durante horas en el café.

Yo no tomé parte en estas reuniones nocturnas más que una o dos veces. Como estaba muy interesada en recibir todos los estímulos posibles, capté algo que me molestó: el tono con que hablaba de Husserl. Scheler era, naturalmente, contrario a la vuelta al idealismo y se expresaba casi con altivez. Algunos jóvenes se permitían usar un tono irónico y esto me indignaba, considerándolo como una falta de respeto y como desagradecimiento.

Las relaciones entre Husserl y Scheler no eran del todo claras. Scheler no perdía ocasión para afirmar que él no era discípulo de Husserl, sino que había encontrado independientemente el método fenomenológico. En todo caso no había oído sus clases como alumno, pero Husserl estaba convencido de su dependencia. Se conocían hacía muchos años. Cuando Husserl era privatdozent en Halle, Scheler vivía en la cercana Jena. Se encontraban con frecuencia y mantuvieron un fecundo intercambio de ideas. De lo fácil que le era a Scheler apropiarse de sugerencias de otros lo sabe todo aquel que lo haya conocido o, al menos, quien haya leído atentamente sus escritos. Y es que le llegaban las ideas y en él se desarrollaban progresivamente, sin que ni él mismo se diese cuenta de la influencia que había recibido. Así podía decir con buena conciencia que eran de su propiedad.

Esta cuestión del prurito de prioridad constituyó para Husserl una seria preocupación con respecto a sus alumnos. Se esforzaba denodadamente por educarnos en la más estricta objetividad y solidez, en «el radical decoro intelectual». En cambio, el estilo de Scheler, el de divulgar geniales sugerencias, sin seguirlas sistemáticamente, tenía algo de deslumbrante y seductor. A ello contribuía el que hablaba de cuestiones vitales inmediatas que a todo el mundo tocan personalmente mucho y que entusiasman especialmente a los jóvenes. No sucedía así con Husserl, que trataba de temas sobrios y abstractos. Pero, a pesar de estas tensiones, hubo en aquel entonces, en Göttingen, una amistosa relación entre los dos.

La primera impresión que Scheler producía era fascinante. Nunca se me ha vuelto a presentar en una persona el puro «fenómeno de la genialidad». Desde sus grandes ojos azules trasparecía el brillo de un mundo superior. Su rostro era de corte bello y noble, pero la vida había dejado en él huellas funestas. Betty Heymann decía que le recordaba el retrato de Dorian Grey: aquel misterioso cuadro en el que la vida desordenada del original trazaba sus líneas deformantes, mientras la persona conservaba su íntegra belleza juvenil.

Scheler hablaba muy incisivamente, hasta con dramática viveza. Le eran especialmente gratas palabras como «la pura verdad» (pure Wahrheit), y las pronunciaba con devoción y ternura. Cuando polemizaba con un adversario, adoptaba un tono despectivo. En aquellas conferencias trató las cuestiones que constituyen el tema de su libro que acababa de aparecer y cuyo título es: *Zur Phänomenologie und Theorie der Sympathiegefühle* («Esencia y formas de la simpatía», en español). Para mí fueron muy importantes de manera especial, pues precisamente entonces empezaba yo a preocuparme con el problema de la «empatía» (Einfühlung).

En la vida práctica Scheler era menesteroso como un niño. Una vez le vi en el guardarropa de un café perplejo ante una fila de sombreros. No sabía cuál era el suyo. «¿Verdad que necesita usted ahora a su esposa?», le dije sonriendo. Él asintió con la cabeza. Viéndole así, no se le podía tener mala voluntad, aun cuando él hacía cosas que en otras personas se condenarían. Incluso las víctimas de sus extravíos solían abogar por él.

Tanto para mí como para otros muchos, la influencia de Scheler en aquellos años fue algo que rebasaba los límites del campo estricto de la filosofía. Yo no sé en qué año volvió a la Iglesia católica. No debió ser mucho más tarde de por aquel entonces. En todo caso era la época en que se hallaba saturado de ideas católicas y hacía propaganda de ellas con toda la brillantez de su espíritu y la fuerza de su palabra.

Éste fue mi primer contacto con este mundo hasta entonces para mí completamente desconocido. No me condujo todavía a la fe. Pero me abrió a una esfera de «fenómenos» ante los cuales ya nunca podía pasar ciega. No en vano nos habían inculcado que debíamos tener todas las cosas ante los ojos sin prejuicios y despojarnos de toda «anteojera». Las limitaciones de los prejuicios racionalistas en los que me había educado, sin saberlo, cayeron, y el mundo de la fe apareció súbitamente ante mí. Personas con las que trataba diariamente y a las que admiraba, vivían en él. Tenían que ser, por lo menos, dignos de ser considerados en serio. Por el momento no pasé a una dedicación sistemática sobre las cuestiones de la fe. Estaba demasiado saturada de otras cosas para hacerlo. Me conformé con recoger sin resistencia las incitaciones de mi entorno y casi sin notarlo fui transformada poco a poco.

En el relato de mi primera época de Göttingen falta algún pormenor sobre mis relaciones con mis familiares. Mi primo Richard Courant tenía entonces veinticinco años. Hacía poco tiempo que era privatdozent y que se había casado. Su mujer, Nelli Neumann, de Breslau, era un poco mayor que él. Habían estudiado juntos matemáticas. Nelli había hecho aquel año su doctorado y examen de estado. El notario Neumann había rehusado durante mucho tiempo el confiar a aquel joven, que todavía no tenía asegurado el porvenir, a su única hija. Neumann padre era un hombre extraordinariamente amable y noble. Su mismo porte exterior era distinguido y atrayente: alto, esbelto, rubio y con los ojos azules no parecía un judío de la provincia de Posen (de donde era), sino más bien un aristócrata germánico. Cuando la madre de Nelli murió, tenía la niña dos años y tuvo que ser para ella padre y madre. La rodeó de un tierno cariño y compartió con ella alegrías y penas y la trató como a un camarada. La armonía de su vida, tan unida, se vio perturbada tan sólo por la suegra, que el señor Neumann tuvo que llevar a su casa después de la muerte de su mujer, a pesar de que mortificaba a la niña y a él constantemente con sus extravagancias. Murió cuando ya estaba Nelli casada. Ya he hablado anteriormente de la juventud dura y difícil de mi primo. Lo que era se lo había ganado por sus propias fuerzas y todos nosotros sentíamos la mayor admiración por sus excepcionales dotes y por su fuerza de voluntad. La fortuna de su mujer le permitió por vez primera el llevar una vida sin preocupaciones y disfrutar de una existencia tranquila con ánimo juvenil.

Al igual que Anne Reinach, Nelli hizo preparar con el mayor esmero una vivienda hermosa y confortable. La casita, en la Schillerstrasse, en la que ocupaban dos pisos, estaba en el límite sur de la ciudad. Detrás se extendían jardines y campos. Este hogar delicioso estaba abierto a una convivencia espontánea. A Richard le gustaba el tener en casa invitados imprevistos. También traía a casa con mucho gusto a alumnos y alumnas, si es que tenía que cambiar con ellos impresiones.

Nelli me había animado a ir a Göttingen y me recibió muy cordialmente. Me invitaba frecuentemente a comer y puso a mi disposición amablemente el cuarto de baño. A Nelli le privaba el poner a disposición de los demás lo que ella tenía. Era serena y comunicativa, además de ser de las personas que les gusta ir al fondo de las cosas.

Tenía un especial interés por los problemas éticos y no se determinaba a nada sin pensar previamente el pro y el contra. Asistía a algunas clases. Una vez por semana, que teníamos las dos un curso común, íbamos juntas. Se tomaba mucho interés por todos mis asuntos, siguiendo atentamente la marcha de mis estudios, y se alegraba al comprobar que yo era una de las personas que siguen el camino para el que han nacido.

No era precisamente su fuerte el ser ama de casa. Su educación no había ido en esta dirección. Cuando, tras unos meses de estar casada, tuvo que ir a Berlín al entierro de su abuela, me contó con cierto humor la serie de percances de todo tipo que le habían ocurrido como inexperta ama de casa. Me decía: «Las cosas son tanto más complicadas cuanto más se alejan de las matemáticas, y el llevar una casa es lo más lejano de las matemáticas». Richard le gastaba bromas en el tono que le era característico. Nuestro punto de cercanía era el próximo parentesco. En efecto, sin quererlo, estaba muy pendiente de la familia y me preguntaba constantemente por todos sus miembros. Me hablaba de las preocupaciones que tenía por sus padres con la confianza que anteriormente había tenido para pedir consejo a mi madre. También mostraba un gran interés por mi carrera científica.

El motivo por el que yo había venido a Göttingen había sido la filosofía, y a ella le dedicaba la mayor parte de mi tiempo. Pero no podía abandonar las otras disciplinas. Dado que no había proyectado más que un semestre de estancia allí, no quería desperdiciar la ocasión de conocer a otros germanistas e historiadores distintos de los de Breslau. El curso con Richard Weissenfeld sobre «Börne, Heine y la nueva Alemania» era descanso más que trabajo. También disfruté al estricto y temido Edward Schröder como un «fenómeno» no preocupante. Era un hombre alto y corpulento con una barba entrecana y partida. Estaba orgulloso de tener un «lenguaje evolucionado» —el de su patria chica, Hessen—. Más exacto, sin embargo, me parecía a mí cuando hablaba alto alemán medio o, más aún, cuando usaba el alto alemán. Verdaderamente yo gozaba cuando en su curso leía los textos como ejemplos.

Al igual que su cuñado Roeth, en Berlín, era enemigo de que las mujeres estudiasen y no había recibido hasta entonces a ninguna señorita. Me tocó vivir su «conversión». Cuando al comienzo de aquel semestre distribuyó las llaves del seminario a los miembros asistentes —para ello debíamos ir pasando por delante de él, uno a uno, y con un apretón de manos prometer que no nos llevaríamos a casa ningún libro de la biblioteca del seminario—, declaró públicamente que a partir de entonces permitiría el acceso al curso superior a las señoritas, pues lo habían merecido por su aplicación y meritorios trabajos. Además, era una persona muy sentimental. Cuando alguna vez en sus explicaciones citaba a un colega fallecido, se le saltaban las lágrimas.

Además de los fenomenólogos, también oí explicaciones del filósofo Leonard Nelson. Todavía era joven. Apenas habría pasado la treintena, pero ya famoso en toda Alemania o, mejor dicho, temido, a causa de su libro sobre el llamado problema del conocimiento, en el que había «matado» con gran agudeza de ingenio, uno tras otro, a todos los representantes más destacados de la nueva teoría del conocimiento, denunciando sus contradicciones formales.

En su curso —asistía a uno que versaba sobre «La crítica de la razón práctica»— no era modelo de suavidad. Él usaba dos gráficos esquemáticos para la demostración de las contradicciones típicas. Casi en todas las clases los dibujaba en la pizarra para aplicarlos a nuevos adversarios, y los alumnos llamaban a aquellos dibujos «la guillotina». El único que se salvaba de aquella matanza era el discípulo de Kant, Fries, que daba nombre a la propia filosofía de Nelson. Su ética culminaba con la deducción de un imperativo categórico algo cambiado. En general, la exposición no era otra cosa que deducción sin quiebra alguna de tesis presupuestas. Era difícil evadirse de las conclusiones finales, pero precisamente por esto yo tenía la impresión de que el fallo estaba en las premisas. Lo peligroso estaba en que todo lo que deducía teóricamente lo llevaba irremisiblemente a la práctica y lo mismo exigía a sus alumnos. Se rodeó de un grupo de jóvenes (pertenecientes a movimientos juveniles) que se dejaron llevar por él y que conformaban su vida según sus consignas. Richard Courant, que había estado temporalmente bajo su fuerte influjo, solía decir: «Igual que el enjambre estudiantil va tras el aperitivo, así van los "insurrectos" al curso de Nelson». Era, por naturaleza, un dirigente. La firmeza de su carácter, la inflexibilidad de su voluntad, la serena pasión de su idealismo moral le daban poder sobre los demás. Externamente era poco seductor. Era alto y ancho de hombros, su andar pausado, sus párpados caían pesadamente sobre sus ojos medio azules, y también su voz era pesada y algo cansada, a pesar de la decisión y del vigor con que se expresaba. Su rostro era feo, pero atrayente. Lo más bello en él eran sus cabellos espesos, rubios y rizados. Hablaba sobria y secamente. Hacía un esquema de su pensamiento en la pizarra. Tanto por la escritura como por el dibujo de los esquemas se veía que tenía mano de pintor.

Pocas personas había a las que honrase con su trato si es que no suscribían incondicionalmente su filosofía y su modo de vivir. A estas pocas excepciones pertenecía Rosa Heim, una judía rusa que estudiaba en Göttingen desde hacía ya algunos años psicología. Yo la había conocido en el Instituto Psicológico, y un día en que íbamos juntas por la calle nos encontramos con Nelson. Ella le saludó, me presentó a él y le dijo que teníamos que hablar los dos. A continuación se despidió y dejó que continuásemos solos andando. Nelson me conocía de vista de su curso y tenía deseos de saber lo que yo opinaba del mismo, pues sabía que yo era alumna de Husserl y no era frecuente que alguien de esta procedencia fuese a sus cursos. Él mismo no conocía directamente muy bien los escritos de Husserl y confesaba que costaba mucho tiempo el familiarizarse con una terminología tan difícil.

Yo le pregunté si no había tenido un cambio de impresiones con Reinach. Era mucho más fácil. «Reinach es más claro, pero a costa de ser menos profundo», respondió en redondo. Con esto se terminó nuestro diálogo, pues habíamos llegado frente a la editorial de Vandenhoeck y Rupprecht, que era a donde él iba. Pasaron años antes de coincidir otra vez con él.

En el Instituto de Psicología seguí algunas lecciones de «Psicofísica de la sensibilidad ocular» con Georg Elías Müller, un veterano del antiguo método estricto naturalístico. Tenía una exactitud que me atraía y me daba más confianza que lo que yo había visto en Stern. Pero no pasaba de ser un placer por la física teórica o la matemática. Eran disciplinas que aprendía con gusto, pero en las que no encontraba personalmente nada que hacer. Müller era un furibundo enemigo de la fenomenología, porque para él no había otra cosa que ciencias experimentales. Husserl, por el contrario, nos recomendaba que fuéramos a oírle, porque consideraba valioso el que conociésemos los métodos de las ciencias positivas.

David Katz, que trabajaba con Müller como privatdozent en el Instituto, se había ocupado durante sus estudios de la fenomenología y subrayaba en sus clases que había sacado buen fruto de ello. Por Moskiewicz y Rosa Heim (con quien él se casó más tarde) le conocía personalmente. El trabajo en el Instituto era muy singular. Müller tenía una serie de alumnos que querían doctorarse con él, aunque la cosa no era fácil. Frecuentemente pasaban meses antes de tener reunidos los métodos de investigación y los aparatos necesarios. Ninguno decía al compañero qué clase de trabajo estaba haciendo. En los distintos cuartos de trabajo del vetusto edificio de la Paulinerstrasse, el más profundo misterio rodeaba lo que se hacía con aquellos instrumentos. Durante algún tiempo yo fui el objeto de las investigaciones de un psicólogo danés. Me sentaba en un cuarto oscuro delante de un taquitóscopo y veía desfilar una serie de figuras diferentes de color verde que brillaban tan sólo por unos momentos y luego tenía que decir lo que había visto. Yo comprendí que se trataba del reconocimiento de las figuras, pero una explicación más detallada no me dieron.

Nosotros, los fenomenólogos, nos reíamos de todo este secreto y nos sentíamos satisfechos de nuestro libre intercambio de ideas. No teníamos ningún miedo a que uno pudiera atrapar las conclusiones de otro.

Junto con la filosofía, lo más importante para mí era el trabajo con Max Lehmann. Ya había estudiado a fondo en Breslau su extensa obra sobre el barón de Stein y me alegré de conocer al autor personalmente. Asistía a su curso general sobre la época del Absolutismo y la Ilustración y a un cursillo de una hora semanal sobre Bismarck. Me gustaba su manera de pensar, de dimensiones europeas, heredada de su gran maestro Ranke, y me sentía orgullosa de ser una discípula-nieta del gran historiador. Aunque, ciertamente, no podía estar de acuerdo con todas sus ideas. Como viejo hannoveriano su mentalidad era fuertemente antiprusiana. Su ideal era el liberalismo inglés. Esto se hizo patente, como era de esperar, de manera especial en su lección sobre Bismarck. Dada mi tendencia a oponerme a toda parcialidad que me inducía a hacer justicia a la parte contraria, con este motivo fui aquí más consciente que en mi ambiente familiar de las notas positivas del prusianismo y mi simpatía por él aumentó.

Ya he mencionado que renuncié a los ejercicios de Reinach para asistir al seminario de Lehmann, que coincidían en la hora. Casi me arrepentí de ello cuando me di cuenta de la exigencia de dedicación que esto representaba, pues no había sido mi intención el dedicar tanto tiempo al estudio de la historia en Göttingen. El tema del trabajo de todo aquel semestre fue la comparación de la Constitución alemana del Reich de entonces con el proyecto de la Constitución de 1849. Los libros más importantes para el estudio de este punto se habían reunido en un pequeño cuarto de trabajo al lado del aula, para que pudiéramos consultarlos. Pasé muchas horas en aquella habitación. La sorpresa más desagradable fue que todo nuevo participante tenía que hacer un extenso trabajo por escrito. Los temas se distribuyeron en la primera clase y cada tema lo habían de hacer dos estudiantes, a ser posible un estudiante y una estudiante; también se fijó el plazo para la entrega. Los trabajos habrían de ser discutidos en la segunda parte del semestre. A tal efecto, las dos víctimas habrían de colocarse en la mesa de forma de herradura, frente a Lehmann, y hacer la exposición y responder a las objeciones. Esto era para él la gran ocasión para conocer a cada uno a fondo y personalmente.

La vista de Lehmann era bastante débil y no nos podía ver si nos sentábamos lejos. Al principio de cada semestre numeraba las mesas y hacía poner el nombre a cada uno en su sitio. Así nos conocía en función de nuestro puesto y no podíamos cambiarnos.

Mi tema versaba sobre la realización del programa del partido en el proyecto de la Constitución de 1849. A mi compañero y a mí nos había tocado el turno de exposición para finales de semestre. Antes no nos habíamos tratado, pero, agobiados por el mismo peso, me acompañaba algunas veces a mi casa, para en el camino hablar de nuestras comunes preocupaciones. Era inteligente y aplicado. Yo le creía capaz de hacer bien el trabajo.

Nuestra tarea era ardua. Necesitábamos enterarnos bien de la intervención de los partidos en la reunión nacional de Frankfurt y procurarse los programas. No todos ellos eran accesibles, aunque la mayoría estaban editados en una colección manual. Uno de ellos lo encontré tras largas pesquisas en un tomo de periódicos encuadernados del año 1848 de la biblioteca de Heidelberg. Recogido el material, comenzó la tarea de comparación. Todo el semestre estuve bajo la presión de esta carga. Por fin, llegó la sesión, en la que Lehmann no nos perdió de vista.

Siempre estaba muy amable en estas sesiones y se mostró con nosotros muy contento sobre el desarrollo del diálogo. De todos modos surgió una dificultad un tanto tragicómica. No había podido descifrar del todo mi trabajo, porque la tinta que yo había empleado era demasiado tenue para su débil vista. Una compañera mayor (estudiaba ahora siendo maestra) me dio el acertado consejo de ir a ver a Lehmann y preguntarle si debía hacer pasar a máquina mi trabajo. Con esta intención hice el camino que conducía a Bürgerstrasse, donde él vivía en una casa de su propiedad. Era una vieja casa rodeada de jardín.

Me condujeron hasta el piso superior. Ya la antesala de su estudio estaba llena de libros hasta el techo. Lehmann me recibió afablemente. Me dijo que no era necesario pasar a máquina el trabajo. Él se había dado cuenta exacta de todo a través del diálogo y se daba por satisfecho. Sobre todo con las señoritas. ¡Qué sería de su seminario si no hubiera señoritas que trabajasen con tanta aplicación e inteligentemente! Esto me pareció a mí algo exagerado y me sentí obligada a hablar en favor de mis compañeros varones. También había muchachos que trabajaban algo. Se quedó algo sorprendido por aquella respuesta mía, pero concedió: «¡Oh!, sí, algunos ciertamente. Por ejemplo, su compañero de trabajo ha hecho también un buen estudio».

Pero aún había de venir otra sorpresa. Lehmann me dijo que mi trabajo le había complacido tanto que lo quería aceptar como materia para el examen de estado. Debería añadir una pequeña ampliación. Esto no era una excepción extraordinaria. Lehmann acostumbraba a admitir los buenos trabajos del seminario para el examen. Pero yo no sabía nada de esto, pues hasta entonces no me había preocupado en absoluto de lo que se exigía para el examen en Göttingen.

Siempre había considerado el examen de estado como una cosa muy lejana, puesto que mi interés se centraba en el doctorado. Por otra parte, había ido a Göttingen sólo por un semestre y, en todo caso, el examen de estado lo pensaba hacer en Breslau. Pero, en verdad, a medida que se iba acercando el final del semestre, tanto más me iba pareciendo imposible la idea de marcharme para no volver más. Aquellos meses que habían transcurrido no eran simplemente un episodio, sino el comienzo de una etapa nueva de mi vida. Y en estas circunstancias me llegó una ayuda desde donde menos lo podía haber imaginado. Un trabajo terminado para el examen de estado no se podía desperdiciar. Esto lo comprenderían también mis gentes.

Creo que ya estaba todo el plan forjado al volver de aquella visita afortunada. Ahora lo que tenía que hacer inmediatamente era arreglar mis relaciones con el profesor Stern. Le envié un informe sobre la marcha del semestre. Yo no había hecho nada en relación con mis trabajos de psicología. Por el contrario, me había enfrascado por completo en la fenomenología. Y ahora mi ardiente deseo era el continuar trabajando con Husserl.

Recibí una respuesta muy favorable. Me decía que, si realmente mi deseo era el expresado, él, por su parte, no tenía que darme más que un consejo: hacer el doctorado con Husserl. Tampoco encontré resistencia en mis familiares.

Ahora había llegado el momento del paso decisivo: fui a ver a Husserl y le pedí un tema para la tesis doctoral. «¿Está usted ya tan adelantada?», me preguntó sorprendido. Estaba acostumbrado a que se asistiese a sus clases durante años antes de atreverse a comenzar un trabajo personal. De todos modos, no consiguió disuadirme. Me presentó con toda claridad las dificultades. Sus exigencias para un trabajo de doctorado eran muchas. Calculaba que necesitaría unos tres años. También me dijo que si yo tenía el proyecto de hacer el examen de estado, entonces me aconsejaba decididamente que lo hiciera antes del doctorado, pues, de no hacerlo así, me iba a distraer demasiado de las disciplinas de la licencia, ya que era su firme criterio el que se hiciera algo importante en alguna especialidad científica. Que no servía para nada dedicarse exclusivamente a la filosofía, pues se necesitaban sólidos fundamentos y estar familiarizado con los métodos de las otras ciencias.

Aquello, ciertamente, deshacía todos mis planes y me descorazoné un tanto. Pero no me dejé intimidar, sino que quería hacer frente a cada una de las condiciones. Ante esto, el maestro se mostró algo más complaciente. No tenía nada que oponer a que, si había elegido ya un tema, lo comenzase y trabajase en él. Cuando llevase bastante adelantada la preparación para el examen de estado me indicaría el trabajo del examen de licencia, de manera que, a partir de él, pudiera hacer el trabajo de doctorado.

Puestas las cosas en estos términos, quedaba ahora por dilucidar sobre qué quería yo trabajar. Pero sobre este punto no tenía la menor perplejidad. En su curso sobre la naturaleza y el espíritu, Husserl había hablado de que un mundo objetivo exterior sólo puede ser experimentado intersubjetivamente, esto es, por una pluralidad de individuos cognoscentes que estuviesen situados en intercambio cognoscitivo. Según esto, se presupone la experiencia de los otros. A esta peculiar experiencia, Husserl, siguiendo los trabajos de Theodor Lipps, la llamaba «empatía». Sin embargo, Husserl no había precisado en qué consistía. Esto era una laguna que había que llenar. Yo quería investigar qué era la «empatía».

Esto no le desagradó al maestro; pero todavía habría de tragar yo otra amarga píldora. Me pidió que realizase mi trabajo en confrontación con Theodor Lipps. Y es que él tenía ganas de que sus alumnos estableciesen con claridad en sus trabajos la relación de la fenomenología con las otras corrientes filosóficas significativas de la época. Él mismo lo cultivaba poco. Estaba excesivamente saturado con sus propias ideas para poder dedicar tiempo a la confrontación. La exigencia que nos hacía encontraba en nosotros poco eco.

A este propósito solía decir, sonriente: «Adiestro a mis alumnos en los filósofos sistemáticos, y me maravillo de que luego no les guste hacer trabajos históricos de filosofía». Pero para lo primero era inflexible. Así es que yo tuve que resignarme a comer la amarga manzana, es decir, seguir adelante y estudiar a fondo la larga serie de obras de Theodor Lipps.

Esta entrevista tuvo sus arduas consecuencias. Hubo que hacer de nuevo todo un plan diferente. Sin embargo, pronto estuvo listo. Si es que debía hacer el examen de estado antes que el doctorado, lo que convenía era quitármelo de encima cuanto antes. Ya había hecho cinco semestres. Todavía no podía matricularme para el examen, porque eran necesarios por lo menos seis. Yo era del plan antiguo, que no abarcaba tantas materias como ahora, que la mayoría de los estudiantes necesitaban de ocho a diez semestres. Esto no iba conmigo. Así que tomé mi decisión: en el próximo semestre de invierno dejaría terminado el proyecto del trabajo sobre la «empatía» y tenía, a la vez, que avanzar en la preparación del examen oral, de tal modo que me pudiera matricular al final del semestre para la prueba.

Éste fue el resultado de mi primer semestre en Göttingen. A principios de agosto volví a casa de vacaciones. No recuerdo si este viaje lo hice en compañía de Rose. Para ella, la despedida de Göttingen era definitiva. Dejamos nuestra vivienda, porque para mí sola resultaba demasiado cara. En el otoño yo buscaría otro alojamiento.

2

Así pues, a primeros de agosto me fui a casa para pasar las vacaciones de verano. El verano de 1913 fue una temporada importante para Breslau. Era el centenario de la guerra de la liberación. Todos se admiraban de que yo hubiese estado ausente precisamente ese semestre. Muchas de las fiestas ya habían pasado y me las había perdido. Especialmente la representación de Gerard Hauptmann, que había escrito para esta ocasión y que tuvo lugar en el «Auditorio» del centenario, construido con este motivo y coronado por una cúpula de cemento y hierro. Entonces era el auditorio más grande del mundo. Yo había leído la obra en Göttingen y el final me pareció genial: los acontecimientos memorables —la grandeza de Prusia, la caída y el renacimiento, el deslumbrante triunfo napoleónico y su derrumbamiento— eran tratados de forma atrevida y representados en forma guiñolesca, tal como ellos mismos, vistos desde arriba, quisieron aparecer.

Esta manera de concebir las cosas produjo escándalo en las altas esferas. En Berlín era ya tradición antigua el que no se podía llevar a escena a ningún Hohenzollern. Que ahora fuesen tratados como marionetas pareció como atentado de lesa majestad. El Príncipe heredero alemán retiró su protección a las fiestas del centenario. Para reconciliarse con el Príncipe y con el Emperador, la directiva de los festejos desistió de hacer nuevas representaciones de marionetas. La visita del Emperador tuvo lugar durante mi estancia en Breslau. Como de costumbre, fue breve (años antes, una mujer cometió un atentado contra él en nuestra ciudad, y esto le quitó las ganas de volver). Cuando visitó las instalaciones de la fiesta, allí estaba el constructor, arquitecto de la ciudad, Berg, dispuesto para ser presentado y oír alguna palabra amable. Pero no se reparó en él y tuvo que oír ásperas palabras. El ayuntamiento hubiera hecho mejor en emplear la gran cantidad de dinero que se había gastado dándolo a la Universidad. El mortificado arquitecto se hizo socialdemócrata.

El Emperador tampoco tuvo tiempo para asistir en el Auditorio del Centenario a un concierto, donde cantaban canciones populares diez mil niños de las escuelas. El rey de Sajonia había estado hacía poco y los había escuchado, teniendo palabras amables para los pequeños artistas. A mí me pareció el comportamiento del Emperador increíblemente estúpido. Pensé que con un par de palabras se hubiese ganado el corazón de tanto niño para toda la vida y hecho de ellos súbditos fieles. Pero no se le había concedido el don de aprovechar ocasiones semejantes.

Por mi parte, además de estos coros, tuve ocasión de oír también en el Auditorio otras piezas, como, por ejemplo, un gran concierto de Bach con el órgano gigante que se había construido. Visité asimismo la Exposición del Centenario. Esta sala de exposiciones, los jardines históricos y otra serie de construcciones quedaron como adorno duradero de la ciudad.

En casa fui recibida con todo cariño. Mis planes para el futuro no encontraron ninguna resistencia. No tuve la sensación de que mi madre sufría porque yo estudiase fuera. Cuando les informé de mis dos trabajos, Erna quedó muy admirada, porque había acometido dos empresas distintas a la vez. Su propio trabajo de doctorado le parecía, al lado del mío, un juego de niños, pues a ella le habían dado hecho el planteamiento entero y sólo le habían encargado del desarrollo de la investigación.

Entre el grupo de antiguos amigos, mi evolución científica causó sensación; pero, como en otros tiempos, «se contaba con ello». Stern siguió invitándome al íntimo grupo de alumnos y pidió mi ayuda para preparar una gran reunión pedagógica y, además, una exposición psicológica. El punto central consistía en una confrontación entre Wyneken, que ponía su ideal de educación en las escuelas comunes libres de una manera muy radical, y Stern, que abogaba en forma más suave, pero no menos firme, por la educación en la familia. Esta vez estaba yo completamente a su lado.

El tenebroso aspecto de Wyneken, su mirada fanática, me repelían tanto como sus teorías, y los educandos de Wikkersdorf que él había traído no me parecieron en su ciega adhesión ningún resultado para inspirar confianza en el arte pedagógico de su director.

En la segunda quincena de octubre, unos días antes de comenzar las clases, me encontraba de nuevo en Göttingen. Alquilé una habitación en la Schillerstrasse, solamente a una manzana de distancia de la casa de los Courant. Toda la casa era de nueva construcción. La habitación, moderna y de gusto, con techo blanco, luminoso papel pintado con delgadas listas en oro. Los dueños pertenecían a la clase media acomodada. La señora Mussmann no era ni joven ni bonita, pero muy agradable. Me daba, según la costumbre que ha perdurado en mí hasta ahora, leche para desayunar y té para la cena. Algunos meses después, tomó la costumbre de traerme al mediodía algo de su propia comida. Así estaba yo, por muy poco dinero, muchísimo mejor atendida que en los restaurantes.

Mi habitación estaba instalada independientemente de la vivienda de mis huéspedes, teniendo entrada desde la escalera. Era un entresuelo y me podían llamar desde la calle golpeando la ventana con un bastón. Richard se anunciaba así cuando volvía por la noche de algún concierto y veía luz en mi cuarto. Aquel invierno estuve yo muy sola. Mientras estuvo Rose conmigo, ninguna de las dos supimos lo que era la nostalgia. Ahora la echaba mucho de menos. Evitaba el pasar por la Lange Geismarstrasse, porque sólo ver nuestra antigua vivienda me daba dolorido sentir. Por eso nunca tuve valor para visitar a nuestros antiguos huéspedes. El fiel Danziger seguía acompañándome en los paseos dominicales. Ahora no disponía yo de tanto tiempo como antes, porque estaba totalmente absorta en mi gran programa de trabajo. Además, he de confesar que el buen muchacho me resultaba algo aburrido.

También Moskiewicz había vuelto. Yo prefería su trato, aunque la relación con él era siempre agotadora. Generalmente, me rogaba que le reservase la tarde del domingo, pero también tenía que contar con que un ciclista me trajese una carta deshaciendo el compromiso. A veces venía detrás un segundo emisario que revocaba la anterior excusa. Yo no tomaba nada de esto a mal, porque adivinaba lo que había detrás. La fenomenología era su amor desgraciado. Le había hecho perder el gusto por su trabajo de psicología y no podía recuperarlo. En la fenomenología no había superado las dificultades iniciales y no podía trabajar por su propia cuenta. Creía que yo estaba más adelantada que él y que tenía que aprovechar cada encuentro conmigo para que le ayudase a avanzar. Pero, por otra parte, temía estos diálogos, porque le desalentaban. Cuando hablábamos de otras cosas, se encontraba a gusto, pero esto se lo permitía raras veces.

Había vuelto a Göttingen principalmente porque Reinach le había dicho que podía ir a su casa todas las semanas una vez para verle a solas. Le daba la máxima importancia a esas tardes, que habrían de traerle la solución de todas sus dudas. Yo me quedé de una pieza cuando al final del semestre Reinach me confesó que aquellos diálogos eran para él una insoportable carga. Reinach sabía que yo conocía bien a Moskiewicz y quería oír mi opinión. Él le consideraba como un caso perdido. «Debe, sin embargo, quedarse en su psicología. Como fenomenólogo no hará nada. ¿No habría forma de decírselo?» Yo le rogué insistentemente que no lo hiciera.

Conociendo, como yo conocía la naturaleza nerviosa de Moskiewicz, temía que no pudiese resistir semejante golpe. Reinach me prometió no decirle tampoco nada y continuar oyendo pacientemente las mismas dudas y vacilaciones. En correspondencia, yo acepté el trabajo de convencerle discretamente de que no prolongase su estancia en Göttingen más de aquel semestre de invierno. Y, en efecto, el siguiente semestre lo pasó en Frankfurt, buscando que allí le ayudasen las sugerencias de importantes psicólogos (como Wertheimer, Gelb y Köhler).

El semestre de invierno me trajo más exigencias filosóficas que el de verano. Husserl dictaba su gran curso sobre Kant. Pero, sobre todo, mi horario me permitía ahora asistir a las clases de Reinach («Introducción a la Filosofía») y a sus ejercicios para adelantados. En el pasado semestre solamente había ido a su curso algunas veces como oyente cuando tenía esa hora libre. Me encantaba escucharle. Aunque tenía delante un manuscrito, daba la impresión de que apenas lo miraba. Hablaba en un tono vivo y alegre, sencillo, libre, elegante, siendo todo evidentemente claro y concluyente. Daba la impresión de que no le costaba ningún esfuerzo. Cuando, andando el tiempo, pude ver el manuscrito, comprobé para asombro mío que todo, desde el principio al fin, estaba literalmente elaborado y al fin de la última clase de un semestre acostumbraba a escribir: «Terminado, ¡gracias a Dios!» Todos aquellos brillantes logros eran el resultado de indecibles esfuerzos y apreturas.

Los ejercicios los daba Reinach en su casa. Como inmediatamente antes asistíamos al curso de Husserl, teníamos una caminata de veinte minutos hasta Steingraben. Las horas pasadas en el delicioso cuarto de trabajo de Reinach fueron las más felices de toda mi estancia en Göttingen. Todos estábamos de acuerdo en que era aquí donde aprendíamos más sistemáticamente. Reinach discutía con nosotros los problemas con los que él mismo estaba ocupado en sus investigaciones personales. En aquel semestre de invierno nos tocó el tema del movimiento. No era un enseñar y aprender, sino una búsqueda común, semejante a lo que ocurría en la «Sociedad filosófica», pero llevados por la mano de un director seguro.

Todos teníamos un gran respeto a nuestro joven maestro y nadie se atrevía fácilmente a decir una palabra precipitada. Por mi parte, no me hubiera atrevido a abrir la boca sin ser preguntada. Una vez Reinach dejó caer una pregunta y quiso saber cuál era mi opinión. Después de haber reflexionado con todas mis fuerzas, la expuse tímidamente en pocas palabras. Me miró con extraordinaria amabilidad y dijo: «Esto mismo pienso yo». No me hubiera podido imaginar distinción tan grande.

Pero también esas noches eran para él un martirio. Cuando terminaba las dos horas de reunión, no quería ya ni oír la palabra «movimiento». Se le hicieron, por parte de nuestro grupo, algunas objeciones, que le obligaron finalmente a desistir de sus proyectos originarios. Después de Pascua comenzó de nuevo desde el principio. También pude más tarde comprobar esta ruptura en sus esquemas manuscritos.

Exceptuando la filosofía, reduje hasta el mínimo la asistencia a clases con objeto de poder trabajar en casa lo más posible. Comencé con la preparación sistemática del examen oral. La historia, la literatura alemana y la historia de la filosofía representaban una amplia materia que confiar a la memoria. Se añadía otra dificultad. La Facultad filosófica de Göttingen se había dividido hacía algunos años en sección de ciencias matemático-naturales y sección filosófico-histórica. Los filósofos tuvieron que decidirse por una de ellas. A pesar de su pasado matemático, y para contrariedad de los matemáticos que le habían contratado para Göttingen, Reinach eligió la segunda (la filosófico-histórica), debido a que estaba convencido de que la filosofía tenía más relación interna con las ciencias del espíritu. Pero para doctorarse en la sección filosófica se exigía el bachillerato humanístico. Hedwig Martius, que, al igual que yo, había ido a un Instituto, fue con el trabajo premiado que había hecho con Husserl a doctorarse a München, porque allí no había esta dificultad.

Yo me decidí inmediatamente a hacer un examen complementario de griego, pero lo quería demorar hasta después del examen de estado, para no llevar tantas cosas a la vez. Fue muy penoso para mí, al enterarme por la señora Husserl, que el curso básico de griego se necesitaba tenerlo hecho seis semestres antes del doctorado. Fui inmediatamente al decano de la sección de filología —era entonces el arqueólogo Körte— para informarme de la disposición. Él creía que existía una ordenanza semejante, pero no podía saber cómo la interpretaría el decano que viniera después. Él personalmente prescindía de ese requisito. Pero, para estar más segura, podía ir a ver al filólogo Hermann Schultz que daba en Göttingen el curso de griego para principiantes y pedirle que me hiciese un certificado de que sabía griego. Yo refresqué en unas semanas mis conocimientos adquiridos en el primer semestre de Breslau y me dirigí al doctor Schultz. Entonces era todavía un joven privatdozent y vivía con su madre, que ostentaba el insólito título de «Señora Abad». El en otro tiempo monasterio benedictino de Bursfelde en el Wesser pasó después de la secularización a la Universidad de Göttingen y se confió la administración a un teólogo protestante que fue llamado «Abad».

Hermann Schultz me recibió amablemente. Cuando le expuse mis deseos, me citó para el día siguiente, con objeto de hacerme un pequeño examen. Me puse a traducir un texto de Tucídides, del que yo no había leído aún nada, pero quedé satisfecha del resultado. Me dijo que le alegraba mucho el que se pudiese conseguir tanto con los cursos de principiantes. Él tenía hasta entonces la impresión sobre sus enseñanzas de que prácticamente se esforzaba en vano. Recibí un simpático certificado que esperaba me sirviese de gran ayuda más tarde.

Mis otros «embotellamientos» me depararon tristes experiencias. Yo tenía la confianza de que con un repaso bastaría. Pero, tras unas semanas, comprobé con horror que muchas cosas habían desaparecido de mi memoria. ¿Cómo se podría organizar todo aquel tenderete de cosas para que estuviesen presentes en el momento oportuno? Sin embargo, estas preocupaciones eran de poco tomo al lado de los dolores que me reservaba mi trabajo de filosofía.

La filosofía era con mucho la mayor montaña que tenía que escalar aquel invierno. Le dedicaba la mayor parte del día. Mis jornadas eran muy dilatadas. Me levantaba a las seis y trabajaba hasta media noche casi sin interrupción. Como comía casi siempre sola, también podía seguir mis reflexiones durante la comida. Y cuando me iba a la cama, dejaba a mano, en la mesilla, papel y lápiz para anotar rápidamente las ideas que se me ocurrían durante la noche. Con frecuencia me incorporaba, porque en el sueño se me había ocurrido algo que creía importante. Pero, al despertarme del todo y querer comprenderlo, no quedaba nada inteligible. También en el camino de la Universidad le iba dando vueltas en la cabeza a mi problema de la «empatía».

Pasaba muchas veces casi todo el día en el seminario de filosofía, para estudiar allí las obras de Th. Lipps. Y frecuentemente ni siquiera me movía para ir a comer a mediodía, sino que me llevaba algo de repostería y me lo tomaba en una pequeña pausa del trabajo. Cuando pasaba del tiempo planeado para la filosofía al que había de dedicar a las otras asignaturas, siempre tenía la impresión de que mi cerebro había de dar un giro de 180 grados. Leía libro tras libro, hacía extensos resúmenes y cuanto más material reunía tanto más remolino había en mi cabeza.

Lo que Husserl entendía por «empatía» —sacado de sus aclaraciones verbales— y lo que designaba con este término Lipps no tenían nada que ver. En Lipps era precisamente la idea central de su filosofía, lo que tenía la primacía en su estética, ética y sociología; pero también tenía importancia en su teoría del conocimiento, lógica y metafísica. Me parecía que una idea que se proyectaba en tan variados planos se refractaba enormemente multicolor y mi esfuerzo atormentado se dirigía a alcanzar una noción unitaria y firme, para poder, desde ella, entender todas sus aplicaciones explanadas. Por vez primera encontré aquí lo que habría de experimentar siempre en mis posteriores trabajos: los libros no me sirven de nada hasta que yo no me he clarificado la cuestión en una elaboración personal. Esta lucha por la claridad se cumplía ahora en mí a través de grandes sufrimientos y no me dejaba descansar ni de noche ni de día. En aquella época perdí el sueño, lo que ha durado muchos años, hasta que volví a tener noches tranquilas.

Seguía trabajando en una constante desesperación. Por vez primera en mi vida me encontraba ante algo que no podía domeñar con mi fuerza de voluntad. Sin yo saberlo, tenía profundamente grabadas en mi interior las máximas de mi madre que solía repetir: «Querer es poder», «Lo que uno se propone, Dios lo ayuda». Frecuentemente me había vanagloriado de que mi cabeza era más dura que las más gruesas paredes, y ahora me sangraba la frente y el inflexible muro no quería ceder.

Esto me llevó tan lejos que la vida me parecía insoportable. Me decía frecuentemente a mí misma que esto era absurdo. Si no terminaba el trabajo de doctorado, tenía más que suficiente para el examen de estado. Si no podía llegar a ser una gran filósofa, podía ser una pasable profesora. Pero los argumentos racionales no ayudaban nada. Yo no podía ir por las calles sin desear que un coche me atropellara. Si hacía una excursión, tenía la esperanza de despeñarme y no volver con vida.

Nadie podía sospechar lo que estaba pasando dentro de mí. Me sentía feliz en la «Sociedad filosófica» y en el seminario de Reinach durante el trabajo en común. Pero temía el fin de aquellas horas en las que me sentía amparada por tener que reemprender mi lucha en soledad. Algunas veces, a lo largo del semestre, Husserl me pedía cuentas de cómo iba el trabajo. Para ello tenía que ir por la noche a su casa. Sin embargo, estos diálogos no me aliviaban. Una vez que yo había pronunciado un par de palabras, él se sentía tan animado que hablaba hasta la fatiga y no podía continuar la entrevista. Yo me iba diciéndome para mis adentros que había aprendido mucho, pero muy poco para mi trabajo. Éste era el tono también de sus sesiones en la Universidad.

Hans Lipps se había enterado por Mos de mi tema y me hizo saber que se interesaba mucho por él y que le gustaría oírme. En una ocasión, al terminar el seminario con Husserl, Mos me invitó a ir con él para ver a Lipps. Me llevó hasta su casa por el camino más corto, esto es, por el Instituto botánico, que estaba enfrente del Seminario y del Jardín botánico, hasta «Unteren Karspüle». En el Instituto me susurró: «Si nos encontramos a alguien diremos que vamos a visitar a la señorita Ortmann, pues no está permitido el pasar por aquí». La «Unteren Karspüle» era una angosta calleja torcida. Aquí vivía Lipps, en una casita pequeña de la señora Maass, esposa de un carpintero, poco simpática y que se hacía temer de su marido.

Todo el tiempo que Hering estuvo en Göttingen también había vivido allí. Si no recuerdo mal, también otros antiguos fenomenólogos. Subimos una estrecha escalera empinada y llegamos al «cuarto de trabajo»: un estrechísimo rincón con muebles pobrísimos. Lipps tocaba casi con la cabeza en el techo, y, cuando desde el centro de la habitación extendía sus brazos, casi alcanzaba las paredes. Una pequeña puerta conducía al todavía más diminuto cuarto de dormir. Yo me senté en el extremo del sofá, Lipps se puso una bata blanca de médico, llenó su pipa y se sentó en su pequeño y amarillo escritorio plegable, mirándome expectante con sus ojos grandes y redondos. Ahora no había escape. Tuve que exponer y responder sobre lo que yo pensaba de la «empatía». No parecía muy complacido y puso sus objeciones. Cuando le dije que Reinach sí estaba de acuerdo, exclamó con viveza: «En ese caso tache usted todo lo que le he dicho. Reinach me merece el mayor de los respetos».

Al final del semestre de verano había hablado yo con Reinach, antes de atreverme a proponerle el tema a Husserl y me había animado. La entrevista con Lipps me produjo un efecto desconsolador. En comparación con él me sentía una novata en la fenomenología y la impresión se acentuó, debido a que comprendió que había tenido la osadía de emprender algo que sobrepasaba mis fuerzas.

Por aquel entonces solía encontrar a veces a Lipps en compañía de algún conocido suyo a la hora de comer. En aquellos meses no tenía yo restaurante fijo, sino que iba por lo general a cualquiera que me cogía de camino. Cuando se daban cuenta de mi presencia, me hacían sentar a su mesa. Luego teníamos un pequeño tiempo de distensión. Una vez Lipps se excusó de no acompañarme hasta la Schillerstrasse. Tenía que irse inmediatamente a casa y dormir un poco. Quería dormir lo más posible para poder trabajar concentradamente el resto del tiempo. Había llegado a dormir catorce horas y esperaba lograr pronto alcanzar las veintiuna. Aquel invierno llevaba la presidencia de la «Sociedad filosófica». Al final del semestre tuvo que hacer los preparativos para las conferencias del invitado Scheller y estaba muy agradecido, porque yo le envié a mis conocidos. No quería volver para el semestre del verano, sino irse a Strasburg con Hering. Lo sentí mucho cuando lo oí.

Pensé que me sentiría más perdida si ya no me iba a encontrar por cualquier parte su alta figura y su chaqueta azul marino.

Poco antes de Navidades todo el círculo de estudiantes fuimos invitados a cenar a casa de Reinach. Hasta entonces yo no había ido a visitar a la señora Reinach, como lo hacían las alumnas anteriores. La conocía de verla en las clases de su marido, a las que asistía regularmente. Era alta y esbelta y sus movimientos tenían algo de la gracia de un corzo. Especialmente nos encantaba su nada falseado dialecto suabo. Una vez que yo iba a ver a Reinach ella caminaba delante de mí. Al llegar a la puerta de su casa, se volvió, me saludó afablemente y me dijo: «Seguramente viene a ver a mi marido». Me hizo entrar y ella misma me anunció.

Al cabo de los años me contó algo de lo que yo no me había dado cuenta entonces. Reinach estaba en aquella ocasión esperándola asomado a la ventana. Ella, al acercarse, le dijo bajito: «Adole» (forma cariñosa de Adolf), «muchachito, corazoncito». Él, azorado, le hacía señas porque estaba viendo que yo venía detrás y, cuando la señora Reinach subió, le reprochó el que le hubiera puesto en ridículo delante de una alumna.

Aquella noche fuimos recibidos en el salón, que con sus grandes sillones de terciopelo gris-plata producía un efecto suntuoso pero menos íntimo y acogedor que las otras habitaciones. Para cenar pasamos a la habitación de trabajo de Reinach, que era más espaciosa y familiar que el comedor. Se habían dispuesto varias mesitas y en cada una de ellas un pequeño árbol con luces encendidas. Ninguna luz eléctrica perturbaba el cálido resplandor de las velitas. Estábamos admiradas ante el encantador espectáculo cual niños en la Nochebuena. Como entre los invitados solamente había tres damas, la señora Reinach dispuso que se debían sentar cada una en una mesa distinta. Los caballeros se sentarían según su gusto. Ella se sentó en la mesa mayor, pues la señora de la casa era, naturalmente, el principal punto de atracción. Allí estaba también lo más entretenido.

En un momento yo cacé al vuelo algo de la conversación. Se hablaba del libro *Kampf um Rom* (Pugna por Roma), que seguramente habían devorado con entusiasmo sus cuatro tomos. Entonces se oyó la voz de la señora Reinach en toda la habitación: «Den hab'i nie kriegt» («Esto no lo he cazado yo», dialecto suabo).

Yo había elegido la mesa más pequeña en la que no había más que tres sitios. Mis caballeros eran Awkford, un americano rico que también era mi vecino en el curso de Lehmann, y el doctor Mense, al que conocía de la «Sociedad filosófica», hombre de aspecto algo melancólico e inseguro del que no volvimos a saber nada después.

Tales reuniones sociales eran para mí entonces como puntos de luz. Me alegraban mucho y vivía de aquello durante algún tiempo. Me daba, además, materia para mis semanales informes a casa, ya que no quería escribirles de mis preocupaciones y sufrimientos.

Me encontré con mi madre en Hamburg por las vacaciones de Navidad. Fue grande la alegría al volver a vernos; sin embargo, fue una estancia triste. Advertimos la certeza de la tormenta doméstica; la perenne irritación de mi cuñado, quien en otras ocasiones se había mostrado amable con los huéspedes. No fue posible conseguir un pacífico coloquio en la mesa. Pocos meses después sobrevendría aquella crisis matrimonial de la que antes di noticia. A mi madre no le dije ni palabra de mis dificultades; habría intentado llevarme cuanto antes a casa si hubiera sospechado algo.

Moskiewicz era el único que sabía que no estaba contenta con la marcha de mi trabajo, pero sin sospechar los sufrimientos espirituales que esto me producía. El pobre no podía ayudarme, pero unas semanas antes del fin del semestre me dijo: «¿Por qué no va usted a ver a Reinach?» Me insistió largamente hasta que me decidí a seguir su consejo.

El viernes siguiente, después de los ejercicios, en lugar de despedirme, pregunté a Reinach si podía hablar con él un momento a solas. El accedió amablemente, pero tuve que esperar algo, pues había otros que tenían también asuntos personales con él. Pasó con uno de ellos a otra habitación. Al poco me recibió a mí. Le dije que me gustaría hablar con él una vez sobre mi trabajo. «¡Está aún todo tan confuso!», continué muy bajito. «Bien, sobre la no claridad se puede hacer claridad», respondió él. Esto fue como un estimulante tan cordial y alegre que me sentía ya algo consolada. Me citó para una extensa entrevista. No recuerdo bien si para la mañana siguiente.

Cuando llegué con el corazón angustiado, tuve necesidad de sentarme en el sillón más cómodo, frente a la mesa de trabajo. Le informé sobre el gran material que había reunido y del plan que vagamente tenía para poner orden en aquel caos. Reinach consideraba que había avanzado ya mucho y me insistió en que debía comenzar la redacción. Faltaban todavía tres semanas para terminar el semestre. Entonces debía volver a verle e informarle de lo que había hecho. Esto fue una gran decisión y empecé sin pérdida de tiempo a realizarla. Me costó un esfuerzo intelectual como nada de lo que había hecho hasta aquel momento. Creo que nadie que no haya hecho un trabajo filosófico creador puede hacerse idea de esto.

No recuerdo haber tenido entonces aquel profundo placer que más tarde habría de sentir en los trabajos, cuando tras dolorosos esfuerzos se alcanza la superación. No había logrado todavía ese grado de claridad en que el espíritu puede descansar en una comprensión conquistada, desde la que se abren nuevos caminos y se puede seguir avanzando con seguridad. Marchaba como el que tantea en la niebla.

Lo que redactaba me parecía extravagante y, si algún otro me lo hubiese calificado sin sentido, le hubiese creído a pies juntillas. Ante una dificultad me quedaba detenida. Apenas necesitaba buscar las palabras. Los pensamientos se formaban como por sí mismos fáciles y seguros para la expresión verbal y quedaban luego firmes y precisos en el papel, de tal modo que el lector no encontraba ni rastro de los dolores de este alumbramiento intelectual. Cada hora que tenía disponible para el trabajo la pasaba ante mi pequeño escritorio En el curso de las tres semanas había escrito unos treinta folios.

Entonces fui a ver a Reinach. Era por la mañana. En su habitación de trabajo todavía estaba puesta la mesa del desayuno. Yo había llevado mi manuscrito e iba a pedir a Reinach que lo conservase y lo leyese todo. Con gran admiración, por mi parte, me rogó que me quedase porque lo iba a leer inmediatamente. Para entretenerme mientras tanto, me dio la *Fenomenología del espíritu,* de Hegel, que en aquel momento tenía sobre la mesa. Yo abrí el libro e intenté leer algo, pero me era imposible poner mi atención en aquello. Era demasiado emocionante estar allí sentada, mientras mi juez trataba de formar juicio sobre mi obra. Leía celosamente y algunas veces movía la cabeza en señal de aprobación y dejaba oír de cuando en cuando una exclamación de estar de acuerdo. Lo leyó con asombrosa rapidez. «Muy bien, señorita Stein», dijo. ¿Era posible? No tenía nada que objetar y sólo me dijo que no interrumpiera mi trabajo. Me preguntó si no podía quedarme en

Göttingen hasta terminarlo. En casa no estaría tan tranquila y libre con toda seguridad. Él sabía por experiencia lo que le sucedía cuando iba a Mainz. Tenía que visitar a todas sus tías. Me decidí al momento a seguir su consejo. Él tenía el propósito de ir a Mainz a casa de sus padres, pero sólo por unos ocho días. Cuando terminase, le podía llevar la segunda parte.

Empezaron las vacaciones y Göttingen quedó vacía. Y yo también me quedé sola en mi rinconcito y ante mi escritorio. Como no tenía clases, podía escribir casi sin interrupción. En una semana había terminado. Serían las ocho de la tarde. Comenzó a llover mansamente. Pero ya no podía quedarme más en la habitación. Tenía que salir y asegurarme de cuándo esperaban a Reinach. Cuando iba por Steingraben vino un taxi desde Friedländerweg y siguió calle arriba. Se detuvo ante la casa de Reinach y unos momentos después se encendió la luz de su cuarto de trabajo. Con esto me bastaba. Me di la vuelta y regresé a casa. No podía decir con cuánta alegría y gratitud. Todavía hoy, al cabo de más de veinte años, percibo en mí la huella de aquel suspiro de alivio.

A la mañana siguiente, allí estaba yo y llamé a la puerta. El mismo Reinach me abrió. Estaba completamente solo en casa. Su mujer estaba en Stuttgart para acompañar a su hermana, que hacía allí el examen de estado de bachillerato. Pauline era mayor que él. Había decidido estudiar muy tarde y el aprendizaje memorístico le resultaba muy pesado. En la primera prueba fracasó y en la segunda estaba más nerviosa aún.

Llevaría allí muy poco tiempo cuando llamaron otra vez y Reinach tuvo que ir de nuevo a la puerta. Cuando volvió, me dijo en tono de niño que tiene que dar un encargo aprendido: «El carnicero. No, no necesitamos nada». Así se lo había dejado dicho Auguste antes de irse al mercado.

Esta vez no estaba yo tan angustiada como en el primer examen ni mucho menos. Reinach estaba muy satisfecho. Le pregunté si el trabajo era suficiente para el examen de estado. «Seguro. Husserl se alegrará mucho, pues no recibe con frecuencia semejantes trabajos». Ahora me podía ir de vacaciones sin preocupaciones. Nos despedimos alegremente hasta abril.

Después de estas dos visitas a Reinach, me sentía como renacida. Todo el hastío de vivir desapareció. El salvador de la apretura me parecía como un ángel bueno. Para mí era como si una palabra mágica hubiese trasmutado los monstruosos engendros de mi pobre cabeza en un claro orden conjuntado. Yo no dudaba de la exactitud sincera de su juicio. Tranquila dejé a un lado el trabajo, para emplear todos mis esfuerzos en la preparación del examen oral. Aunque sólo había hecho seis semestres, me encontraba en situación favorable, porque tenía a mi disposición todo el tiempo que normalmente hay que emplear para los dos extensos trabajos. El que yo los tuviera hechos estaba al margen de las condiciones prescritas del examen.

La inscripción oficial para el examen de estado tenía que ser solicitada en el Consejo Escolar de la Provincia. Había que adjuntar un *curriculum vitae*, declaración exacta de los cursos seguidos, certificados de escolaridad, de clases y prácticas y la matrícula. A continuación se reunía la comisión de examen y los miembros habían de determinar los temas. Para cada uno de ellos tres meses de tiempo. Una vez entregados, se fijaba el plazo para la prueba oral. No se podía expresar ningún deseo para la formación del tribunal.

La habilidad consistía en presentar de tal modo el plan seguido de estudios y los trabajos especiales que realmente nadie más que los profesores que se deseaban tuvieran posibilidad de aceptar el formar parte del tribunal. Esta habilidad la logré, en efecto. Husserl para filosofía, Lehmann para historia, Weissenfels para germanística y literatura alemana. Por lo demás, se me había pasado la fecha para la inscripción. No sabía que había un plazo y un anuncio en la Universidad sobre este punto.

El secretario de la comisión de exámenes, docente del gimnasio humanístico de Göttingen, me trató con palabras duras, pero se dejó convencer y me aceptó los papeles. No recuerdo ahora cuándo tuve la respuesta de Hannover. Probablemente justo después de las vacaciones.

Lehmann había formulado tan precisamente el tema, que coincidía con lo que yo había trabajado en el seminario. En este punto sólo había que añadir algo de bibliografía y esto lo pude demorar tranquilamente hasta antes del plazo de entrega, que era en noviembre. Pero Husserl me reservaba una desagradable sorpresa. No estaba muy fuerte de memoria y formuló el tema de tal modo que tenía que tener en consideración, no solamente a Th. Lipps, sino a la restante bibliografía sobre el problema de la «empatía»; aunque, ciertamente, a

Lipps en primer término. Pude dejar tal como estaba la introducción y mantener la estructura del trabajo, pero me vi obligada a estudiar a fondo una buena cantidad de bibliografía nueva y prepararla.

3

Recuerdo del tiempo de vacaciones que Erna había empezado a preparar, justamente cuando llegué a casa, el examen práctico. Los médicos tenían que demostrar su capacidad ya en el examen de estado, en clínicas generales, y esto durante meses. Erna no estaba en la estación cuando llegué por la noche. Se había tenido que acostar, pues sabía que la habrían de llamar aquella noche de la clínica de ginecología para atender un parto. Pero, en cuanto llegué a casa, me llevaron a su habitación. Toda la familia estaba conmovida por su examen. El mío quedaba en segundo término y me alegré de que mis peripecias sucediesen fuera de casa y se desarrollasen sin comentarios.

Desde hacía tiempo sabía que tendría que trabajar con Metis en estas vacaciones, dado que también él se encontraba preparando el examen. Para remate, por esta época tuvo lugar el viaje a Hamburg —antes detallado— para traerme a Else hasta Breslau, con todas las emociones de su presencia y las tensiones que esto acarreó.

Poco antes de mi regreso a Göttingen, me invitó una tarde Rose Guttmann para que conociese a una señorita que iba a ir también a Göttingen para el semestre de verano. Se trataba de Toni Meyer, que había sido orientada por Moskiewicz y que había trabajado algo en el invierno sobre fenomenología. Las familias Meyer-Moskiewicz eran amigas. Toni y Georg se conocían hacía mucho tiempo y eran casi de la misma edad, entonces alrededor de los treinta y seis años. Una vez que en Göttingen intimamos más, fui muchas veces a visitarlos y siempre fui bien recibida en su acogedor hogar con gran cordialidad.

Toni vivía sola con su madre, una señora mayor extraordinariamente inteligente. Después de la muerte de su marido, se había hecho cargo del próspero negocio de uniformes militares y lo había llevado con gran tino. Ahora, desde hacía algún tiempo, su único hijo varón era el propietario y director, aunque ella tenía todavía participación en los beneficios. Los encargos del ejército durante la guerra del setenta les habían proporcionado muchos beneficios.

Daban en todo impresión de bienestar y buena fortuna, pero sin la menor ostentación. Cuando me invitaban a comer en su casa, me sentía a gusto ante aquella mesa bien puesta, con su fina porcelana sobre exquisita mantelería. La señora, ya entrada en años, hacía con sus manos los más artísticos bordados. Su mesita de costura se destacaba junto a la ventana del confortable comedor, que era a la vez cuarto de estar. No salía mucho a la calle, pues tenía un pie lesionado. Caminaba de un lado para otro muy segura con su bastón y rehusaba toda ayuda. Tenía pasión por las conversaciones interesantes.

La visitaban frecuentemente su hijo con su mujer y los cinco niños, así como gran número de amigas, que iban a verla en días fijos. La casa iba como la seda llevada por dos sirvientas muy bien instruidas y dirigidas en sus quehaceres domésticos, pero tratadas con mucha bondad y generosidad.

Casi enfrente de donde se sentaba la señora Meyer para sus labores pendía un cuadro al óleo. Era un retrato de Toni cuando era niña. Era una cabeza extraordinariamente bella, dulce e inteligente. Pero de aquella belleza apenas quedaba ya nada en la actualidad, cuando yo la conocí. Solamente se había conservado su pelo marrón castaño espeso y ondulado. Lo llevaba liso, peinado sencillamente con una raya, y las largas trenzas las tenía tan recogidas que cubrían su nuca. Los párpados caían pesados sobre los ojos y la expresión de su rostro mostraba a veces un cansancio que de vez en cuando desaparecía de pronto de manera asombrosa. Más bien era alta, su figura fuerte y bien proporcionada, pero su andar tan pesado y lento como si tuviera los pies atados. Sus vestidos eran siempre de buen gusto y la mejor calidad, pero sencillos y discretos.

En su expresividad podía llegar a la vivacidad y alegría desbordante, pero, si había trabajado intensamente durante una hora o había hablado con excitación, tenía que echarse unos minutos para poder continuar. Sentía un gran afecto por los niños y las personas jóvenes. Años atrás intentó dirigir un jardín de infancia, pero esto representaba un esfuerzo excesivo para ella.

Los estudios de psicología la llevaron a Stern. Muy pronto se sintió en casa de los Stern como en su propia casa y elaboró, a partir de los diarios de la señora Stern, el libro «La habitación de los niños». Luego fue Moskiewicz quien la llevó a la fenomenología y tuvo la audaz decisión de estudiarla en «la fuente». Realmente aquello era una audacia, pues no había hecho el bachillerato humanístico y solamente gracias a especial permiso de los profesores podía asistir a las clases. El permiso lo obtuvo de Husserl y de Reinach; yo tuve que darle clase para que superase las dificultades de los principiantes.

Yo leía con ella las *Investigaciones lógicas*. Estaba muy contenta con estas clases. Tuve que aceptar el recibir unos honorarios. Ella insistió en este punto —también Rose— y fijó la cantidad, que realmente me abrumó.

Yo seguía teniendo mi habitación en la Schillerstrasse y Toni alquiló un espacioso departamento elegante en Feuerschanzengraben, no lejos de donde vivía yo. Estaba horrorizada de mi manera de vivir: mi larga jornada de trabajo, el escaso sueño, la indiferencia en cuestión de comidas y la falta de descanso. La señora con la que ella vivía le recomendó una casa particular para comer en Friedländerweg y Toni me rogó que fuese a comer con ella. Como para mí no constituían una cuestión cerrada las cosas que no consideraba esenciales, no puse ninguna objeción y fui con ella. La mayor parte de las veces venía a mi casa a recogerme y me acompañaba de nuevo al regresar.

Al poco tiempo me rogó igualmente el poderme recoger por la tarde para dar un pequeño paseo. Algo más tarde, en uno de estos paseos, me dijo que se sentía tan feliz con nuestra iniciada amistad que tenía que decirme una cosa que quizá ocasionase la ruptura de aquella relación. A temporadas padecía dolencias mentales: sus cansancios y otros trastornos, como dolores de cabeza y brazos, inhibiciones al andar, tenían relación con aquello. La enfermedad le había hecho imposible el seguir un estudio metódico y el someterse a los exámenes.

Por mi parte, le dije, tranquilizándola, que ya conocía desde hacía tiempo todo aquello (mi madre lo sabía por un cliente que tenía relaciones con la familia Meyer) y que no me asustaba en absoluto. Esta declaración mía fue para ella como liberarla de un gran peso. Ahora podía gozar sin reparos de la alegría de la amistad. Fue como un gran regalo el hecho de que una persona joven, sana y dotada tuviera con ella un trato de igual a igual.

A esto se añadía que tenía por mí una gran inclinación personal y me valoraba mucho, cosa que le hacía mirarme con un gran respeto, aun siendo yo mucho más joven. Mucho influía en esta actitud el que, debido a su situación mental, era un tanto exagerada en sus sentimientos. Este temple de ánimo la hacía en todo hipersensible ante las debilidades humanas y carente de inhibiciones en la manifestación de sus sentimientos.

Aquel semestre de verano en Göttingen fue ciertamente el más feliz de su vida. Nunca antes, ni después, tuvo tanta capacidad de trabajo ni estuvo tan libre de depresiones, de las que era víctima a intervalos más o menos espaciados. Frecuentaba las clases y los ejercicios de Husserl y Reinach, venía conmigo a la «Sociedad filosófica», participaba en mis paseos del domingo con el buen Danziger, que enseguida estuvo siempre dispuesto a tener todas las atenciones que ella necesitaba, y con todo esto se sentía feliz como una criatura.

Una vez nos encontramos con mi hermana Else en Hildesheim. Conocer aquella maravillosa ciudad antigua fue para todos nosotros una verdadera fiesta. Else tuvo, a su vez, oportunidad de una conversación íntima que había deseado siempre. Toni lo comprendió y entretuvo a Danziger para que nosotras pudiéramos hablar tranquilamente. Pero no desaprovechó la ocasión de ir junto a Else algunos ratitos, para tratarla y manifestarle su simpatía.

También en aquel semestre de verano tuvo lugar la visita de Erna y Hans Riberstein, de la que ya he hablado más arriba. He contado cómo Toni y Erich Danziger me ayudaron a atender a mis invitados y entretenerlos. Hans se hospedó con Danziger, y para Erna, la señora Mussmann, mi buena patrona, dispuso una habitación. Cenábamos la mayor parte de las tardes los cuatro en mi habitación. Algunas otras nos invitaba Toni a su casa. Al mediodía casi siempre mis invitados estaban de excursión, y si no —si la memoria no me falla— íbamos al restaurante vegetariano. La casa particular donde solíamos comer Toni y yo no era adecuada para aquellos días, porque la mesa larga donde nos sentábamos ordinariamente no se prestaba a nuestra conversación más íntima.

Las atenciones cariñosas con que me rodeaba Toni —por ejemplo, había descubierto cerca de nuestras casas una tienda de flores y me llenaba de ellas la habitación—, su cálido interés por todo lo que me afectaba, contribuyó con toda seguridad a que aquel verano fuese de nuevo para mí algo radiante. Claro es que también influía en esta distensión el hecho de estar libre del pesado fardo del invierno anterior.

De todos modos, allá estaba pendiente la gran tarea de superar la prueba oral, amén del sobretrabajo que representaba el examen de estado en filosofía, al tener que revisar el tema cambiado. Pero todo era ya un juego de niños en comparación con lo que tenía ya a mi espalda. Me alivió mucho el trabajo memorístico del examen el trabajar en común con otras compañeras.

Para los temas de historia tenía una maestra que ahora estudiaba en el seminario de Lehmann: Käthe Scharf, de Hirschberg, es decir, una paisana de Silesia. Era una persona alegre y procuraba hacer el examen lo más ameno posible. Aplazó todavía un poco la inscripción para hacerlo con más tranquilidad. Conocía perfectamente todos los requisitos del examen, de los que yo me había preocupado muy poco. Así, fue ella la que me informó de que Lehmann, en el examen, se ajustaba mucho a sus explicaciones de clase y que tenía que llevar muy bien sabidas dos de sus clases importantes y una de las secundarias. Además, me indicó que si no se procedía del bachillerato humanístico había que demostrar en el examen de historia conocimientos de griego. Lehmann acostumbraba siempre a poner el texto de Jenofonte, concretamente el comienzo de la *Anábasis* (este comienzo me lo sabía de memoria ya desde mi curso para principiantes, hecho en Breslau).

Elegimos como materia especializada la época del Absolutismo y de la Revolución, además de la Revolución de 1848-1849, sobre la que habíamos hecho nuestro trabajo de estado. Repasamos a fondo, juntas, nuestros apuntes de los cursos. Las fuentes y las obras más importantes sobre aquella época nos los hacíamos traer a montones desde la biblioteca a la sala de lectura. Era imposible leerlo todo, pero queríamos ver todas las cosas siquiera una vez y haberlas tenido en las manos. Recogía todos los que podía y me los llevaba a casa y los leía por la noche en los ratos en que no era capaz de hacer un estudio más exigente.

En aquella época leí mucho de Ranke y, especialmente, me gustó la historia de los Estados. Además, Voltaire, Rousseau, Montesquieu y otros. Esto constituía para mí como estar ante un cuadro multicolor y un verdadero contacto con la vida histórica. Era agradable el oírnos la una a la otra.

Cuando hacía bueno, nos lanzábamos a pasear a las colinas de Göttingen. También yo me introduje en las triquiñuelas del examen. Los hechos más importantes debían ser subrayados en rojo en nuestros cuadernos. Aún precisábamos más con subrayados en rojo o azul. Lo más preciso en rojo, lo demás en azul o verde. Con estas ingeniosidades se podía en los últimas días recorrerlo todo a velocidades increíbles y tenerlo todo a mano.

Cuando trabajábamos juntas por la tarde, nos invitábamos a cenar. En casa de Käthe Scharf resultaba especialmente agradable. Tenía con ella a su madre, que le llevaba la casa magníficamente. Esta buena mujer había ido con su hija a la Universidad y prefirió dejar a su marido solo en casa antes que tener lejos a su hija sola en una ciudad extraña. Esto a mí me parecía muy raro y siempre me dio pena del padre. Pero seguramente ambos esposos estaban de acuerdo en querer proteger a la hija de los peligros de la vida estudiantil.

La historia de la filosofía y la germanística las trabajaba con Lotte Winkler, que la había conocido en el Instituto Psicológico. Nuestro estudio en común nos llevó a algo más que a una confiada camaradería. Lotte Winkler, aunque era muy divertida, tenía una pasión profunda por la ciencia. Pesaban sobre ella serias preocupaciones de tipo personal, que compartía abiertamente conmigo. Era protestante, pero estaba prometida con un abogado judío y su padre estaba cerradamente en contra de este matrimonio. Mantuvimos correspondencia durante largo tiempo después de su boda.

En aquel verano llegó a Göttingen Pauline Reinach para comenzar sus estudios. Asistía en compañía de su cuñada al curso del hermano. La conocí personalmente en la tradicional reunión de fin de semestre en casa de Husserl. En el trato social era muy apasionada, chistosa y hábil en la polémica. Pero, cuando se hablaba con ella a solas, se descubría un alma serena, silenciosa y verdaderamente contemplativa. Su cabeza recordaba las tallas góticas de madera y sus manos eran tan delicadas y vivas como las de los santos pre-rafaelinos. Así era también su modo en entender sus estudios. Había elegido lenguas clásicas y se sumergía con toda su alma en el autor que le atraía. No le iba nada un trabajo orientado por sistema a lo práctico. Su hermano Ado (Reinach) solía decir de ella, en broma: «Paulinita..., un mundo para sí». Y Hein, el más joven de los tres hermanos Reinach, le dijo en una ocasión en que ella estaba sentada, en silencio, mirando con ojos perdidos al vacío: «Pauline, por lo menos toma un libro en las manos». En cuanto se estaba con ella un par de veces en familia se la llamaba por su nombre, como la cosa más natural. Resultaba artificioso el decirle «señorita Reinach».

También vinieron en aquel semestre de verano otras personas a Göttingen. Reinach me lo había anunciado al principio del semestre cuando fui a verle. Un profesor ruso vino con la intención de estudiar la fenomenología en sus fuentes. Un general retirado, von Gründell, y un joven caballero, von Baligaud. El general era un señor bajito, de cabeza cana, que, como es lógico, sólo podía participar en el curso de principiantes. En su comportamiento era muy humilde y sus preguntas las hacía en el estilo escueto militar. El señor von Baligaud tomó muy en serio el estudio. Participaba en todo lo que había, incluso en la «Sociedad filosófica». Aunque vino con un aire de cierta suficiencia, Reinach se encargó de limarlo, y al final del semestre fueron patentes los frutos de esta educación.

En el mismo semestre vino también Hering unas semanas para hacer su examen de estado. Celebramos su aprobado, al igual que el de la señorita Ortmann, una tarde en casa de Husserl. En medio de su alegría se mostró mucho más simpática conmigo que anteriormente. Para conectar con Hering no se necesitaba mucho tiempo de trato. Con todos era complaciente con la franqueza propia de los niños, tras la que había una bondad profunda y delicada. Pero, además, tenía picardía y ocurrencias continuas que admiraban de tal modo que su sola presencia ponía en fuga a todos los malos espíritus de la melancolía, la discrepancia y falta de cariño. Su rostro delgado, su rubia barba puntiaguda y su suave voz tenían algo de «valiente sastrecito». Husserl lo apreciaba mucho personalmente y valoraba su capacidad filosófica. El tema de su examen había sido un trabajo sobre Lotze. Ésta fue la base para su posterior ensayo sobre el ser, la esencia y la idea, que más tarde apareció en el Anuario.

A Bell le conocí mejor después del semestre de invierno, pues también hacía el trabajo de doctorado con Husserl. Esto nos unió como «compañeros de sufrimientos». No le gustaba ni poco ni mucho el que «el maestro» le llamase a su casa para que le rindiese cuenta del progreso de su trabajo. Prefería el ir a dar un paseo con él. Subiendo hacia Rohn, Husserl acusaba el ascenso y se ponía jadeante, y en ese momento Bell podía hablar a sus anchas. Al final del invierno le entregó la primera redacción de su trabajo. El maestro se lo llevó como lectura de viaje cuando fue a Viena para celebrar el ochenta cumpleaños de su madre (con este motivo Reinach escribió en nombre de todos nosotros una carta muy cariñosa que firmamos todos).

En aquella ocasión Bell me dijo que, aunque tuviese que cambiar mucho o poco su trabajo, no renunciaba a ir una vez a su casa antes de seguir adelante. Él llevaba cinco años sin estar en su tierra canadiense y sin ver a su padre. Pero no sucedió ni una cosa ni otra. Husserl le pidió que hiciese una serie de pequeñas correcciones y decidió quedarse durante el verano.

A principios de verano me dijo que su padre iba a venir a Alemania para descansar en el balneario de Nauheim. Le iría a esperar a Amberes para recibirlo al desembarcar y estar luego lo más posible con él en Nauheim, dado que su padre no hablaba alemán. Algún tiempo después me enteré, por una corta conversación que tuvimos antes de empezar una clase, que su padre, que ya tenía el pasaje para el «Empress of India», no pudo hacer el viaje, debido a un ataque cardiaco. El barco, por otra parte, se hundió en la travesía y aquel accidente de salud le había salvado la vida. Pero pronto surgió otra dificultad insuperable, para que se realizase el encuentro del padre y del hijo.

4

La bomba del asesinato del rey de Serbia estalló en medio de nuestra pacífica vida estudiantil. Aquel mes de julio estuvo transido por la pregunta: «¿Habrá una guerra europea?» Todo era como un presagio de que se estaba gestando una tormenta tenebrosa. Pero no podíamos hacernos a la idea de que iba a ser una realidad. Los que han crecido en la guerra o después de la guerra no pueden ni imaginarse aquella seguridad en la que creíamos vivir hasta 1914.

La paz, la tranquila posesión de los bienes, la estabilidad de las relaciones cotidianas, constituían para nosotros como un inconmovible fundamento de la vida. Cuando, finalmente, percibimos que se acercaba inexorablemente la tempestad, todos intentamos atisbar con claridad el proceso y el desenlace. Una cosa era segura: se trataba de una guerra distinta a las anteriores. Una destrucción tan horrorosa no podía durar mucho tiempo. En unos meses todo habría pasado.

Cuando Toni y yo salíamos del curso de Reinach, a las siete de la tarde, comprábamos en un establecimiento de la Judenstrasse el Berliner Zeitung del mediodía, que llegaba de Berlín en el tren a esa hora. Algunos días todavía no había llegado. Esperábamos paseando arriba y abajo delante de la puerta y charlando hasta que llegaba. Naturalmente no éramos las únicas personas que hacían esto. Una vez encontramos allí a Reinach con su mujer y su hermana. Nosotras acabábamos de comprar cerezas en una frutería y nos las comíamos mientras hacíamos tiempo. Al cruzarnos con los Reinach les tendí, abierto, el cucurucho y ellos tomaron algunas cerezas. Al poco volvió la señora Reinach y, adelantándonos, nos ofreció también de sus provisiones que había adquirido entretanto. Y tuvo que oír de su marido que las cerezas de la señorita Stein eran mejores que las suyas.

Cuando entré en el cuarto de trabajo de Reinach para la última reunión del curso, todavía no había llegado nadie. Sobre el escritorio estaba abierto un gran atlas. Al momento llegó Kaufmann. También él reparó en el atlas abierto y dijo: «También Reinach estudia el atlas». Aquella tarde ya no se habló de filosofía. Se trató solamente de lo que iba a suceder. «¿Usted también tiene que ir, señor doctor?», preguntó Kaufmann. «Yo no tengo, yo debo», fue la respuesta. Aquella réplica me llenó de satisfacción. Coincidía perfectamente con mis sentimientos.

De día en día crecía la excitación. Pero entonces, como en posteriores ocasiones de crisis, me mantenía serena y seguí haciendo tranquilamente mi trabajo, aunque interiormente preparada para interrumpirlo en cualquier momento. Me resistía a correr de un lado a otro y a aumentar con inútiles habladurías la general conmoción. Me había impresionado mucho al leer a Homero el que Héctor encomienda a su mujer la casa y el trabajo una vez que se ha despedido de su hijito para siempre.

El 30 de julio, por la tarde, a eso de la cuatro, estaba sentada ante mi escritorio y sumergida en *El mundo como voluntad y representación*, de Schopenhauer. A las cinco iba a ir a una clase. Llamaron a mi puerta y la señorita Scharf entró con su amiga la señorita Merk, también silesiana. Me dijeron que querían ahorrarme el camino, pues había aparecido un anuncio en el «tablero negro» en el que se decía que, por haberse declarado el estado de guerra, se suspendían todas las clases. Las dos se iban aquella misma noche a casa. Mientras hablábamos llamaron de nuevo a la puerta. Era Nelli Courant. Richard había recibido orden de incorporarse a filas. Para cuando se diese la orden de movilización tendría que estar en su batallón de reserva, en Thüringen, como subteniente, en pocos días. Ella, por su parte, no debería quedarse sola en Göttingen, sino esperar el final de la guerra con su padre en Breslau.

Richard era de la opinión de que en cuanto empezase la movilización los trenes para la población civil se suspenderían y, por ello, debía irse aquella misma noche. Me preguntó si quería irme con ella. Yo reflexioné unos momentos. Göttingen estaba en el centro de Alemania y, por ello, había menos posibilidad de que el enemigo se acercase a no ser como prisionero. Sin embargo, Breslau estaba a muy pocas horas de la frontera rusa y era el principal baluarte del este. No era un imposible que pronto fuese asediada por las tropas rusas. Mi decisión estaba tomada. Cerré *El mundo como voluntad y representación.* Cosa extraña, no me he vuelto a ocupar nunca de él. En aquel momento serían las cinco. Nuestro tren salía a las ocho. Tenía que arreglar muchas cosas en ese tiempo. Así que les dije que, una vez que hubiese acabado todo, estaría a las siete y media en casa de los Courant, para ir a la estación con ellos. Así nos separamos. Creo que lo primero que hice fue ir a casa de Toni Meyer. No podía dejarla sola. Quizá no se decidiese tan rápidamente como yo. Dado que no tenía tiempo para esperar el fin de sus dudas, la cité también en casa de los Courant, por si se decidía a viajar con nosotras.

Toni fue a ver a otros amigos de Silesia (el profesor Lichtwitz y esposa) para pedir consejo. Y yo seguí mi camino: el banco para sacar dinero, a la casa donde comía al mediodía para pagar la cuenta del mes y, luego, a casa de Reinach. Le pedí el certificado de escolaridad de su curso y seminario. Lo hizo, pero me dijo que no necesitaba más certificados, pues luego nadie me los pediría. Se interesó por mis proyectos. Yo quería ingresar en la Cruz Roja.

Él no había hecho el servicio militar, pero, naturalmente, se alistaría como voluntario de guerra. En caso de que no le admitiesen, le tendría que ayudar al general von Gründell, que ahora había vuelto al servicio activo. Anotó mi dirección. Nos daríamos mutuamente noticia el uno del otro, comunicándonos lo que nos sucediese. Por vez primera me di cuenta de que su amabilidad para conmigo no brotaba únicamente de su afecto por todas las personas, sino que era una cordial inclinación de amistad.

A continuación me dirigí rápidamente a mi casa. Empaqueté lo más preciso y guardé todo lo demás como pude en mi cesta de viaje, confiándolo a mi patrona para que me lo cuidase. También, de prisa, arreglé las cuentas con ella y me despedí. Tenía justo el tiempo para ir a casa de los Courant. El coche estaba ya delante de la puerta y Toni allí. Pero Nelli todavía se hizo esperar un rato. Richard nos iba a acompañar una parte del trayecto, pero ellos se despidieron en su cuarto de trabajo. Y esto no fue rápido. Yo estaba muy unida a ambos.

En el fondo era un tanto extraño que Nelli se fuese antes que su marido. Yo no lo hubiese hecho en su lugar. Pero fue así debido a la preocupación por su padre. Y ella era en todo diferente a las demás personas.

La estación y el tren estaban, naturalmente, llenos de viajeros. No podíamos ir a Eidenberg, donde normalmente se hacía el trasbordo a la línea Kassel-Breslau, sino que tuvimos que ir a Kassel. En este trayecto nos acompañó Richard. En Kassel la tensión y el confusionismo eran todavía mayores. No pudimos saber con seguridad si el tren en el que nos habíamos subido era el de Breslau. Incluso los empleados no lo sabían con seguridad y terminaron por desaparecer para no estar constantemente sometidos a las preguntas de todos. En cada paso a nivel que cruzábamos había un control. Esto nos hacía ya pregustar el ambiente de guerra. Por lo demás, según nos íbamos acercando al este, todo estaba tranquilo y ordenado. Esto mismo habría yo de observar luego al comienzo de la revolución.

Cuando ya estábamos en ruta, tuvimos que detenernos durante mucho tiempo para hacer una reparación en la máquina. Esto sucedió ya al día siguiente. Los viajeros salían como hormigas de los departamentos y acampaban al borde de la vía en aquel soleado día de julio. Era un cuadro de paz y alegría, que conmovía especialmente al pensar que íbamos a la guerra. En el camino nos encontramos con Danziger.

Llegamos a Breslau a última hora de la tarde del 31 de julio. Nelli era mi principal preocupación. Antes de ir a mi casa la llevé a la de su padre. Creo que le pedí a Danziger que llamase por teléfono entretanto a mis familiares para decirles que ya había llegado y que iría enseguida. El consejero señor Neumann, en su alegría, nos abrazó efusivamente, primero a su hija y luego a mí. Yo me entretuve poco. Tenía el taxi a la puerta y seguí enseguida. Mi madre me esperaba en la ventana y bajó a la calle para recibirme. Cuando yo bajaba del coche, ella estaba ya en la portezuela.

«Nunca te has portado tan bien», dijo radiante de alegría. Yo debía rechazar tal alabanza, pues la orden de que volviese a casa inmediatamente ya no me había alcanzado en Göttingen.

Toda la familia estaba reunida. Incluso los Biberstein estaban allí. Para asombro mío, nadie estaba tan transido de los acontecimientos como yo. «No hay que tener miedo», dijo mi madre. «No tengo miedo —dije yo—, pero es muy posible que en un par de días los rusos crucen la frontera». «En ese caso, con el mango de la escoba los echamos fuera».

Me resultaba casi insoportable estar tomando el té y oír contar a la señora Biberstein sus menudencias cotidianas. Realmente fue una liberación cuando mi madre me envió a la cama para dormir tras una noche de viaje. Pero, claro, el sueño no venía. Estaba en una tensión febril, aunque contemplaba las cosas con gran claridad y decisión.

«Ahora mi vida no me pertenece», me dije a mí misma. «Todas mis energías están al servicio del gran acontecimiento. Cuando termine la guerra, si es que vivo todavía, podré pensar de nuevo en mis asuntos personales».

Al día siguiente, domingo, fue la declaración de guerra. Rose vino a saludarme. Por ella supe que se preparaba un curso de enfermeras para estudiantes. Inmediatamente me inscribí, y a partir de ese momento iba todos los días al hospital de Todos los Santos. Asistía a clase sobre cirugía y epidemias de guerra y aprendí a hacer vendajes y a poner inyecciones. También estaba en el curso mi antigua compañera Toni Hamburger y ambas competíamos para adquirir una buena formación. Nuestro manual de enfermera no me satisfacía. En casa eché mano del atlas de anatomía de Erna y sus gruesos manuales de medicina. Iba frecuentemente a la clínica de ginecología a verla a ella y a Lilli y para hacer prácticas de vendaje. Se alegraban mucho de mi interés por su especialidad. Durante el curso tuvimos que declarar si nos poníamos a disposición de la Cruz Roja, si solamente en el territorio de Breslau, si para la nacióna o sin ningún límite.

Naturalmente, me ofrecí sin condiciones. No deseaba otra cosa que salir cuando antes y lo más lejos posible, prefiriendo, sobre todo, en el frente un hospital de línea de fuego. Pero esto no iba tan rápido. Había exceso de personas auxiliares. Después de una preparación de cuatro semanas, aprobamos el examen de auxiliares. Pero no se produjo ningún llamamiento. Pero pude seguir mis prácticas en el hospital de Todos los Santos.

Algunas semanas estuve en un pabellón de tuberculosos, luego en una sala del pabellón de cirugía, donde la mayoría de los pacientes eran niños atropellados. Finalmente, ayudé en la policlínica quirúrgica. En todas partes había mucho trabajo. No se sentía una en ningún sitio de sobra.

El hospital de Todos los Santos es un gran establecimiento estatal. Tenía en servicio a pocas enfermeras diplomadas, relativamente. La mayor parte del trabajo lo hacían «asistentes»: jóvenes sin formación, que comenzaban por desempeñar trabajos domésticos y que, poco a poco, bajo la dirección de la enfermera del pabellón o de la asistente del pabellón, iban aprendiendo y practicando la atención a los enfermos.

Tuve la impresión de que los enfermos estaban poco acostumbrados a una atención esmerada y cariñosa. Personas voluntarias en tales lugares de dolor permanente podían encontrar un amplio campo para ejercer el amor al prójimo. Ciertamente sería una empresa espinosa y representaría una lucha en primer término el conseguir acceso a ella. Nosotras, en aquellas circunstancias de guerra, no tuvimos ninguna dificultad, dado que se trataba de adquirir formación y sólo íbamos a estar unas semanas.

Mi actividad voluntaria terminó, debido a que en octubre contraje un fuerte catarro bronquial. Cuando se pasó, el comienzo del semestre de invierno estaba encima. Yo no había pensado en agosto volver a Göttingen para el invierno. Pero, dado que no había ninguna perspectiva de ser llamada a ningún servicio de enfermería, había dado los últimos retoques a mi mis trabajos para el examen de estado aprovechando los tiempos libres del mediodía. En noviembre habían de ser entregados. Así es que me encontré con que ya que de momento no tenía ningún destino en el «servicio militar», lo más adecuado era ir a Göttingen y hacer el examen durante el tiempo de espera.

Durante este tiempo de interrupción no había cambiado nada en mí. Me hubiese alegrado si se me hubiese llamado y apartado de los libros. El examen me parecía algo ridículamente sin importancia, en comparación con los acontecimientos y que, como es lógico, nos mantuvieron aquellos meses en tensión.

En Breslau había vivido bajo la impresión de la guerra. Ciertamente, los rusos no habían venido. En los primeros días de agosto habían cruzado la frontera de la Alta Silesia, pero habían retrocedido rápidamente. A partir de ello la psicosis de guerra propició temibles fantasmas. El rumor de que los rusos habían envenenado las aguas llevó, incluso, a disposiciones molestas por parte de las autoridades. Se cortó el agua de las conducciones del Estado y teníamos, como en tiempos ya pasados, que ir a las fuentes de las esquinas de las calles. Para ahorrar agua se redujo al mínimo el bañarse y nos abstuvimos de usar vestidos y zapatos blancos.

Entretanto, seguíamos con júbilo victorioso el avance de nuestros ejércitos en Francia y lo señalábamos en nuestros mapas con alfileres de cabeza de colores y esperábamos al día en que «nosotros» pudiéramos entrar en París. Era como una brillante repetición de la campaña de 1870, que habíamos aprendido en nuestros libros escolares y que nuestros padres habían vivido personalmente. Fue inconcebible en absoluto la retirada de la primera batalla del Marne.

Una de mis primeras vivencias deprimentes de la guerra fue el espectáculo de una larga fila de caballos que habían sido requisados para el ejército y que atravesaron las calles. Esto me hacía pensar en una enorme bomba aspirante que extraía todas las fuerzas del país. Una angustia semejante me produjo el ver meses más tarde el puerto de Hamburg totalmente muerto, con su bosque de inmóviles chimeneas sin humo y mástiles sin velas.

Mis hermanos no estaban en el frente. Paul fue declarado en todos los reconocimientos inútil para el servicio. Arno fue destinado a Sanidad y en unas condiciones que no necesitaba estar mucho tiempo ausente, puesto que solamente tenía que prestar sus servicios en trenes de transporte. Pero muchos de mis primos sí que estaban en el frente, así como casi todos mis compañeros de Göttingen.

Un regimiento entero de voluntarios de Göttingen estaba en los duros combates de Flandes. Muchos estudiantes se alistaron allí mismo, en Göttingen; otros, en sus ciudades respectivas, y habían ingresado en los regimientos de su región. Reinach se instruyó como artillero en Mainz Moskiewicz se había ofrecido como médico. No era útil para el servicio en el frente. Le destinaron como jefe médico en un manicomio para sustituir a los colegas que se fueron al frente.

La noticia del primer caído de nuestros amigos llegó en agosto. Se trataba de Robert Staiger, el privatdozent de historia del arte, que también era el director de la orquesta estudiantil, que cultivaba con entusiasmo lo mejor de la música clásica. Había estado prometido desde hacía años en secreto con Elisabeth Klein, la hija del matemático Félix Klein. El padre era contrario a este matrimonio y prohibió el acceso a su casa al pretendiente. Félix Klein tenía una gran influencia en Göttingen, debido a su extraordinaria personalidad. Nadie se atrevía a contradecirle. Elisabeth (conocida en familia y por los íntimos por Putti) había heredado algo de la aptitud por las matemáticas. Había estudiado también en la Universidad y hecho su examen de estado, pero no se dedicó a la enseñanza, sino que fue a Leipzig para seguir estudios de música. Entre los hijos de los profesores de Göttingen, ella era una de las que daban el tono, de manera parecida a como lo hacía su padre entre los «bonzos»; pero no de una manera autoritaria, sino por gracia, ingenio y amabilidad. Ella y su promedio eran amigos de Reinach y se encontraban frecuentemente en la casa de éste. Antes de que Staiger se fuera al frente, contrajeron matrimonio de guerra. Cayó a las pocas semanas.

Nelli Courant fue la que me dio la noticia, justamente con otra que había leído en el *Schlesischen Zeitung*. Este periódico conservador traía un juicio desfavorable sobre el «pensar apátrida» de algunos profesores de Göttingen. Según el periódico, estos profesores deberían haber negado el examen oral de doctorado a un inglés que se encontraba en prisión preventiva a causa de unas declaraciones antialemanas que había hecho.

El «inglés antialemán» era nuestro amigo Bell, y los «profesores apátridas» eran nuestros antiguos maestros Husserl y dos colegas que habían examinado a Bell de asignaturas complementarias. Todos sus nombres figuraban en la noticia. Yo estaba segura de que se trataba de una deformación de los hechos, y me dispuse a aclararlo. Escribí a Bell diciéndole que habíamos leído el «infundio», y le rogaba me comunicase la verdad del caso. La respuesta traía el sello de la Dirección de

Policía de Göttingen y venía de la cárcel. Bell, en principio, quedó en libertad, como canadiense que era (los súbditos de las colonias inglesas no fueron internados hasta principios del año 1915). Un día pasó por delante de casa de Bell un conocido suyo (alemán) y habló con él desde la ventana. Esto era el típico estilo de la vida de Göttingen; pero, en el estado de ánimo en que la gente estaba en los primeros meses de la guerra, algo imprudente.

El conocido le preguntó: «¿Qué dice usted de la declaración de guerra del Japón?» Bell respondió, sin preocuparse y sacando parte de su cuerpo por la ventana: «Para nosotros es, naturalmente, muy ventajoso». Una señora que pasaba por allí oyó esto, se indignó y presentó una denuncia inmediatamente. Éste era el motivo, extraordinariamente deformado como manifestación antialemana, que aparecía en el periódico.

Bell fue puesto bajo vigilancia preventiva, pero podía seguir en su casa. Como no podía salir de ella, tampoco pudo hacer en los días señalados el examen en la Universidad, y sus considerados profesores decidieron hacerle el examen en su casa.

Esto produjo un verdadero escándalo entre los colegas nacionalistas; se convocó un consejo de Facultad; el examen fue declarado como inválido, así como se decidió la no aceptación de trabajo que había sido presentado antes de la declaración de la guerra.

Cuando fui a Göttingen, Husserl me contó que Bell estaba detenido en la «prisión de estudiantes». Él lo había visitado ya, y que yo podía hacerlo también, pero que necesitaba un permiso de la Dirección de Policía. Naturalmente, me decidí inmediatamente a solicitar el permiso. Además de la simpatía amistosa por el prisionero, había en mi decisión un componente un tanto romántico de hacer «una visita a la cárcel estudiantil». Yo no había visto nunca el local. Estaba en el piso último del aula, que yo había pisado solamente en las solemnidades de inauguración de curso y para pagar las matrículas, pues en aquel edificio estaban las oficinas de secretaría.

El director de Policía me dio el permiso sin dificultad. Recibí un volante con la observación de que el domingo siguiente podía ir a la prisión estudiantil por la mañana, de once y media a doce. Y con el volante me presenté al administrador del Aula. Su amable esposa me condujo hasta arriba, me abrió la puerta y, con gran sorpresa mía, volvió a cerrar tras de mí. Yo estaba, pues, presa allí por media hora. Bell me saludó con alegría. El movimiento de su mano con el que me invitaba a sentarme en una tosca silla de madera la convirtió en un sillón de mimbre.

Lo primero que hice, sin poderlo remediar, fue inspeccionar el cuarto. No era una estancia mala. En efecto, una habitación espaciosa y clara.

En una pared había una pintura artística que procedía del «inquilino» anterior. Era una vista de la «Mütze», la famosa taberna de Göttingen, la casa antigua más simpática de la ciudad. Había también otros dibujos en la pared menos afortunados. No había muchos muebles, pero sí todo lo necesario: una cama de hierro con una gruesa manta de lana, dos sillas de madera y una recia mesa también de madera con muchos libros encima.

El preso estaba del todo contento con su suerte y sin ninguna amargura contra la gente que había provocado su detención. No quisieron dejarle por más tiempo en su casa y decidieron su traslado a la prisión del cuartel de Policía. Pero no reunía en Göttingen las condiciones necesarias para un encarcelamiento prolongado. Se utilizaba únicamente para retener ocasionalmente por una noche a un borracho o algún caso semejante. En caso de arresto más largo se tenía que recurrir a Hannover.

En medio de todo este embrollo estaba metido el rector de la Universidad, el matemático Runge. Él dijo que podía poner a disposición del caso un local apropiado: la cárcel estudiantil. El profesor Runge era una persona bondadosa y humana, patriota, pero no nacionalista. Había convertido todos los bienes de fortuna que poseía en favor del empréstito de guerra, con el convencimiento de que, si Alemania se hundía, tampoco nosotros necesitábamos nuestras fortunas privadas.

Su actitud en favor de Bell no la sostuvo tan sólo por sentido de justicia, sino por motivos personales. Bell era amigo de sus dos hijos, Wilhelm y Bernhard. Su relación con ellos era la de amigo mayor, pues les llevaba bastante diferencia de edad. Los dos hermanos se habían alistado voluntarios en el regimiento de Göttingen, y Bernhard cayó en el frente de Flandes, con diecisiete años. Sus padres recuperaron sus cartas, entre ellas una que Bell le había escrito al frente. Por ella vieron cuánto le quería, y lo consideraron como otro hijo.

Después de aquella visita a la prisión, no supe de Bell nada en unos meses. En enero me lo encontré inopinadamente en la calle. Él iba de paseo con Runge y yo en compañía de Erika Gothe. Cruzó la calle y contó sus últimas aventuras. No se le había dejado mucho tiempo en la amable cárcel estudiantil. Sus «amigos» los filólogos consideraron que no tenía derecho a estar allí, dado que se le había expulsado de la Universidad. Fue trasladado a la cárcel de Hannover. Pero allí no estuvo más que dos semanas. El profesor Runge había conseguido permiso para tenerle en su casa. Él mismo había dado una fianza por él y podía salir a la calle en su compañía. Sin embargo, esta solución favorable no duró mucho tiempo. Algunas semanas después se decretó el internamiento de todos los ingleses de las colonias. Bell fue al campo de concentración de Ruhleben y tuvo que permanecer allí hasta el fin de la guerra.

5

Yo había llegado a Göttingen en la segunda mitad de octubre. Nelli puso a mi disposición su casa con todo el mobiliario. Y puesto que ella no podía disfrutarlos, yo debería alegrarme con ello. Traje mis cosas de la Schillerstrasse 32 hasta el 42. Era una casita bastante nueva, de dos pisos. En el bajo vivía el matrimonio Pabst, que era dueño de la casa. El primero y segundo piso los habían alquilado los Courant. Esto era mi reino. En el primer piso estaba el comedor, el recibidor, el cuarto de trabajo de Nelli y la cocina. De estas habitaciones, yo no usaba más que la cocina. Hacía vida en el piso de arriba.

Utilizaba el cuarto de trabajo de Richard y el dormitorio que estaba contiguo. Las dos habitaciones tenían grandes ventanas que daban al sur, con vistas amplias a los jardines y campos, y al fondo, los «falsos Gleichen», un par de colinas que se parecían a los verdaderos Gleichen.

Ahora, en invierno, se podía ver la salida y la puesta del sol. La imponente mesa-escritorio de roble estaba tan cerca de la ventana que durante mi trabajo tenía ante mí todo el panorama. A la derecha, junto a la mesa, había contra la pared una *chaise longue* y encima colgaba un Rembrant, *El hombre del yelmo dorado*. Las otras paredes estaban cubiertas de libros. No eran sólo matemáticas, sino que había muchos que me eran útiles. En el ángulo, entre las dos paredes de libros, había una mesita redonda. La usaba para cenar. Naturalmente, yo necesitaba alguien que me resolviese el problema de la limpieza. Además, me tuve que preocupar del servicio para la calefacción central, pues los Pabst habían desconectado sus radiadores y utilizaban estufas. Nelli me había recomendado para este trabajo a su asistenta, la señora Hartung, que tenía toda su confianza. La avisé con una tarjeta postal, y vino a verme.

Era una señora elegante, alta y tan corpulenta que yo a su lado era una menudencia. Se dejó caer en la *chaise longue* y dijo que si la esposa del doctor lo deseaba, ella no tenía nada que objetar a la propuesta. Pero que la calefacción no la entendía aún. Por la tarde volvió con su marido, para que le explicase el funcionamiento de la caldera. También el matrimonio Pabst aportó su asesoramiento, y yo consideré muy importante que abajo, en el sótano, tuviese lugar una reunión tan completa que se preocupase del calor que me era tan útil.

A partir de entonces, la señora Hartung venía todas las mañanas de amanecida. Arriba oía la calefacción, cuando abajo encendía la caldera; era la señal de levantarse para mí. Luego trasteaba en la cocina y me hacía el café. Me traía también la leche y los panecillos. Mientras yo desayunaba, arreglaba el cuarto de trabajo, de tal modo que enseguida podía ponerme a la mesa a estudiar. Todavía la oía un rato al lado, en el dormitorio, dando vueltas eficientes. A continuación se despedía, y yo me quedaba sola el resto del día.

Algunas veces llamaban abajo. Eran recados para los Courant. Si yo no los podía resolver, pedía instrucciones a Breslau. En caso contrario, los solucionaba como mejor me parecía. Nelli me agradecía mucho esto, y su padre decía que no necesitaba ningún procurador en Göttingen mientras yo estuviese allí. Otras veces me encargaba le enviase alguna cosa, y quizá más frecuentemente era Richard el que deseaba algo. Yo atendía sus peticiones lo más rápidamente posible, y un día me escribió diciendo que, como recibía las cosas más rápidamente por mí que desde Breslau, se dirigiría siempre a mí cuando necesitase algo.

En ocasiones eran cosas extrañas las que quería y a veces costaba bastante tiempo y molestias el conseguirlas, el empaquetarlas y enviárselas. Pero me sentía feliz de poder hacer algo por él. Pauline Reinach no salía de su asombro de que a Nelli le pareciese bien el quedar tan al margen. Pero yo estaba convencida de que sólo sentía por mí un gran agradecimiento por el alivio que le proporcionaba. Ella era tan poco práctica y lo complicaba todo tanto, que aquellas gestiones le hubiesen ocupado mucho más tiempo que a mí.

El camino más corto de la Schillerstrasse a la ciudad pasaba por el «patio» de la iglesia de San Albano y junto al estanque de los bomberos. Cuando algunos días después de mi llegada, en el camino hacia casa pasaba por el estanque (Feuerteich) vi a una señora delante de mí cuyo abrigo verde me sonaba de algo. Iba precisamente hacia Hainholzweg (en dirección contraria de la que yo había de tomar). En ese momento se volvió y, cuando me vio, se detuvo para esperarme. Era Erika Gothe. Fuera de nosotras dos, nadie del círculo íntimo de Husserl había regresado a Göttingen. Este fue el motivo por el que nos unimos mucho.

Iba justamente a comer a casa de la señora Gronerweg, en Hainholzweg. Aquel día yo ya había comido, pero desde entonces fui con ella. Pauline Reinach estaba de pensión completa en casa de Gronerweg. La casa de Steingraben estaba cerrada. La señora Reinach estaba con su madre en Stuttgart. Enseguida me sentí en la casa de Hainholzweg tan a gusto como en la de Schillerstrasse. Sólo iba a comer al mediodía, y por las noches me preparaba, como antes, la cena en mi casa.

Todas las semanas me llegaba un paquetito de casa. Cuando mi madre el viernes por la mañana hacía para el sábado el pan trenzado ritual, también cocía uno pequeño para mí (al igual que otros para los hijos y nietos de Hamburg). A mediodía, recién sacado del horno, lo llevaba al correo. Añadía al pan foiegrás o un trozo del asado del domingo.

La señora Gronerbeg era ya mayor, algo decaída y amargada, porque había conocido tiempos mejores y ahora estaba en situación difícil. Su marido vivía aún, pero había tenido hacía unos años un ataque de apoplejía. Se movía con mucha dificultad y hablaba torpemente. Intelectualmente no era normal. Comía con todos nosotros en la mesa, y esto era una prueba para los huéspedes. Pero era más llevadero para nosotros el espectáculo del anciano señor que el malhumor de la acongojada esposa. Por su falta de habilidad estaba constantemente irritada, e intentaba disimularlo todo con formas convencionales exquisitas.

Además de Pauline, había otra señorita a pensión completa: Liane Weigelt. Yo la conocía algo del seminario de Husserl y de la «Sociedad filosófica». Allí sólo se la podía ver, pero no oír. El filósofo Heinrich Maier le había dado un trabajo de filosofía; pero, evidentemente, la filosofía no era su circunstancia. Indudablemente, tenía más aptitudes para la historia del arte. Aunque en el fondo no había nacido para ninguna clase de estudios universitarios. Lo que le iba era formar un hogar confortable, para mimar a otros seres y dejarse mimar. Esto se percibía muy bien en su vivienda de estudiante, que era una romántica casita con jardín en el centro del Gronerwegschen. Por desgracia, no tenía ni padres ni hermanos y estaba totalmente sola en el mundo. Debido a esto, las relaciones amistosas significaban mucho para ella, más que para los otros, y le producían muchas decepciones. Pauline le había tomado mucho cariño.

El cuarto de trabajo de Pauline era para nosotras el punto de reunión. Después de comer nos reuníamos allí un rato Erika, Liane y yo. También el inspector de montes, que pertenecía igualmente a nuestra mesa redonda, venía algunas veces. Había venido a Göttingen para instruir a los reclutas en su calidad de capitán de la milicia nacional, y se había instalado en casa de la señora Gronerweg. Era un señor de edad, casado, que se sentía muy a gusto entre nosotras.

Teníamos muchas cosas que comentar: los acontecimientos de la guerra, las noticias del frente, las peripecias de los estudiantes. ¡Qué felices nos sentíamos cuando recibíamos carta de Reinach! Estaba en los alrededores de Verdún. Una vez nos envió una campanilla alpina (Edelweis) para cada una. Las había recogido él mismo y llegaron frescas. Erika y yo nos hicimos con las señas de nuestros compañeros que estaban en el frente y empezamos a enviarles paquetes por correo. No se hicieron esperar las cartas de respuesta de Hering, de Lipps, de Kaufmann.

El otoño nos trajo las primeras pérdidas de nuestro grupo: Fritz Frankfurther y Rudolf Clemens. La madre de Frankfurther vivía en Breslau. Al estallar la guerra había ido su hija Madga Frei a estar con ella. Era médico y estaba casada con otro médico en Göttingen. Su marido estaba ahora en el frente. Después de la guerra, los Frei se instalaron definitivamente en Breslau.

Toni Meyer era amiga de la señora Frankfurther y de la señora doctora Frei, y me pidió que las visitase cuando volviese a Breslau. Durante años permanecieron inconsolables por la pérdida de su único hijo y hermano. Para ellas era muy entrañable que fuese a verlas y que a través mío tuviesen contacto con el grupo en que su Fritz había sido tan feliz. Me dejaron que leyera su diario de guerra y toda su producción literaria que había dejado. Les hubiese gustado mucho el haber visto publicados sus trabajos póstumos, pero yo no pude hacerlo.

También el hermano de Erika, Hans Gothe, estaba en el frente. Éste y el hermano más joven, Georg, eran del segundo matrimonio de su padre. Su hermana Lene y ella, del primero. Hacía mucho tiempo que el padre había muerto, pero la segunda esposa había sido para Erika una segunda madre, y las relaciones con los hermanos eran muy íntimas. Nunca vi a la señora Gothe ni su casa de Schwerin, pero a través de lo que contaba Erika tuve mucha intimidad con ambas. La madre era una protestante profundamente creyente y hasta nosotras llegaba algo de su bondadoso carácter.

A pesar de las agobiantes preocupaciones de la guerra, aquel invierno fue el tiempo más feliz de mi estancia como estudiante en Göttingen. La amistad con Pauline y Erika fue más profunda y encantadora que otras amistades anteriores. Por vez primera no estaba yo en primer plano, sino que percibía en ellas algo mejor y más valioso que en mí misma.

El trabajo con mis dos camaradas avanzaba. Cuando la señorita Scharf y yo nos reuníamos en mi acogedor cuarto de trabajo, hacíamos afanosamente calcetines y otras prendas de abrigo para los fríos del frente. En lo que se refiere a trabajos manuales, no había ido muy adelante en la escuela y con los años lo había olvidado. Ahora lo aprendía de nuevo con mi diestra compañera. Las agujas resbalaban una sobre otra con su característico rumor, mientras nosotras repasábamos y grabábamos en la memoria nuestros temas de historia.

En determinadas tardes trabajaba con Erika sobre filosofía. Para el último repaso me dio tres hojas en las que Hering había hecho un esquema de la historia de la filosofía. Él y Frankfurther lo habían utilizado para el examen de licenciatura, y ahora era una herencia. Como punto final de la historia figuraba la época fenomenológica. Estaba añadido: Fin de todas las restantes filosofías.

Pauline había montado un equipo de trabajo con Liane y a veces leía conmigo a Homero. Cuando dos de ellas estaban invitadas a cenar fuera de la casa de la señora Gronerweg, me traía a la tercera conmigo para que no me quedase sola con la vieja dama. En estas ocasiones hacía una compra un poco más abundante y adornaba la mesa del rincón lo mejor que podía.

En casa había de todo y a Nelli le complacía que yo usase sus cosas. El armario ropero del dormitorio estaba repleto de ropa buena. Y cuando quería una bandeja de plata para los pasteles o una fuente para la fruta, no tenía más que bajar al comedor y sacarlas del aparador. Siempre encontraba lo que necesitaba.

El seminario de Husserl estuvo casi vacío durante aquel invierno. Al principio, de los viejos conocidos solamente estaba por allí el germanista Günther Müller. Luego, durante el semestre, vino el polaco Roman Ingarden. Había estado en la Legio Polaca, pero debido a una afección cardiaca fue dado de baja. Anteriormente se había mantenido replegado entre sus compatriotas. Pero ahora se encontraba solo y se alegraba mucho de poder hablar, aunque no fuese más que unas palabras, con nosotros.

Dos nuevos miembros aparecieron: Helmut Plessner, cuya especialidad era la filosofía y que decididamente se dirigía a la carrera académica. Me encontraba con él algunas veces fuera de la Universidad. Por entonces tuve que aceptar el ser sustituta de la doctora Reinach y Nelli Courant en la función de dirigir el consultorio de orientación profesional femenino para estudiantes. Este consultorio estaba organizado por la Asociación «Estudio y formación para la mujer» y me puso en contacto con la presidenta de la Asociación, señorita Steinberg, consejera de Justicia. El señor Piessner fue recomendado por sus padres al matrimonio Steinberg, y eran tan amables que nos invitaban gustosamente a él y a mí a comer o cenar. Escuchaban respetuosamente cuando los dos filósofos, ante un ganso asado, manteníamos una incomprensible conversación. Cuando más tarde pensaba en aquellas reuniones, no podía por menos que sonreírme. Y es que luego tuve la no infundada sospecha de que la buena señora del consejero esperaba que de las reuniones en su casa saliese una parejita. Pero nada más lejos de ello por parte de nosotros dos. Cuando el señor Plessner me acompañaba desde la antigua casa de los Steinberg, en el centro de la ciudad, hasta la Schillerstrasse, me desarrollaba su «sistema» e intentaba esclarecerme en qué puntos no podía seguir a Husserl, aunque no había conseguido comprenderlo él mismo.

Algunas semanas antes de Navidades reunimos nuestros paquetes de regalos para el frente. Nos procuramos con el mayor afecto los obsequios, consiguiendo lo más selecto de las confiterías. Dispusimos los envíos en paquetes grandes que contenían otros más pequeños, y cada uno de ellos iba envuelto con papel de colores y atados con cintas de seda también de colores. Para Reinach, las cintas eran amarillas; para Kaufmann, violeta; las de Hans Gothe, por pertenecer al movimiento de la juventud, las típicas de los campesinos: negras con florecitas de colores.

Lo más difícil fue la envoltura exterior, ya que tenía que ser de tela de saco cosida. Estuvimos sentadas por los suelos en la habitación de Pauline hasta medianoche para dejar lista aquella obra de arte. Cuando volvía, completamente sola, por el oscuro «patio» de la iglesia, me encontré entre las tumbas a un oficial que seguramente se dirigía al cuartel, se quedó muy extrañado de verme andar por allí, y me dijo: «¡Qué valor!»

Todavía en casa leía el *Frankfurter Zeitung,* que por entonces examinaba detenidamente, y también alguno de mis libros, hasta donde me lo permitía el descanso de la noche.

En noviembre, una vez que hube entregado mi trabajo escrito, pedí un plazo, lo más corto posible, para la prueba oral. Me fijaron el 14-15 de enero. Sólo a las amigas más íntimas de Göttingen se lo dije. A casa no escribí nada del asunto. Había que inquietar al menor número de personas. Yo me iba a quedar las Navidades en Göttingen. Como es lógico, todos los demás se fueron a casa. Liane, que no tenía casa, se contentó con irse a casa de unos conocidos. Antes de la desbandada oí una noche muchas pisadas por la escalera. Se trataba de Pauline, Erika y Liane, que me traían un arbolito de Navidad todo engalanado. Sería un consuelo afectuoso para mi soledad de las Navidades. Era el primer arbolito engalanado que recibía en mi vida. Con alegría y gratitud encendí las velas. No fue para mí en absoluto doloroso el quedarme sola. Hasta ahora no estaba acostumbrada para nada a celebrar la Navidad; tampoco lo echaba en falta.

Antes del examen, hube de hacer una visita protocolaria a los miembros del tribunal. El que me conocía menos era Weissenfels, el historiador de la literatura. Como Eduard Schröder, su poderoso colega, estaba de capitán en el frente, llevaba él el seminario superior de germanística y era director sustituto. Al comienzo del semestre me había recibido amistosamente, sin exigirme el trabajo de ingreso. Me aseguró que me conocía bien por haber asistido a sus ejercicios sobre el Fausto en el anterior semestre y que estaba convencido de que yo sabía algo. Ahora daba sus ejercicios sobre Heinrich von Kleist. Las primeras semanas asistí. Pero, como me resultaba aburrido e inútil, le dije que comprendiese que yo tenía que trabajar de firme ante la proximidad del examen, rogándole me dispensase de la asistencia.

Poco antes de ir a verle, alguien me dijo que si iba a hacer el examen de alemán de grado superior y no había hecho ningún trabajo de estado en esta materia, tenía que redactar un trabajo bajo vigilancia. Cuando estuve con Weissenfels le pregunté si esto era así (su casa estaba situada al lado de la de Husserl; en Hohen Weg). Dijo que sí, pero que no se trataba de nada peligroso. Solamente había que escribir un pequeño tema en tres horas. Yo opiné que en tres horas no se podía hacer nada que mereciese la pena. Me contestó que no se pedía ninguna cosa grande, sino tan sólo conocer el estilo. En ese caso, repuse que se podía simplificar el asunto. Le propuse que leyese uno de mis dos amplios trabajos. Y como lo encontró práctico, aceptó mi propuesta.

Se informó sobre los temas; se los indiqué, recomendándole el histórico, ya que el filosófico era de difícil acceso para los no fenomenólogos. Sin embargo, él se interesaba precisamente por este tema, y me prometió que lo pediría a Husserl. Con ello el examen oral quedó simplificado tanto como fue posible.

En aquella época había, además del examen de las asignaturas escogidas, otro, de «cultura general» que incluía: filosofía, alemán y religión. La filosofía y el alemán no eran mi problema, porque entraban dentro de mi especialización personal, y la religión tampoco, dado que a los judíos se nos dispensaba. De esta forma me ahorré el examen de «cultura general».

Sólo tenía que examinarme de las asignaturas de la especialidad. De todos modos, como quería tener su aprobado en el grado superior, el examen duraba una hora por cada una. Como tema monográfico para alemán señalé a Lessing. Había trabajado bien sus obras en el curso sobre Lessing de Weissenfels. En realidad, no había asistido a sus clases, pero me habían prestado sus apuntes, que mi hermana Frieda había pasado a máquina durante las vacaciones. Tuve que indicar también lo que conocía de las epopeyas alemanas medievales. Eran bastantes, entre ellas el «Meier Helmbrecht», de Werner el jardinero, que conocía por un curso de Breslau y que me había facilitado mi ingreso en el seminario de Göttingen.

Fue magnífica la visita a Max Lehmann. Aquel hombre, ya mayor, estaba en una situación difícil en Göttingen. Como viejo liberal y entusiasta anglófilo, sufría mucho por la guerra contra Inglaterra. El horroroso saludo «¡Dios castigue a Inglaterra!», que se había puesto de moda en algunos círculos, le sacaba siempre de quicio. Se había quedado en la Facultad casi solo con sus ideas y marginado por sus colegas.

Sobre todo ello habló con libertad conmigo. Su consuelo era su seminario. Sin aquellas buenas horas de los lunes por la tarde no hubiera podido aguantar. Se mostraba muy crítico sobre la actitud del gobierno alemán. Al despedirme de él, me dijo: «El viernes no hablaremos de estos temas». Y yo le repuse: «¡Oh!, sería para mí mucho más agradable que tener que tratar de los otros», a la vez que le sonreía.

Anotó en mi tarjeta de visita el tema de mi especialidad. Durante el examen la tenía en la mano para tener en cuenta el tema. Lehmann me informó luego que yo debería hacer también examen de historia griega y romana. No me dejé asustar por ello, y cité como tema las guerras púnicas y las persas, dado que estas guerras decisivas eran lo mejor que recordaba de la escuela. Especialmente, las guerras púnicas las conocía muy bien por mis largos años de lectura de Tito Livio. En los últimos días leí afanosamente la historia romana de Mommsen para refrescar lo que sabía y tener una vista panorámica.

En la mañana del primer día de examen confié a la señora Hartung mis preocupaciones. Se arrellanó con toda comodidad y amplitud en el sofá y me animó. Por su trabajo conocía casi toda la Facultad. Periódicamente había trabajado en casa de la señora Weissenfels. «Weissenfels no la suspende a usted —me dijo con la mayor de las seguridades—. Y con Husserl está del todo descartado el que le vaya mal».

Fue el jueves, 14 de enero. A las cinco de la tarde debía comenzar el examen de alemán. Aún fui a comer a Gronerweg, mas el griterío general de las mesas me afectó tanto a los nervios que mis amigas decidieron que para los próximos días iría Erika conmigo a casa a hacerme la comida. Ella aceptó con gusto comprar todo lo necesario y actuar en la limpia y bonita cocina.

El examen era en el edificio del gimnasio humanístico, y el director, Miller, era muy temido como presidente de la comisión examinadora. Aquel día no le vi todavía. Me examiné sola, pero a la vez en otras aulas se examinaban otros candidatos, por turno, de sus diversas especialidades. Esperábamos todos en una habitación preparada al efecto. A las cinco vino Weissenfels en persona a buscarme. Hubiera tenido que estar presente otro miembro de la comisión de examen para formar el tribunal; pero como no vino, estuvimos solos.

Weissenfels sacó un pequeño libro: el texto de alemán de la Alta Edad Media. ¿Qué podría ser? No era otro sino el *Meier Helmbrecht*. Tuve que dominarme para que no se delatase mi alegría. Leí y traduje fluidamente y supe contestar a todas las preguntas gramaticales. A continuación comenzó un paseo por la literatura alemana. Debía señalar la evolución posterior de las epopeyas de la Alta Edad Media alemana, lo que me dio lugar a hablar de la literatura popular. Así llegamos al tema de Fausto y sus distintas versiones. Cuando iba a hablar sobre el fragmento del Fausto de Lessing, Weissenfels me interrumpió. «Usted ha elegido como especialidad a Lessing y yo quisiera ahora mejor preguntarle algo sobre el romanticismo». «Hágalo, por favor», dije tranquila y conforme. Al terminar de responder a aquellas preguntas, se acabó el plazo de la hora. El examinador, muy cordial me deseó suerte y se congratuló de que hubiese empezado tan bien el examen.

Para el viernes, de once a doce, estaba fijado el examen de filosofía. Aquel día estaba en el tribunal el director Miller. Yo sabía que a Husserl esto no le gustaba nada, porque le reprochaban que era muy blando con sus alumnos y, debido a ello, era muy severo en los exámenes. Durante toda la hora me estuvo haciendo preguntas de historia de la filosofía. Yo había leído mucho a Platón, pero ahora me preguntó en concreto sobre el *Timeo*, del que yo sólo conocía por exposiciones. No me atrevía a confesar esto por temor a dejar mal a mi buen maestro ante el severo presidente. Comencé hábilmente a reconstruir la marcha del pensamiento del diálogo, utilizando como punto de apoyo las preguntas que me hizo. Lo mismo hice cuando tuve que responder a las preguntas sobre la postura de David Hume sobre la matemática en su *Essay* y su *Treatise*. El *Essay* no lo había leído en absoluto y el *Treatise* sólo en parte, pero acometí valerosamente la comparación.

Estas acrobacias intelectuales me gustaban mucho, aunque me producían una enorme tensión. Descansé cuando Husserl, por fin, se fue a la lógica. Al final hubo algunas preguntas fáciles de la historia de la pedagogía. Había tenido que mantenerme firme durante cinco cuartos de hora.

Cuando había llegado al final de la estrecha travesía desde el «patio» de la iglesia de San Albano y a la desembocadura en la Schillerstrasse, allí estaba Erika con medio cuerpo fuera de la ventana de la cocina y me saludaba abriendo ambos brazos. La comida estaba lista y exquisitamente hecha. La mesita para las dos puesta, y, mientras reparábamos fuerzas, tuve que contarle todos los lances de la batalla desde el principio hasta el fin.

Estaba casi agotada, pero no me podía permitir el lujo de estar cansada, pues por la tarde, a las cinco, venía el último acto: el examen de historia. Esta vez estaba en el tribunal Weissenfels. Como se retrasó, empezó Lehmann en primer lugar con el texto griego. Siempre era el comienzo de la *Anábasis* que yo sabía de memoria. Cuando entró Weissenfels, Lehmann le recibió con estas palabras: «La señorita está muy bien preparada en griego», «La señorita está muy bien preparada en general», y volvió la cara sonriendo. Luego continuó el examen. Vino una pequeña pregunta sobre la guerra de los persas. Y entonces surgió algo sorprendente: «¿Cuál es el hecho más grande de Aníbal, según su opinión?» Yo no había pensado nunca sobre ese punto. Tampoco sabía que era la pregunta favorita de Lehmann y que quería que le respondiesen: «El paso de los Alpes». Reflexioné un momento y dije con gran seguridad. «Que él llevó la guerra a Italia». Ahora el sorprendido era Lehmann. Pensó seguramente que no me había tomado la molestia de recoger una serie de preguntas de los exámenes anteriores con las respuestas correspondientes, sino que yo, completamente ingenua, reflexionaba y juzgaba por mi cuenta. Me aceptó la respuesta como válida y me llevó a través de una pequeña pregunta de transición hasta el paso de los Alpes. Esto lo conocía yo con toda exactitud por la lectura de Livio.

La historia antigua no era más que la introducción. Ahora venían los temas de la especialidad de Lehmann, entre los que yo había elegido el mío. Y de nuevo tuvimos un comienzo sorprendente. «¿Qué hay de la crítica del militarismo prusiano?» Yo pensé: «¡Qué simpático!», pues me acordé de que en mi visita le había dicho que prefería tener una conversación de política a tener que examinarme. Pero la pregunta olía a chamusquina. Sonaba como una invitación a la crítica de lo establecido y esto yo no lo deseaba hacer. Así que respondí diplomáticamente: «Eso depende de lo que se entienda por “militarismo”». Weissenfels soltó una carcajada. Pero Lehmann, con toda parsimonia, me dio su definición: «Se dice que hay militarismo allí donde se mantiene en pie un ejército en tiempo de paz». Entonces, dado este presupuesto, ya pude conceder, sin escrúpulo, que era correcto hablar de un militarismo prusiano. Pero a continuación tuve que dar las razones de fondo por las que Inglaterra hasta el presente se había defendido contra el militarismo. Y ahora sí que estábamos en un terreno resbaladizo y así continuamos, finta tras finta, hasta que dieron las seis.

Fuera me esperaba Pauline Reinach. Lo primero que hizo fue llevarme al «Kron y Lanz» para tonificarme con café y pasteles después de la batalla dada. En una mesa vecina estaban sentados el matemático Landau y el psicólogo Katz. A los pocos minutos vino Katz hasta donde estábamos nosotras y nos dijo que el profesor Landau le había contado que me había visto en el gimnasio y que de seguro había hecho un buen examen. Ahora quería felicitarme. Esto, naturalmente, me llenó de satisfacción.

Aquella noche fui a cenar a casa de los Gronerweg. De camino, en una pequeña estafeta de los Wendenstrasse, puse un telegrama a Breslau con la buena noticia. Pauline me dio conversación un ratito en su cuarto porque Erika y Liane no habían terminado los preparativos de la cena. Cuando por fin nos llamaron a la mesa, vi cómo lucían en mi sitio muchas velitas en ruedas de madera pintadas, como se hace por el cumpleaños con la tarta. Alrededor había ramilletes de violetas. La señora Gronerweg se había ocupado de la fiesta. Erika estaba sentada frente a mí y sus ojos resplandecían de cariño y de alegría.

Al día siguiente fui a Hamburg. Coincidió con el hecho de que mi hermana Rosa estaba por unas semanas con Else y las dos se alegraron de que fuese a verlas para compartir con ellas mi alegría. Aquí recibí también la felicitación de Breslau. La carta de mi madre contenía aquellos pasajes que ya más arriba recordé: ella se alegraría mucho si yo quisiera pensar en aquél al que debía ese éxito. Pero todavía no había ido tan lejos.

Yo había aprendido en Göttingen a tener respeto ante las preguntas de la fe y por las personas creyentes. Hasta iba ahora con mis amigas alguna vez a una iglesia protestante, pero todavía no había reencontrado el camino hacia Dios (la mezcla de política y religión que caracterizaba los sermones no me podía llevar al conocimiento de la fe pura y me repelía frecuentemente).

No quise prolongar mucho tiempo mi visita. Había llegado el sábado, y el miércoles, después de comer, estaba puntualmente en mi sitio en el seminario de Husserl. Apreciaba mucho que fuese regularmente a sus ejercicios. Y ahora que tan pocos de sus antiguos alumnos estaban, aún lo apreciaba más que nunca. No le había visto después del examen y, al terminar la sesión, fui a verle al despacho del director para preguntarle cuándo podía visitarle para enterarme con más detalles de mis trabajos. El maestro, siempre amable, estaba en aquella ocasión de notable mal humor. Había cometido un descuido al no ir a verle después del examen.

Me dijo que me hubiese querido decir muchas cosas sobre mi trabajo, pero que ahora no se acordaba, y que no era todavía suficiente trabajo de doctorado (nunca había pensado yo que lo fuese). Añadió que, ya que yo había hecho un examen tan brillante en historia y literatura, podría reflexionar sobre si no preferiría hacer la tesis sobre una de estas materias. No podía haberme herido más.

«Señor profesor», le dije con profundo enfado, «no se me ha pasado por la cabeza el obtener el título con cualquier trabajo. Quiero hacer la prueba de si soy capaz de hacer algo personal en filosofía». Esto pareció hacerle entrar en razón. Su enfado se había esfumado, y en un tono totalmente distinto me dijo: «Ahora tiene usted que descansar de verdad, señorita Stein. Tiene cara de agotada».

Por mi parte, no me sentí tan rápidamente reconciliada y me despedí. Al día siguiente, me esperaba después de su clase en la puerta del aula. Su esposa le había encargado felicitarme cordialmente y decirme que me invitaba el domingo para tomar café. Teníamos que celebrar el feliz examen. La señorita Gothe, la señorita Reinach y Weigelt también estaban invitadas. Por último, me dijo que, si yo tenía el gusto de que estuviese alguien más, no tenía más que decirlo.

Antes del domingo hice mis visitas de despedida a Lehmann y a Weissenfels. Los dos me expresaron una vez más su satisfacción. Weissenfels me reveló que el presidente del examen había puesto dificultades a la nota de cum laude, debido a que creía que el examen sobre «cultura general» había sido muy fácil. Los examinadores, sin embargo, mantuvieron el que se me diese el Uno. Husserl me aseguró riendo el domingo: «Realmente, el certificado contiene como resultado de los exámenes escrito y oral la anotación: "Aprobado con matrícula de honor"».

CAPITULO OCTAVO

Servicio en el hospital militar de Mährisch-Weisskirchen

1

Inmediatamente después del examen, pregunté a la Cruz Roja de Breslau si podía ingresar en el Servicio Sanitario. Como no recibiera respuesta alguna, decidí quedarme en Göttingen hasta el final del semestre, con objeto de asistir a las clases y dedicar el resto del tiempo al trabajo del doctorado. De nuevo volví al estudio del griego, pues quería completar lo antes posible mis estudios de griego básico. Esta vez envié a casa todas mis cosas delante de mí, porque no estaba segura de volver.

Una vez en Breslau lo primero que hice fue solicitar en el Consejo Provincial el examen complementario de griego. Lo quería hacer en otoño. Llevaría en casa unas semanas cuando me llamaron por teléfono. Era una señora de la Cruz Roja que quería hablar conmigo.

Me dijo que en Alemania no había demanda de enfermeras, pero que en Austria la necesidad era grande. Si quería ir debería estar preparada para viajar a Mährisch-Weisskirchen a principios de abril. Me decidí en el acto.

Rose Guttmann ya sabía algo del hospital de Weisskirchen, pues allí prestaba sus servicios una estudiante de Breslau desde hacía unos meses. Precisamente entonces esta estudiante —Grete Bauer— estaba en su casa de permiso. La busqué para saber más detalles.

Mährisch-Weisskirchen estaba a medio camino en la línea Oderberg-Wien, a unas cinco o seis horas de nosotros en tren rápido. Allí había una gran academia militar que se había convertido en un hospital para contagiosos. Tenía 4.000 camas y era el lugar de evacuación del frente de los Cárpatos. La joven estudiante, que era una muchachita viva y natural había trabajado allí muy a gusto. Regresaría allí antes de mi traslado, se alegraba de que fuera.

Por parte de mi madre, encontré una fuerte resistencia. Yo no le dije ni una palabra de que se trataba de un hospital de contagiosos. Ella sabía muy bien que no podría disuadirme con el argumento de que ponía en peligro mi vida. Por ello lo que me argumentó como medio para asustarme fue que los soldados venían del frente con la ropa llena de piojos y que de esto no tendría modo de defenderme. Realmente esto era un tormento al que yo tenía verdadero horror. Pero si los que estaban en las trincheras tenían que sufrir esto, ¿por qué habría de ser yo una privilegiada? (la desinfección estaba tan bien organizada en Weisskirchen, que me ahorré esta prueba. Sólo en algunas ocasiones he visto tales animalitos en la ropa limpia de la gente, aunque se sacaba del armario).

Como estos argumentos incisivos de mi madre no surtían efecto, me dijo con toda su energía: «No irás con mi consentimiento». A lo cual yo repuse abiertamente: «En ese caso tendré que hacerlo sin tu consentimiento». Mis hermanas se estremecieron por mi dura respuesta. Mi madre no estaba acostumbrada a una resistencia semejante. Arno o Rosa le habían dirigido frecuentemente palabras mucho peores. Pero esto había sucedido en momentos de excitación en los que estaban fuera de sí y que se olvidaban inmediatamente. Pero en este caso la cosa era peor.

Mi madre no dijo nada más y permaneció durante unos días silenciosa y deprimida y su estado de ánimo invadía toda la casa, como siempre. Sin embargo, cuando comencé a hacer los preparativos se ocupó como de la cosa más natural de ayudarme en hacer el pequeño equipo de una enfermera. Frieda, que era la que más entendía de estas cosas, hizo las compras necesarias y los trabajos de costura.

Antes de empezar mi servicio de guerra, tuve que hacer aún una visita al Consejo Escolar Provincial para anular mi matrícula del examen de griego, o mejor dicho, para aplazarlo indefinidamente. El jefe del negociado del gimnasio humanístico, el consejero Thalheim, era un hombre muy temido, serio y estricto. Cuando le dije el motivo del aplazamiento mostró visiblemente su descontento, pero de momento no dijo nada. Cuando ya me iba me hizo volver y me dijo: «¿Sus padres están de acuerdo?» «Mi padre ha muerto hace mucho tiempo. Mi madre no está de acuerdo». Entonces se excitó (él tenía una hija de mi edad, la conocía de la escuela).

«Es natural que no le parezca bien a su madre. Yo no tengo nada que decirle. Pero como no tiene usted padre me siento en el deber de advertirle. ¿Conoce usted lo que sucede en los hospitales?» Yo no lo conocía, pero si había, como me dio a entender, peligros de moralidad y que las enfermeras tenían mala reputación, era terriblemente triste, y en esta circunstancia encontré precisamente más necesario que fuesen a este lugar personas de seria formación. Le di las gracias sinceramente al señor consejero, que había demostrado su bondad al preocuparse por mí, pero no me dejé disuadir en lo más mínimo de mi decisión.

No mucho antes de mi marcha me encontré en casa de Nelli Courant con Susanne Mugdan. Era amiga de Richard. Su madre le había atendido como a un hijo, aunque ella tenía dos hijos y dos hijas. Bertha, la mayor, se casó después con el amigo de Richard, el filólogo clásico Julius Stenzel. Éste y el hermano gemelo de Suse, Albrech, estaban ahora en el frente. Ella era una persona seria y cavilosa, sumamente delicada y muy sensible. Había hecho Magisterio y ejercido durante algún tiempo. Pero como no se sentía satisfecha hizo la reválida y ahora estudiaba química en la Escuela Técnica Superior de Breslau. Cuando se enteró de lo que yo iba a hacer lo tomó como una llamada para ofrecerse ella también. Pocas semanas después de mi marcha me siguió a Weisskirchen.

También antes de mi partida Erna me hizo ir a la clínica de ginecología y me vacunó contra el tifus y el cólera. Muchas personas reaccionaban ante la vacuna con algunos días de fiebre, pero yo no sentí nada.

Los hospitales en Bohemia y Moravia estaban en su mayor parte en manos de enfermeras alemanas. La organización de enfermeras alemanas se había encargado de organizarlos y la Cruz Roja silesiana proporcionaba las auxiliares. Una dama de Breslau, la señorita Gertrud Stein, dirigía esta colaboración. Vino a la estación el día 7 de abril de 1915 a las seis de la mañana cuando yo partí. Me presentó a dos auxiliares que venían de Sajonia y que harían el viaje conmigo a Weisskirchen y nos entregó nuestros distintivos. Era una insignia de esmalte y un brazalete negro con una cruz roja sobre campo blanco.

Las dos compañeras de Sajonia eran jóvenes, una de una buena familia burguesa, la otra más sencilla. Ambas, si no recuerdo mal, hijas de familia sin profesión. Como es natural, las tres estábamos llenas de curiosidad tensa ante nuestro nuevo horizonte de trabajo. Al mediodía llegamos a nuestro destino. Tomamos un coche en la estación y fuimos al hospital. Estaba casi fuera de la ciudad. Mährisch-Weisskirchen era una ciudad muy simpática. La plaza del mercado tenía soportales de piedra (arcadas), como ya los había visto en las viejas ciudades de Silesia y Bohemia. Bajo los arcos, las mesas con las mercancías que prolongaban las tiendas que había al fondo. Nuestro coche se detuvo ante la puerta de un largo edificio. Tres grandes casas, unas a continuación de las otras, se extendían a lo largo de la carretera. Para recorrer toda la fachada se necesitaban diez minutos.

En tiempos de paz había habido aquí una academia militar de caballería con el correspondiente pabellón de oficiales y una Escuela Real Superior. Detrás había una escuela de equitación grande y otra más pequeña. Además, se habían construido barracas nuevas al servicio del hospital (no recuerdo bien si eran diez o veinte). Cada una estaba dividida en dos salas con cincuenta camas cada una.

Nos llevaron en primer término al comedor, donde nos dieron una buena comida. La mayor parte de las enfermeras ya habían comido. Solamente quedaban algunas rezagadas. Nos preguntaron si les habíamos traído el correo. Efectivamente, la señorita Stein nos había dado cartas. Las pusimos sobre el estante donde las irían a buscar las interesadas. El mandar y recibir las cartas por medio de las enfermeras que iban y venían era una costumbre ya establecida, dado que por el medio regular del correo muchas se perdían o tardaban semanas. Estaba rigurosamente prohibido el eludir de esta forma la censura que había entre los países aliados. Pero, evidentemente, nadie se preocupaba de semejante prohibición.

Si no recuerdo mal, después de la comida nos condujeron a un dormitorio. Alguien llamó en el pasillo a una auxiliar que me debía acompañar. Me indicó en un gran dormitorio una cama libre. Debía arreglármela yo misma. Además, me dijo en los pocos minutos que tenía para ocuparse de mí que pronto tendría anginas porque a todas las sucedía al principio. No me pareció muy seductor ponerme enferma en aquel lugar.

Me hizo una buena impresión la enfermera jefe cuando por fin tuvo tiempo de saludarnos. Nos llamó a su despacho. Era una habitación alegre y espaciosa que producía una impresión de paz con su sólido escritorio y adornada con flores. La enfermera jefe, Margarete, era una persona bajita, pero robusta. Tendría unos treinta años. Su rostro bajo la toca blanca era correcto y amable, su manera de ser sencilla, natural y sin pretensiones, pero firme y decidida. Antes de la guerra era enfermera en una comunidad de Silesia. Como la mayoría de las enfermeras de aquí, era profesional. Había organizado el hospital en las peores condiciones y con muy poca ayuda. Antes de que dispusiese de lo más preciso llegó el primer transporte de enfermos de cólera.

Ahora disponía de un equipo de ciento cincuenta enfermeras y auxiliares al que dirigía. Además, también pesaba sobre ella la nada fácil relación con un director checo, los médicos y el trabajo de la secretaría militar. No recibía ninguna colaboración de la población. Era en su mayoría checa y antialemana. Si en la calle preguntábamos por una dirección en alemán, no nos contestaban. El hospital recibía muy raras veces donativos de los naturales del país debido a que lo llevaban enfermeras alemanas. Nosotras dependíamos de lo que nos enviaban de la patria. Mientras nosotras atendíamos a sus heridos, las muchachitas de Weisskirchen, muy peripuestas, estaban sentadas en los paseos del balneario escuchando el concierto.

La enfermera Margarete reflexionó un momento sobre el destino que iba a dar a las nuevas auxiliares. A mí me asignó el pabellón de enfermos de tifus. Telefoneó a la gran escuela de equitación para anunciar mi llegada. Quién me llevó allí ya no lo recuerdo. Salimos por la puerta del patio y, pasando por la escuela pequeña de equitación, llegamos a la grande. Era un edificio de un piso. En realidad no pasaba de barraca. A la izquierda de la puerta de entrada, en el vestíbulo, había, en primer término, un pequeño cuarto para el médico que hacía la guardia nocturna. Detrás estaba una habitación para las enfermeras.

A mano derecha estaban los cuartos de baño y un pequeño local donde se instalaba a los enfermos que debían ser separados de los demás a causa de otra enfermedad infecciosa. Frente a la entrada había dos puertas que conducían a las dos salas primeras de los enfermos. Detrás había otras dos y para cada una de ellas un pequeño despacho para el médico jefe y la enfermera jefe. Cada sala tenía su propia pequeña cocina para hacer el té.

En cada una de las dos salas primeras había sesenta enfermos graves de tifus y en las posteriores cincuenta y ocho. Los convalecientes eran trasladados a las barracas. Cada sala tenía asignado un médico, dos enfermeras titulares y dos auxiliares. Además, había dos mujeres para las tarea domésticas y dos celadoras (muchachas del país) y una reservista de la milicia popular. El jefe de todo el departamento de tifus era el consejero Boral y Anna, la enfermera jefe. Me condujeron a la primera sala en la que debía trabajar como auxiliar y fui presentada a las enfermeras.

La enfermera Loni era una bajita y regordeta renana, con una cara colorada y unos rasgos algo confusos, cordial y locuaz. La enfermera Emma era alta y delgada, dueña de sí misma, pero a veces con estallidos apasionados. Las enfermeras me saludaron amablemente. Me dieron, además de mi uniforme de enfermera y mi blanco delantal, una bata blanca de médico. Nos la quitábamos cuando abandonábamos el pabellón de tifus para llevar fuera los menos bacilos posibles. Además, había en cada sala una jofaina con agua sublimada. En ella nos lavábamos las manos después de cada contacto con los enfermos. No se ahorraba en otros aspectos nada para mantener la desinfección. La ropa usada iba inmediatamente a grandes barreños con disolución de lisol. Había una gran satisfacción por el hecho de que rarísimas veces se había producido una infección en la casa. Se decía de la enfermera jefe que, si se contagiaba, no moriría de tifus, sino de vergüenza.

Los bacilos del tifus no se propagan por el aliento, sino solamente por las secreciones de los enfermos. Pero, cuando se los cuidaba, no se podía evitar tener algún contacto con ellas. Pero, si inmediatamente se procedía a un lavado, es posible la defensa. El contagio es, pues, una señal de poca limpieza.

La segunda auxiliar Steffi era una pequeña polaca delicada, rubia y melancólica. Había varias polacas en el hospital, huidas de la zona de guerra de Galitzia o «soldados» de la legión polaca. En la sala vecina había un pequeño sargento femenino. Estaba herida y, por ello, la habían destinado al servicio del hospital, aunque no tenía preparación para el cuidado de los enfermos. Tampoco Steffi era ayuda especializada. En comparación con ellos, yo estaba muy iniciada. Pero de todos modos nuestro curso sólo había sido de un mes y luego había tenido una práctica de seis semanas. Además, había pasado medio año.

No había visto jamás un paciente de tifus. Sólo por nuestro manual conocía las causas, los síntomas y el proceso de la enfermedad. Naturalmente lo primero que tuve que hacer fue ponerme al corriente y me pasaron algunas cosas curiosas. Recuerdo solamente una. Vi al pasar a un enfermo al que le castañeaban los dientes de frío. Rápidamente llené una botella de agua caliente y se la puse a los pies. Esto le hizo reír al paciente: estaba sometido a un tratamiento de frío.

La enfermera Loni, después de mi llegada, me dio una vuelta por toda la sala, me enseñó todas las instalaciones y me informó sobre los pacientes. Sobre todo me llamó la atención sobre el enfermo más grave. Era un joven italiano comerciante de Trieste. Se le conocía sólo por el nombre, el apellido en este momento no acude a mi memoria. Le llamaré Mario. La enfermedad le había atacado con extraordinaria fuerza. Su boca estaba constantemente llena con una flema mezclada con sangre. La enfermera Loni me indicó que cada vez que pasase por su cama le limpiase la boca con una gasa. El enfermo agradecía siempre este amable servicio con una mirada. Le era imposible hablar. Había perdido por completo la voz. En las visitas era reconocido muy a fondo. Médicos y enfermeras hablaban junto a la cama como si él no entendiera nada. Pero yo percibí en sus grandes y brillantes ojos que su conocimiento era perfecto y que atendía a todo lo que se decía. La mayor parte del tiempo estaba tranquilo pero nos seguía con la mirada.

Los otros enfermos con fiebre estaban graves y no se daban cuenta de lo que sucedía a su alrededor. Se les cuidaba como a niños pequeños y era admirable cómo al cabo de unas semanas se recuperaban y volvían a comportarse como personas mayores. El tifus iba cediendo en muchos, pero tenían que sufrir los efectos secundarios. Pulmonías y pleuresías eran las complicaciones más frecuentes que se presentaban, y muchas veces causaban más víctimas que el tifus mismo. Otros habían venido del invierno de los Cárpatos con los pies helados y tenían que ser tratados de esa afección.

Mientras hacíamos nuestro recorrido por la sala, llegó el médico para hacer la visita y me presentaron a él. Era todavía joven, bajo y fornido, rubio y sonrosado. Tras unas amables palabras dijo: «La enfermera debe estar fatigada del viaje. Hoy no contaremos con ella».

En el entretanto había sido diagnosticado en la otra sala un caso de tifus exantemático. Esto era algo muy grave. El pronóstico era, en la mayoría de los casos, mortal y el peligro de contagio grande. Apenas había protección profiláctica, porque el bacilo no estaba aún descubierto. La enfermera jefe dio la orden de que las enfermeras del pabellón de tifus se reunieran lo menos posible con las otras y que todas debían dormir en la escuela grande de equitación. Por ello tuve que recoger mis cosas del gran dormitorio donde lo había llevado hacía sólo unas horas. En el complicado conjunto de edificios encontré el camino con dificultad. Pero me vino muy bien el no tener que dormir allí y verme obligada por la mañana temprano a atravesar largos pasillos y subir y bajar escaleras para llegar al sitio de mi trabajo.

El dormitorio de la escuela de equitación lo compartía con otras tres: nuestra enfermera Emma, la enfermera Sophie de la tercera sala y su ayudante Marga. Estas dos eran un solo corazón y una sola alma, aunque Marga acababa de cumplir dieciocho años y su jefe tenía sus buenos diez años más. Me pareció que la jovencita corría peligro en aquel ambiente. La enfermera Sophie era —como la mayoría de la Organización Profesional— eficiente en su profesión y esmerada en el trabajo. Pero su cabeza y su corazón estaban llenos de penas amorosas —naturalmente a causa del médico del pabellón— y éste era el tema de las conversaciones aquí, en el cuarto. Yo hacía oídos sordos todo lo que podía, y en los tiempos libres que tenía que pasar en la habitación me sentaba en la cama como si fuese un lugar aislado. Allí leía y escribía mis cartas y me ocupaba de algo que siempre tenía que hacer.

Las comidas las hacíamos, a pesar del aislamiento a que estaba sometido nuestro pabellón, en el comedor general. Allí vi la primera tarde a Grete Bauer, la estudiante de Breslau. Fue para mí un alivio el poder cruzar con ella unas palabras. Me presentó también a su amiga la enfermera Alwine, también enfermera profesional. Era notablemente mayor que nosotras, pero muy juvenil en sus maneras. Rizos rubios salían debajo de la toca y sus grandes ojos azules sonreían ante la alegría de vivir. Se notaba enseguida que estaba en presencia de una persona inteligente y enérgica.

Algunos días después de mi llegada, circulaba por el pabellón el rumor de que tendría lugar una «fiesta» en la escuela grande de equitación. El médico de la sala segunda había sido trasladado a otro hospital e invitaba a los colegas y a las enfermeras del pabellón del tifus a la despedida en la pequeña habitación de los médicos. Era un polaco joven con apellido aristocrático que he olvidado. Hasta entonces sólo esporádicamente lo había visto y no le había dirigido palabra alguna. El doctor Pick, nuestro médico del pabellón, me dijo durante la visita: «Enfermera Edith, ¿vendrá también usted mañana por la noche?» «No tenía intención. No conozco de nada al señor». «No importa. Así lo conocerá personalmente». Yo no tenía ninguna gana. Nosotros no estábamos aquí de hecho para celebrar fiestas. Pedí consejo a la enfermera Loni. Era la mayor en la sala y mi superiora; además, conservaba algo de su buena procedencia burguesa, así como costumbres impecables. Me aconsejó ir. Produciría mala impresión si ya a la primera ocasión me excluía. Ella, esta vez no vendría, pero estuvo poco antes, cuando se festejó el paciente de tifus número 1.000; también la enfermera-jefe y el consejo médico habían participado. ¡Festejar el paciente de tifus número 1.000! Casi se me ponen los pelos de punta. No obstante, quise seguir el consejo de la enfermera Loni.

Cuando la noche siguiente entramos en la pequeña habitación de los médicos, algo me turbó. Habían instalado una gran mesa; sobre ella había muchas tortas, algunas fuentes con fruta y una gran batería de botellas de licor. Tenía yo mi puesto en el medio frente al Dr. Pick. Cuando se me ofreció, tomé un trozo de torta y unas uvas y no permití que me sirvieran bebidas. No bebo nada de alcohol. Al principio estaban muy interesados por la nueva enfermera. Hasta entonces no había hablado con nadie de mi «profesión civil». Seguramente que la enfermera mayor hubo de mencionar algo en presencia del médico, y la noticia había corrido hasta el casino. En todo caso, los señores anunciaron ahora que yo había estudiado «filosofía». Esto no era unívoco. «Filosofía» en Austria implica toda la facultad: lengua, historia, etc. La asignatura «filosofía pura». Por tanto ¡filosofía pura! El asombro fue grande. Pero poco a poco se fue perdiendo el interés por la conversación intelectual. Cuanto más rápidamente se fueron vaciando los vasos de licor, tanto más libre se hizo la manera de hablar. Finalmente me senté en silencio, observando con los ojos bien abiertos cuanto acontecía a mi alrededor. Un médico tomó a una enfermera que no quería beber más y, sujetando la cabeza, le infiltró el licor. Cada instante me parecía más desagradable. ¿Qué podía venir aún? De repente oí que alguien a mi espalda me hablaba muy bajo. Me volví sobrecogida. Detrás de mi asiento estaba el caballero polaco que nos había invitado. Nos habían presentado al principio, pero después no me había vuelto a fijar en él. Se encontraba muy excitado. «Enfermera, ¿qué piensa usted de mí?» Yo estaba confundida, ¿qué respuesta debería darle? «No me formaré juicio alguno en una sola noche», dije tranquila. Nosotros dos éramos los únicos sobrios en la sala. Seguro que él me había observado, y por el rostro había intuido cómo me sentía. Para él era un martirio verme en esta circunstancia. Pensaba yo en el buen consejo privado de Thalheim: ¿Son consideradas por lo general las enfermeras como caza libre?

No había salida posible. El caballero anfitrión no sabía cómo liberarme. Pronto alguien propuso un paseo nocturno por el cercano jardín. Consideré más oportuno ir todos juntos que quedarme sola en la escuela de equitación. También podía marcharme a la habitación que compartía con otras, pero sin cerrar, en tanto éstas se encontrasen afuera. En el jardín se formó una larga fila. La enfermera Elsbeth, una guapa morenita, se me cogió del brazo y me llevó con ella; podía darme por satisfecha al estar en un lugar seguro y de ser conducida. Y es que hasta entonces no dispuse de tiempo libre para pasear por el jardín; sin su ayuda, ahora estaría errando sola en la oscuridad. De pronto entramos por una puerta. Era la «casa de Fausto». Se denominaba así a la coqueta villa en la que moraban los médicos, porque allí fue recluida la auxiliar Margareta von Skoda (Skoda era el austriaco «Krupp»). Antes de enterarme de lo sucedido, estábamos ya en la habitación del médico de guardia nocturna. Se encontraba echado en la cama y despertó al entrar la comitiva estrepitosamente. La broma no le pareció mal. Pronto advirtió también la cara desconocida y preguntó quién era yo. Se me empujó hasta adelante y me presenté. Hice una inclinación, como los niños de escuela —me pareció lo mejor el tomar a broma todo—, y desaparecí a continuación detrás de los otros. El caballero polaco seguidamente vino hasta mí. «Venga, dijo él, yo la volveré a llevar». Fuimos hacia abajo, y en silencio regresamos a la escuela de equitación. El resto nos seguiría pronto. A la puerta di las gracias a mi acompañante y me despedí de él. Y rápidamente a nuestro dormitorio. Mas allí también me aguardaba una desagradable sorpresa: el doctor von Malsburg (un hombre casado y mayor) se había introducido allí y organizó «magia de tienda». Colocó las sillas unas sobre otras, extendiendo un paño negro sobre las mismas. A continuación nos aclaró que quería fotografiarnos. También la enfermera Elsbeth y su médico de pabellón, el Dr. Aldor, se habían refugiado allí. No tuve más remedio que esperar pacientemente a que el grupo desapareciese. Cuando por fin todos aquellos huéspedes desagradables se hallaron fuera de la habitación, aún transcurriría largo tiempo hasta que se personaron las enfermeras Sophie y Marga. Ahora ya podía cerrar la puerta y acostarme tranquila. Nada me había sucedido, nadie me había ofendido ni siquiera de palabra. Pero la repulsa seguía presente, al igual que la indignación, por el hecho de que sucediese algo así donde había enfermos graves. No me pasó por la mente la posibilidad de refugiarme en una sala de enfermos. No teníamos que entrar allí fuera de nuestro tiempo de servicio.

Al día siguiente todas las enfermeras participantes (únicamente las profesionales, no las auxiliares) fueron requeridas por la enfermera jefe. Recibieron una severa corrección. Yo estaba preocupada por lo que la enfermera Margarete pudiera pensar de mí. Hasta entonces sólo había hablado conmigo escasos minutos los primeros días. Al saber que Grete Bauer iba con ella frecuentemente, le rogué que le comunicase cuán penoso resultó para mí la implicación en este asunto. Me llegó una respuesta muy amistosa: la enfermera jefe me hizo saber que lamentaba muy sinceramente el que tan pronto, en los comienzos, hubiese recibido una tan mala impresión.

2

Pasadas algunas semanas, nos visitó una vez el caballero polaco desde su nuevo destino. Vino mientras hacía yo la visita con el doctor Pick. Lejos de las camas de los enfermos preguntó: «¿Qué tal le va a la enfermera?» El doctor Pick respondió en mi lugar: «La enfermera Stein está a gusto con nosotros. Sólo hubo una tarde que no le gustó». Era la verdad. Había cogido afición al trabajo en el pabellón de tifus. Los médicos bien poco podían hacer contra esta enfermedad, pero mucho dependía del diligente cuidado de la enfermera. Nos sentíamos orgullosas de que se hubieran registrado pocas muertes. Pero, a veces, se tenía que librar una dura batalla para arrancar a la muerte su víctima. La infección más grave, y más aún cuando sobrevenía la inflamación pulmonar, afectaba al corazón, de tal suerte que amenazaba el paro cardiaco. Las primeras ocasiones en que asistía a un colapso de esta índole pensé justamente que llegaba el final. La gente parecía entonces como moribunda. Mas pronto experimenté que tampoco en ese momento es preciso abandonar la esperanza. Una inyección de alcanfor... y el corazón se pone a trabajar de nuevo. En los casos más graves debíamos poner una inyección cada hora. Dado que la sobredosis dejaba con frecuencia secuelas duraderas en el corazón, teníamos que controlar de cerca a los que estaban ya libres de fiebre para que no se levantasen y deambulasen antes de tiempo. Teníamos que andar con más cuidado aún para que los enfermos no diesen al vecino un pedazo de pan duro. Mientras durase la fiebre, no podían tomar alimento sólido alguno en absoluto, porque un bocado fuerte podría abrir camino a una infección de la mucosa intestinal, entrando en la cavidad abdominal, y provocar una peritonitis. Durante la semana venía de la cocina para ellos la «dieta segunda», es decir: sopa ligera de verdura sobre todo. Por supuesto, era poco apetitosa. Más les gustaba la bebida que debíamos darles: vino tinto, atenuado con agua azucarada. Cada mañana las cocineras necesitaban una gran caldera llena para todo el pabellón. En los casos muy graves, en los que se rechazaba todo lo demás, les ayudábamos a soportar los días peores dándoles cucharada de huevo con coñac. Y cuando ya no aceptaban nada, entonces había que aplicar la alimentación artificial. En hombres que por naturaleza eran sanos y fuertes, a la falta total de apetito tras la fiebre sucedía un hambre devoradora. La «dieta tercera» resultaba aún más insípida: puré de patatas o «Kukuruz» (maíz). La preferida era la «dieta cuarta», una comida normal, no demasiado fuerte, con un buen trozo de ternera. El anuncio de la «dieta quinta» era poco bien recibido por la mayoría; era el rancho vigoroso de los sanos: rico y fuerte, pero algo monótono. Los soldados alemanes echaban en falta sobre todo las patatas y las legumbres. Pronto se hartaron del plato dulce de la harina. Cuando la gente había mejorado y se le podía dar sin reparo cuanto deseasen, era un gozo ver cómo se recuperaban. Después de todo, pronto teníamos que deshacernos de ellos: a una barraca o en seguida al pabellón de destinos. Desde allí, transcurridos algunos días, iban al «Kader» (batallón de reemplazo).

Con las enfermeras me entendía muy bien. Eran eficientes y activas en su servicio, aunque daban la impresión de que estaban más marcadas por el deseo de subir que por el amor al prójimo. Me parece que les caí bien. Estaba contenta con todos los trabajos que me encomendaban y sustituía con gusto a cualquiera que tuviese algo que hacer. Había tan buena organización que nosotras cuatro teníamos alternativamente tiempo libre entre la comida del mediodía y el café. Era un rato en que generalmente no había mucho que hacer [1]. A esto no se le daba mucha importancia pues había venido a trabajar y no a ir de paseo o a dormir. Pero en general la enfermera Loni procuraba que yo tuviese mi tiempo de descanso. Al poco noté que era necesario: para escribir cartas, para ordenar las cosas personales, para hacer pequeños encargos en la ciudad, etc...

Si me daba cuenta de que Steffi tenía dolor de cabeza —cosa frecuente— pedía permiso para enviarla a la cama y suplirla en el servicio No decía muchas palabras pero estaba agradecida de que alguien fuese amable con ella. Además, era una evacuada de su patria. Cuando yo durante el gran avance de los alemanes en Galitzia entraba radiante con la noticia de una victoria en la sala de los enfermos, ella me decía, con su alemán algo duro de acento: «Hermana Edith, usted siempre trae buenas noticias» [2].

En una ocasión también pude decirle que su ciudad Tarnow había sido liberada de los rusos.

Menos eco encontraban mis buenas noticias entre los soldados. Al oírlas, movían incrédulos la cabeza. Y es que habían vivido de cerca las derrotas y la constante retirada y no podían creer en el cambio de suerte. Yo estaba muy indignada por ello.

También trabajaba a gusto con el doctor Pick. Procedía de la clínica de la Universidad de Praga. Su especialidad era internista y quería para nuestra sala el mismo orden perfecto

[1] En los países germánicos la comida es a las doce y el café sobre las cuatro.

[2] En alemán, enfermera se dice normalmente «hermana», aunque sean auxiliares.

que en su clínica. Se alegraba de mi interés por la medicina y le gustaba darme explicaciones aclaratorias junto a la cama de los enfermos, como solía hacer su jefe en las grandes visitas. También aprendí muchas cosas prácticas de él. También fue un grato descubrimiento, por su parte, que pudiese entenderse conmigo en latín como con cualquiera de sus colegas. Claro es que era un latín bárbaro el que chapurreaban los médicos.

El doctor Pick se relacionaba con la enfermera Loni en tono burlón y bonachón, valorándola a causa de su esmero. Entre la enfermera Emma y él imperaban por lo general las formas tormentosas. Ella le tenía un fuerte afecto, que se manifestaba en susceptibilidades y celotipias. Ambas enfermeras se soportaban razonablemente. Por el contrario, se mantenía una insensata competitividad con los otros pabellones. Algunas veces era necesario prestar un instrumento o medicamento de un pabellón a otro; cuando nos tocaba a nosotros, el doctor Pick se encargaba de decirme: «Enfermera Edith, le estaría muy agradecido si usted misma fuese por ello» (nunca hablaba en tono dominante, sino siempre rogando cortésmente). Esto se debía a que raras veces regresaba con las manos vacías. Las enfermeras se admiraban de ello y se acostumbraron a enviarme a mí. Pero pronto advertí por qué ellas tenían menos éxito que yo en tales ocasiones: pedían lo que necesitaban en tono demasiado exigente o lo robaban en secreto, manteniéndolo después como un botín conquistado para su pabellón. Si una se comporta así, era natural que se la mirase como una usurpadora molesta y que se la rechazase. Yo, por mi parte, humildemente, como se requería, pedía lo que hacía falta, prometiendo devolver lo prestado una vez utilizado. Casi nunca se me denegó nada.

Con mucho, lo que más me gustaba era la relación con el paciente, aunque esto ofrecía algunas dificultades. En nuestro hospital estaban representadas todas las naciones de la monarquía austro-húngara: alemanes, checos, eslovacos, eslovenos, polacos, rutenos, rumanos, italianos. No faltaban tampoco los gitanos (zíngaros). Además, alguna vez llegaba un ruso o un turco. Para la relación médico-enfermo había un librito que tenía en nueve idiomas las preguntas y respuestas más corrientes. También yo me familiaricé con él. Una vez que me dirigía a la pequeña cocina donde hacíamos nuestro té, oí de lejos al doctor Pick que al lado de una cama le decía a la enfermera Emma: «¡No lo dude, ella lo sabe!» Entonces me llamó a través de toda la sala y me dijo: «Hermana Edith, ¿cómo se dice sudar en húngaro?» Yo le solté la palabra que necesitaba sin detenerme.

Con unas cuantas expresiones y algo de mímica salía uno de apuros. Más dificultades habría habido si los pacientes hubieran tenido necesidad de entretenerse conversando, pero la mayoría se encontraba en una situación en la que no estaban para ello. Su total desamparo y necesidad de cuidado me hacía más amable el trabajo.

Pronto aprendí a percibir las diferencias entre las naciones. En el pabellón no teníamos ni un solo alemán del Imperio. Más tarde tuve a algunos como pacientes. Nosotras, las enfermeras alemanas, nos alegrábamos cuando descubríamos en un transporte a un compatriota. Después de tenerlo unos días en nuestro cuarto de enfermos, la mayor parte de las veces nos sentíamos desalentadas. Nuestros compatriotas eran muy exigentes y criticones y eran capaces de revolucionar toda la sala cuando algo les disgustaba. Los «pueblos incultos» eran humildes y agradecidos.

Me daban mucha pena los pobres eslovacos y rutenos que habían sido arrancados de sus pacíficas aldeas y enviados al frente. ¿Qué sabían ellos del destino del «Deutschen Reiches» y de la monarquía de Habsburgo? Ahora estaban postrados en la cama y sufrían sin saber para qué.

Los húngaros, por su valentía en el frente tan alabada y su comportamiento para con nosotras, tan caballeroso y amable, eran los pacientes más ofendidos. Cuando llegaba uno nuevo y en el primer cambio de vendaje se quejaba mucho en el quirófano, se le decía: «Nem sabot, Magyar» («No está permitido, magiar»). Entonces cesaba en sus quejas por unos momentos.

No nos dejábamos engañar por la nacionalidad. Los checos, que debido a su «traición» a la causa alemana eran tan odiados, los reconocimos como los más sufridos pacientes y los más dispuestos y serviciales. Una vez tuve que trasladar de cama, para cambiar la ropa de la suya, a un enfermo sin conocimiento y muy corpulento. Enfermos que estaban con todo su conocimiento y no tan pesados los transportaba yo sola a la cama de al lado. La cosa era fácil si se les cogía como era debido. Pero en este caso era imposible. Como no había por allí ninguna enfermera, le pedí ayuda a un joven alemán de Bohemia. Estaba ya mejor y se paseaba sin hacer nada por la sala. Siempre estaba alegre como un niño y me tenía mucho afecto. «Hermana», me dijo confuso, «yo la quiero a usted mucho. Pero no puedo. Me da demasiado asco». Entonces vino voluntario un checo. No estaba tan fuerte de piernas como el otro. «Tampoco es fácil para mí», dijo, «pero hay que ayudar a una persona enferma».

Un eslovaco, campesino rico en su patria, tenía un gran absceso en la pierna y, a pesar de los dolores tan fuertes que tenía, se negaba a dejárselo abrir porque le horrorizaba el bisturí. El médico se enfadó tanto que no quería saber más de su pierna. Fui una vez, durante la pausa del mediodía, a su cama y le hablé con las pocas palabras checas que sabía como con gestos hasta que se mostró dispuesto a la incisión. Antes de la visita preparé todo lo necesario al lado de la cama. Las enfermeras se encogían de hombros. Estaban convencidas de que el doctor Pick se iba a negar. Cuando llegó, preguntó, como de costumbre, si había algo especial. Yo con toda tranquilidad le dije que había una incisión. Puso manos a la obra sin decir una palabra y el bueno de Wessely se liberó de su martirio (Wessely y Sumtery —alegre y triste— eran apodos frecuentes).

A veces venía un sacerdote del frente, de uniforme, a la sala y recorría las camas. Tengo que decir que parecía despertar poca confianza. Tampoco le vi nunca detenerse un rato con nadie. Nunca presencié que a un enfermo se le trajese la sagrada comunión o los santos óleos. Por desgracia estaba yo entonces tan ignorante de esas cosas que no se me ocurría el preguntar ni preocuparme de ello.

Otro visitante que venía de vez en cuando era el oficial que estaba al mando de la secretaría militar. Era extraordinariamente atento y recomendaba a los enfermos que obedeciesen a las enfermeras como a él mismo. Este consejo, más que para los pacientes, era necesario para los reservistas que teníamos de ayudantes. Al principio estaba yo horrorizada de que se obligase a los soldados a prestar los servicios más bajos y sucios. De una manera abierta no se rebelaban contra ello. Pero los polacos y los checos hacían una resistencia pasiva haciendo que no entendían las órdenes de los alemanes. Cuando se tenía que barrer una sala, había que coger a un hombre por los hombros y ponerle una escoba en la mano. Así no tenía más remedio que comenzar el trabajo. Pero, en cuanto se volvía la espalda, se podía estar segura de que la escoba estaba de nuevo en su rincón. Teníamos que decirle al oficial quiénes eran los gandules. Pero los austriacos tenían unos castigos tan horribles, como maniatar o azotar, que nadie hacía tales denuncias.

Me relacionaba con todas las enfermeras en tono amable y de compañerismo, pero a la vez mantenía un prudencial distanciamiento. Me lo aconsejó la experiencia de aquella «noche de fiesta», además de otras muchas que pude comprobar posteriormente. En mi interior me sentía bastante sola. Constituía un consuelo el saber que Grete Bauer estaba allí; procedía de los mismos círculos que yo, y coincidía con mi modo de pensar. Creo que fue el primer domingo por la mañana cuando por primera vez hice un pequeño paseo con ella y la enfermera Alwine. «A San Antonio», propuso Alwine. El santo estaba situado en la ladera de una colina, cerca de la cima. Nos sentábamos a sus pies y contemplábamos tranquilamente la apacible campiña. A través del Weisskirchen se deslizaba el Beezwa, un bonito riachuelo de montaña. En ambas riberas se erguían cadenas de colinas, las estribaciones del Beskinde. A lo lejos, en una loma extensa, se divisaban unas viejas ruinas; era el castillo de Helfenstein. La comarca en la que nos encontrábamos era muy fértil: la «Hanna Morava», un auténtico paraíso. También en semejante altura se extendían exuberantes trigales, y en las profundas hocinas hendidas había praderas con tal variedad de flores como no he hallado en otros lugares. Allí, a primera hora, antes de comenzar el servicio, íbamos a buscar flores para nuestra sala de enfermos. Las enfermeras rivalizaban por tener su pabellón lo más acogedor y adornado posible.

Grete Bauer y Alwine residían, junto con otras dos enfermeras, en una habitación de la escuela superior. Esta hoja de trébol se mantuvo siempre unida, alejándose del ajetreo de las otras enfermeras. El grupo era del agrado de la enfermera jefe, que lo calificaba de «pequeña comunidad». Algunas veces por la tarde fui invitada allí, después del servicio. La enfermera Klara era una enfermera capaz, de mediana edad, alta, angulosa y fea, con voz grave y modales masculinos, pero de buen corazón y de humor confortante. Su ayudante, Lotte Neumeister, una señorita alta y rubia, hija de un médico de Breslau, se aficionó a ella con celoso amor. En ocasiones participaba en estas tardes la enfermera Margareta, mas deberes superiores no le permitían la pequeña expansión. Era del gusto de la enfermera Klara el que se conservasen costumbres estudiantiles. Ella disponía de gorra de colores y raquetas. Un fuerte café constituía la «materia» que merodeaba por la habitación. Además, había cigarrillos y dulces que se iban a buscar a una pequeña confitería del mercado en el tiempo libre del mediodía. Se encontraban cosas excelentes, pues los austriacos son golosos. En la confitería se hallaban de costumbre un par de oficiales con sus elegantes y apuestos uniformes. Bebían de pie un par de vasos de licor mientras consumían unas tortas dulces. Una escena extraña cuando se lleva consigo el concepto alemán de «heroísmo». También yo me acostumbré pronto al café fuerte y a los cigarrillos. Los nervios exigían algún estimulante cuando se regresaba de la sala de los enfermos.

A las dos semanas de estar en el pabellón de tifus me tocó servicio nocturno. Este servicio se hacía por turno en nuestra sala. Nos tocaba catorce días seguidos solamente por la noche en el pabellón, desde las siete de la tarde a siete de la mañana, y el día lo teníamos para descansar. A las nueve de la mañana se servía la comida para las del turno de la noche y así podían dormir hasta las seis de la tarde, a las seis y media tomábamos la cena para ir luego al pabellón. Por la noche nos daban una cantimplora de café y una ración doble de pan con un huevo. Había un pequeño dormitorio en el que me tocó ahora a mí instalarme. Cuando se tenía una buena amiga que se preocupaba de la comida del mediodía, podía recogerla a la hora habitual y te la llevaba a la cama. Así no se necesitaba estar a las nueve donde la daban y se podía estar más tiempo al aire libre. Y es que teníamos más ganas de luz, aire y sol que de sueño.

Al ir por primera vez a la escuela de equitación con mi cantimplora de café, me encontré con el doctor Pick que estaba con un colega. Me deseó suerte para la noche y le dijo al otro: «Lleva aquí sólo dos semanas y ya se responsabiliza de sesenta enfermos de tifus». Pero, me esperaba mucho más.

La enfermera jefe me llamó y me preguntó si sabía poner inyecciones. Yo había aprendido, pero tenía poca práctica. Me rogó que cuidase un poco la sala dos. La polaca que tenía allí el servicio de noche (la pequeña sargento) no sabía ponerlas. También debía mirar de vez en cuando la sala tercera, pues allí sólo había una celadora. Por último me encomendó también la habitación de aislamiento. Allí estaba un paciente de nuestra sala, porque había sido diagnosticado de difteria. Era un gitano que nos había dado muchas preocupaciones, porque se negaba a tomar alimento. Había adelgazado alarmantemente y su rostro tenía color tierra. La difteria había hecho el resto. Murió, pero no durante mi servicio de noche.

La pequeña polaca me vino a buscar llena de miedo, en la primera noche, para atender a un moribundo. El pobrecillo no podía, en su agonía, hacerse entender. Se trataba de un alemán y ella no entendía ni una sola palabra. Yo avisé rápidamente al médico que estaba al lado también de guardia y entretanto le puse una inyección. El médico vino enseguida, pero no había nada que hacer. Sólo pudo esperar la muerte y extender el certificado.

Era la primera vez que yo veía morir a alguien. La segunda fue en nuestra sala. Al llegar a la sala, después de algunos días de mi servicio nocturno, me recibieron las enfermeras con la noticia de que había ingresado un moribundo; ellas habrían querido ahorrármelo para la noche. Me indicaron que le pusiese cada hora una inyección de alcanfor. Muchas noches prolongaba así la chispita de vida hasta la mañana siguiente.

Era un hombre alto y fuerte. Yacía inmóvil y sin conocimiento. Ya había llegado así. Nadie le vio con los ojos abiertos ni le oyó una palabra. La última noche le había puesto algunas inyecciones y entre una y otra oía desde mi sitio la respiración. Hubo un momento en el que cesó. Me acerqué a su cama: el corazón se había parado. Entonces tuve que hacer lo que se nos había indicado para tales casos. Recogí las pocas cosas personales que tenía allí para dárselas a la oficina militar (la mayoría de las cosas se les retiraba a la gente nada más llegar, reteniéndolas hasta su salida). Llamé al médico para el certificado de defunción, que me dio a mí. Fui a la guardia de la puerta y pedí hombres para que se lo llevaran en una camilla. Finalmente quité la ropa de la cama.

Cuando ordené las pocas cosas, se me cayó de la agenda del muerto una tarjetita: contenía una oración para que se le conservase la vida. Esta oración se la había dado su esposa. Esto me partió el alma. Comprendí, justo ahora, lo que humanamente significaba aquella muerte. Pero yo no podía quedarme allí. Reaccioné para ir a buscar al médico. Tuve que entrar en su cuarto para despertarle. La cama estaba tapada por un biombo. Detrás de él se vistió y luego salió. Era el doctor Andersmann, un joven polaco del pabellón quirúrgico. Me miró y me dijo compasivo: «Hermana, siéntese. Está usted pálida y agotada». Extendió el certificado según mis informes y luego vino conmigo para comprobar la muerte. Después me quedé otra vez sola y atendí otras cosas.

Fue muy duro el momento en que los camilleros se llevaron al muerto en la noche. Mi único deseo era que no lo notasen los otros enfermos. Les tenía que producir una impresión horrible. Por la mañana comprobé que ninguno lo había visto. Incluso los vecinos se extrañaron al ver la cama vacía.

Lo primero que hacía al llegar por la noche a la sala era dar una vuelta. En nuestra pequeña cocina encontraba generalmente reunidos a los húngaros, que ya les iba bien. Me saludaban cariñosamente y se reían cuando yo les decía: «Ya está reunido de nuevo el club húngaro». Lo que les atraía a aquel lugar era el gran jarro con limonada de vino tinto. El «club alemán» se reunía junto a la cama de aquel alemán de Bohemia que todavía no podía levantarse. Se comentaban peripecias de la guerra y se discutía sobre la situación política. «Después de la guerra me empadronaré en Alemania», dijo el muchacho. Su casa no estaba lejos de la frontera bávara.

Recorría todas las filas de camas y me cercioraba del estado de los enfermos graves. Cuando sonaba la hora de silencio para los pacientes y no había nada especial que hacer, me instalaba en la pequeña mesa de escritorio y escribía cartas o leía. Sólo había traído a Weisskirchen dos libros: Las *Ideen* de Husserl y a Homero.

Muy cerca, detrás de mí, en la primera fila, había un checo, hombre de mediana edad, pequeño y débil. Sus pies estaban tan helados que alguno de sus dedos parecían carbonizados y hubo que amputarlos. Casi no dormía y se pasaba la noche con la pipa en la boca. Yo le dejaba, aunque estaba prohibido fumar en la cama. No quería quitarle ese consuelo.

También Mario estaba casi siempre insomne con sus enormes ojos brillantes abiertos. En una ocasión me llamó, y por señas me dio a entender que le gustaría dictarme una carta. Probablemente es que había observado que yo escribía algunas veces. Tomé papel y pluma y me arrodillé junto a su cama. Él articulaba las palabras con los labios —no podía susurrar— y yo le miraba con tensa atención a la boca, descifraba cada palabra, escribía y le mostraba cada frase que había escrito para comprobarla. Así compusimos una carta muy clara en italiano para sus hermanas. Seguramente ésta era la primera noticia que se recibiría en casa después de su enfermedad. Poco tiempo después el doctor Pick le comunicó durante la visita que sus hermanas habían escrito. Todos los trabajos que habíamos tenido con Mario encontraron una recompensa total. Después de una serie de semanas cedió la rebelde dolencia. Recuperó la palabra —incluso una voz fuerte— y pudo comer con apetito. Finalmente se levantó.

Cuando se recuperó, lo llevaron a una barraca junto con un amigo, también joven comerciante de Trieste. La enfermedad de éste fue desde el principio leve. Era sanitario y hombre muy amable y bondadoso. Nos ayudaba con mucho gusto, enrollaba las vendas lavadas con mucho arte y prestaba otros pequeños servicios. Los dos jóvenes venían desde su barraca frecuentemente para visitarnos. Estaban cada vez más fuertes y el romántico Mario se reveló finalmente como un consumado picarillo.

Algunas noches me dio mucho trabajo un paciente que deliraba. También había ingresado semiinconsciente y parecía ser de buen corazón, pero atormentado por imágenes angustiosas. Cuando iba junto a él, se agarraba a mi bata blanca y gritaba: «¡Hermana, ayúdeme, ayúdeme!» Una noche se empeñó en escaparse. No tuve más remedio que atarle. Extendí una sábana sobre la cama y até fuertemente las puntas a los barrotes. El intranquilo enfermo tenía sólo la cabeza fuera, pero estaba prisionero. Pero, claro está, si él forcejeaba un rato —era un hombre fuerte— los nudos se aflojaban y yo tenía que apretarlos de nuevo.

Me sorprendí mucho cuando un médico que tenía servicio aquella noche quiso ver lo que pasaba en la sala. Era un pacífico médico rural que no había visto todavía un caso de tifus. Se asustó de que estuviese yo sola en la sala para domar a este difícil enfermo. Al ver que cambiaba la ropa de la cama me dijo espantado: «Enfermera, se va usted a contagiar». Yo, sonriente, le mostré la jofaina con el agua sublimada. Y para tranquilizar al enfermo y a mí, le puso una inyección de morfina. Pero el efecto no fue del todo el deseado. El hombre ahora estaba tranquilo, pero empezó a cantar en alto y me despertó a otros. A la mañana siguiente dijeron que había sido muy agradable el que la hermana se sentase en la cama y cantase una canción de cuna.

Al comienzo me repugnaba fuertemente comer en el pabellón; pero me acostumbré a ello, pues una se mantenía más fresca si tomaba algo durante la noche.

Al amanecer tenía lugar una tarea que se me hacía muy difícil: la enfermera de noche debía tomar la temperatura a todos, así como contar las pulsaciones (esto sucedía tres veces al día; con los graves aún con más frecuencia), y esto debía de haberse acabado antes del desayuno. Hacia las seis y media las señoritas traían de la cocina el café para la gente; todo tenía que estar concluido al llegar la enfermera de día. A continuación se hacían las camas, de forma que para la visita la sala estuviese bien ordenada. Me daba mucha pena tener que despertar a los pobres chicos del sueño matutino. Tomaba la temperatura tan cautelosamente como podía, pero cuando ponía el frío termómetro en las axilas, la mayoría se despertaban. Por supuesto, muchos tornaban a dormirse, dejándose resbalar el termómetro. Me tocaba volver a ponérselo y a menudo también se encontraba alguno roto.

El servicio nocturno me gustaba especialmente, porque en él únicamente se trataba con los enfermos y no con las otras enfermeras ni con el personal. En un pabellón quirúrgico, en el que trabajé más tarde, había como auxiliar una escultora vienesa; sólo hacía servicio de noche, para poder dedicarse exclusivamente a los heridos sin ser perturbada por los desagradables roces de la convivencia con el personal. Allí permanecí, según el orden establecido, y tuve bastante con mis dos semanas.

Como es natural, respiraba aliviada cuando por la mañana podía abandonar una sala de ambiente viciado por haber pernoctado en ella sesenta enfermos. Lo primero que hacía era dirigirme al cuarto de baño del pabellón. Después de este baño mañanero, me sentía liberada hasta cierto punto de los bacilos. Luego abandonaba la escuela de equitación, desayunaba rápidamente en el comedor y me iba a tomar el aire. Por lo general, siempre encontraba una compañera para un corto o largo paseo.

En una ocasión, cuando desperté en el cuarto de servicio nocturno, después de dormir durante el día, encontré sobre mi cama cartas y paquetes de casa. Suse Mugdan había entrado sigilosamente y me había dejado estas cosas sin despertarme. ¡Qué agradecida estaba yo cuando pude saludarla! Sólo habíamos hablado una vez en Breslau y las dos estuvimos un poco cortadas. A no ser por estar ahora juntas aquí, no nos hubiéramos acercado tanto. Pero ahora intimamos enseguida. Es una gran cosa el saber que una persona de tanta pureza de corazón, de carácter tan sincero, de tan delicados y profundos sentimientos, está cerca de nosotros.

También para ella fue un gran apoyo el encontrarme. La hubiese sido todavía más difícil que a mí el adaptarse si hubiera estado sola. Suse tenía mala suerte. Richard Courant, que la conocía muy bien y la apreciaba mucho, decía que era imposible que Suse no tuviese ante sí siempre dificultades. Y esto sucedía también ahora. Había sido un gran sacrificio el tener que interrumpir sus estudios universitarios que había empezado ya con retraso. Sus familiares no aprobaron su marcha al hospital. Y ella lo había hecho por puro sentimiento de deber para con la patria y esperaba ahora trabajar con todas sus fuerzas.

Sin embargo, la destinaron a un pabellón, en aquel momento con pocos enfermos, de la Escuela Real Superior, con la enfermera Susi. A la auxiliar la llamaban «hermana Susanne» para diferenciarlas, y le encargaron de la habitación de los oficiales que estaba completamente vacía. Cuando por fin llegó un paciente, era un farmacéutico enfermo de gonorrea. Suse puso todo su interés, primero en arreglar los muebles y poner flores en la habitación de los oficiales, y luego en atender al enfermo, en su penosa afección (en realidad no necesitaba tratamiento especial por parte de la enfermera, y únicamente le tenía que llevar la comida, entretenerle un poco y animarle). Pero a ella le deprimió el no tener tareas de más importancia. Cuando llegaba un transporte con heridos, era otra cosa.

Suse, por otro lado, estaba muy preocupada por su hermano gemelo Albrecht, al que quería entrañablemente y que estaba en el frente. A todo esto se añadía otra pesadumbre que arrastraba dolorosamente siempre: los Mugdan eran de origen judío, pero la señora Mugdan, después de la muerte de su marido, había bautizado a todos sus hijos en el protestantismo. El motivo había sido un equivocado celo maternal para asegurarles un porvenir mejor. Más tarde la conocí y vi en ella una persona buena y humanitaria que no pensaba para nada en ventajas materiales para sí misma. Suse no agradeció nunca a su madre aquel interés por ellos, pues su espíritu limpio y sincero rechazaba un cambio que no provenía de un convencimiento interior. Cuando ya fue mayor, había pensado muchas veces si no debería volver a su anterior religión. Pero, ¿cómo volver al judaísmo si le era completamente extraño?

Además, había sido educada en el protestantismo y, aunque no era una creyente positiva, había recibido un cierto sello cristiano y en muchos aspectos le tenía afecto.

No era raro que en el hospital tuviésemos que oír alguna manifestación de antisemitismo. Suse me tenía una piadosa envidia, dado que yo podía abiertamente enfrentarme con aquellas situaciones, puesto que era judía (por lo demás, también se admiraba de que nadie me tuviera a mí por tal). Cuando ella se callaba ante una crítica antisemítica, se consideraba a sí misma cobarde. Si intentaba decir algo, se veía obligada a dar unas explicaciones circunstanciales que extrañaban y no eran entendidas.

Hablábamos las dos especialmente de estas cuestiones y lo hacíamos con toda franqueza y cordialidad. Sin embargo, no nos tuteábamos mientras estuvimos en Weisskirchen. El motivo de mantener el usted fue la burda confianza con que se trataban mutuamente las otras enfermeras sin tener internamente nada en común. Para nosotras era aquel usted una señal de respeto. Esto brotó naturalmente sin que nunca hubiésemos hablado de ello.

Cuando yo llevaba ya un cierto tiempo en Weisskirchen, Grete Bauer cayó enferma y tuvo que ser enviada a casa para ser tratada. La «pequeña comunidad» me rogó que ocupase yo su puesto, para que no entrase en la habitación ningún elemento perturbador. Yo accedí muy gustosa. Me había sentido siempre muy incómoda en el cuarto de enfermeras de la gran escuela de equitación. Me sentí muy unida al nuevo grupo en los detalles de la vida diaria y especialmente me era grato el trato con la hermana Alwine.

Entretanto, los casos graves de tifus habían disminuido en el pabellón. Aunque todavía hubo dos fallecimientos. Uno fue un pequeño camarero, persona muy débil y tuberculoso. Murió de día, estando presentes el doctor Pick y todas las enfermeras. En aquel momento me llamó otro enfermo y me dijo en susurro pero muy conmovido: «Enfermera, si ahora fuera yo». Yo le animé, pero me daba cuenta de que no había esperanza. Era un albañil de veinte años, con una pleuresía grave. Ya llevaba tiempo sin el menor apetito y apenas tomaba nada de su dieta. Una vez le pregunté si no le apetecía nada. Y me dijo que tomaría una naranja. Gracias a Dios se podían comprar en la cantina. En aquellos días recibí un paquete por correo con chocolate «Lindt». Le ofrecí y le gustó. Desde entonces le alimentaba con naranjas y chocolate. Esto hizo que confiase más en mí. Antes estaba casi siempre malhumorado y taciturno, cosa no extraña dada su situación.

Pocos días después de la muerte que he dicho, percibimos que también se acercaba el final de este otro. Cuando por la noche oí revuelo en la sala, hubiera ido de buena gana al lado del pobre enfermo. Pero no se podía hacer esto, que sólo correspondía al servicio nocturno. Pidió que se llamase al doctor Pick. El joven médico acudió con toda disponibilidad, aunque no tenía servicio aquella noche. Al día siguiente me dijo muy conmovido: «Hermana Edith, ¡si usted lo hubiese visto!» Me contó cómo el pobre joven se cogía la cabeza con las dos manos y gritaba: «¡No quiero morir, no quiero morir!» Se hizo la autopsia para comprobar el motivo de la muerte. El doctor Pick repetía: «¡Si usted lo hubiese visto!» En la cavidad torácica se habían formado gruesas callosidades pleuríticas que oprimían los órganos. No era extraño que el estómago no quisiera soportar nada.

Tras algún tiempo también nuestro médico fue trasladado a otro hospital. Se despidió cordialmente de nosotros y nos envió flores para nuestra sala. Antes de partir entregó su pequeño imperio a su amigo el doctor Flusser, que hasta ahora estaba encargado de la sala tercera a la que unió la responsabilidad de la primera. «Atiende especialmente el diario de nuestro pabellón. Está perfectamente en orden. Lo ha llevado la hermana Edith». Lo había comenzado él, pero olvidaba frecuentemente los registros. Por eso había agradecido mucho el que me encargase de hacer las historias clínicas.

Al doctor Flusser lo conocía hasta entonces tan sólo de vista y oídas. La impresión no era muy favorable. Pero, trabajando a su lado, no tuve ningún otro motivo de queja. Era bueno con los pacientes y nosotras no tuvimos nada que reprocharle por nuestra parte.

3

Entretanto el pabellón de tifus se quedaba más y más vacío. Fueron dados de alta enfermos antiguos ya curados y no ingresaban nuevos. En sí, esto era alentador. Yo lo atribuí a la eficacia de la vacunación preventiva que en Austria se administraba ahora de una manera amplia, en tanto que al principio había un patente descuido. No dábamos de alta del pabellón a ningún soldado para su reincorporación sin vacunarle otra vez contra el tifus, el cólera y la viruela. Tras algunas veces en que le ayudé en esta operación al doctor Flusser, me dejaba con toda confianza que lo hiciese yo sola.

Pero el hecho de que se despoblase nuestra sala tuvo para mí una consecuencia y fue el no tener bastante trajo. Y esto no me satisfacía. Había trabajado en el pabellón de tifus durante tres meses. Realmente tenía derecho a quince días de permiso. Trataban de persuadirme de que disfrutase un descanso. Pero a mí me parecía que no había trabajado todavía lo suficiente para merecerlo. Además, había hecho que me enviaran el borrador de mi trabajo de doctorado. En realidad fue mi hermano Arno el que me lo trajo. Me había visitado en Pentecostés. Vino con su uniforme de sanitario y trajo de la Cruz Roja de Breslau cantidad de regalos para nuestra gente. La enfermera jefe puso a mi disposición un coche y caballos del hospital para hacer una excursión al Helfenstein el domingo de Pentecostés. También estuve libre el lunes para acompañar a Arno hasta Olmütz y visitar con él esta ciudad tan bonita.

Ya tenía un grueso manuscrito y a veces le echaba una ojeada. Además, leía bastante, durante una hora, mi Homero. Pero yo no había venido aquí para esto. Decidí pedir a la enfermera jefe un traslado.

La invitamos una tarde a la pequeña comunidad. Allí le podía presentar mi petición con toda tranquilidad. Y ella no lo dudó ni un momento. «Vaya usted con la hermana Anni al quirófano pequeño. Se queja del excesivo trabajo». Órdenes como ésta se cumplían inmediatamente. Al día siguiente me despedí del pabellón del tifus. Las compañeras estaban un poco sorprendidas de que no me quedase algunos días con ellas. Fui cama por cama y les di la mano a todos mis protegidos. Algunos se pusieron tristes.

Me llegué a un joven checo, largo como un árbol, que hacía poco había llegado. Había ingresado con fiebre muy alta y no le habíamos oído apenas una palabra ni tan sólo nos había hecho gestos comunicativos. Sólo habíamos notado que estaba hambriento y con ganas de hacer algo que estaba prohibido. Yo esperaba que apenas pudiese comprender lo que yo quería, y por ello me quedé muy sorprendida cuando él dijo: «Systra briz-Ao nie dobre» («La hermana se va, no está bien»).

El quirófano pequeño estaba en el pabellón de cadetes de caballería. Por eso nos llamaban las «caballistas». La hermana Anni era una personita pequeña y rubia, ágil e inquieta, amable y locuaz. Su pequeño reino era el quirófano con tres mesas de operaciones, el armario del instrumental y la mesa del mismo; el esterilizador contiguo y un vestíbulo pequeño y oscuro después del pasillo. Allí, en un rincón, se acurrucaba, si no había nada que hacer, nuestro reservista Max y vigilaba la entrada como un sabueso. Se diferenciaba de sus compañeros en que era servicial y dispuesto para cualquier cosa. Nos hacía los más bonitos tapones de algodón y fabricaba pinceles para yodo con palitos y una bola de algodón.

Cuando estábamos muy ocupadas y en medio de la faena, le decíamos amablemente: «Max, de prisa, por favor, eso o lo otro. Usted lo hace muy bien». Entonces volaba de aquí para allá y se superaba a sí mismo. Pero antes y después de estos momentos de lúcida eficiencia, embarcaba buenas cantidades de alcohol, que si no podía comprar en la cantina lo buscaba en nuestras reservas. Teníamos que guardar cuidadosamente nuestro alcohol de 70º, pues, de lo contrario, él lo sabía sustraer con maravillosa habilidad.

Cada mañana eran vendados por nosotras los heridos graves del contiguo pabellón de cirugía. En el reconocimiento que se les hacía se dictaminaba quiénes eran los que debían ser operados. Nosotras teníamos que tener todo a punto para el momento preciso: algodón esterilizado para vendajes, instrumental, etc. Por regla general, Anni bastaba para el instrumental. Yo deshacía los vendajes, sujetaba firmemente al paciente si era necesario y, finalmente, aplicaba la venda de cobertura y así los médicos no tocaban nada que no estuviera esterilizado.

El jefe del pabellón era un cirujano checo, hombre mayor muy competente y concienzudo. Por eso yo valoraba mucho al «Pan primarius», aunque era muy parco en palabras y no muy amable con nosotras.

En cambio, dos asistentes también checos me eran profundamente desagradables. Uno mayor, que a ojos vista entendía poco de cirugía y menos aún de asepsia. El otro más joven, para el que, sin lugar a dudas, yo me había convertido en algo así como una espina en el ojo. Evitaba en lo posible el que le ayudase y, en mi lugar, llamaba a nuestra asistenta bohemia, una muchacha de ojos oscuros que estaba totalmente pendiente de su mirada y volaba a la menor indicación.

En una ocasión lo encontré hacia el mediodía en el jardín y, contra todo lo presumible, me saludó afablemente y me preguntó qué libro era el que llevaba. Se lo alargué para que lo viese. Eran las *Ideen* de Husserl. Muy asombrado dijo: «¡Oh, es usted filósofa!» Desde aquel momento el hielo se había roto. Me había tomado en un principio como molesta colega de especialidad. Pero lo que no sabía es que también las filósofas teníamos ojos críticos para las manos de los médicos.

Esto aconteció cuando reconocí a un paciente que había sido colocado sobre la mesa de operaciones. Lo habíamos tenido allí hacía unos días. La primera vez se trataba de una herida limpia y ahora había que abrir en la misma pierna un absceso. No se habían hecho bien las cosas. Cuando estuve sola, miré el libro de operaciones donde se registraba el nombre del paciente y todas las intervenciones. No me había engañado. Semejantes descubrimientos me indignaban. ¿No era intolerable que la gente se contagiase de un nuevo sufrimiento precisamente en el lugar donde debía ser curada? Y contra esto apenas se podía hacer nada. No se podía demostrar que el absceso procedía de una falta de limpieza del operador. Nosotras no podíamos hacer otra cosa que esforzarnos por la asepsia que nos tocaba.

Solamente un médico alemán trabajaba con nosotros. Era el doctor Scharf, un amable austriaco. Trabajaba bien y a mí me gustaba mucho cuando tenía la ocasión de ayudarle en las operaciones. Cuando terminábamos el trabajo, le gustaba cambiar algunas palabras conmigo. Enseguida descubrió lo que yo era «de civil». Por supuesto, no lo ocultaba. Después de mis experiencias en el pabellón de tifus, me había dado cuenta de que era como una defensa. Cuando un médico me presentaba a otro como «enfermera Edith, "de civil" filósofa», yo estaba desde ese momento a salvo de sus impertinencias.

El doctor Scharf se enteró de por qué había interrumpido mis trabajos científicos y la causa de mi venida aquí (en este punto parecía que todos se sorprendían). Le dije que todos mis compañeros de estudios estaban en el frente y no veía por qué iba yo a estar en una situación privilegiada. Esto pareció impresionarle. Pero, cuando le propuse que se alistase en un equipo quirúrgico del frente y que me llevase con él, no le sedujo la idea. De todas formas, aquellas pequeñas charlas me eran gratas. Se me hizo familiar la visita y me contrariaba cuando no tenía lugar.

A pesar mío, pronto disminuyó también el trabajo en la pequeña sala de operaciones. Esto se debió a un motivo concreto. Estando aún en el pabellón de tifus, un día se declaró un gran incendio en la pequeña escuela de equitación cercana. Temimos en verdad que las llamas nos alcanzasen por ese lado y que tendríamos que trasladar fuera a nuestros enfermos; pero el viento sopló en otra dirección. Por suerte, la pequeña escuela de equitación era pabellón de destinos; las gentes estaban todas sanas y se pusieron a salvo por sí mismas. No hubo que lamentar ninguna pérdida humana. Del edificio sólo quedaron en pie los muros exteriores. Estallaron los grandes espejos en los que los caballeros-cadetes, en un tiempo, comprobaban su postura sobre el caballo. Cuando el fuego por fin se extinguió, techo y paredes interiores estaban destruidos y el piso cubierto de trastos y restos. También fue alcanzada el ala colindante a la de los cadetes. Éste era el pabellón quirúrgico y que pertenecía a nuestra sala de operaciones. Muchas habitaciones tuvieron que ser evacuadas, con lo que venían al cambio de vendajes menos pacientes que de ordinario.

Un día por la mañana me encontré con la hermana Alwine en el pasillo y me dijo que estaba anunciada la llegada de un transporte de mil heridos. Ella era la primera que se enteraba, porque tenía a su cuidado el baño a donde eran llevados los recién venidos nada más ingresar. Desde el baño iban al quirófano para ser vendados. Di un gran salto de alegría, porque ya teníamos trabajo. Anni y yo pusimos inmediatamente en funciones nuestro aparato de esterilización y nos preparamos al combate.

A las diez llegaron los primeros heridos. Desde ese momento, si mal no recuerdo, trabajamos hasta las diez de la noche, sin más pausa que unos breves momentos para comer. Además de los médicos que trabajaban con nosotros normalmente, vinieron de las barracas otros médicos para ayudarnos, que estaban en ayunas de cirugía. Anni tenía que ayudar en los vendajes. A mí me encomendaron la tarea de poner el instrumental en las mesas y dar la pieza que necesitase cada cirujano. Desde luego no era tarea sencilla el estar a punto siempre para tanta gente. No podía esperar a que me pidiesen las cosas, sino que constantemente había de estar mirando la clase de herida de la que se trataba y adelantarme al requerimiento.

Una joven médica, que todavía apenas entendía nada, se colocó a mi lado para que le hiciese las indicaciones necesarias. En las semanas que trabajé en el quirófano me familiaricé bastante con los métodos más elementales de la cirugía de guerra. Max el reservista y Helene la asistenta eran mi grupo auxiliar: cuando mis existencias de tapones de algodón, pinceles, yodo, hidrógeno, etc., amenazaba con acabarse, les dirigía una voz suplicante y muy servicialmente se ocupaban del recambio.

No cabía la menor duda de que la gran tarea que teníamos duplicaba nuestras fuerzas y me sentía tan centrada en esta tensión que aquel día lo recuerdo como el más bello de todos los de mi estancia en el hospital. Cuando se tenía un momento de respiro, los médicos encendían un pitillo y charlaban unos instantes. Oí a uno de los médicos que no era de allí preguntar quién era la enfermera incansable que estaba en la mesa del instrumental.

El doctor Scharf contó complacientemente lo que de mí sabía y yo tuve que sonreírme en silencio al oír cómo repetía literalmente nuestro primer diálogo.

Aquel día cambió el ambiente del hospital. Había muchos más heridos que enfermos contagiosos. La mayoría de las barracas se llenaron con los heridos leves. Los casos más graves se llevaron al primer pabellón en el edificio de oficiales. Allí estaba también la gran sala de operaciones, donde eran vendados los casos más graves cada día, o las veces que era necesario. En los días en que había poco que hacer, íbamos la enfermera Anni y yo —al sueldo del día, como decíamos nosotras— a ayudar a la gran sala de operaciones. Allí siempre había trabajo para todas; muchos médicos se ocupaban en las operaciones o en los cosidos, saludándonos atentamente al llegar. Una vez, mientras colocaba un vendaje con el doctor Andermann, la enfermera jefe me llamó al teléfono. En la sala se escuchó: «¿La jefe Margarete?, ¿qué pasará allí?» Por lo general, ante una cita de este estilo, una siempre se preparaba para la reprimenda. Yo no perdí la serenidad; sabía que no tenía que temer reproche alguno de la enfermera jefe. Ella me rogó ir al primer pabellón quirúrgico con la enfermera Margarete (que no hay que confundir con la enfermera jefe), para ayudar por un par de horas. Así conocí por primera vez el pabellón que más tarde sería el último de mi tiempo en el hospital. Hasta llegar aquí, aún tuve otras experiencias.

No mucho después de aquel gran transporte se anunció otro nuevo. Esta vez no provenía de los Cárpatos, sino del sector de Varsovia. Estábamos en los días del gran avance en Polonia. La noticia llegó muy temprano, antes de que nos levantásemos. Alwine tuvo que vestirse volando para hacerse con la llave del baño que guardaba la enfermera jefe. A petición suya fui con ella y solicité permiso para ayudarla en los trabajos del baño. Tuvimos que despertar a la enfermera Margarete. Se frotó los ojos y todavía estaba medio dormida cuando me dijo que sí con la cabeza.

Había dos grandes cuartos de baño, uno con varias bañeras y otro con duchas. Los recién llegados tenían que quitarse inmediatamente todo lo que llevaban puesto, que se enviaba a desinfección. Al que podía andar se le enviaba bajo las duchas calientes, donde debía lavarse a fondo. A los que no podían valerse por sí mismos, teníamos que meterlos en las bañeras y bañarlos como a niños pequeños. Y a los que estaban tan graves que no se les podía ni bañar, se les lavaba en la misma camilla. Era un tinglado un tanto divertido aquel negocio de la limpieza. Nadie se puede imaginar el alivio que era para ellos el baño que la mayoría no había tenido en meses y algunos en años. No habían tenido ocasión de lavarse de verdad. Nos era muy grato, al igual que a ellos, el poderles hacer algún bien sin causarles dolor.

El paso siguiente para ellos era la sala de operaciones, y allí las cosas no se desarrollaban sin muchos dolores para la mayoría. Los que venían de Polonia habían hecho un viaje de diez días y muchos tenían aún el vendaje de la primera cura. Solamente levantarlo era un martirio. ¡Y qué aspecto tenían las heridas! Sin embargo, aquí, en el baño, disfrutaban como niños. Yo lavé en una camilla a un minero muy jovencito de Westfalia. Tenía grandes vendajes en los dos muslos. Sus ojos azules de niño brillaban gozosos.

Al anochecer me llamó la enfermera jefe en el comedor y me dijo: «Hermana Edith, vaya usted mañana temprano a la barraca seis, donde está la enfermera Marie Luise. Usted es una persona tranquila. Creo que será bueno». Esto significaba un nuevo cambio, y a juzgar por las apariencias, se trataba de algo no fácil. Yo no conocía a la hermana Marie Luise, pero en la pequeña comunidad me daban el pésame. Se decía que era tan nerviosa que ninguna auxiliar duraba con ella. Todas se iban a los pocos días. Naturalmente, me propuse hacer lo imposible por no decepcionar a la enfermera jefe.

La barraca seis estaba bastante lejos del edificio principal. Estaba completamente llena de heridos leves de los dos últimos transportes (dos salas de cincuenta). No eran heridos de quirófano, sino que podían ser atendidos en el cuarto de cura de la barraca, y en algunos casos más graves en la misma cama.

La hermana Marie Luise me recibió con gran amabilidad. Era una criatura pequeña y delicada y su nerviosismo se le veía nada más mirarle a la cara. Ante el trabajo se amilanaba y le complacía recibir ayuda y percibir que se había propuesto dominarse mucho, para no ahuyentarme a mí como a mis predecesoras. Me dio la impresión de haber sido una «niña de familia bien criada». Muy pronto me enteré de que era de la Orden de San Juan, de cuya existencia ya tenía noticias en Breslau y que, por regla general, procedían de buenas familias. Por cierto que se decía de ellas que eran orgullosas y miraban con aire de superioridad a las otras asociaciones.

Me debía encargar de una de las salas, aunque también ayudar en los vendajes en la otra que dirigía la hermana Marie Luise. Como yo había trabajado en el quirófano, tenía en mí más confianza que en sí misma. Me encomendó por completo el cuarto de cura. Cuando llegué por vez primera a su sala, vi cómo brillaban de alegría unos ojos desde una de las camas más próximas. Era el minero jovencillo al que había asistido en el baño. Me reconoció inmediatamente en cuanto crucé la puerta y se alegró mucho al volverme a ver. Resultaba muy difícil de vendar, pues tenía heridas profundas en la parte superior de ambos muslos producidas por cascos de granada. Como no estaban afectados los huesos, se le consideró herido leve, y no se le instaló en la sala de operaciones.

Lo tenía que sostener en alto por los brazos, para que el médico pudiera desatarle las vendas y ponérselas de nuevo con mayor facilidad. Él gritaba siempre fuerte, por lo que el doctor se enfadaba mucho. Se trataba de un médico polaco de un hospital cercano que venía diariamente a ayudarnos. La barraca tenía también una médica desde que había sido pabellón de infecciosos, la doctora Seidemann, que hacía también la visita, pero que no estaba encargada de los vendajes.

En una ocasión hablé a solas con mi pequeño minero y apelé a su conciencia. Le pregunté si le hacían tanto daño las curas como demostraban sus gritos de queja. Y no, ciertamente, no eran tan dolorosas. Por ello, él debía apretar bien los dientes y no gritar. A su lado había polacos y checos que eran muy valientes y el mismo médico era polaco. Por tanto, debía mostrar ante ellos que un soldado alemán sabía resistir bien.

Así que ¿todos son polacos y checos? No se había dado cuenta. Y decidió que debía ser valeroso. Antes de la cura siguiente, le pregunté: «Entonces, ¿cuando hoy venga el doctor...?» «No diré nada», fue su decidida respuesta. Y cumplió su palabra.

Este médico polaco, que no venía con los colegas y que nada sabía de mí, fue el único que me molestó. Mientras sujetaba yo en la sala de vendajes un brazo roto para que él lo entablillase, cogió mi mano. No podía soltar sin causar grandes dolores al herido, ni podía decir nada si quería que no se enterase la gente. La pequeña habitación estaba repleta de pacientes esperando. Únicamente pude defenderme con una mirada, que fue suficiente para librarme. Para desazón mía, el empalagoso aún me susurró después, en presencia de los pacientes: «No se me enfade usted». Yo no respondí nada. Tan pronto como cumplí mis deberes, me salí. Mas la cuestión no estaba zanjada para mí. Me quería asegurar ante una posible reincidencia. Solicité consejo a la enfermera Marie Luise. Se sintió edificada por ello, porque habría conocido otra clase de experiencias con auxiliares. Su elogio lo tomé como un agravio. Deseaba presentar la queja oportuna al doctor al día siguiente en la oficina. La enfermera estaba de acuerdo.

El señor de pelo largo y moreno no pudo disimular su incomodidad ante mi presencia allí. Ayer no quise suscitar ante los pacientes ningún escándalo, comencé yo, pero ahora quisiera zanjar de una vez por todas un tal comportamiento. Él ya se había disculpado, susurró apaciblemente. Pero no me dejé impresionar. También quise aprovechar la ocasión para decirle que era impropio el tratarme de «señorita». En el trabajo ha de llamarme «enfermera»; fuera del trabajo debería dirigirse a mí como a una dama de sociedad, o si no, nada. Tras esta charla, abandoné el despacho, mitad satisfecha por haber dicho las cosas sin rodeos, mitad confusa por lo penoso de la escena. De todos modos, hizo efecto. Desde entonces estuvo impecablemente cortés, no osando en adelante dirigirme ninguna palabra superflua. Cuando, después de algún tiempo, falté un día, la enfermera Marie Luise me informó de que enseguida preguntó si ya no volvería.

A excepción de este incidente, el vendaje fue mi ocupación preferida. En la sala de enfermos había menos pacientes que cuidar que sanos que vigilar como un policía, para lo cual yo no era tan apropiada. Por lo general, eran personas que tenían una leve herida en la mano o en el pie. Podían caminar, pasear durante el día en el jardín; únicamente había que procurar que guardasen los horarios, que hiciesen su cama, etc. Mi mejor ayuda eran las chicas de la cocina. Ellas también tuvieron que padecer el airado temperamento de la enfermera. Pronto se encariñaron conmigo y me ayudaban hasta donde podían.

Por ejemplo, una vez mandó la enfermera Marie Luise trasladar todas las camas de una sala a otra. Era un trabajo temible, y no había razones para hacerlo. No la quise soliviantar con una negativa. Fijé una hora y lo acometí como la primera. Rápidamente se unió una de las chicas, persona viva y alegre; la siguió un paciente, que era buen amigo de ella, y otros imitaron el ejemplo. Finalmente, echaron una mano también las gentes de la reserva militar, a quien en rigor correspondía el trabajo. Y así, concluimos este servicio en un tiempo más corto que el previsto, gracias a la unión de fuerzas.

Me acuerdo especialmente de dos pacientes. Un checo o eslovaco, alto y joven, que tenía sarna y al que todas las noches tenía que untarle con pomada desde la cabeza a los pies. Era una persona buena y afable que soportaba todo con paciencia y resignación.

El otro era un alegre gitano que tenía colgado en su cama un violín y tocaba muy bien. Para su mal era muy aficionado a jugar a las cartas y fue sorprendido en el parque por el director cuando se jugaba el dinero con otros. Estaba rigurosamente prohibido y sufrió por ello un arresto en la prevención. A partir de este momento, no le tuve ya en la sala, pero nos teníamos que ocupar de llevarle la comida. Diariamente yo tenía que hacer el vale de su ración para la cocina y pedía para él la «dieta cuatro», porque sabía que la más fuerte, «dieta cinco», no le gustaba nada. De la prevención salió dado de alta. Apareció en la sala para despedirse, ya con todo el equipo de campaña, y en su alemán cascado me echó un discurso exuberante de agradecimiento, terminando muy caballerosamente por besarme la mano como un auténtico magiar.

El distribuir la comida hubiera sido un motivo de gran alegría, pues la gente tenía tan buen apetito y venían con sus escudillas, llenos de esperanza, formando fila ante la gran olla que yo iba repartiendo; pero también en esto la enfermera Marie Luise había ideado el modo más complicado imaginable para hacerlo. Con el fin de que lo que quedaba no fuese repartido desigualmente entre los que todavía tenían más apetito, habían de ir las ollas de sala en sala y la hermana iba detrás vigilando cada cucharada.

Todos los días tenía que pasar por alguna tragantina. Lo pasé muy mal cuando en julio me vino a visitar Erna. Tenía permiso y no lo quiso pasar en otro sitio sino conmigo. Por otra parte, Weisskirchen era un lugar de reposo muy a propósito para reponerse. La primera preocupación fue encontrarla alojamiento. Era difícil tener tiempo libre para buscarlo, pero me tomaba mis descansos a los que tenía derecho, para hacerlo. Pero no tuve éxito. Cuando preguntaba por una habitación de alquiler y lo hacía en alemán, no me daban ninguna respuesta.

La enfermera jefe se enteró de mis dificultades y me mandó recado diciendo que, como era lógico, mi hermana Erna podría comer conmigo en el hospital y que ponía a nuestra disposición una habitación, si es que no teníamos inconveniente. Fue Alwine la que lo pidió. Nuestra manera de vivir había cambiado mucho en los últimos tiempos. Cuando Alwine se fue de permiso, fue invitada a la pequeña comunidad, como «sustituta por vacaciones», Suse Mugdan. También se fueron por catorce días la hermana Klara y Lotte y quedamos las dos principiantes solas. Por último, nuestro cuarto fue reclamado para alojamiento de enfermos.

La hermana Susi, que trabajaba con Suse, nos acogió a las dos en su alojamiento. Tenía en su pabellón un gran dormitorio con tres literas de oficiales. La presencia de Susi apenas se notaba y estábamos nosotras dos con toda independencia. A la hermana Alwine le cupo en suerte un pequeño reino privilegiado. Se había construido un pabellón para ella y al lado un baño, todo de madera y con compartimentos, y Alwine, como directora del servicio de baños, tenía su cuarto en esta casita. Nos ofreció preparar otro cuarto todavía libre para Erna y para mí.

Rápidamente se trajeron las camas, una mesa y sillas. Un par de paños campesinos de colores, que había adquirido en el mercado por poco dinero, sirvieron de mantel y unos floreros convirtieron la habitación en un rincón acogedor. Como se puede comprender, esta solución la agradecimos mucho. Erna no me quitaba nada de mi tiempo de servicio. Me levantaba muy temprano y preparaba para las dos el café. Habíamos comprado una jarra muy simpática con tetera de Karlsbad y dos tacitas haciendo juego. Mi invitada se pasaba la mañana y la tarde leyendo o dando un paseo. A veces Suse o Alwine tenían tiempo para hacerle compañía.

La amable doctora Seidemann, que se había enterado de la visita que yo tenía, me rogó que la presentara a mi hermana y la llevó al casino. Se le enseñó el hospital, y alguna que otra vez hasta ayudó poniendo vendas. Para comer me recogía en la barraca y nos íbamos juntas al comedor. Si no había terminado de distribuir la comida a los enfermos, mi hermana me ayudaba con su cariño y afecto tan suyos. Ninguna de las dos nos impacientábamos con estos retrasos. Sin embargo, Marie Luise se sentía molesta. Me llegó a decir que, en cuanto veía llegar a Erna, era para ella como una advertencia de que tenía que dejarme a mí marchar enseguida.

Poco antes de marcharse Erna, recibió la enfermera jefe nuevas noticias (si bien por medio de Alwine) de mi martirio. Me envió una escueta orden, dándome un día completo de permiso, para poder hacer una excursión con Erna. Con tiempo espléndido hicimos una marcha a pie hasta Elfenstein, felices de estar a salvo de mi perseguidora y poder siquiera una vez hablar a solas. Erna tenía, como siempre, muchas cosas dentro, y hasta entonces no habíamos podido hablar detenidamente más que un poco por las noches.

Cuando al día siguiente volví a la barraca, me vieron desde la ventana las muchachas de la cocina y la más viva me saludó, gritando de alegría: «¡Nuestra hermana ha vuelto!» Y es que habían creído que yo había desaparecido para siempre.

Una vez que Erna se hubo marchado, fui trasladada de nuevo al primer pabellón de cirugía, donde ya había estado antes ayudando. Allí estaban los casos más graves, para que los médicos les tuvieran más cerca. Margarete, la enfermera del pabellón, era serena y no exigente. No olvidaba que era la superiora, pero no se tenía en ella ningún apoyo firme. Tenía a sus órdenes todo un piso: una sala de oficiales y tres de tropa. Yo me tenía que ocupar de las dos pequeñas. La mayor se la había confiado a Emmi, una auxiliar segunda. Emmi era una muchacha preciosa, silenciosa y reservada. Debido a que se mantenía a cierta distancia de las demás, se le acusaba de orgullosa, y se decía, además, que no tenía ningún motivo para ser así, pues no era más que una simple modista, pero que quizá su orgullo se debía a que procedía de Bohemia.

Nos entendimos enseguida muy bien. No es que hablásemos mucho, pero nos ayudábamos mutuamente todo lo que podíamos. La enfermera Elsa tenía la guardia de noche. Era la escultora vienesa, de la que ya dije que sólo hacía los servicios nocturnos. El jefe era el mismo «Pan primarius» que yo conocía ya del quirófano pequeño, un joven checo, médico del pabellón. Era bueno con los soldados y no precisamente descortés con nosotras. Pero tenía la molesta costumbre de hablar en checo con todos, sin traducirnos sus instrucciones.

4

El mes de agosto de 1915, que lo pasé en este pabellón, fue el más difícil de mi tiempo de enfermera. Pero lo fue en un sentido completamente distinto a las dificultades que tuve en la barraca seis. Ahora tenía a mi alrededor personas como a mí me gustaban. En la habitación grande había nueve camas. Los enfermos tenían casi todos roturas complicadas de fémur y portaban fuertes vendajes. Mientras estaban en el quirófano grande para la cura, yo debía hacer rápidamente sus camas y, por supuesto, con mucho esmero, pues los enfermos habían de estar rígidos e inmóviles. Cuando volvían, había que tensar el peso en un muslo vendado, hasta conseguir que la pierna tomase la posición en que menos dolor produjese. Cada movimiento, a lo largo del día, hacía necesaria una variación de la pesa.

Por la noche iba de cama en cama y daba fricciones de alcohol y polvos a cada uno en el sitio donde el cuerpo sufría más presión, para impedir las ulceraciones. Un suboficial alemán, que nos daba mucho trabajo por su descontento y criticonería, dijo en una ocasión: «La hermana tiene más trabajo con nosotros que una madre con nueve hijos».

El que más me preocupaba era un campesino westfaliano, Terhat, cuya pierna rígidamente entablillada supuraba siempre. Estaba pálido y no tenía el menor apetito. Yo le daba la comida como a un niño pequeño y le hablaba, animándole a que tomara una cucharada más. Me enfadaba un poco con él, porque estaba tan sin energías que no hacía ningún esfuerzo para ayudar a la recuperación. Más tarde se acordaba mucho de mí y, después de bastante tiempo de haber terminado mi etapa de enfermera, me siguió escribiendo desde su tierra de Westfalia.

La segunda sala que tenía a mi cargo estaba un poco separada de la primera. Allí sólo había cuatro enfermos, pero que requerían cuidados especiales.

Uno tenía un brazo rígido y recibía a diario masajes. Podía pasear un poco y hacer pequeños servicios a los otros. Tres yacían totalmente inmóviles. A Andreikwicz, un rico viticultor de Eslovaquia, le fue amputada una pierna, y el muñón aún no estaba bien curado. Mikeska, un joven pintor de Brünn, tenía una herida en la pierna que provocaba continuamente abscesos. Era un muchacho alegre y encantador, muy amable y paciente. Mas cuando el termómetro se disparaba cada tarde, entonces se deprimía un poco. Pöhl, un campesino tirolés, presentaba un cuadro realmente desolador. Cuando un día me mostró una fotografía de su época sana, me asusté; era entonces un recluta fuerte, apuesto, de rostro lleno y expresivo; ahora no era reconocible. Había recibido un tiro en la espalda, formándole un empiema pulmonar. No podía estar echado de ningún modo; sentado se apoyaba sobre una estructura artificial de cojines. A pesar de los anillos de goma y de algodón con los que se le intentaba ayudar, se le formaban llagas por muchas partes. Cada movimiento le ocasionaba fuertes dolores. El mayor sufrimiento lo constituía el cambio diario del vendaje: el sacarlo de la cama, el camino a la sala de operaciones, el vendarlo y los trabajos hasta lograr otra vez una posición soportable en la cama. Con frecuencia se le iba a buscar para el vendaje mientras yo estaba en otra habitación sin avisármelo y, una vez de regreso, me avisaba enseguida. Esto me alteraba de veras, pues en su ausencia yo le quería preparar cuidadosamente la cama como él acostumbraba.

Por otra parte, los enfermos de la gran sala me requerían a veces cuando me hallaba en la sala pequeña; no podían suponer que, además de a ellos, tenía que cuidar a otros, y se me antojaba que se sentían abandonados. Era más necesario dar la comida a Pöhl que a Terhart. Estaba demasiado débil para acercarse la fuente desde la mesilla o para llevarse la cuchara a la boca. La que estaba de guardia le colocaba simplemente la comida y regresaba después a buscarla, sin fijarse en si la había probado. Yo me las arreglaba para poder estar junto a él durante las comidas, dándole las cucharadas, tantas como fueran posibles. También me presentaba a primera hora, antes de iniciar propiamente el trabajo, para proporcionarle el desayuno. La enfermera Elsa, que lo conocía desde hacía tiempo, pronto me aseguró que lo encontraba efectivamente mucho mejor. Por las noches se ocupaba ella de manera especial de él; y estaba contenta de que ahora, también a lo largo del día, alguien se preocupase. Asimismo ella descubrió que le gustaban las «obleas de Karlsbad». Alternativamente le abastecíamos de provisiones de la ciudad. No obstante todos los esfuerzos, yo no albergaba muchas esperanzas de que pudiera mejorar realmente. Apenas se le oía otra cosa que «¡ay! ¡ay!». Regularmente atendía en primer lugar a estos cuatro por las noches, a continuación me marchaba a la otra habitación y cuando me había despedido, miraba una vez más hacia los pacientes más graves y les daba las buenas noches. Algunas veces Pöhl me preguntaba si volvería a la mañana siguiente. Mikeska decía riendo: «Naturalmente, la enfermera volverá mañana». Yo sentía la mayor alegría con esa pregunta; era la primera señal de que mis cuidados hacían bien al hombre de dolores.

Desde que marchó Erna, volví a dormir con Suse en la, en otro tiempo, habitación de oficiales, en la escuela superior. Me levantaba muy temprano, y en un pequeño vestíbulo preparaba el café para nosotras dos. Con ello ahorrábamos el largo camino hasta el comedor. Cuando Suse se marchó de vacaciones por dos semanas —más que nada para encontrarse con su hermano gemelo que había ido a casa desde el frente—, no merecía la pena preparar algo para una sola. Me iba al pabellón sin haber tomado nada, trabajando en ayunas hasta la comida; a veces hasta la una y media. Emmi y yo nos alternábamos al mediodía, un día ella y otro yo, en hacer una pausa más larga mientras la otra vigilaba todo el pabellón. Después tornaría el trabajo de las ocho horas.

Como estaba casi todo el día moviéndome, por la noche apenas me tenía en pie. Algunas veces me iba rápidamente a nuestro cuarto y Alwine u otra alma compasiva me llevaba la cena y así me ahorraba un rato de estar de pie. Era un alivio deslizarme en la cama y dejar descansar los fatigados pies. Al menos los pies, pues no podía dormirme enseguida. Me sentaba medio dormida en la litera y miraba por la gran ventana al Beczwa y el dorso de la colina en cuyo final estaba Helfenstein. Era una vista deliciosa cuando aparecía la luna. Pero yo pensaba en mis enfermos y me sentía feliz cuando llegaba la mañana y comprobaba que no les faltaba nada.

Una vez recibimos un nuevo transporte y tuvimos trabajo hasta entrada la noche, hasta que los recién llegados estuvieron instalados en sus camas de extensión. También se llenó por completo la habitación de los oficiales, que hasta entonces no había tenido más que dos ocupantes. Ya era muy tarde cuando me encontré con un evacuado singular en el pasillo: una figura gigantesca yacía desnuda en la camilla de enfermos. En la respingona nariz tenía prendidos unos lentes sin aros y la cabeza descansaba sobre un cojín de seda rojo. Se trataba de un profesor de equitación, polaco, que lo llevaban desde el quirófano a la sala de oficiales. No se había dejado poner la camisa, pero los dos objetos citados no los quería abandonar de ninguna manera.

Cuando ya muy tarde y más agotada que nunca me senté en nuestra habitación para cenar, llamaron a la puerta con la noticia de que el profesor de equitación necesitaba alguien que le velara. A Emmi le tocó la primera parte de la noche y a mí la segunda. Yo me quedé en el cuartito donde se hacían las recetas del pabellón y solamente iba a la sala de oficiales cuando el herido grave —tenía un tiro en la espalda— quería algo. Las llamadas eran frecuentes. Estaba semiinconsciente y daba sus órdenes con voz chillona. Los demás oficiales no podían dormir y lo soportaban medio en broma medio desesperados. Una vez pidió té con galletas. Por suerte estaba en ese momento la vigilante del servicio nocturno allí ofreciéndome ambas cosas, con lo que pude satisfacer sus deseos. A esta hermana la veía por primera vez. Pertenecía a la Cruz Roja. Se decía de ella que había estado en el frente y que allí se había hecho moralmente insoportable. Ahora la destinaban siempre al servicio nocturno, para que no se tratase con las demás. Iba de pabellón en pabellón, para ver si en alguna parte alguien estaba en peligro de muerte y necesitaba sus auxilios. Lo que hubiera de cierto en estos rumores no lo sé. En todo caso parecía contenta cuando encontraba una persona sencilla con la que pudiera hablar un poco.

Con bastante frecuencia mi paciente deseaba que la refrescase con agua manos y brazos. Como por la noche no tenía que cuidar a nadie, podía complacerle en lo que me pedía. Como por la mañana vinieron las otras enfermeras, pude marcharme para lavarme un poco. Cuando volví, encontré a todos

—desde el jefe hasta las muchachas de la cocina— muy agitados. El herido grave era un aristócrata, sobrino de un ministro, que ya se había enterado de la situación. No estaba contento con nada, pedía una cosa tras otra, que no se podían hacer, rechazaba ahuyentando a todo el que se le acercaba, asustando a todos. Precisamente en aquel momento tenía que llevarle el desayuno una de las muchachas. No se atrevía y me pidió que lo hiciese yo en su lugar. Mientras ella se ocupaba de los otros oficiales, me acerqué al temible enfermo. «Buenos días, hermanita», me dijo. Por lo visto, tenía de mí un buen recuerdo de la noche anterior. La auxiliar me dije luego, fuera de la sala, llena de admiración: «Usted le cae bien, hermana. Le ha llamado hermanita».

Cuando regresé a la habitación de oficiales, me requirió un capitán que acababa de llegar la última noche. «Hermanita, ocúpese usted de que este hombre vaya a otra habitación. Aquí no hay ningún momento de tranquilidad». Entretanto, incluso las altas autoridades de la casa lo habían comprendido. En consecuencia: que tenía que trasladar a mis queridos cuatro pacientes, desde la pequeña habitación a otro pabellón, para instalar aquí al capitán de caballería. La orden debía ser ejecutada al momento. A los pocos minutos pude comprobar cómo el pobre Pöhl estaba acomodado en un piso más alto, en una sala grande de enfermos. Entonces el gran señor se instaló en la habitación completamente transformada, y desde allí comenzó a sonar cada dos minutos su impaciente campanilla. Su estado empeoraba por horas. Había recibido un disparo en la médula espinal; las piernas y el bajo vientre no tardaron en paralizarse totalmente, sus funciones cesaron, y también la mente comenzó a desvariar. Cuanto más demente se tornaba, con tanta más tenacidad se resistía a todas las órdenes. No quería ni comidas ni medicinas. No debíamos acercarnos a él en modo alguno. Tenía un asistente que permanecía junto a él y en el que confiaba y aseguraba que lo cuidaría una vez sano. Iwan se quedaba como un perro fiel, acurrucado a los pies de la cama, cumpliendo en el acto y sin protestas cada orden. Pero no parecía sentir ninguna tristeza ante el desesperado estado de su señor. Cuando se le enviaba fuera para algún recado, charlaba jovialmente con las chicas.

Algunos días después vinieron a verle su hermano y su hermana. El hermano estuvo durante horas sentado en la habitación, sin poder decir casi una palabra.

Estuve durante varios días sin tener una idea clara de cómo iba mi paciente. Los médicos no consideraban necesario el darnos sus impresiones. Yo le veía perder fuerzas rápidamente y estaba desesperada, porque no podía hacer nada. Procuraba que se alimentase algo y llevarle los medicamentos prescritos. Una vez que fui hasta su cama, llevándole las gotas, apartó mi mano de un golpe y me dijo: «Márchese, canalla». El hermano vino detrás de mí cuando yo salía de la habitación y me dijo algunas palabras de disculpa. Naturalmente yo le dije que no se podía tomar a mal nada de un enfermo en aquella situación. Pero el tenso trabajo acababa con mis nervios, ya sobreexcitados sin esto.

Me di cuenta claramente de que había llegado el momento de disfrutar de un descanso, que dos meses antes rechacé como prematuro. Pero la decisión de marchar vino después de fuertes luchas interiores. En mis cavilaciones había otro elemento además del agotamiento nervioso. Frecuentemente volvía a mi pensamiento la idea de si no sería desacertado el interrumpir por tanto tiempo mi trabajo científico, cuando había disponibles tantas personas que podían ayudar en el hospital. Pero, por otra parte, tenía el escrúpulo de que este argumento fuera egoísta.

Además, sufría mucho, porque Suse Mugdan estaba precisamente ahora de permiso. Con ella hubiera podido hablar con toda seguridad. Una vez que estaba al mediodía en nuestro cuarto, que caía sobre el portal, oí un coche que llegaba y me asomé a la ventana y pude ver cómo bajaba de él Suse. Bajé volando las escaleras y la encontré cuando aún estaba en la puerta pagando al cochero. Me sentía feliz de tenerla de nuevo a mi lado. Ahora todo fue más fácil.

Pedí a la enfermera jefe que me dejase ir a casa el 1 de septiembre. No puso ningún inconveniente y ni siquiera me fijó el plazo de dos semanas de permiso, sino que dejó a mi elección si quería volver y cuándo. Yo le rogué me llamase cuando fuese necesaria mi ayuda.

El último acontecimiento de mi etapa de servicio fue la muerte del profesor de equitación. Llegó una magnífica corona de sus hermanos. Después fueron a buscarle y se lo llevaron. Yo arreglé su habitación. Para mí había llegado el momento de las despedidas. Pude obsequiar bien a toda mi gente con cigarrillos que Suse me había traído de casa.

Los húngaros y los eslavos me besaban agradecidos la mano. También las muchachas se despidieron con besos en la mano y lagrimitas. La hermana Margarete y Emmi me prometieron escribirme dándome noticias de nuestros enfermos. La doctora Scharf, prima del cirujano que trabajaba con nosotros desde hacía tiempo, me estrechó fuertemente la mano y me dijo: «Que le vaya bien, señora colega de otra Facultad».

Las dos auxiliares, con las que había venido, se iban también de permiso (creo que por segunda vez). En la noche víspera de nuestra marcha se podía leer en el gran tablón de anuncios del comedor: «Mañana salen para Alemania unas hermanas. Quien tenga cartas que enviar puede entregárselas». Cada una de nosotras recibió un grueso paquete. Yo las puse sin más preocupación en mi bolso, no pensé más en ello. En Oderberg teníamos la aduana. Mientras los empleados estaban ocupados con mi maleta, llegó un soldado alemán y preguntó: «¿Lleva usted alguna carta de amor?» Yo le alargué el bolso. El soldado sacó el paquete y lo confiscó. Lo mismo les sucedió a las otras dos. Yo me quedé tan tranquila. Mi cansancio era tal que no podía conmoverme en absoluto por aquello.

En casa tampoco conté nada cuando llegué. Pero después de algunas semanas, recibí la notificación de que estaba acusada ante un tribunal de guerra por quebrantamiento de censura. Esto estaba penado con prisión. Toda la familia se conmovió. Un primer interrogatorio tuvo lugar en el juzgado de primera instancia de Breslau. El segundo sería en el tribunal de guerra de Ratibor. Yo quería ir allí y declarar, conforme a la verdad, que la disposición no me era desconocida, pero que yo no había pensado en ello, porque el ir y venir del correo era normal. A ningún precio hubiera yo dicho que no sabía nada de la prohibición. Prefería ir a la cárcel que mentir.

A alguien se le ocurrió que debía escribir pidiendo ayuda al alcalde de Ratibor, señor Westram, que habíamos conocido en Grunwald. Nos contestó muy afectuosamente. Había hablado con el auditor de guerra, en cuyas manos estaba el asunto. Iba a aplazar el juicio hasta que hubiese salido una ley, en el Reichstag, que para semejantes casos impusiera multas en metálico. A su vez la Cruz Roja de Breslau pidió un indulto para mí y mis compañeras. Un día llegó un escrito oficial con la agradable comunicación de que se había anulado el proceso. La familia respiró aliviada. Con este epílogo terminaba mi etapa de enfermera.

5

Mi marcha de Weisskirchen no la había considerado en modo alguno como definitiva, sino que realmente esperaba una llamada para que volviese. El tiempo del permiso lo empleé, en primer término, para hacer mi examen de auxiliar de enfermera, al cual admitían después de medio año de prácticas. Después empecé a todo gas mi estudio del griego, para poder hacer, por fin, el examen de griego. Suse me había insistido mucho en que me dejase ayudar por sus hermanos. Su cuñado Julius Stenzel estaba en el Johanneum, un gimnasio humanístico, como profesor de lenguas clásicas y trabajaba privadamente como investigador sobre Platón. Bertha, su mujer, era su fiel y comprensiva colaboradora. Un domingo por la mañana fui a buscarles. Sorprendí al matrimonio ocupado en leer *La república*, de Platón. Al oír Bertha mis deseos, se ofreció para trabajar conmigo alguna vez por semana. Como prueba me hizo que tradujese unas líneas de Platón y le pareció que no iba del todo mal y me invitó a que tomara parte en sus lecturas de los domingos. Me dediqué durante unas semanas por completo a Platón y a Homero. Si no recuerdo mal, iba dos veces por semana a casa de la señora Stenzel. Entonces era ya madre de tres niños (más tarde vino el cuarto), y el más pequeño, Jochen, de pocos meses, dormía en su cochecito, en la habitación, mientras trabajábamos.

A veces, en pasajes difíciles, llamábamos al señor de la casa para que nos ayudase. Siguiendo su consejo, al inscribirme de nuevo para el examen, señalé como especialización a Platón y pedí ser trasladada al Johanneum. El consejero privado Thalheim, mi antiguo amigo de bronco tono y buen corazón, me hizo saber que el Consejo Escolar de la Provincia no solía atender semejantes deseos personales. Pero recibí la comunicación de que podía ir al gimnasio Johanneum para examinarme. El plazo terminaba en octubre, con lo que seguía en mi vieja costumbre de resolver estos asuntos lo antes posible. Supe por el doctor Stenzel que no tenía ninguna posibilidad de ser examinada por él. Su jefe era el que decidía estos trámites, pero me inició a fondo en las triquiñuelas necesarias. Por ejemplo, tenía que saber el título de cada canto de Homero. Y si al venerable señor examinador se le ocurría hablar de Platón iba al *Fedón*, para preguntar por qué Sócrates tuvo que esperar tanto tiempo para la ejecución de su condena a muerte (esto se dice al comienzo del diálogo, porque se esperaba la vuelta del barco que había sido enviado desde Atenas a Delos. Este viaje a Delos era una acción litúrgica y estatal. Durante este tiempo no podía haber ninguna ejecución). Ésta era una estricta pregunta filológica en la que un filósofo no caería nunca.

Fue muy grato el poder ser preparada así. Por lo demás, el consejero privado, señor Landien, era un modelo de director de gimnasio de los antiguos tiempos, majestuoso y de gran bondad a la vez. Su aspecto ya lo indicaba: figura elegante y larga barba blanca partida en dos. El ejercicio escrito me lo hizo en su propio cuarto de trabajo. Yo había tenido miedo antes. Había trabajado de ordinario oralmente y no había hecho ejercicios de escribir en griego al dictado. Ante todo, temía que iba a hacer bastantes fallos de acentos. Pero durante el dictado me fui tranquilizando, pues comprendí enseguida el texto (no se trataba de Platón, sino de un famoso discurso de Lysias). Con ello no había peligro de que la traducción presentase muchas dificultades.

Luego vino una agradable sorpresa. El señor Landien me alargó su cuartilla, para que pudiera comprobar si había omitido algo en el dictado. Con gran gozo la cogí y comprobé todos mis acentos. El examen oral fue un poco más solemne, porque también estaba presente el consejero privado Thalheim. En una gran habitación me senté ante una larga mesa con tapete verde. Yo estaba completamente sola frente a los dos viejos señores. No fue Platón el que me dieron para traducir, sino Isócrates. Era un deseo especial de Guillermo II que en las clases de los gimnasios se estudiasen ampliamente los oradores famosos en perjuicio de los filósofos. Pero la preguntita sobre el *Fedón* también salió a relucir, así como los título de los cantos de Homero. Si no recuerdo mal, también tuve que leer y traducir un trozo de la *Ilíada*. Con ello había aprobado otro examen. En mi título de bachiller se hizo constar que por el examen complementario de griego había adquirido la madurez de un gimnasio humanístico.

Los dos señores se quisieron enterar del fin que yo perseguía con aquel examen. Estos casos no eran frecuentes en Breslau, porque allí se podía acceder a todas las Facultades también con el examen final de bachillerato. Yo les informé de que en Göttingen era distinto. Todavía quisieron saber cuál era el tema de mi trabajo de doctorado. Cuando les hablé del problema de la «empatía», no me preguntaron más. A la mañana siguiente el consejero privado Landien le preguntó al doctor Stenzel qué era eso de la «empatía».

No había recibido ninguna llamada para volver a Weisskirchen. Por el contrario —todavía en octubre— me encontré a Suse, que me dio la noticia de que el hospital se había cerrado. Desde que Galitzia había sido liberada de rusos, Weisskirchen ya no estaba en la retaguardia y el edificio tuvo que volver a ser academia militar como antes. Suse y yo nos volvimos a poner a disposición de la Cruz Roja para ser destinadas a otro sitio, pero no nos llamaron más.

CAPITULO NOVENO

Encuentros y decisiones interiores

1

De este modo quedé libre y, después de que en «mi descanso del trabajo de enfermera», había hecho el examen de griego (así ironizaba Husserl sobre mis actividades), y sin pérdida de tiempo me dediqué al trabajo de doctorado. Me quedé en Breslau para estar pronta, en todo caso, ante una posible llamada.

Sin embargo, me resultaba grato el trabajar completamente sola y sin ninguna influencia, sin interrupciones debidas a los informes que, contra mis deseos, debía dar al maestro. Las relaciones con él no se habían deteriorado por la lejanía, incluso se habían hecho más cálidas y cordiales. Él podía comprender perfectamente mi decisión, él que había dejado marchar voluntarios a sus dos jóvenes hijos al regimiento de Göttingen. Él seguía mi actividad compartiéndola cordialísimamente. Me escribía largas cartas con su bella, fina y esmerada letra y se alegraba mucho de mis noticias. También le conmovía que yo estuviera en Moravia, su tierra natal. Me preguntó si desde Weisskirchen podría ver al Patriarca, que le era familiar por su lugar de nacimiento, Prosnitz. Naturalmente, cada carta del maestro era para mí una alegría. Estuve muy triste cuando una vez comprobé que una carta suya se había perdido. Era tan atento que, si en algún tiempo no había recibido respuesta a sus cartas, se preocupaba de enterarse de cómo me iba.

También mantuve correspondencia con los amigos que estaban en el frente. ¡Cómo me alegré cuando Reinach me escribió: «Querida hermana Edith, ahora somos camaradas de guerra»! Las cartas más largas eran las de Kaufmann. Le resultaba muy duro el servicio militar. Sin embargo, cumplía sus deberes a conciencia con toda seguridad. No llegó más que a cabo, mientras Reinach ascendió rápidamente desde simple artillero a alférez. Pero, por lo demás, fuera de su medio intelectual, se encontraba desambientado. Como no se sentía maduro como filósofo y, en particular, como fenomenólogo, temía que una interrupción tan larga de sus estudios le hiciera perder todo lo logrado. Por eso la correspondencia conmigo le ofrecía un apoyo, por el que estaba extraordinariamente agradecido. Yo asistía al gran curso de lógica de Husserl en el primer invierno de la guerra. Kaufmann no lo conocía aún y yo lo fui anotando con mucho detalle e hice que lo pasasen a máquina, para él. Mi hermana Frieda estaba siempre dispuesta para hacer estos trabajos. Este regalo lo agradeció muchísimo. Y no sólo él, sino su única hermana Martha, que quería extraordinariamente a su hermano mayor. Ella siguió manteniendo correspondencia conmigo durante muchos años. No nos vimos nunca y nuestra comunicación cesó después de contraer ella matrimonio.

El extremo contrario de Kaufmann era Hans Lipps. Las convenciones de la vida civil le resultaban como una camisa de fuerza que con agrado se había quitado. Le iba muy bien a su carácter lo imprevisible de la vida de guerra. Hasta tal punto era así que en un permiso dijo: «¿Qué voy a hacer yo cuando estalle la paz?» Su relación con la filosofía era tan visceral que ningún ambiente y ningún quehacer extraño le perturbaban. Fue capaz de estudiar ciencias naturales y medicina y a temporadas ejercer como médico, y esto no perjudicó su progreso filosófico. También era capaz en las trincheras de trabajar como lo había hecho en medio del ruido y la música de los cafés y salas de baile de Göttingen o de Dresden.

La mayor parte de sus cartas tenían muy pocas frases. Tenía una letra muy grande, indescifrable para no iniciados, con arabescos. Husserl afirmaba que no decía nada. Y, efectivamente, de sus cartas no se podía sacar nada en limpio sobre la guerra. Pero para mí eran muy elocuentes sus pocas palabras. Me daban siempre una imagen fiel de su existencia. Una vez nos habló de un grillo que vivía cerca de su trinchera y que compartía con él sus bombones. Otra, de un mochuelo que había cogido en una iglesia. Le llamaba «Rebekka» y lo tuvo bastante tiempo. Era el sucedáneo de la lechuza, «Caruso», que había dejado en casa de su madre en Dresden. La señora Lipps lo alimentaba con canarios como le había encargado. Cuando no pudo procurarse más, decidió, con gran dolor de su corazón, abandonarlo. Se fue en un taxi con «Caruso» al parque de Dresden y lo dejó allí, pero iba de vez en cuando a verlo.

A Lipss se le hacía feliz con un paquetito que se le enviase al frente. Una vez escribió: «Tiene usted un singular acierto para enviarme las cosas que justamente necesito». Y eran las más diversas. Un grabado japonés en madera, unos manuales sobre la teoría de la relación y con más frecuencia sólo buenos bombones y golosinas.

También mantenía correspondencia con los amigos de Breslau. Rose y Metis habían hecho ya su examen de estado, y empezaron inmediatamente a ejercer como maestros. Erna se trasladó por algún tiempo de la clínica ginecológica a la casa-cuna municipal. Así adquiría práctica como asistente en el cuidado de recién nacidos. De Lilli no me acuerdo exactamente si seguía todavía en la clínica ginecológica o estaba ya en el hospital judío. Allí trabajó durante años, hasta llegar a jefe médico de la sección de ginecología. El que más tarde habría de ser su esposo trabajaba a sus órdenes. Su eficiencia y afabilidad le dieron un gran prestigio entre los círculos acomodados judíos y esto fue una base excelente para su posterior ejercicio privado de la medicina en los barrios del sur de la ciudad.

Como ya he contado antes, yo iba con frecuencia al manicomio de la Einbaumstrasse, donde estaba el doctor Moskiewicz de jefe médico. En los primeros años de la guerra le fue muy bien, pero, poco a poco, su situación fue cada vez peor y también su relación conmigo fue más angustiosa. Quería que nos encontrásemos con objeto de aprender de mí, pero a la vez temía estos encuentros, porque le hacía cada vez más patente su insolvencia. Cuanto más le alejaba su actividad médica de los trabajos filosóficos y psicológicos, tanta menos esperanza tenía de encontrarse bien en ellos. El trato agotador con enfermos psíquicos aumentaba su estado nervioso.

Ya conté detalladamente su relación con Rose, a la que quería, y cómo no se atrevió a pedir su mano. También ella sufrió a costa de esto por su infelicidad, por su poca claridad e inseguridad. Ella creía estar enamorada de él, pero no tenía el valor para terminar con las indecisiones y demoras. En los últimos años hizo una amistad muy íntima con un joven matemático de gran exigencia interior.

Con nuestra amiga Toni Meyer tuvimos una experiencia muy triste. Decidió ir a München en el invierno de 1914-1915, ya que Göttingen no prometía mucho en ausencia de Reinach. Había seguido mucho mejor sus clases que las de Husserl. Ahora esperaba de los fenomenólogos de München, Pfänder y Geiger, una promoción especial. Ambos la atraían por su dedicación a problemas psicológicos. Había leído a fondo sus trabajos en el *Lipps-Festschrift* y en el *Husserls Jahrbuch* y los había comprendido bien. Sus expectativas no se frustraron, pero a mitad del semestre le sobrevino una recaída en su antigua enfermedad, obligándole a regresar a casa. La explosión de la enfermedad llegó más rápida aún una segunda vez. Fue entonces cuando conocí personalmente su enfermedad de cerca. Los médicos la trataron como locura maniaco-depresiva. Hasta entonces no había visto a Toni en los estados de perturbación, aunque sí con depresiones que se seguían de manera ordinaria. Desde ahora por lo general estuvo en cama, sintiéndose incapaz de andar o hacer algo, mientras que antes participaba de todo corazón, no conociendo alegría mayor que la de escucharme cuando, con todo detalle, le hablaba de mis asuntos. En estos momentos, su pensar giraba únicamente en torno a su propio yo. Cuando superaba la fase más aguda, podía describir con precisión su situación enfermiza; hacía entonces, con ayuda de las categorías psicológicas de Pfänder, un análisis de su depresión, que él consideró de mucho valor. Conmigo tenía total confianza; incluso durante el tiempo de la enfermedad me pedía permanecer a su lado, mientras que a sus familiares no quería verlos. Así, poco a poco, pude enterarme del historial completo de su enfermedad. Unas informaciones de la madre completaron y confirmaron las suyas propias.

El primer ataque aconteció cuando tenía dieciséis años. Por entonces frecuentaba la escuela de baile y se había empezado a encariñar con uno de los participantes. Según sus propias palabras, se trataba de una persona tranquila y tímida que correspondía a su afecto sin atreverse a manifestarlo. Ella creyó que le había herido en una ocasión por un par de palabras ofensivas, y que de ese modo había arruinado su felicidad. A raíz de una visita a los familiares de Gleiwitz, cayó de nuevo en un estado de perturbación, y desde entonces se repitieron los accesos en intervalos más o menos cortos. El joven había estudiado derecho y, por el tiempo en que oí la historia, estaba de juez en Silesia, aún sin casarse, si bien habían transcurrido ya veinte años después de aquellos sucesos. Toni creía que permanecía fiel a su primer amor. Pero poco después fue destinado a Breslau, donde se casó. Toni no hablaba de él en las temporadas de buena salud; el que mencionara su nombre era considerado por su madre como síntoma de una cercana recaída. Y es que cada vez que tenía lugar un acceso, afloraban los viejos recuerdos y la esperanza de conquistar todavía la felicidad perdida. La anciana señora Meyer sobrellevó durante muchos años el dolor de la horrible enfermedad de su hija querida. Intentó todo lo que prometía ayuda. Recorrió los más diversos sanatorios e instituciones públicas y privadas. Probó incluso cuidarla en casa, pero se convenció de que resultaba inviable. Ahora permitía llevarla, siempre bajo vigilancia segura, tan pronto como se presentaban los síntomas de la enfermedad. La anciana señora tenía también como síntoma el que Toni se volviese piadosa y comenzase a ir regularmente a la sinagoga.

Ni siquiera en las temporadas buenas la convivencia resultaba fácil. La señora Meyer tenía dos muchachas, para que Toni dispusiera de todas las comodidades; pero no pudo evitar que las señoritas se extrañasen al ver del todo inactiva a una persona sana según las apariencias externas. La madre misma intentó estimular a su hija una y otra vez, para que hiciese algo. Según el parecer de Toni, la anciana señora había gozado durante toda su vida de salud y, por ello, no podía comprender a los enfermos. Siempre se sorprendió de la actitud cariñosa de mi madre hacia sus rarezas, si bien nunca conoció tales sufrimientos por propia experiencia. Por lo general, se sentía muy a gusto en nuestra casa. El estilo de vida sencillo, el tono natural y desenvuelto, los hijos creciendo, todo esto le atraía y se sentía revivir. Su madre estaba contenta con esta amistad y, a pesar de su edad avanzada, a veces venía a nuestra casa. Su alegría era grande si mi madre devolvía ocasionalmente estas visitas. Las inteligentes y sufridas mujeres tenían mucho que contarse la una a la otra.

La relación con los domésticos agravó la gran desconfianza de Toni, agudizándose la enfermedad con manías persecutorias. También con el resto de la familia tuvo sus dificultades.

Quería mucho a su único hermano y a sus hijos, pero no se entendía con la cuñada; era infeliz con los desacertados métodos pedagógicos, y se sentía obligada a intervenir una y otra vez. Pensaba, no sin razón, que se la mantenía alejada seguramente por temer su influjo. Era muy inteligente y poseía una penetrante mirada para con las personas; también sabía hablar con fuerza de convicción. Me resultaba difícil diferenciar lo que había de verdad en sus narraciones y lo que era producto de una capacidad creativa intelectualmente enferma. Esto se dio también después, cuando la visité en sanatorios y psiquiátricos. En estas ocasiones recibía información del entorno: médicos, enfermeras y enfermos. Lo que más deseaba es que hablase yo con el médico que la trataba, para influir en su ánimo y lograr que le diese la libertad.

Tan pronto como la gravedad de la enfermedad remitía, se reanimaba con admirables ganas de vivir, manifestando la más afectuosa participación en todo lo que estuviese cercano a ella, comenzando a trabajar de nuevo. Pero los períodos de enfermedad con el correr de los años fueron cada vez más extensos y los ataques más fuertes. Tras la muerte de su madre, los hermanos la ingresaron en el asilo Scheibe, cerca de Glatz —en las Franciscanas—. Mantuvieron por un tiempo preparada la casa de Breslau para ella, hasta que tuvieron que abandonar cualquier esperanza de retorno.

En la temporada en que estuve ocupada con mi trabajo de doctorado, le fue bastante bien. Por entonces leía regularmente a un estudiante ciego de filosofía, Wilhem Steinberg, y logró crear un equipo de trabajo fenomenológico bajo mi dirección, en el que participaban, además de ella y del ciego, Rose Guttmann y la doctora Grete Henschel (sobre esta nueva conocida tendré que hablar más tarde).

A mi regreso me esperaba una noticia que de momento me afectó más fuertemente quizá que el dolor de la persona querida de la que acabo de escribir. Hacía pocos días que me encontraba en casa, cuando Nelli Courant me vino a buscar para dar un paseo. Sería un paseo largo, pues tenía muchas cosas que contarme. Me preguntó de entrada si no sospechaba yo ya lo que en verdad le preocupaba. Esto le facilitaría mucho el comunicarlo. A pesar mío, no presentía nada. Caí como de las nubes cuando me manifestó que estaba a punto de separarse de Richard. Siguió a continuación una larga descripción de su vida en común.

Ya en los años de amistad, antes del matrimonio, especialmente en el semestre en común de Zürich, tuvieron frecuentes enfrentamientos. Como marido, Richard debía de ser desconsiderado. Seguía manteniendo las relaciones con sus amigos como cuando eran jóvenes camaradas. Muchos de ellos no la aceptaban; y, por otra parte, su marido por lo general no caía bien a las personas que se hallaban a gusto con ella. Tampoco veía bien él el que ella me invitase tan a menudo a las reuniones sociales. Decía que la gente que tratara con ellos tenía que ser elegante y distinguida, y que yo no era ni lo uno ni lo otro. Por supuesto que los vestidos arreglados de su mujer tampoco coincidían con sus gustos. Y para molestarla hablaba a veces en la jerga judía, lo que ella no podía soportar. Y le dio a ella una gran preocupación cuando él dejó de trabajar con seriedad. Poco a poco ella se fue convenciendo de que él no creía en su vocación de matemático. Lo peor fue la amistad con una joven estudiante de matemáticas alumna suya. La traía con frecuencia a casa para trabajar, y las relaciones llegaron a ser muy íntimas. Yo conocía de vista muy bien a Luise Lange. Era una chiquilla guapa, joven, viva y capaz. Como presidenta de la asociación femenina de estudiantes, desempeñó un papel decisivo en el mundo universitario.

De la larga lista de acusaciones de Nelli, este último punto era el único que consideré de peso. Me resultaba incomprensible el que un matrimonio tuviera que fracasar por los otros. Me dolió mucho que Richard, al mismo tiempo que me pedía consejo con total confianza acerca de sus propósitos, hablase de manera descortés sobre mí con otros; no obstante, supe alegar razones en su defensa. Me parecía comprensible que, después de una juventud seria y de años de trabajo continuo, necesitase de un tiempo de descanso y que quisiera disfrutar un poco de la vida juvenil. Muchas de las cosas que ella alegaba me sonaban a impertinencias de una joven petulante. Él tenía veinticuatro años cuando se casó, y el exceso de trabajo había propiciado que el desarrollo humano no se acompasase con el científico. Nelli aducía acusaciones graves que él mismo se había hecho. Yo movía la cabeza. «No puedes aferrarte a las palabras», grité con energía. «Lo que las personas dicen de sí mismas, por lo general, no lo considero decisivo, y en él, seguro que no lo es». «Precisamente, esta falta de sinceridad es lo que me repugna». Me hallaba ante una firme barrera. Aun cuando no podía seguir sus curiosos razonamientos mentales, yo sentía muchísimo lo que le pasaba a Nelli. Hasta ahora nada había comunicado a su padre. Por cuenta propia escribió a Richard, que estaba en el frente. Cuando fue llevado herido al hospital de Esse, allí lo visitó. Precisamente en esta ocasión ella se dio cuenta con claridad meridiana de que no podía llevar una vida en común por más tiempo. Ahora tendría que confesar a su padre que el matrimonio, al que se opuso durante tanto tiempo, se rompía. Hubiera preferido ahorrarle este disgusto, pero no lo podía encubrir por más tiempo.

Fui a ver al señor Neumann tan pronto como se hubo enterado de todo. La cuestión le había dolido mucho, y se le advertía la indignación hacia el marido que había hecho infeliz a su amada y única hija. Rápidamente se ocupó del asunto, encargándose del proceso de separación. En ello manifestó su buen y elegante talante. Me dio a conocer su carta a mi primo antes de enviársela, para que no contuviera nada humillante. Durante estos meses me reuní con cierta frecuencia con él y con Nelli. Ella continuó relacionándose con nosotros, como con familiares, contando su historia a mi madre y a mi tía Mika, personas, ambas, a las que Richard más estimaba de toda la familia. Nosotros de hecho la tomamos algo contra él, aunque la voz del corazón hablaba siempre a su favor.

2

En esta época, en la que tanto incidió sobre mí lo humano, y me afectó tanto, hice, sin embargo, acopio de todas mis fuerzas para continuar mi trabajo, que me pesaba tremendamente desde hacía más de dos años. Cuando en Weisskirchen ojeaba el grueso montón de apuntes y esquemas, me sentía acobardada. Todavía no había olvidado el espantoso invierno de 1913-1914. Ahora dejé decididamente a un lado todo lo que procedía de libros y comencé desde el principio. Una investigación del problema de la «empatía» según el método fenomenológico. ¡Qué diferente era todo ahora de entonces! Bien es verdad que cada mañana me sentaba dubitativa ante mi mesa. Yo era como un punto diminuto en un espacio inmenso. ¿Vendría algo de esa gran extensión que yo pudiera captar? Me sentaba en mi silla, firmemente apoyada en el respaldo, y dirigía mi espíritu en dolorosa tensión hacia lo que para mí era exactamente la cuestión más acuciante. Al cabo de un rato parecía que una luz llegaba. Por lo pronto podía formular la pregunta y encontraba caminos para darle cuerpo. Y en cuanto una cosa se esclarecía, se planteaban nuevas preguntas desde distintos lados (Husserl acostumbraba a llamar a esto «horizontes nuevos»).

Junto a las páginas en limpio, en las que plasmaba el texto, tenía siempre una papeleta para anotar cualquier pregunta que surgiese. Tenían que estar en su sitio correspondiente y allí ser abordadas. Entretanto iba llenando hoja tras hoja y, de tanto escribir, me sentía enardecida, un placer desconocido se apoderaba de mí. Cuando me llamaban para comer al mediodía, sentía como si viniera de otro mundo. Agotada, pero llena de alegría, bajaba al comedor. Estaba admirada de todo lo que ahora sabía. Cosas que ni sospechaba unas horas antes. Y me regocijaba por los hilos dispersos que ahora podía ir uniendo.

Además, cada día era como un nuevo regalo que continuaba. Y continué a lo largo de unos tres meses de un tirón. Luego, algo se había desgajado de mí y parecía haber cobrado existencia propia. Todavía pude revisar, comprobar detalles y completar. Sobre todo, aún tuve que consultar mucha bibliografía y, con ayuda de lo que yo misma tenía elaborado, examinarlo críticamente. Pero esto no era más que un retoque al cuadro que, como un todo, estaba ya terminado. Tanto era lo que había avanzado hacia finales de enero de 1916.

En Navidades, si no recuerdo mal, no tenía escrita ni la mitad, pero estaba lista una buena parte, sobre la que me hubiera gustado mucho hablar con Husserl para oír un juicio provisional. Poco antes de Navidades recibí una carta de Pauline Reinach. Su hermano venía de permiso para las fiestas. Les parecía de perlas que yo fuese también a Göttingen. ¡Vacaciones! Yo no había contado con ello. Volverme a ver con Reinach era para mí algo así como la paz. Era demasiado bonito para que fuese realidad.

Le pregunté a mi madre sobre lo que pensaba de la invitación. También la consulta tenía relación con el dinero que necesitaba. Mi familia no se decidía fácilmente a un viaje tan largo sin un motivo urgente. Pero en este caso mi madre me animó inmediatamente. Me concedió con todo su corazón la alegría de volver a ver a los amigos queridos. Además, adivinaba que era muy oportuna una entrevista con Husserl. Pauline Reinach no salía de su asombro cuando le conté esto en

Göttingen. Después de haber enviado la carta, le parecía que haberme hecho esta sugerencia de ir a verles era un atrevimiento. Ella misma no hubiera encontrado tanta comprensión por parte de su familia de Maguncia.

Después de casi un año de ausencia, estaba de nuevo en Göttingen. Otra vez, como antes, tenía enfrente de la mesa a Liane Weigelt, y me dijo: «No ha cambiado nada, señorita Stein». Pero la señora Gronerweg replicó: «A mí no me parece así. Se nota que la señorita Stein ha tocado la seriedad de la vida».

Pauline vivía aún provisionalmente con los Gronerweg, pero se iba a trasladar pronto a Steinsgraben, pues la señora Reinach no se iba a volver a marchar, sino que seguiría en la casa de Göttingen después de que se fuese su marido.

El 23 de diciembre era el cumpleaños de Reinach. El día siguiente de mi llegada. Por la mañana se me esperaba en Steinsgraben. Como regalo de cumpleaños, le compré un bonito libro, acorde con el tiempo, sintiendo por el camino una gozosa expectativa. Cuando subía los dos tramos de la escalera tan bien conocidos, vi a través de la puerta de cristales que estaban todos reunidos delante del guardarropa. Despedían a una visita. Se abrió la puerta y me encontré frente a frente con mi primo Richard Courant. Los dos nos quedamos de una pieza. «¿Cómo tú aquí?», exclamó él. «Vente inmediatamente conmigo. Tengo que hablarte». Yo miré a Reinach buscando ayuda. Para mí era muy duro el irme desde la misma puerta. Pero Richard no cedía fácilmente cuando algo se le había metido en la cabeza. También él se volvió al señor de la casa como a última instancia: «Reinach, dígale que debe venirse conmigo». «Eso lo tiene que decidir ella misma». Esto significaba que yo debía resignarme a mi destino. Pero entonces el auxilio me vino de otro lado. La señora Reinach intervino y dijo: «Vengan hoy los dos a tomar café con nosotros. Viene Husserl y Putti Klein. Después pueden ustedes retirarse a otra habitación y hablar de lo que gusten sin ser molestados».

Aquello fue una propuesta irrefutable, a la que Richard no pudo negarse. Se marchó y nosotros pudimos respirar aliviados y saludarnos de verdad. Reinach estaba más corpulento y fuerte. El frente le había sentado bien. Entonces fue cuando traté de verdad a la señora Reinach. Anteriormente había ido a aquella casa solamente como estudiante que va a ver a su profesor. Pero ahora pertenecía al círculo íntimo, a los «dolientes más allegados», como dijo el mismo Reinach bromeando una vez, imaginándose lo que sucedería cuando él cayese en el frente. A él pertenecían, además de su mujer y Pauline, Erika Gothe y yo.

A Erika la tuvimos que esperar aún unos días. Era natural que quisiese y tuviese que pasar las Navidades en su casa. Pero vendría entre Navidad y Año Nuevo e hizo el viaje entre Göttingen y Schwerin dos veces.

Ciertamente para la señora Reinach fue un sacrificio el no disfrutar el corto permiso de su marido a solas con él. Pero lo hizo con gusto, pues sabía lo que le alegraba a su marido el vernos a nosotras. Una vez que Erika llegó, un día di con ella un paseo y nos encontramos al matrimonio Husserl y a los Reinach, que también habían salido juntos. Nos saludamos brevemente. Yo, por mi parte, ya había estado con Husserl varias veces, pero Erika creyó que, dado el breve tiempo del encuentro, no era oportuno el ir a verle, tanto más cuanto que iba a quedarse en Göttingen todo el semestre.

«La señorita Stein ha venido sólo para ver al señor Reinach», dijo Husserl maliciosamente (estaba convencido de que yo había venido por el trabajo, pero en mi fuero interno reconocía que había dicho en broma la verdad). Y Malwine, apoyando a su marido, añadió: «La señorita Gothe también ha venido sólo por el señor Reinach». Entonces el buen maestro intervino de nuevo para decir: «¿Qué dice de esto el señor Reinach?» «Que me da mucha vergüenza», fue su humilde respuesta. Y aquí vino lo más delicado, pues la señora Husserl preguntó: «¿Qué dice la señora Reinach?» Todos nos quedamos cortados, pero entonces sonó aquella voz con su más bello acento suave, que dijo: «Yo soy quien puede entenderlo mejor». Y quedó salvada la situación.

Nos despedimos, y Erika y yo volvimos a casa un poco afectadas, porque las bromas inoportunas nos dejaban siempre su huella. De repente oímos pasos detrás de nosotras. Era la señora Reinach que nos seguía a toda prisa, casi sin aliento: «Señorita Gothe, señorita Stein». Nos volvimos: «¿Vendrán ustedes de todos modos esta noche a casa, verdad?» Nosotras le dijimos que sí de todo corazón. El encanto de su bondad y el tacto para superar cualquier situación disiparon como siempre todo el malestar.

Ahora vuelvo al café del día del cumpleaños. Los invitados fueron recibidos en el salón gris. Aquí volví a ver a Husserl. Allí tuve la oportunidad de conocer por vez primera personalmente a Putti Klein. Sus amigos la llamaban todavía con su nombre diminutivo de niña. Solamente su padre la llamaba Elisabeth. A mí me la presentaron, como era lógico, como señora Staiger. No recuerdo bien si volvió a casa de sus padres inmediatamente después de su matrimonio de guerra o tras la muerte de su marido. Ayudaba a su padre en sus trabajos. Estaba muy enfermo. Había que llevarle a la Universidad en una silla de ruedas y daba clases prácticas en el seminario de matemáticas. Putti era alta y delgada, de elegante porte, y se mantuvo entera ante su duro destino. Tenía demasiada vitalidad para dejarse vencer por el dolor.

Courant llegó el último. Naturalmente en Göttingen se habló mucho de su separación. Se trasladó desde Essen al hospital de Göttingen. Su casa estaba deshecha, ya que Nelli no quiso dejarle ningún mueble. Al abandonar el hospital, sería acogido por la familia Runge. Así, ahora vive en la pensión de la calle Wilhem-Weber, en la que Beel había encontrado refugio antes que él. Muy pocas personas estuvieron informadas correctamente sobre los motivos profundos y las razones humanas de la separación matrimonial; de las presentes, a excepción mía, únicamente Pauline Reinach. Nosotras habíamos hablado la tarde anterior sobre el tema. Luise Lange vivió con ella en la familia Gronerweg durante el último semestre, ganándose su confianza. Tenía mucha simpatía por Luise y por Courant, y se le había presentado todo bajo una perspectiva totalmente diferente a la mía. Luise Lange oyó hablar mucho de mí y le agradaría conocerme personalmente. Por otra parte, no faltaban ciertos recelos ante un encuentro, porque sabía que yo estaba informada por Nelli, y yo prefería que no tuviera lugar el encuentro. Por entonces residía yo con la familia Gronerweg y, si recuerdo bien, en esta época estuvo ella al menos una vez en casa, pero no nos encontramos.

Cuando estuvieron al completo los invitados en la casa de los Reinach, se pasó a la mesa del té. Reinach y yo nos sentamos en los laterales estrechos, enfrente uno del otro. En un lateral se sentaba Husserl, entre la señora Staiger y la señora Reinach, y en el otro Courant, entre la señora Husserl y Pauline. Richard llevaba la voz cantante, contando chiste tras chiste. Al hacer una referencia despectiva sobre la Cruz de hierro, Reinach y yo nos intercambiamos una mirada a través de la mesa. A continuación Reinach dijo en voz baja, pero decidido:

«Eso significó mucho para mí». Y Richard evitó más comentarios al respecto. Por lo demás, en medio de la charla miraba con frecuencia al reloj un tanto nervioso. Pauline y yo conocíamos que esa tarde sería decidido su proceso ante la justicia. De repente me hizo un guiño y dijo: «Me tengo que ir ahora». Me levanté enseguida y me despedí a la par que él. Salimos los dos, y ya abajo me comunicó que hoy esperaba la sentencia y que, inmediatamente después de la deliberación, deseaba hablar con su abogado. Nos acercamos hasta el juzgado, pero aún era pronto. Quiso aprovechar para comprar en la ciudad algunos regalos de Navidad —para todos los componentes de la familia Runge—, y yo tenía que ayudarle a elegir. Fuimos por la calle Wenden adelante, de una librería a otra, charlando entre tanto acerca de su situación. No podía creerme que hoy se decidiese la separación. El derecho matrimonial de entonces era mucho más riguroso que el actual, y en rigor no existía argumento alguno como razón válida de divorcio. Richard se manifestó perplejo al hablar yo así. Si bien por sí mismo no pensó lo más mínimo en una separación y el proceso le sorprendió; sin embargo, ahora deseaba ardientemente la resolución final. Lo que más le enfureció fue el que el nombre de Luise Lange fuera aducido en el proceso. Para eliminar en lo posible relacionarla y salvar su honor, él mismo denunció algunas cosas graves contra sí mismo. No me cabía duda de que esto era algo convenido y de que en realidad no se trataba de culpa alguna.

La jugada salió bien, y el proceso finalizó, efectivamente, ese día. Cuando nos despedimos, estaba rendida. Nos citamos para un paseo en el que proseguir la discusión juntos. Richard me fue a buscar. No recuerdo si fue al día siguiente. Prefería charlas por paseos solitarios de parques y bosques al bullicio de las calles con las compras de Navidad. Mas ahora estaba quejoso. Richard tenía claro que Nelli había influido en mi madre, en tía Mika y en mí con sus historias contra él. Le importaba mucho aclarar los hechos y, sin embargo, le era muy penoso justificarse ante mí, y para mí no lo era menos escuchar esta justificación y contestarle. Pero, según él, había que considerar otras cosas que estas conversaciones: «Dime, ¿has previsto tú alguna posibilidad a este matrimonio?», preguntó él. Saltaba a la vista que interiormente no estaba satisfecho del todo y buscaba claridad. Tengo que reconocer que en mi trato doméstico con ellos no tuve impresión alguna de un matrimonio mal avenido. Por las manifestaciones de Nelli, me pareció que ella había magnificado determinadas nimiedades a base de darles vueltas en su interior hasta convertirlas en dificultades insuperables. También Richard vio las cosas así en un principio. Sin embargo, ahora afloraban cuestiones profundas. ¿Era Nelli una persona capaz de una vida en común? Como ama de casa era imposible ciertamente. Si ocasionalmente traía él de la Universidad, un frío día de invierno, a un invitado y pedía un poco de té caliente, ella preguntaba con amabilidad: «¿Es esto ahora realmente necesario? Estoy muy ocupada en el trabajo».

Todo transcurría por consideraciones complicadas y racionales y, mientras se examinaba lo bueno y lo mejor, se desaprovechaba el momento. «En verdad, únicamente he experimentado con ella una cosa, y que resultaba algo realmente elemental», dijo Richard: «los estallidos de ira sobre su abuela». Esta aseveración me pareció demasiado general. «El amor hacia su padre seguramente también es algo elemental». Esto no lo podía negar él. Por otra parte, Richard estaba muy interesado en cómo le iba a Nelli. También le molestaba mucho que el problema hubiese afectado a su «padre Neumann». En reuniones posteriores siempre se esforzaba por informarse detalladamente sobre Nelli, mientras que ésta jamás volvió a mencionarle. Cuando espontáneamente comenzó a hablar de Luise Lange, le pregunté con prudencia sobre el tipo de relaciones: «Fue algo quizá no compatible con un matrimonio del todo ideal», dijo él.

Después de este paseo, no nos volvimos a ver. Richard se marchó a continuación a Berlín. Trajo del frente tres heridas no muy graves, mas no se volvería a incorporar. Además, había inventado algo importante: un procedimiento para comunicar las trincheras mediante telegrafía sin cable, dado que los hilos telegráficos eran destruidos con mucha frecuencia. En la zona del frente en que él ejerció como teniente pudo aplicar su plan. A raíz de ello, recibió el encargo de llevar a cabo la conexión sin cable de Berlín con todos los frentes. En esta ocupación permaneció hasta el final de la guerra.

Nuestras conversaciones me persiguieron durante mucho tiempo después y, conforme a mi costumbre, me sentí impulsada a comunicarle por escrito muchas cosas que no le había podido decir. Le manifesté con toda claridad lo que ya había dicho a Nelli: que, en mi opinión, se había comportado en su matrimonio como un joven inmaduro, y que no creía que hubiera una razón grave que justificara una separación. Esta carta no recibió respuesta. Pero desde entonces se mantuvo entre nosotros una relación de confianza que no volvería a quebrarse. Nunca le hice saber que Nelli me había repetido las pequeñas maldades que contra mí le había dicho a ella y a otros. Me parecía sin interés en comparación con la confianza que me demostró en nuestras charlas.

Al poco de llegar, me dirigí lógicamente a Hohen Weg, con mi manuscrito bajo el brazo. El maestro quiso que le leyese largos pasajes. Se mostró satisfecho y me hizo sugerencias para completar algunos detalles.

Con Reinach me vi obligada a contarle por menudo mi entrevista con el maestro. Me quedé de una pieza al enterarme de que era insólito en Husserl escuchar a nadie durante tanto tiempo como lo había hecho conmigo. Siempre me preguntaba: «¿Sigue Husserl tan atento con usted?»

En la Nochebuena solamente estuvo Pauline con los Reinach. Comprendí perfectamente que quisieran celebrarla en la intimidad. A mí me invitó Liane Weigelt en compañía de un antiguo estudiante amigo suyo de otros tiempos. Adornó su acogedora habitación muy bien e hizo todo lo que pudo para que celebráramos bien la Navidad los tres pájaros sin nido. Nosotras dos solas seguramente hubiéramos tenido más intimidad; pero con el señor Schafer delante se me puso como una concha interior ante la que resbalaban sus atenciones. Y, efectivamente, pronto se produjo una decepción. Liane propuso ir a la misa católica de medianoche. Ella lo había hecho frecuentemente en München. Para mí era algo completamente extraño, pero accedí gustosamente. Fuimos en la oscura noche invernal por la Kurzen Strase. Pero no se veía a nadie por ningún sitio y la puerta de la iglesia estaba cerrada a cal y canto. La misa del gallo era por la mañana. Tuvimos que volvernos defraudados.

El segundo día de Navidad estuve invitada, juntamente con los Reinach, a cenar en casa de los Husserl. Esto fue una gran amabilidad por parte de la señora Malwine y me sentí muy a gusto, aunque todo discurrió de manera muy distinta a la velada pasada en casa de los Reinach. Además de nosotros, había otros invitados: el profesor Jensen (médico) con su esposa y una estudiante suiza. Los Jensen eran muy amigos de los Husserl, pero yo no los conocía de nada.

Se habló mucho de política y en una forma que a nosotros decía poco. También la joven suiza parecía sentirse molesta. En la mesa salió la conversación sobre cuál había sido el origen del árbol de Navidad. El profesor Jensen tomó de la biblioteca el tomo de la W (Weinachtsbaum) del diccionario de conversación y leyó el artículo *Árbol de Navidad.* La señora Husserl nos pidió insistentemente que dijésemos lo que nos gustaba más, las golosinas que ella había hecho o los típicos chocolates de Basilea, que había traído la señora Stahlin.

Cuando ya estábamos de regreso, Reinach se paró de pronto en la acera y preguntó: «Bueno, ahora sinceramente, ¿qué dulces eran mejores, las falsas golosinas de Basilea o las auténticas? Yo encontré las auténticas mucho mejores; pero que me había guardado muy bien de decírselo así a la señora Husserl». A la vez se reía pícaramente y todos nos liberamos del encopetamiento convencional con que habíamos salido.

No puedo ya recordar cuándo se marchó Reinach ni cuándo me fui yo. Las conversaciones con Husserl fueron muy alentadoras para mi trabajo y seguí adelante sin interrupción. Pero no lo había terminado cuando recibí la sorprendente noticia de que Husserl había sido llamado a Freiburg i. Br. para suceder a Heinrich Rickert y que había aceptado. Rickert iba a Heidelberg a la cátedra del fallecido Wilhelm Windelband. Estas dos figuras de la «escuela de Baden» habían ya trabajado juntos y ejercido una gran influencia. No era tarea fácil para la fenomenología ganar terrero allí. Pero Husserl no titubeó un momento en aceptar la llamada. Con ello se liberaba de la triste situación en la que estaba desde hacía muchos años en la Facultad de Filosofía de Göttingen e iba a una de las cátedras de más prestigio de Alemania.

Aún más contenta que él lo estaba ciertamente la señora Malwine. Pero la alegría no iba a durar mucho tiempo. En plenos preparativos para la marcha e instalación en Freiburg, llegó la noticia de que su preferido Wolfgang había caído en el frente. Poco antes de empezar la guerra había hecho su reválida y planteado sus estudios de idiomas, para los que tenía clarísima aptitud. Se había alistado en el regimiento de voluntarios de Göttingen con diecisiete años. También para el padre fue muy dura la muerte de su hijo más joven. «Hay que soportarlo», me escribió.

3

El traslado tan rápido a Freiburg produjo un desconcierto en mis proyectos. Yo contaba con que en el examen oral me examinaría el mismo Husserl como en el de estado y que no necesitaría más que un pequeño repaso, dado que para el *rigorosum* (doctorado) se exigía mucho menos que para el examen de *facultas docendi* (examen de estado). Ahora me tenía que hacer a la idea de encontrarme con profesores completamente desconocidos. En cuanto supe la noticia del traslado, escribí inmediatamente a Husserl preguntándole si no podría terminar el trabajo rápidamente e ir a Göttingen para hacer allí el examen de doctorado. Pero me contestó diciendo que era imposible. Yo debía con toda calma terminar el *opus eximium* y luego ir a Freiburg. Me esperaría con los brazos abiertos y, sin duda alguna, sus nuevos colegas aceptarían en cualquier caso a sus doctorandos.

Pero pronto mi trabajo se vio amenazado desde otro flanco: una mañana el correo me trajo una carta del director sustituto de la Escuela Victoria. Nuestro antiguo director Röhl había muerto durante la guerra. Como muchos de los maestros estaban en el frente, había que dilatar el nombramiento de director hasta el fin de la guerra. La comisión directora en funciones había encargado provisionalmente del cargo al profesor Leugert, nuestro antiguo y bondadoso filósofo moderno. Dada su integridad de carácter y su gran bondad, no habría otro más apto para este cargo en las circunstancias tan difíciles en que estábamos. No se podía encontrar un superior más dulce y sencillo. Pero era mucha carga para él. En pocas líneas, me rogaba le visitase sin determinar exactamente el objeto de la entrevista.

A la hora fijada hice con una cierta tensión el camino tan conocido y antiguo de la escuela. Era por la mañana a la hora de las clases. Atravesando el gran patio de la escuela, fui a la casa del director, que daba a la calle, y llamé en el despacho. Me recibió con mucha cordialidad. Y a continuación vino la petición: el profesor Olbrich, nuestro antiguo profesor de latín, estaba en Polonia como capitán reservista. En su lugar estaba ahora el profesor Kretschmar, encargado de las tres clases superiores del Instituto; era un joven maestro que ya había dado clases durante mi estancia en la escuela. Le conocía de vista, pero no había sido su alumna. Ahora había caído enfermo y necesitaba reponerse urgentemente en la montaña. Aunque había otros disponibles, por tener el diploma para la enseñanza media, no se atrevían a aceptar los cursos superiores. Por eso se les había ocurrido ofrecerme a mí la sustitución.

En realidad, yo no estaba facultada oficialmente para enseñar lenguas antiguas, pero se acordaban de mí como buena latina. Y en guerra todo era posible. Dos chicas estudiantes que habían hecho la reválida un año después que yo, y no habían hecho aún el examen de estado, ayudaban en matemáticas y ciencias naturales. Por mi parte, me sentí muy sorprendida ante la propuesta. ¿Qué sería de mi trabajo de doctorado? El profesor Leugert me prometió un horario de clases sin tiempos muertos, para poder disponer de horas suficientes para mi trabajo científico.

«Señor profesor, no he tenido jamás una clase delante de mí». Él se puso la mano sobre el corazón y me dijo: «Distinguida señorita, usted ha sido siempre capaz de todo. También lo será de esto». Pero, como me viese que continuaba indecisa, me pidió que le acompañase a dar una vuelta por los edificios de la escuela y visitase al colega enfermo.

En el despacho del director había un gran tablero con el horario de toda la escuela. Se componía de tablillas móviles coloreadas. Cada profesor tenía su color. Con una ojeada se podía ver inmediatamente en qué clase se encontraba en aquel momento el señor Kretschmar. Fuimos hacia allí y le llamamos para que saliese al pasillo. Me puntualizó todo aquello de lo que habría de encargarme. Lo principal era la clase de latín en los tres cursos superiores. Además, tendría algunas clases de alemán, historia y geografía. «Por favor, si usted no puede búsquenos una antigua alumna. Pero yo preferiría que fuese usted misma». Se puso las manos en el corazón y dijo: «Estoy enfermo del pulmón y tengo que hacer una cura de reposo». Cuando yo oí esto y vi su mirada febril, no necesité pensarlo más. A principios de febrero comencé mi primer trabajo de enseñanza. Justamente cinco años después de haber abandonado aquella casa como alumna con la reválida.

Como el examen de reválida había pasado ya y el curso noveno ya había terminado, tuve sólo doce clases semanales hasta Pascua. Pero a partir de Pascua me dieron seis horas más en el curso noveno (latín e historia). En esta clase había tres alumnas que no habían aprobado y tenían que presentarse de nuevo en otoño. Con esto me di cuenta de que no me escaparía de formar parte de la comisión examinadora para formar el tribunal de latín.

Despreocupada por completo de mi falta de preparación pedagógica previa, yo fui sin gran miedo a mi tarea. El magnífico curso que habíamos tenido con el profesor Olbrich lo tenía vivo en mi memoria y me sirvió de orientación general. Las clases de latín de mi primer semestre en Breslau también me ayudaron. Mi personal afición por los escritores antiguos contribuyó también para despertar interés en las alumnas. En la selección de lecturas busqué las que pudieran ser más incitantes. Por ejemplo, en el curso superior leí mucho más a Tácito de lo que era costumbre en mis tiempos de alumna. En el curso superior había chicas muy inteligentes. Agradecían de verdad todo lo que se salía de la tradición escolar monótona. Por eso fue acogida con gran entusiasmo una introducción a la filosofía griega que hice como preparación para los escritos filosóficos de Cicerón. El director Leugert me dejaba libertad total.

El séptimo curso, del que me encargaron, estaba muy flojo en latín, porque había cambiado varias veces de profesor. Cuando en una ocasión les mandé hacer una traducción inversa al latín, la mayoría se negó. Me pidieron que se les permitiese hacer otro trabajo. Apoyaban su postura en una orden ministerial reciente, según la cual no se podía poner como obligatorio un trabajo cuando las dos terceras partes de la clase no alcanzaba el tres de calificación.

Pero yo les dije: «No, el resultado sólo se comprueba con hechos. Cuando alguien se encarga de una clase puede ver si más de la mitad está por debajo de la media, que debe exigirse». De todas maneras le pregunté al profesor Leugert si yo tenía derecho a pasar por alto la disposición. «Lo dejo completamente a su arbitrio, estimada señorita», respondió amigablemente. «Haga usted únicamente lo que crea justo».

Aunque en tales ocasiones parecía ser muy exigente con mis alumnas, sin embargo, me entendía muy bien con ellas. Se había formado un grupo de excursionistas voluntarias para hacer marchas, dirigido por una joven profesora de deportes, elegida por ellas mismas. En una ocasión me pidieron que fuese con ellas sustituyendo a la señorita Walter. Accedí gustosa y pasamos todo el domingo en el campo, haciendo una típica excursión de «Wandervogel» (grupo de jóvenes aficionados a las marchas) con guitarras y batería de cocina. Hicimos la comida junto a la acequia de un molino. Una del grupo conocía a los molineros, que nos regalaron una gran perola de leche. Nos sirvió para hacer el plato fuerte, que fue pudin de chocolate. Yo no tuve que cocinar, pero me arrimaron la cazuela a la nariz para controlar si estaba bien cocida.

Para mí resultaba una cosa muy particular el sentarme en la sala de profesores, junto a mis antiguas maestras, y tomar parte en las reuniones. ¡Cuántas veces habíamos deseado de niños el haber podido estar agazapados en un rincón como ratoncitos, para oír! Ahora tenía la sensación de que se había realizado aquel deseo. Y cosa curiosa: allí no pasaba nada muy distinto de lo que nosotras nos imaginábamos en otros tiempos. Había algunos que, ante las faltas de las niñas, se irritaban enormemente y se sentían escandalizados. Al lado estaban, naturalmente, los profesores jóvenes que por camaradería aprobaban a los niños e intercedían por ellos. Entre el profesor jefe Kretschmar y las clases de que me había encargado había unas buenas relaciones. Yo me consideraba una simple sustituta y me esforzaba por trabajar en su misma línea. Le informaba frecuentemente por carta de la marcha de las cosas, y antes de la reválida le comuniqué los textos que había elegido para el examen oral y escrito, pues nosotros podíamos proponer tres temas de cada asignatura. El Consejo Escolar Provincial señalaba uno, y cuando el señor Kretschmar vino por unos día de Schreiberhau a Breslau hablamos detenidamente de todo ello.

Con este motivo pude comprobar que estaba enterado hasta de todos los pormenores de la vida de la escuela a través de las cartas que le escribían las alumnas. El descanso absoluto que hizo entonces le permitió volver a la escuela. Pero murió pocos años después.

Los otros profesores que no se habían ido al frente pertenecían a la generación antigua. Durante las pausas y las horas libres se quedaban en una habitación que había para ellos al lado de la de las profesoras. Daban como razón de este aislamiento el que así podían fumar tranquilamente. Solamente para las juntas pasaban a nuestra sala. La mano derecha del director sustituto era el profesor Kohler, con el que yo había tenido uno de mis primeros cursos de química. Entonces tenía el apodo de «Mariquilla-cloro». No enseñaba mal las ciencias naturales, pero, como profesor de matemáticas, era tan poco acertado que la mayoría de las alumnas necesitaban clases suplementarias. Esto había sido, unos años antes, la fuente principal de ingresos para mi primo Richard. Erna había sufrido todavía las deficiencias de esas clases y más tarde fueron puestas las clases de matemáticas en otras manos, por lo menos en los cursos superiores.

El profesor Gnerich era uno de los «emboscados» que todavía pertenecía al colegio. Cuando yo era alumna, llegó como maestro recién salido y despertó mucha admiración y también produjo la impresión de que se pagaba mucho de ello. Las alumnas de las clases superiores le rechazaron de plano.

En una excursión que hicimos oí, refiriéndose a él, una pregunta maliciosa: «¿Cuándo se irá por fin al frente?» En las juntas se quejaba mucho de la falta de respeto. Precisamente las alumnas más inteligentes y aplicadas estaban en pie de guerra con él. Como es natural, le molestaba mucho el que la señorita Zucker y yo dijésemos que nuestra relación con las alumnas era perfecta.

La señorita Zucker era una germanista inteligente y aplicada, que me llevaba unos semestres de diferencia de la carrera, pero nos conocíamos de la Universidad. También la llamaron para ayudar en la escuela por causa de la guerra. En otras circunstancias no hubiéramos tenido ni ella ni yo posibilidades de ser maestras en la escuela debido a nuestro origen judío. La escuela Victoria, como dijo una vez en una conferencia el profesor Leugert, «siempre ha sido protestante».

Las dos estudiantes, Kathe Friedental y Lotte Stern, muy guapas, vivas e inteligentes, gozaban de una gran simpatía. En las pausas llamaban con frecuencia a la puerta de la sala de profesoras, y casi siempre era para requerir a una de ellas, pues las alumnas siempre tenían algo inaplazable que preguntarles. Las maestras más antiguas cambiaban una mirada significativa.

Yo me sentaba entre la señorita Sonke, una eficiente y antigua profesora de lengua, y la señorita Heisler, que daba deportes y trabajos manuales. Estaba en la escuela desde hacía ya muchos años. Su vivacidad algo histérica y su exuberancia se me hacía a veces difícil de soportar. Ella, por su parte, me criticaba el que yo corrigiese los cuadernos de trabajos durante las pausas y hablase poco. Pero, por lo demás, éramos buenas camaradas.

El profesor Leugert había mantenido su palabra y me había hecho un horario que no tenía un solo hueco muerto. De todos modos, cuando, después de Pascua, el profesor Kohler hizo el nuevo horario para toda la escuela, no me vi tan favorecida. Ante esto utilicé el tiempo libre entre las clases, las pausas e incluso los ratos de las reuniones, en que se trataba de clases que no eran las mías, para corregir cuadernos o prepararme, y de esta manera no necesitaba llevarme a casa los cuadernos.

Inmediatamente después de mi ingreso al servicio de la escuela, tuve que presentarme personalmente en el Consejo Escolar Provincial. Esta visita la hice en compañía de Rose Guttmann, que entonces empezaba su trabajo en la escuela Augusta. El jefe del negociado para las Escuelas Superiores Femeninas era, desde hacía ya tiempo, el inspector provincial Jantzen, al que nosotras habíamos tenido de maestro recién salido en la escuela Victoria. De nuestra escuela pasó a Königsberg como director y ahora había sido llamado para la administración de su provincia natal. Había perdido la delgadez juvenil y estaba más ancho y fuerte. También su cara estaba más llena, pero seguía siendo pálida. Su cabello rubio y su barba roja no habían cambiado. De niñas le llamábamos «Donar», a partir del momento en que él nos explicó dioses germánicos. Cuando nos recibió, tenía todavía en la mano nuestras tarjetas de visita. Yo le pregunté si todavía se acordaba de nosotras. «Naturalmente que las reconozco», dijo él. «Edith Stein, usted estuvo conmigo en la clase cuarta». También nos había tenido en la quinta y en la tercera, pero en la cuarta había sido el prefecto del curso, y de aquel año tenía yo un recuerdo especial.

Cuando se enteró de que hacía ya un año que había hecho mi examen de estado y que aún no había empezado mi formación pedagógico-práctica, me aconsejó insistentemente que en Pascua me inscribiese para el ingreso en el año de seminario. Yo tenía mis dudas sobre esto, debido a que iba a ir a Freiburg al terminar mi trabajo de doctorado. Le pregunté si podría hacerlo allí, pero me lo desaconsejó radicalmente. En una confederación extraña no tenía posibilidades de colocarme. Seguí su consejo y en Pascua ingresé oficialmente en el servicio del magisterio público. El médico del distrito que me reconoció, para el certificado exigido, me encontró en principio de aspecto algo delicado, pero dijo con satisfacción que estaba «llena de salud y apta para desempeñar el puesto».

Nuestra formación consistía en una conferencia semanal del inspector Jantzen, que daba en el Consejo Escolar Provincial. A veces, teníamos que hacer un trabajo escrito sobre el tema y, por otra parte, el inspector visitaba ocasionalmente nuestras clases. Conmigo sólo estuvo una vez en una clase de latín. Mi prueba de enseñanza la escribí después de haber tenido las horas correspondientes. Hacerla antes, como estaba prescrito, no me fue posible. Dije que me parecía como hacer antes de tiempo una declaración de amor.

Las conferencias formativas de ahora me decían mucho menos que sus clases, cuando era un maestro nuevo. Ahora tenía unos puntos de vista muy distintos a los del señor Jantzen. En muchas de sus expresiones se traslucía su nacionalismo que no podía compartir, aunque yo era muy patriota. En las ocasionales referencias, poco oportunas, al Antiguo Testamento sólo podía mover la cabeza. No tenía miedo a manifestar libremente mi discrepancia. El doctor Jantzen no lo tomaba a mal en modo alguno y nuestras relaciones siguieron siendo buenas.

Las compañeras de seminario me eran casi todas conocidas de la escuela; era con mucho la más joven en edad y en semestres. Rose entró al mismo tiempo que yo, al igual que Nelli. Ella hizo el doctorado y el examen de estado antes de casarse. Puesto que ya entonces estaba comprometida, renunció a la formación práctica. Ahora quería ejercer su profesión docente. Su padre acababa de concluir su proceso de separación. Poco después falleció de una dolencia cardiaca, que ocultó siempre a su hija. Tras la muerte, Nelli se lamentó mucho de que no se lo hubiera advertido; de haberlo hecho, los últimos años de su vida en común lo hubiera empleado de otra manera. Ahora, de repente, se encontraba sola. Inmediatamente después se deshizo de las casas de Göttingen y de Breslau. A instancias mías, mi madre le ofreció la nuestra. Agradecida, se trasladó a nuestra casa con todos sus muebles.

Mi ingreso en el magisterio fue para mi querida madre una gran alegría. Apenas habló de ello, pero se le notaba lo contenta que estaba. En principio no era muy entusiasta de la carrera de maestra, porque le parecía de mucho ajetreo. Pero después del zig-zag de mi vida, hasta aquel momento más bien llamativo, le pareció que por fin había llegado a puerto seguro. Aunque mi trabajo en la escuela Victoria era una ayuda provisional, podía, sin embargo, convertirse en una colocación de por vida. Podía ser el deseado puesto de profesora de Instituto (el prestigioso título de catedrática de Instituto se introdujo después de la revolución de 1918).

Mi hermana Else había intentado en vano durante años un puesto en el magisterio. No lo había podido lograr en ningún lugar de Prusia por su ascendencia judía y se sintió feliz cuando pudo, finalmente, enseñar en una escuela particular de Hamburg. A mí me parecía que la suerte me había llovido del cielo. Mi madre, por otra parte, confiaba así tenerme en casa mucho tiempo después de tan larga separación. Además, yo estaba muy familiarizada con la escuela en la que me había educado. Era un trabajo que podía comprender fácilmente, del que se podía hablar a la familia en la mesa, mientras que mis estudios universitarios me habían arrebatado a un mundo inaccesible. Pero ahora estaba de nuevo en el círculo de las antiguas amigas.

Con frecuencia pasaba yo las tardes con Erna en la casa-cuna y trabajaba en el balcón tan bonito de su consulta, donde había más ventilación que en la casa de Michaelisstrasse. Creo que por iniciativa de Lilli Platau empezamos a practicar la gimnasia de Mensendieck «para no oxidarnos». Una tarde por semana teníamos clase con una buena profesora del método Mensendieck. El grupo lo formábamos Lilli, las cuatro hermanas Stein, Rose y Hede Guttmann y también Suse Mugdan, Nelli y Grete Henschel.

Estos últimos nombres los he citado ya en otra parte. Grete Henschel pertenecía también al círculo en el que yo hacía algo de fenomenología. Había hecho la reválida con Nelli y, por tanto, era unos años mayor que yo. Se había doctorado con un trabajo de filosofía con Kuhnemann. Cuando se hablaba con ella, se tenía la impresión de estar ante una inteligencia clarísima, siempre con ideas magnánimas, pero nunca remataba lo emprendido. Éramos de mentalidad distinta. Ella era una judía típica, de cabello oscuro, demasiado robusta, ruidosa, llena de vida, arrolladoramente graciosa y tajante en sus respuestas. Mi forma de ser tranquila y serena le atraía profundamente. Me visitaba con frecuencia y, cuando teníamos en su casa nuestras reuniones filosóficas, me acompañaba a la mía a media noche —era una hora de camino—, a pesar de que normalmente era muy cómoda. También había cobrado por mi madre un fuerte afecto.

Cuando iba al Banco Comercial de Silesia, del que era director su cuñado y mi hermano un simple empleado poco distinguido, no desaprovechaba la ocasión para hacer llamar a Paul y charlar con él un poco, porque reconocía su valor profundo, bajo una apariencia modesta en exceso. Pronto me comunicó lo que en secreto le preocupaba: su incapacidad para un trabajo metódico y ordenado, y esto hacía infecunda su capacidad. Y la cuestión de su indecisión ante un compromiso de por vida. Desde su época de estudiante era amiga del filósofo Julius Guttmann, el hijo mayor del rabino Jakob Guttmann, conocido investigador. Julius era entonces profesor auxiliar en Breslau.

Yo no estuve nunca en sus clases, pero una vez nos encontramos en casa de Moskiewicz y discutí con él largas horas sobre fenomenología, pues él, como kantiano, ponía reparos fundamentales. Estaba, respecto a la entera manera de ser de Grete Henschel, en no menor contradicción que yo. Externamente pequeño e insignificante de aspecto, pero fino y modesto, sabio y sobre todo una bellísima persona. Durante muchos años, Grete no se había decidido a darle el sí. Cuando habló conmigo, aún luchaba mucho interiormente y creía que ya era demasiado tarde. Pero algunos años más tarde tuvo lugar la unión.

Mi madre sentía cierto orgullo porque yo, ya desde mi juventud, tuviese algún prestigio en los círculos intelectuales e incluso en el de las finanzas (en Breslau estos dos mundos estaban muy relacionados). Si algo nublaba entonces su alegría, era ver el excesivo trabajo que pesaba sobre mí. Cuando volvía de la escuela, dejaba a un lado un trabajo para enfrascarme inmediatamente en el del doctorado. A la hora de cenar, me reunía con la familia, pero en cuanto acabábamos me retiraba. Las clases del día siguiente no las empezaba a preparar antes de las diez de la noche. Al llegar esta hora estaba tan cansada que apenas podía comprender nada, y entonces leía un poco a Shakespeare. Esto infundía tanto ánimo a mi espíritu que podía continuar.

Antes de que mi madre se fuese a la cama, venía a mi cuarto y me ofrecía su brazo para llevarme con ella. Yo me defendía sonriendo y ella se marchaba, no sin antes darme el beso de la noche. Pero se ocupaba de que me llegase un pequeño refrigerio para mi trabajo nocturno. Si la familia tomaba fruta, me llegaba un platito lleno y preparado ya para comerlo y me lo ponían sobre la mesa. Rosa tenía, además, un escondrijo secreto con provisión de galletas y chocolate y cada noche me llevaba algo. Pero, a pesar de todo, las consecuencias de la tensión prolongada se dejaron ver poco a poco.

En el verano de 1916 vino primero un período largo de total inapetencia, que luego se repetiría prácticamente todos los años. En poco tiempo adelgacé casi diez kilos. Al mismo tiempo me fui convenciendo secretamente de que el magisterio y el trabajo científico no podrían compaginarse a la larga. Vi con toda claridad que debía renunciar sin demora al magisterio, aunque lo hacía con mucho gusto, si es que quería hacer algo científico que mereciese la pena. Por eso el criterio de Husserl sobre la tesis doctoral significó para mí una decisión en el camino de mi vida.

CAPITULO DÉCIMO

El «Rigorosum», en Freiburg

1

Las vacaciones de Pascua las empleé en el dictado de mi trabajo. Mis primas Adelheid Burchard y Grete Pick, ambas hábiles estenotipistas, se pusieron a mi disposición y venían a casa alternándose en sus horas libres. Aprovechábamos todos los domingos y días de fiesta. Era un gran trabajo, pues la tesis había crecido desmesuradamente.

En una primera parte había analizado todavía, apoyándome en sugerencias de las conferencias de Husserl, el acto de la «empatía», como un acto peculiar del conocimiento. Pero, a partir de aquí, yo había continuado hacia algo que llevaba muy dentro en el corazón y que continuamente siguió ocupándome en mis posteriores trabajos. Se trataba de la estructura de la persona humana.

En relación con esta primera parte del trabajo, era necesario investigar para hacer comprensible cómo se distingue el entender las interdependencias mentales del simple percibir de las situaciones anímicas. Para estos problemas fueron para mí muy ilustrativos los cursos y escritos de Max Scheler, así como las obras de Wilhelm Dilthey. En relación a la extensa bibliografía sobre la «empatía», que había trabajado a fondo, añadí, además, algunos capítulos sobre la «empatía» desde el punto de vista social, ético y estético. Esto no se imprimió.

El manuscrito, pasado a máquina en un papel de actas, fuerte y blanco, era tan voluminoso que no pude encuadernarlo en un tomo. Hubiera sido un tomazo de difícil manejo para el buen maestro. Me hicieron tres cuadernos con tapas flexibles azules y una cubierta rígida en la que cabían los tres cuadernos. Así preparada, envié la obra por correo a Freiburg inmediatamente después de Pascua. Le rogué a Husserl que la examinase durante el verano. En julio, en las vacaciones largas, iría yo misma para hacer el examen del «rigorosum» (examen de doctorado).

El maestro se alegró mucho ante la enorme obra y al mismo tiempo me advertía que difícilmente encontraría tiempo para leerla toda a fondo. Era su primer semestre en Freiburg. Tenía un curso de introducción a la filosofía y lo estaba elaborando todo de nuevo con el mayor esmero, con objeto de descubrir a los alumnos la comprensión del método fenomenológico. Esto exigía el empleo de todas sus energías. Pero no me acobardé por estas advertencias.

El tiempo libre que ahora me dejaba la escuela lo empleaba para preparar el examen oral. También me equipaba para el gran viaje. Desde que había ingresado en el magisterio me parecía necesario elegir mis vestidos con mayor cuidado. Comprendí que, cuando se está en la cátedra ante chicas jóvenes, se es muy observada y no quería llamar la atención ni por desaliño ni por excesivo adorno.

Para el viaje tuve que procurarme algunas cosas nuevas. Mi madre me compró para el examen mi primer vestido de seda (vestidos de seda se llevaban entonces solamente en ocasiones solemnes. Mis hermanas tuvieron sus primeros vestidos de seda para el ajuar de bodas. Solamente en los últimos años de la guerra, al escasear los géneros de lana, fue cuando la seda se convirtió en algo más corriente). Elegimos una clase de seda pesada y suave. El color era rojo ciruela mate.

El viaje me hacía mucha ilusión. Por vez primera iba a pasar más allá de la línea del Main. No conocía absolutamente nada del sur de Alemania y siempre me había atraído. La estancia en Freiburg sería a la vez mi descanso de vacaciones. Suse Mugdan había estudiado allí un semestre y me dio varios y buenos consejos. Sobre todo no debía vivir en el centro de la ciudad, sino fuera, en Günterstal. Así estaría en la Selva Negra.

A principios de julio se clausuró el curso escolar. Me fui inmediatamente. No tengo palabras para decir el alivio que tuve al abandonar la escuela. Pude comprobar que las vacaciones eran mucho más bonitas para los profesores que para los niños (mi amiga Erika Gothe decía más tarde: «Las vacaciones para descansar de la escuela son bonitas, pero las vacaciones sin escuela son todavía más»).

En Dresden me esperaba una primera gran alegría. Hans Lipps estaba allí con su madre. Mi primer día de vacaciones era el último de su permiso. Pudimos encontrarnos todavía en Dresden y viajar juntos hasta Leipzig. Me esperaba en la estación. También él se había fortalecido con la guerra y estaba muy elegante con su uniforme gris de campaña y sus polainas de piel marrón. No teníamos tiempo suficiente para ir a buscar a su madre, así es que esperamos en un café cerca de la estación hasta la salida de nuestro tren. Intercambiamos noticias sobre nuestros amigos. En esto me preguntó: «¿Pertenece usted también a ese club que va todos los días en München a misa?» A la fuerza me reí de su pintoresca forma de expresarse, aunque percibí vivamente la falta de respeto. Se refería a Dietrich von Hildebrand y Siegfried Hamburger que se habían convertido y ahora se distinguían por su gran celo. «No, no pertenezco a ese club». Casi hubiera dicho «desgraciadamente, no». «Señorita Stein, ¿de qué se trata en realidad? No entiendo absolutamente nada». Yo entendía un poco, pero no pude decir mucho sobre ello.

Luego nos sentamos el uno frente al otro en un departamento de segunda clase y la mayor parte del tiempo estuvimos solos. Lipps había visitado al maestro en el viaje de venida en Freiburg. «¿Sabe usted si ha leído algo de mi trabajo?» «Oh, ni una línea. Me lo ha mostrado. De vez en cuando desata la carpeta, saca los cuadernos, los sopesa y dice muy satisfecho: «Mire usted qué gran trabajo me ha enviado la señorita Stein». Después los vuelve a colocar cuidadosamente en la carpeta y la cierra». «Pues sí que son buenos indicios», dije yo sonriente.

Yo le hablé de la marcha de la escuela y de mis clases de latín. De repente Lipps me interrumpió: «¡Ah, señorita Stein, no se puede imaginar lo inferior que me siento cuando estoy ante usted!» Yo sacudí la cabeza. «¿Cómo es posible que se sienta usted inferior por estas cosas?» «Estas cosas, sí...», pero la impresión allí estaba. Por lo demás, él se basaba siempre en la reciprocidad. Ya anteriormente había yo valorado en sus justas apreciaciones la profundidad de su pensamiento, en comparación con el cual todo mi trabajo me parecía una chapuza. Y ahora también me lo parece.

2

Echt, 7-1-39

ADVERTENCIA

En mayo de 1935, poco después de mi primera profesión, tuve que interrumpir estos apuntes, porque mis superiores me encargaron que terminase una extensa obra filosófica. Precisamente hoy, tras diversos acontecimientos providenciales, me es dado el comenzar la continuación.

Lo último que había contado fue mi viaje desde Breslau hasta Freiburg, en julio de 1916. En Leipzig me separé de Hans Lipps y continué durante toda la noche hasta Heidelberg. Durante todos mis años escolares tuve siempre el sueño de estudiar en Heidelberg. Pero no se realizó. Ahora quise conocer al menos la ciudad e interrumpí el viaje para quedarme un día. Por lo demás, no puedo precisar si fue en este viaje o en otro que hice meses más tarde, cuando volví a ir a Freiburg. Tampoco estoy segura en cuál de los dos viajes fue cuando encontré en Franckfurt a Pauline Reinach. Teníamos mucho que contarnos mientras recorríamos lentamente la ciudad antigua, que me era tan familiar por los *Pensamientos y recuerdos* de Goethe. Pero me impresionaron más otras cosas que el Römerberg y el Hirschgraben. Entramos unos minutos en la catedral y, mientras estábamos allí en respetuoso silencio, entró una señora con su cesto del mercado y se arrodilló profundamente en un banco, para hacer una breve oración. Esto fue para mí algo totalmente nuevo. En las sinagogas y en las iglesias protestantes, a las que había ido, se iba solamente para los oficios religiosos. Pero aquí llegaba cualquiera en medio de los trabajos diarios a la iglesia vacía como para un diálogo confidencial. Esto no lo he podido olvidar.

Pauline me llevó después a lo largo del Main al Instituto «Liebig», donde está la Atenea de Mirón. Pero antes de llegar allí, fuimos a una sala donde había cuatro figuras del siglo XVI de una sepultura flamenca. Eran la Virgen y Juan, en el medio; la Magdalena y Nicodemo, a los lados. El cuerpo de Cristo ya no estaba. Aquellas figuras tenían una expresión tan extraordinaria que no pudimos apartarnos de allí en un buen rato. Y cuando desde allí llegamos a la Atenea, la encontré muy graciosa, pero me dejó fría. Justamente muchos años después, en una nueva visita, la vi de nuevo y fui capaz de apreciarla.

En Heidelberg también tenía una buena guía. Era Elisabeth Staiger, la hija del matemático de Göttingen, Félix Klein. Seguramente ya he hablado de ella, pues yo la conocí en las Navidades de 1915, en casa de los Reinach. Después de la muerte de su marido, había vuelto al magisterio y ahora trabajaba aquí en una escuela de muchachos. Se alegró mucho de poder intercambiar conmigo las experiencias escolares. Vi el palacio de Heidelberg, el Neckar y los bellos manuscritos de los Minnesänger en la biblioteca de la Universidad. Y, sin embargo, otra vez lo que más me impresionó fue algo distinto de esta maravilla del mundo: una iglesia compartida, que dividida por una pared, se utilizaba en una de sus mitades para el oficio protestante y la otra para el católico.

3

A las doce del mediodía del día siguiente estaba en Freiburg. Mi amiga Suse Mugdan me había recomendado insistentemente que viviese en Günterstal, lo que equivalía a disfrutar de unas vacaciones. Un señor muy amable me condujo desde la estación a la parada del tranvía que lleva a Günterstal. Es una aldea incorporada, que está al sur de la ciudad, construida en la llanura al borde de la Selva Negra. Delante de la entrada del pueblo, en el lindero del bosque, algo en alto, hay una gran casa del más puro estilo italiano. Este espectáculo extraño sorprende al momento. Los cobradores del tranvía le decían a uno que se trataba de la Villa Alegre. Tantas veces como se pasaba por allí, se sentían deseos de poder entrar en aquel paraíso cerrado. Más tarde, cuando pasó a ser propiedad de las hermanas de Lioba, me fue muy familiar y querida aquella casa.

Esta vez pasé por delante atravesando la pequeña puerta antigua hasta la parada final del tranvía. Muy cerca encontré una simpática habitación a ras de suelo, en un casa campesina muy limpia de una sola planta, propiedad de una amable mujer joven. Su marido estaba en el frente. Tenía con ella a sus suegros. Casi enfrente, en el restaurante del pueblo, Kybfelsen, se podía comer bien y por poco dinero, y con tiempo bueno hasta en el jardín.

Tan pronto como estuve instalada, me fui a ver a los Husserl. Vivían en la Lorettostrasse, a medio camino de Günterstal y el centro de la ciudad, al pie de Lorettoberg. No era suya la casa como en Göttingen, sino una vivienda amplia alquilada. Cuando me conducían por el pasillo, ya vi al querido maestro a través de una puerta de cristales en su cuarto de trabajo sentado ante la mesa. Esto me dio pena. En Göttingen podía trabajar apartado del mundo por completo en el piso de arriba. Allí, había épocas en las que trabajaba tan intensamente que no bajaba ni a cenar. Y ahora estaba sentado como en una casa de cristal. Me condujeron a él inmediatamente. Vino a mi encuentro y dijo bromeando: «Viene la ejecución». No, él no había podido ver aún mi trabajo. Era su primer semestre en una Universidad nueva. Estaba haciendo un curso también nuevo y todo el tiempo lo necesitaba para esto. Por lo demás, el curso me interesaría mucho. Se trataba de la filosofía moderna, enfocada desde nuestro punto de vista, con el fin de que los oyentes se iniciasen de paso en la fenomenología. En estas circunstancias apenas era posible para mí el doctorarme ahora. Tal era su parecer.

La señora Husserl se puso del todo fuera de sí. «La señorita Stein ha hecho para esto el largo viaje desde Breslau hasta Freiburg y ahora resulta que para nada». El maestro no se dejó conmover: «La señorita Stein está muy contenta de conocer Freiburg y ver cómo me organizo yo aquí. También aprovechará mucho de mi curso. El doctorado lo puede hacer la próxima vez». Yo no me desconcerté del todo y pensaba para mis adentros que aquello no podía ser la última palabra sobre el asunto. Estaba claro que yo debía asistir al curso. Era cuatro veces a la semana, de cinco a seis de la tarde. Sólo el miércoles y el sábado libres. La señora Husserl iba regularmente. Después las dos esperábamos delante de la Universidad hasta que salía el maestro de la sala de profesores. Juntos hacíamos a pie el camino hasta la Lorettostrasse.

En la primera clase vi a un antiguo conocido de Göttingen. Era Roman Ingarden, uno de los polacos que ya antes de la guerra asistía al curso de Husserl. Al comienzo de la guerra se había alistado en la Legión Polaca, pero pronto fue dado de baja, debido a una lesión de corazón, y había vuelto a Göttingen. Ahora era el único del antiguo círculo de Göttingen que había acompañado al maestro a Freiburg. También vino luego un joven teólogo protestante, Rudolf Meyer. También se adhirió una rusa, la señora Pluicke. En casa de Husserl me dijeron que los dos estaban deseando conocerme, y por ello me invitaron enseguida para que coincidiese con ellos. La señora Pluicke estaba entusiasmada con la fenomenología, pero más aún con Rudolf Steiner. Por su influencia también el «pequeño Meyer» se dedicó a la antroposofía. Los dos abandonaron Freiburg al poco tiempo. No sé qué ha sido de ellos.

Un día iba yo desde la Lorettostrasse hasta Günterstal. Me acompañaban Husserl y su esposa. En el camino dijo él: «Señorita Stein, mi mujer no me deja en paz. Necesito tiempo para leer su trabajo. Nunca he aceptado un trabajo sin conocerlo. Pero esta vez lo voy a hacer. Vaya al decano y vea si le da un plazo, lo más tarde posible, para el "Rigurosum" (examen de doctorado) y así podré trabajar hasta entonces». Inmediatamente hice todas las gestiones necesarias. Tuve que recoger la carpeta con los tres cuadernos de casa de Husserl para presentarla en la Facultad. Puse a su disposición una copia para no perder tiempo hasta que le entregaran oficialmente el otro ejemplar.

Era costumbre que los doctorandos fueran primero al bedel de la Universidad y le dieran una propina para que se pudiera formar la comisión examinadora que uno deseaba. Yo desprecié esta puerta falsa y me fui directamente al decano de la Facultad de Filosofía. Entonces era el profesor Körte, filósofo clásico. Durante la guerra era capitán de reserva, instruía reclutas en Freiburg y cumplía sus funciones de decano en las horas libres de servicio.

Me recibió de uniforme gris de campaña. Era un señor muy amable y, realmente, no se necesitaba ningún intermediario para llegar a un acuerdo con él. El trabajo no lo podía juzgar nadie más que Husserl. Tendría que ser el ponente. Como asignaturas complementarias, indiqué historia y literatura modernas. Para esto entraban, como posibles miembros del tribunal, el profesor Rachfahl y el profesor Witkop. Yo pedí el 3 de agosto como fecha para el examen. El 6 comenzaba en Breslau la escuela y, por consiguiente, yo tenía que estar el 5 por la noche en casa. Quería detenerme un día en Göttingen y, por tanto, tenía que salir lo más tarde, el 4 temprano de Freiburg.

El profesor Körte me dijo que tenía que pedir yo misma a los examinadores que se quedasen hasta tan tarde en Freiburg. Las clases terminaban a finales de julio, debido al gran calor, y todos se iban a buscar un poco de fresco. Con esta condición se fijó el examen de doctorado para el 3 de agosto a las seis de la tarde. Fui a visitar a los dos profesores y me presenté a ellos. No era costumbre hacer el examen con profesores totalmente desconocidos y tenía que comprobar de qué espíritu eran hijos. Yo había leído libros de Rachfahl. Sobre todo le conocía por su teoría sobre Friedrich Wilhelm IV y la revolución del año 1848. Era una teoría que había sido rechazada de plano por mis maestros de historia, George Waufmann, en Breslau, y Max Lehmann en Göttingen. La revolución de marzo entraba dentro de la especialidad escogida y estaba relacionada con el mismo tema de mi trabajo histórico, presentado para el examen de reválida. Por lo tanto, tenía que ser prudente y evitar un choque.

Al profesor Witkop, por lo que aprecié a través de la conversación, le interesaban menos los números y las fechas que las ideas. Me preguntó si había leído los libros de Kuhnemann. Esto ya me dijo mucho. El libro sobre Herder todavía no lo conocía y me apresuré a sacarlo de la biblioteca. Los dos profesores aceptaron la fecha. Fui a algunas de sus clases para adaptarme a su manera de pensar. Creo que no pasaron de dos o tres. Con ello creí que tenía bastante. Tuve que pensar también en que estaba en vacaciones y debía recuperar fuerzas para la próxima campaña. Para ello iba todas las mañanas temprano con mis libros a un monte cercano, fuera de Günterstal; me tendía en el prado y trabajaba para el examen.

4

En aquellos días vino de Göttingen mi amiga Erika Gothe. También ella tenía que descansar en las vacaciones. Al mismo tiempo quería estar conmigo para que no estuviera yo sola en los días del examen. Fui a recogerla a la estación. Cuando estuvimos las dos juntas en mi pequeño cuartito, le enseñé mi mapa de la Selva Negra y le señalé: aquí está el Feldberg. Allí teníamos que ir una vez. También al lago de Constanza tenemos que ir alguna vez. Erika estallaba de alegría y me abrazó. Los Reinach le habían aconsejado insistentemente que fuera a verme. Yo estaba trabajando sola para el examen y no tenía otra distracción ni compañía. Ahora sería premiada por su fidelidad de amiga.

Tuvimos que organizar inteligentemente nuestras excursiones. No se podía faltar al curso de Husserl. Para subir al Feldberg era suficiente el tiempo entre una clase y otra. La ida la hicimos a pie, desde Günterstal por Schauinsland. Hicimos noche en el camino y pudimos, por la tarde, después de la clase, decir orgullosas que por la mañana temprano estábamos en el Feldberg y que habíamos tomado nuestro desayuno mirando a los Alpes.

Para el viaje al lago de Constanza esperamos a los días anteriores al examen. Se necesitaba más tiempo y pensábamos aprovechar un sábado y domingo. Decidimos de momento no decir nada de esto en casa de los Husserl, pues al maestro podía inquietarle el que me permitiese una cosa así en vísperas del examen. Cuando esperábamos en la estación de Wiehre el tren de Höllental, vimos a toda la familia en el andén. Subieron no lejos de nosotras en el mismo tren y fueron un trayecto. Creo que hasta Hinterzarten. Nos pareció que tenían tan pocas ganas de vernos como nosotras a ellos. Gerhart iba con ellos. Estaba de permiso por pocos días y nosotras comprendimos que querían estar a solas con su hijo. Nosotras fuimos a través de todo el Höllental hacia Donaueschingen. Allí tomamos un tren hasta Singen. Cuando cerca del Feldberg, hacia el este, vimos elevarse el Hegauer como crestas de espuma, decidí que iríamos también a Hohentwiel. Pernoctamos en Singen. Era precioso subir la montaña al atardecer, pasear por la ciudad antigua, pensar en Eckehart y en los años juveniles de Schiller, allí donde algún prisionero gemía en este castillo feudal.

Por la mañana continuamos hacia el lago. Una vieja mujer nos llevó en barca desde Radolfszell a la isla de Richenau mientras sonaban las campanas de la iglesia. El monasterio no me impresionó entonces de modo especial. Lo que me ha quedado como recuerdo de ese día fueron los viñedos bajo un cielo azul profundo con luz de sol cegador reflejándose en las ondas verdes del lago.

Junto a la alegría de las excursiones, también hubo cosas serias por aquellos días. Justo la primera o la segunda noche, después de la llegada de Erika, nos despertó un ataque aéreo. Yo estaba acostumbrada y no me alarmé mucho por ello. Erika dormía en otro cuarto, pared por medio del anciano matrimonio. De pronto llamó a mi puerta el marido y me dijo en su dialecto badense que mi compañera estaba llorando. Me vestí rápidamente y fui a su cuarto. En efecto, era un mar de lágrimas, pero no de miedo por ella. Le habían contado que desde Freiburg se oía la artillería de los Vosgos, y allí estaba su hermano Hans de teniente. Ahora oía ella el ruido de las granadas y decía que si aquí era tan horroroso, allí debía ser un infierno. Yo me arrodillé delante de su cama y la tranquilicé. Lo que nosotras oíamos era la artillería antiaérea que hacía fuego de barrera sobre la ciudad desde el Schlossberg. De los Vosgos apenas se podía oír desde aquí un estampido apagado. Entonces las lágrimas cesaron enseguida. Erika estaba consolada del todo y hasta pudo prestar atención al vestido que yo me había puesto a toda prisa. «Usted ha encontrado su estilo», dijo. Desde que yo era maestra me esforzaba en vestir con esmero. Yo estaba en una cátedra ante muchachas mayores de las mejores familias y sabía que tenían unos ojos muy agudos para las cosas externas. No quería llamar la atención ni por desaliño ni por exagerada elegancia, sino ser lo más discreta posible y no desviar la atención de la clase hacia mi persona.

Ni que decir tiene que, a pesar de las vacaciones de Erika, yo tenía que continuar la preparación de mi examen oral. Por la mañana temprano trepábamos todavía más por la montaña. Mientras yo estaba enfrascada con los libros, Erika repasaba mi trabajo. Me acompañaba por la tarde fielmente al curso de Husserl y después el trío le esperaba. Una vez me dijo él, de vuelta hacia casa: «Menos mal que ahora no estaba usted en la sala de profesores, pues se hubiera puesto muy orgullosa. Les he contado a los colegas que usted se ha destacado también por sus méritos en la guerra como enfermera». Era muy importante para él que yo quedase bien en el examen. Ninguno de sus alumnos se había doctorado aún en Freiburg. Y yo, por ser la primera, debía causar buena impresión. Él había intervenido ya en algunos exámenes, porque la filosofía era asignatura complementaria con frecuencia. Una vez que nos invitó a su casa por la tarde, nos habló de sus experiencias. Se exigía mucho. El *cum laude* era ya una buena nota. *Magna cum laude* se daba muy pocas veces y *summa cum laude* era sólo para los candidatos a la habilitación. «Entonces me apunto al *cum laude*», dije yo bromeando. «Dése por contenta si es que pasa», fue la respuesta. Esto fue un pequeño frenazo a mi presunción. Por lo demás, el maestro gemía bajo la presión de tener que leer a fondo mi trabajo.

La señorita Ortmann vino un domingo desde Strasburg a vernos. Por la tarde estuvimos con Husserl. Vino al mirador para tomar café, pero se retiró enseguida. «No puedo dedicarle ni un momento», le dijo a la señorita Ortmann. «Póngalo en la cuenta de la señorita Stein. Necesito todo el tiempo para leer su trabajo».

Me llamó a su estudio, porque le tenía que hacer algunas aclaraciones sobre algo que no había entendido del todo. Además, hablamos de la totalidad de la tesis. «Es solamente un trabajo de aprendiz», le dije yo. «No, nada de eso, en absoluto», contestó convencido, «hasta yo lo encuentro muy personal». Éste era el primer juicio que oía y sonó muy prometedor.

Tuvimos también una reunión de invitados numerosos en casa de Husserl. Si no me equivoco, fue aquella noche cuando conocí a Martin Heidegger. Ya se había habilitado con Rickert, y Husserl lo había aceptado de su antecesor en la cátedra. Tuvo su lección inaugural cuando Husserl estaba ya en Freiburg. Tenía claras discrepancias frente a la fenomenología. La que más tarde había de ser su mujer, entonces señorita Petri, iba al seminario de Husserl y era una objetora muy enérgica. Él mismo me había referido al respecto: «Cuando la imagen de una mujer aparece tan obstinada, detrás está escondida la imagen de un hombre».

Aquella tarde Heidegger me hizo muy buena impresión. Era callado y retraído cuando no se hablaba de filosofía. Pero apenas salía una cuestión filosófica, se llenaba de vitalidad.

Cuando volvimos a Günterstal, Erika y yo todavía seguimos hablando en la cama sobre la velada (cuando volvíamos tarde a casa, nuestra patrona se quedaba en mi cuartito que daba la calle y nos dejaba su dormitorio grande con dos camas). Erika había hablado largamente con el maestro a solas. Se le había quejado de que no avanzaba en su trabajo. Tenía el esbozo de su segundo tomo de sus *Ideas para una fenomenología pura y filosofía fenomenológica*, continuación del primero de 1913. Después de haber publicado la primera parte en el año 13 le urgió la nueva edición de las *Investigaciones lógicas*, cuya primera edición se había agotado. Luego vino la guerra, la muerte de su hijo Wolfgang y el traslado a Freiburg. Todo esto le había distraído en la marcha de sus ideas y no podía polarizarse de nuevo. El esbozo no lo podía descifrar, pues lo había taquigrafiado con caracteres muy pequeños y con lápiz. Su vista no le daba para tal empresa. Desde hacía tiempo se quejaba de la debilidad de sus ojos y de buena gana se hubiera operado de cataratas, pero el mal no era nunca suficiente para la operación. Y ahora sólo se le ocurría una solución salvadora: tenía que disponer de un asistente.

Nosotras dos, ahora en la cama, nos rompíamos la cabeza. ¿Dónde podríamos encontrar un asistente para el maestro? Ahora que todos los discípulos estaban en el frente. Frizt Frankfurther hubiera sido el más adecuado; pero era uno de los primeros caídos. Finalmente, dije: «Si yo creyese que le pudiera servir, vendría». Erika quedó asombrada. «¿Sería posible? Yo no podría. Yo tengo que ir al magisterio para ganar algo». Yo no tenía patrimonio alguno para poder vivir. Pero la cuestión de cuentas no era mi fuerte. Sencillamente lo haría. Solamente que me parecía impensable que pudiera venir a consideración. Yo era una insignificancia y Husserl el primero de los filósofos actuales y, según mi opinión, uno de los más grandes que sobrevivirán a su tiempo y marcarán la historia *.

Pero me vino a la mente una idea. «Quiero preguntarle a él mismo. Puedo esperar a después del examen. Cuando haya leído del todo mi trabajo, podrá decidir mejor». Con esto terminamos nuestra reflexión y nos dimos las buenas noches.

5

Cuando al día siguiente, a las seis de la tarde, esperábamos ante la puerta de la Universidad en compañía de la señora Husserl, y Husserl bajó las escaleras, le dijo a su mujer: «Ve delante con la señorita Gothe, porque tengo que hablar con la señorita Stein». Así nos pusimos en marcha de dos en dos. Yo esperaba anhelante lo que podía suceder ahora. Ya días antes el maestro me había dicho en broma: «Su trabajo me gusta cada vez más. He de tener cuidado para que no me sea demasiado elevado». Ahora continuó en el mismo tono: «Estoy muy adelantado en la lectura de su trabajo. Usted es una muchachita muy capaz». Luego continuó algo más serio: «Solamente

* Yo escribo esto el 27 de abril de 1939. Hoy hace un año que el querido maestro ha pasado a la eternidad.

tengo dudas de si este trabajo podrá figurar junto a las *Ideas* en el *Anuario*. Tengo la impresión de que usted ha tomado algunas cosas del segundo tomo de las *Ideas*». Dentro de mí sentí un sobresalto. En este punto era donde yo podía apoyar mi pregunta y cogí la ocasión por los pelos. «Si esto es así, señor profesor, tendría que hacerle algunas preguntas. La señorita Gothe me dijo que usted necesita un asistente. ¿Cree usted que yo podría ayudarle?» En este momento pensábamos ir a lo largo del río Dreisam. El maestro se detuvo en medio del Friedrichsbrucke y exclamó, alegremente asombrado: «¿Quiere usted venirse conmigo? Sí, me gustaría trabajar con usted». No sé cuál de los dos se sentía más feliz. Éramos en aquel momento como una pareja cuando se promete. En la Lorettostrasse estaban la señora Husserl y Erika y nos miraban. Husserl le dijo a su esposa: «Fíjate, la señorita Stein quiere ser mi asistente». Erika me miró. No necesitamos ninguna palabra para entendernos. En sus oscuros ojos profundos brillaba la más íntima alegría. Cuando a la noche volvimos a estar en nuestras camas, Erika me dijo: «Buenas noches, señorita asistente».

Ahora, cuando nos encontrábamos de nuevo con Husserl, hacíamos proyectos entusiastas para el futuro. Tenía que volver a la escuela de Breslau por dos meses. De momento no había ninguna que me sustituyese y aún tenía que examinar de latín a los de bachiller en el otoño. Pero el primero de octubre estaría libre. Incluso los Husserl estaban sorprendidos de que estuviese decidida a dejar colgado sin ninguna duda el magisterio. La señora sacó, finalmente, la conclusión de que yo tenía que ser muy rica. En todo caso, me confesó años más tarde que por tal me había tenido.

Se habló seriamente del sueldo. Hussel me dijo que me podía dar cien marcos mensuales. Con esto naturalmente no podía vivir, pero era una gran ayuda, y mis familiares darían su consentimiento. Yo dije a todo que sí. Todas estas cosas me desagradaban y quería librarme de ellas lo antes posible.

El examen ya no estaba en primer plano. Husserl dijo riendo: «Podemos hablar de lo que usted quiera. Incluso de la "empatía" (éste era el tema de mi tesis). Solamente tenemos que evitar la palabra». Yo le pedí encarecidamente: «No me haga un examen de historia de la filosofía tan largo como en el examen de estado». Él me dijo que entonces había sido conveniente.

Por fin llegó el gran día: el 3 de agosto de 1916. La víspera por la noche Erika me preguntó cómo estaba de ánimos. Yo le contesté: «Dentro de veinticuatro horas todo habrá pasado». Ella se admiró de semejante fatalismo. Naturalmente, me acompañó al campo de batalla. Antes fuimos al café Birlingers para tomar fuerzas. Era un local en el que me encontraba muy a gusto. Había algunos compartimentos de encantador estilo romántico. Encontramos una mesa libre en uno que me gustaba muchísimo. Era verde y negra. Pedí café helado y tarta, a la que hice tales honores que Erika casi temió que pudiese sentarme mal. Era un día de calor horroroso.

El decano había elegido como lugar de examen la sala de reuniones de la Facultad de Economía Política, porque era la más fresca. A Husserl y a mí nos hicieron sentar ante la mesa de reuniones en cómodos sillones de cuero. El decano se sentó de espaldas a nosotros, en un escritorio, como si la cosa no fuera con él. Naturalmente, escuchaba con mucha atención, pero quería turbarme lo menos posible. De esta manera el examen me resultó como un cambio de impresiones confidencial con el maestro. Para dar agilidad al diálogo comenzó así: «Ciertamente se ha exigido con insistencia que en el examen se ha de pensar con independencia y personalmente —incluso con este calor—, pero podría usted decirme..., etc.». Sospecho que el amable asesor se percataba de la astucia; pero no lo dejó traslucir. El tiempo señalado se me pasó volando. Al final se levantó el decano y dijo: «Ahora tenemos que darle a la señorita Stein un vaso de agua». Él, en persona, se fue por la casa para traerme algo, aunque yo no estaba cansada en absoluto ni deseaba beber nada fresco.

A continuación vinieron las dos asignaturas facultativas, para las que estaba prevista media hora para cada una. El profesor Witkop preguntaba tan «estéticamente» que yo sentía vergüenza ante Husserl. Respondí a sus preguntas, y el examinador tuvo el cumplido con Husserl de decirle que se notaba claramente la escuela. Me examinó durante cuarenta minutos, hasta que el decano interrumpió diciendo: «Querido colega, no vamos a mortificar a la señorita Stein más de lo necesario».

El examen de historia fue sólo un pequeño apéndice. Cuando no recordaba un nombre me lo soplaba Husserl. A las ocho pude retirarme. Los señores se quedaron a deliberar sobre la nota. En el gran vestíbulo me esperaban Erika e Ingarden. Entonces apareció el bedel, que hasta entonces no le había visto por ninguna parte. Me felicitó diciendo: «Por lo menos le darán *summa*. Otra cosa no es posible después del juicio que

Husserl ha puesto por escrito al final del trabajo». Recibió su propina, aunque no había hecho nada por mí.

Aquella noche nos invitaron los Husserl, pero como sabíamos que no nos iban a ofrecer más que algo de dulce, antes de ir allí quisimos cenar en algún sitio. Ingarden propuso desistir de ello, pero como estábamos decididos, nos llevó a un restaurante de las cercanías. Aquí quiso despedirse. Declaró que no tenía dinero. Su mensualidad no había llegado aún y no le quedaba nada del mes anterior. «Pero es natural que hoy sea usted mi invitado», dije yo. Cuando hubimos terminado de cenar le pasé disimuladamente mi monedero y pagó por nosotras.

Se había hecho muy tarde. En casa de los Husserl nos esperaban todos. La señora Husserl y Elli habían trenzado una magnífica corona de hiedra y margaritas y me la pusieron como corona de laurel. «Parece una reina», dijo el pequeño Meyer lleno de entusiasmo. Husserl estaba radiante de alegría. El mismo decano había propuesto la calificación *summa cum laude*. Ya era pasada media noche cuando nos despedimos. No había ya tranvía. Tuvimos que ir andando completamente a oscuras. A causa de los ataques aéreos estaba todo completamente apagado. Ingarden nos acompañó hasta nuestra casita. Había oído que yo volvería el primero de octubre y se sentía feliz ante la perspectiva de no estar solo en Freiburg.

En casa la joven patrona se despertó cuando entrábamos. Yo llevaba todavía la corona. «Tiene usted que hacerse una fotografía así», me dijo, «mientras dura el resplandor de la felicidad, porque siempre tiene usted una cara de fatigada».

Por la mañana telegrafié a casa para anunciar el resultado y la hora de mi llegada. Luego partimos. Ahora no sé por qué Erika no pudo ir conmigo a Göttingen. Sólo recuerdo que llegué sola. La señora Reinach me esperaba, pero tomé una habitación en el hotel Gebhard, en la estación, porque a la mañana siguiente tenía que continuar el viaje. A continuación fuimos en taxi a Steinsgraben.

INFORMACIÓN GRÁFICA

BRESLAU
Casa Consistorial.

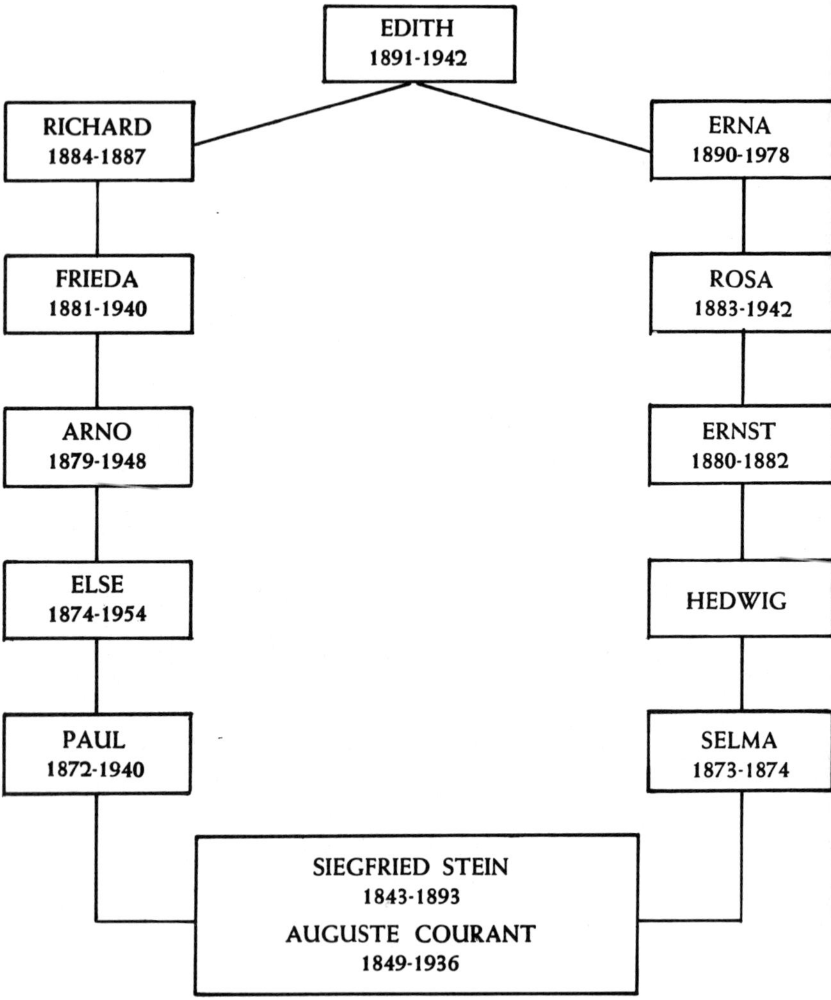

FAMILIA STEIN COURANT

AUGUSTE STEIN

«Mi madre, debido a las muchas horas que pasaba al aire libre, ha permanecido vigorosa y lozana hasta su vejez. En nuestra casa todo recibía vida y calor de ella.» C. 1, pág. 47.

Fotografía de los padres y hermanos de Edith Stein. Después de la muerte repentina del padre lamentaron no tener una fotografía familiar. Por ese motivo, y hacia 1894, se hizo este fotomontaje, en el que se insertó una fotografía de carné del fallecido.

Parte posterior, desde la derecha: *Arno (1879, Gleiwitz-1948, San Francisco/USA); Elsa (1874, Gleiwitz-1954, Bogotá/Colombia); Siegfried Stein (1843, Langedorf/Silesia Oriental-1893, Frauenwaldau/Goschütz); Elfriede (1881, Lublinitz-1943, Theresienstadt); Paul (1872, Gleiwitz-1943, Theresienstadt).* Parte anterior comenzando por la izquierda: *Rosa (1882, Lublinitz-1942, Auschwitz); Augusta Stein-Courant (1849, Lublinitz/Silesia Oriental-1936, Breslau); Edith (1891, Breslau-1942, Auschwitz); Erna (1890, Lublinitz-1978, Langhorne/USA).*

«Dijo mi madre en cierta ocasión —escribía Edith— que cada hijo le suponía un problema especial.»

Al principio la familia vivió en el núm. 13 de la Kohlenstrasse: allí nació Edith. Después se trasladó a la calle Schiesswerderstrasse, y no tardó en hacerlo a la Jägerstrasse, 5, donde la familia numerosa (ocho miembros) habitó largos años en una vivienda de tres habitaciones y media. La maderera se encontraba entonces en la Rosenstrasse. Muchas cosas relató Edith acerca de este establecimiento de maderas. Todos los niños de la parentela, de la vecindad, acudían allí a juguetear. Para Edith, este espacio de juegos se convirtió en un singular sitio de formación: un lugar de actividades, de prestigio, de encuentros. También los obreros de la maderera pertenecían a la familia. Con todos ellos era generosa la señora Stein al mismo tiempo que una auténtica matriarca en el negocio. Cuando la señora Stein llegaba de la maderera con las manos cálidas en invierno, Edith se imaginaba que «de ella provenía todo el calor, toda la vida, de la casa.»

FRIEDERIKE COURANT

«A nuestra tía "Mika" le teníamos un profundo respeto. Tenemos una fotografía de cuando era joven y se aprecia su encanto, juventud, pureza y profunda seriedad.» C. 1, pág. 23.

ERNA Y EDITH STEIN

«Erna tenía dos trenzas color castaño, largas y gruesas, grandes ojos oscuros, el rostro blanco y rosado como Blancanieves. Yo era pequeña y frágil y, a pesar de todos los cuidados, pálida.» C. 2, pág. 51.

EDITH CON SU HERMANA ELSE

«Else era singularmente bonita, inteligente y una chica muy interesante.» C. 1, pág. 33.

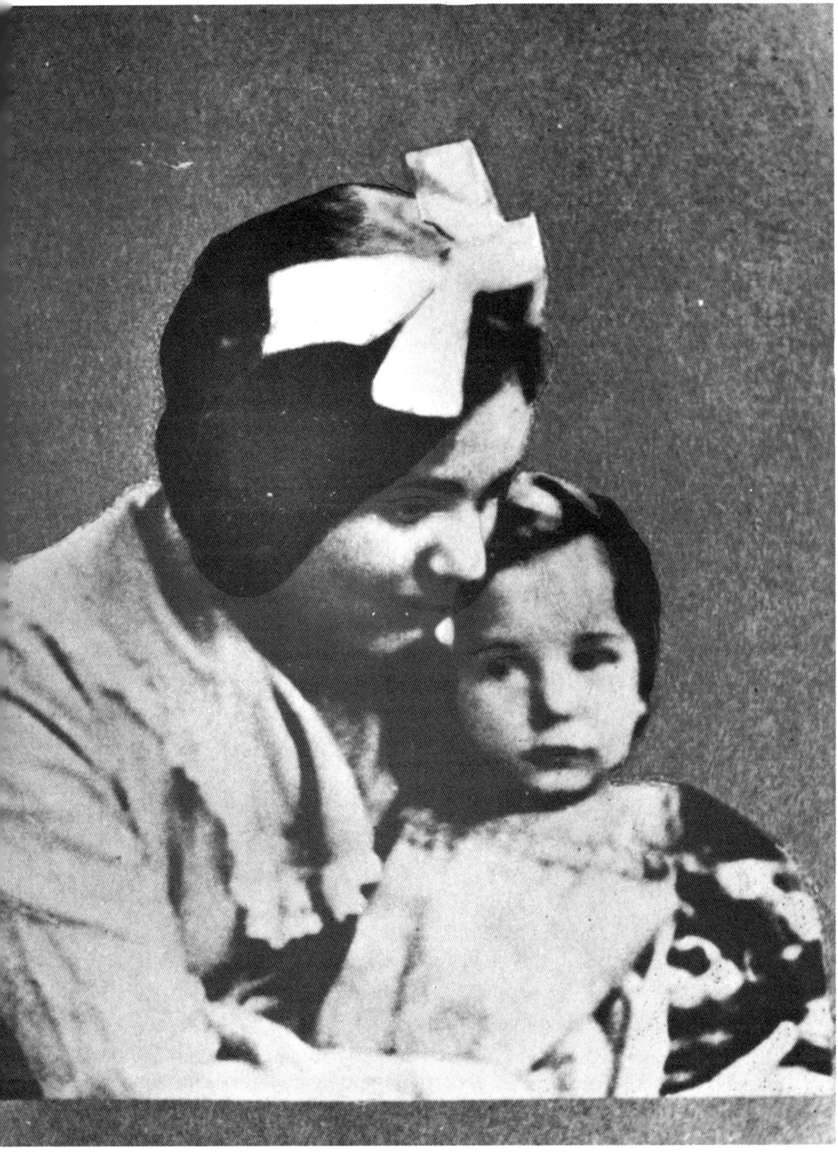

EDITH CON ILSE GORDON

«Cuando recuerdo la temporada de Hamburg me parece que fue una etapa de juego de muñecas. No pensaba en mi porvenir, pero seguía viviendo con la convicción de que se me había asignado algo grande.» C. 4, pág. 133.

GÖTTINGEN. Vista aérea del centro de la ciudad

«¡Querida ciudad de Göttingen! Creo que solamente quien haya estudiado allí entre 1905 y 1914, en el corto tiempo de esplendor de la escuela fenomenológica, puede comprender lo que nos hace vibrar este nombre.» C. 7, pág. 219.

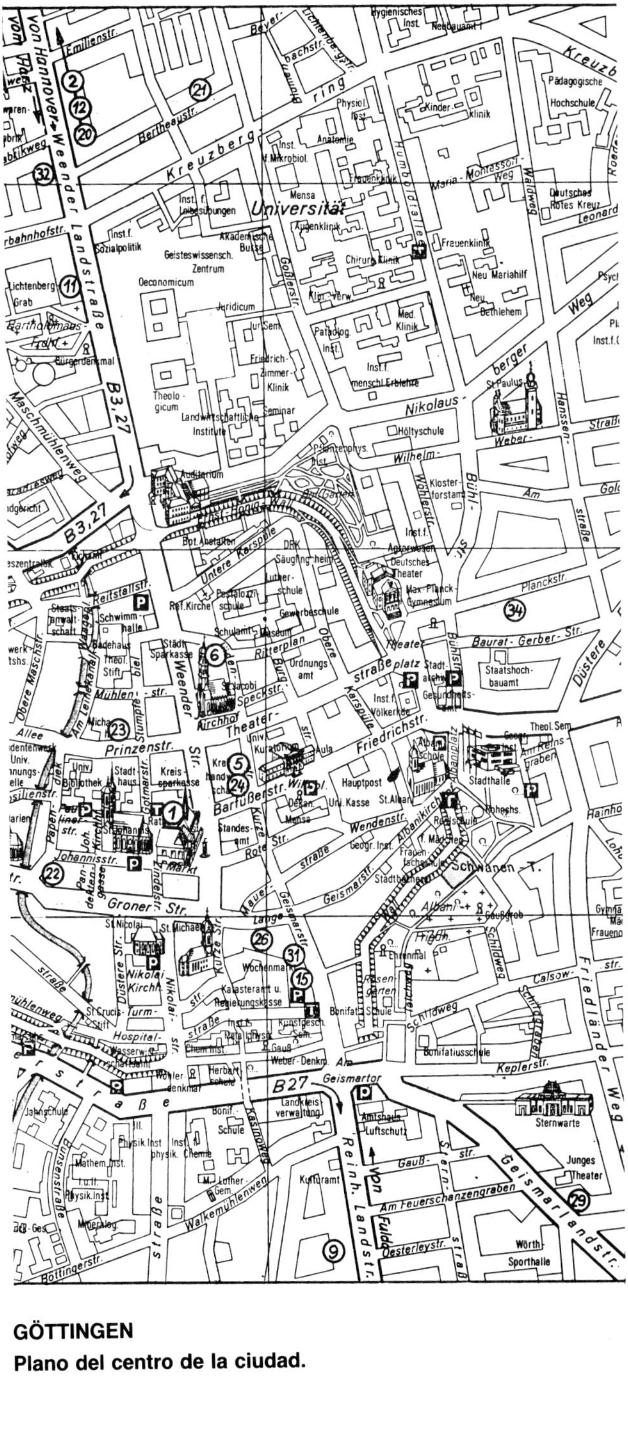

GÖTTINGEN

Plano del centro de la ciudad.

GÖTTINGEN. Fachada de la Universidad

«La Universidad y los estudiantes eran el centro de la vida. Göttingen era una Universidad-ciudad y no como Breslau, una ciudad que además tiene Universidad.» C. 7, pág. 222.

EDITH STEIN, ENFERMERA

Nada más estallar la guerra europea, Edith se alistó como enfermera voluntaria en un hospital del frente. Recibió la medalla al valor.

FREIBURG

La catedral de Freiburg es uno de los edificios más impresionantes del gótico alemán.

FREIBURG

Un aspecto de la famosa Universidad, durante el incendio que sufrió en julio de 1934.

EDITH STEIN (1928)

«Las decisiones que yo he tomado, siempre procedieron de una hondura que yo misma desconocía.» C. 4, pág. 137.

APÉNDICES

Curriculum vitae

En su obra: *Zum Problem der Einfühlung,* 1917
(Reimpresión, München, 1980, p. 133)

El 12 de octubre de 1891 nací yo, Edith Stein, hija del fallecido comerciante Siegfried Stein y de su mujer Auguste (de nacimiento Courant), en Breslau. Soy ciudadana prusiana y judía. Desde octubre de 1897 a Pascua de 1906 frecuenté la escuela Victoria (Liceo estatal) de Breslau, y desde Pascua de 1908 a Pascua de 1911, el gimnasio real femenino (sin griego), que le estaba agregado y en el que realicé después el examen de bachiller. En octubre de 1915 logré, después de superar un examen complementario de griego en el Instituto San Juan de Breslau, el título de bachiller por un Instituto en Humanidades.

Desde Pascua de 1911 hasta Pascua de 1913 estudié en la Universidad de Breslau. Durante los cuatro semestres siguientes estudié filosofía, psicología, historia y germanística en la Universidad de Göttingen. En enero de 1915 aprobé el examen estatal de licenciatura en propedéutica filosófica, en historia y en alemán, también en Göttingen.

A finales de ese semestre interrumpí mis estudios y estuve ocupada durante algún tiempo en el servicio a la Cruz Roja. Desde febrero hasta octubre de 1916 sustituí en el Instituto arriba citado de Breslau a un profesor enfermo. A continuación me trasladé a Freiburg i. Br., para trabajar como asistente del profesor Husserl.

Quisiera expresar aquí mi cordial agradecimiento a todos aquellos que durante mi tiempo de estudio me ofrecieron estímulo y protección; de manera especial a algunos de mis profesores y compañeros de estudio, gracias a los cuales me fue abierto el paso a la filosofía fenomenológica: profesor Husserl, doctor Reinach y la Sociedad Filosófica de Göttingen.

EDITH STEIN

Anotaciones

Erna Biberstein-Stein, New York, 1949

Edith era la más pequeña de los siete hermanos y la más próxima a mí en edad. Nos separaban escasamente dos años, y así fue natural que, desde la niñez hasta el tiempo de distanciarse externamente nuestros caminos, estuviéramos unidas la una a la otra más que cualquiera de nuestros otros hermanos.

Su primera niñez coincidió con el tiempo en que nuestra madre sobrellevaba las tareas más pesadas, tras la muerte repentina de nuestro padre. A causa de sus cargas inevitables, poco podía dedicarse a nosotras. Las dos «pequeñas» estábamos acostumbradas a entendernos a solas y, al menos por las mañanas, hasta que los mayores regresaban de la escuela, nos entreteníamos nosotras solas.

Hasta donde conozco a partir de narraciones de mi madre, de mis hermanos y por recuerdo personal, éramos bastante formales y raramente nos reñían. Pertenece a los primeros recuerdos el que Paul, mi hermano mayor, pasease en brazos a Edith por la habitación entonando canciones estudiantiles, o que le mostrase las ilustraciones de su historia de la literatura y pronunciase discursos sobre Schiller, Goethe, etc. Tenía una memoria formidable y todo lo retenía. Muchos de nuestros numerosos tíos y tías intentaban ensalzarla o se esforzaban, equivocadamente, por hacerla creer que era «María Estuardo» de Goethe o algo parecido. Esto constituyó un rotundo fracaso.

Desde los cuatro a los cinco años comenzó a manifestar conocimientos de literatura. Cuando entré yo en la escuela, se sintió terriblemente sola, tanto que mi madre decidió enviarla a un jardín de infancia. Mas esto fracasó del todo. Se veía allí tan desoladamente infeliz, y aventajaba intelectualmente tanto a todos los niños, que hubo que renunciar a ello. Muy pronto comenzó a suplicar que se le permitiese ir a la escuela ya en otoño, cuando el 12 de octubre cumpliese los seis años. Si bien era pequeña a todas luces y no se le atribuyeran los seis años, el director de la escuela Victoria de Breslau —escuela que ya habíamos frecuentado antes que ella las cuatro hermanas— consintió en ceder a sus ruegos insistentes.

Y así comenzó su tiempo escolar en su sexto cumpleaños, el 12 de octubre de 1907. Puesto que no era usual por entonces comenzar el curso en otoño, solamente permaneció en la clase inferior durante medio año. A pesar de ello, ya en Navidades era una de las dos mejores alumnas. Era muy capaz y muy aplicada, así como segura y de una energía férrea. No obstante, nunca fue una empollona —en el sentido peor—, sino que siempre fue una buena compañera pronta a ayudar.

Durante todo el tiempo escolar obtuvo resultados brillantes. Todos nosotros aceptábamos como natural el hecho de que —al igual que yo—, después de acabar la escuela femenina, terminara los relativamente nuevos cursos de bachillerato en la escuela Victoria, para así poder acceder a una carrera. Sin embargo, nos sorprendió con la decisión de dejar la escuela. Como todavía era muy pequeña y delicada, mi madre cedió y la envió —en parte por descanso, en parte para ayudar— a casa de mi hermana Else, que estaba casada en Hamburg y que tenía tres niños pequeños. Allí permaneció ocho meses, cumpliendo con su deber escrupulosa e incansablemente, no obstante atraerle muy poco las tareas domésticas. Cuando mi madre la visitó después de seis meses, apenas si la reconoció. Había crecido muchísimo y parecía plenamente madura. En esta ocasión confió a mi madre que había cambiado de parecer y que ahora deseaba volver de nuevo a la escuela para poder seguir estudiando. Regresó a Breslau; se preparó en latín y matemáticas con la ayuda de dos estudiantes para pasar la secundaria y superó brillantemente el examen de admisión.

El resto del tiempo escolar no supuso para nosotros ninguna sorpresa. Como siempre, estuvo en los primeros puestos de la clase, librándose al final del bachillerato del examen oral. A la par que en la escuela, tomaba parte activa en todas nuestras diversiones con los compañeros. Nunca fue una aguafiestas. Se le podían confiar todas las cuitas y todos los secretos; estaba siempre dispuesta a aconsejar y a ayudar, y todo era bien recibido por ella. Los años universitarios (yo había comenzado a estudiar medicina en 1909) fueron para nosotras tiempo de trabajo serio, pero también de estupendo compañerismo. Habíamos formado un grupo de amigos de ambos sexos con los que pasábamos nuestras horas libres y las vacaciones en gran libertad y sin prejuicios, dadas las condiciones de aquellos tiempos. Manteníamos discusiones sobre temas científicos y sociales en amplios o reducidos círculos de amigos. Edith era, entre todos, la más competente a causa de su lógica imperturbable y de su amplio conocimiento de cuestiones literarias y filosóficas. En el transcurso de nuestras vacaciones realizábamos viajes a la montaña y allí nos sentíamos animados para vivir en plenitud y para forjar proyectos.

Cuando más tarde se fue a Göttingen con una de nuestras amigas comunes, Rose Guttman, para estudiar historia y filosofía, allí también conquistó muchos nuevos amigos, que le permanecerían fieles de por vida. Pero nuestro antiguo círculo la permaneció inalterable y ella le conservó la fidelidad primera. Después de nuestro examen de estado en medicina, decidimos —mi entonces amigo y ahora marido y yo— visitar a Edith y Rose en Göttingen. Aquellos días fueron inolvidables, de hermosas excursiones y alegres momentos, en los que ella trató de enseñarnos lo mejor de su querida Göttingen y de sus entornos encantadores. Al final llevamos a cabo un paseo muy bonito por el Harz.

Esto sucedía en la primavera de 1914. Poco después de mi vuelta a Breslau, inicié mi trabajo de asistente, que sería interrumpido pronto por el estallido de la guerra. Pero únicamente cambió mi actividad médica por el hecho de que me fui a otra clínica, mientras que Edith se sintió en la obligación de interrumpir sus estudios y se fue como ayudante voluntaria de la Cruz Roja a un hospital militar en Märish-Weisskirchen. También allí, como en todas partes, trabajó con toda el alma, siendo estimada lo mismo por los heridos que por las compañeras y superiores. También aquí la visité durante mi primer permiso de guerra, pasando dos semanas con ella.

Cuando en 1916 se fue a Freiburg para ser asistente privada de su profesor de Göttingen, Husserl, dos de las antiguas amigas, Rose Guttman y Lilli Platau, y yo (entretanto me había ido como asistente a Berlín) decidimos pasar nuestras vacaciones del verano de 1917 en la Selva Negra con ella. De este tiempo conservo un recuerdo luminoso, a pesar de que todas nosotras padecíamos la presión de la guerra y de que la dieta algo escasa habría podido menoscabar nuestro humor. Paseábamos, leíamos juntas y estábamos siempre extraordinariamente contentas. Al año siguiente yo regresaría a Breslau, y esta vez tuve que emprender sola mi viaje de vacaciones. No pude planear nada mejor que volver a visitar a Edith. Estuvimos en Freiburg, y desde allí realizábamos toda clase de excursiones, leíamos juntas y planeábamos nuestro futuro.

Cuando en 1920 me casé con mi compañero de estudios Hans Biberstein, Edith estuvo presente en la boda y compuso hermosas poesías para todas las sobrinas y sobrinos. En ellas revivía las experiencias más placenteras de nuestros años estudiantiles y de nuestra infancia. Era entonces profesora en el colegio religioso de Speyer, pero pasaba todas las vacaciones en Breslau.

En septiembre de 1921 nació nuestra primera hija, Susanne, y Edith —que precisamente se encontraba en casa— me atendió de forma enternecedora. Por cierto, una densa sombra se cernió sobre este tiempo, tan feliz por otra parte. Me confió su decisión de convertirse al catolicismo y me rogó que se lo comunicase a nuestra madre. Yo sabía que ésta era una de las más difíciles tareas a las que me había tenido que enfrentar. A pesar de la comprensión de mi madre y de la libertad que en todo había dejado a sus hijos, esta decisión significaba el más duro golpe para quien era una auténtica creyente judía y consideraba como apostasía el que Edith aceptase otra religión. También a nosotros nos resultó difícil, pero teníamos tanta confianza en el convencimiento interior de Edith, que aceptamos su paso muy a pesar nuestro, después de haber intentado vanamente disuadirla a causa de nuestra madre.

Incluso después de su conversión continuó viniendo regularmente a casa. Me atendió nuevamente en el nacimiento de nuestro hijo Ernst Ludwig, y amaba cariñosamente a ambos hijos, como al resto de todos los sobrinos y sobrinas; de igual manera fue amada y adorada por ellos. Recuerdo muy especialmente con cuánta frecuencia, mientras ella trabajaba en su cuarto, tenía a los niños con ella, cómo los entretenía con cualquier libro y lo muy felices y contentos que ellos se sentían a su lado.

Cuando en 1933 tuvo que dejar Edith su puesto de enseñante en la Academia Católica de Münster a causa de su ascendencia judía, vino de nuevo a casa. También fui yo ahora la confidente de su decisión de entrar en el convento de las Carmelitas de Colonia. Las semanas que siguieron fueron muy difíciles para todos nosotros. Mi madre estaba, con razón, desesperada, y nunca llegó a superar este sufrimiento. Asimismo para nosotros esta vez la despedida era mucho más dolorosa, aunque Edith no quería admitirlo y desde el convento compartió sin merma el antiguo amor y la vinculación con inalterable interés.

En 1939, cuando seguí con mis hijos a mi marido a América, manifestó un agrado de que la visitásemos en Echt, a donde se había trasladado. Pero nosotros teníamos el billete por Hamburg y, además, la frontera holandesa resultaría muy incómoda. Por todo ello preferimos no hacerlo. En lo sucesivo nos mantuvimos unidas por correspondencia y, en cierta manera, por entonces, yo estaba tranquila con que ella estuviese segura en la paz del convento frente a la persecución de Hitler, al igual que mi hermana Rosa, que por mediación de Edith había encontrado refugio en Echt.

Por desgracia, esta confianza no estaba justificada. Los nazis no se detuvieron ni siquiera ante el convento, sino que deportaron a mis dos hermanas el 2 de agosto de 1942. Desde entonces ha desaparecido todo rastro de las mismas.

ERNA BIBERSTEIN-STEIN
New York, 1949

ÍNDICE DE NOMBRES

ÍNDICE

Alonso de la Madre de Dios (1568-1635)
VIDA DE FRAY JUAN DE LA CRUZ
728 págs. Rústica.

AA. VV.
EXPERIENCIA Y PENSAMIENTO EN SAN JUAN DE LA CRUZ
472 págs. Rústica.

AA. VV.
INTRODUCCION A LA LECTURA DE SANTA TERESA
688 págs. Rústica.

AA. VV.
SANTOS DEL CARMELO
616 págs. Rústica.

Susanne M. Batzdorft
MI TÍA EDITH
Edición ilustrada. 232 págs. Rústica.

P. Ismael Bengoechea
LAS GENTES Y TERESA
224 págs. Rústica.

Jodi Bilinkoff
ÁVILA DE SANTA TERESA
La reforma religiosa en una ciudad del siglo XVI.
222 págs. Rústica.

Secundino Castro
HACIA DIOS CON SAN JUAN DE LA CRUZ
Segunda edición. 208 págs. Rústica.

Secundino Castro
CRISTO, VIDA DEL HOMBRE
(El camino cristológico de Teresa y Juan de la Cruz)
184 págs. Rústica.

P. Secundino Castro
SER CRISTIANO SEGUN SANTA TERESA
Teología y espiritualidad.
Segunda edición. 416 págs. Rústica.

León Cristiani
SAN JUAN DE LA CRUZ
Vida y doctrina.
Segunda edición ilustrada. 344 págs.

P. Honorat Czeslaw Gil
RAFAEL KALINOWSKI
Vida y semblanza.
160 págs. Ed. ilustrada. Rústica.

Manuel Diego Sánchez
BIBLIOGRAFÍA SISTEMÁTICA DE SAN JUAN DE LA CRUZ
736 págs. Rústica.

Manuel Diego Sánchez
HISTORIA DE LA ESPIRITUALIDAD PATRISTICA
392 págs. Rústica.

Manuel Diego Sánchez
EDE. 50 AÑOS
128 págs. Rústica.

Teófanes Egido
EL LINAJE JUDEOCONVERSO DE SANTA TERESA
(Pleito de hidalguía de los Cepeda).
272 págs. Rústica.

José Damián Gaitán
NEGACION Y PLENITUD EN SAN JUAN DE LA CRUZ
320 págs. Rústica.

Ezequiel García Rojo
EDITH STEIN. EXISTENCIA Y PENSAMIENTO
192 págs. Rústica.

Ezequiel García Rojo
UNA MUJER ANTE LA VERDAD
(Aproximación a la filosofía de Edith Stein)
328 págs. Rústica.

Indalecio Gómez Varela
ESPIRITUALIDAD DEL SACERDOTE DIOCESANO
304 págs. Rústica.

P. Maximiliano Herraiz
LA ORACION, HISTORIA DE AMISTAD
Sexta edición. 216 págs. Rústica.

P. Maximiliano Herraiz
LA ORACION. PALABRAS DE UN MAESTRO: SAN JUAN DE LA CRUZ
Segunda edición. 144 págs. Rústica.

P. Maximiliano Herraiz
SOLO DIOS BASTA
Claves de la espiritualidad teresiana.
Quinta edición. 416 págs. Rústica.

Father Herrera y Valentín de San José
ÉSOS, VESTIDOS DE BLANCO, ¿QUIÉNES SON?
144 págs.

Jean Lafrance
TERESA DE LISIEUX, GUIA DE ALMAS
Tercera edición. 240 págs. Rústica.

Juan Antonio Marcos
MÍSTICA Y SUBVERSIVA: TERESA DE JESÚS
280 págs. Rústica.

Salvador Muñoz Iglesias
AÑO LITÚRGICO
Ciclo A
310 págs. Rústica.

Salvador Muñoz Iglesias
AÑO LITÚRGICO
Ciclo B
304 págs. Rústica.

Salvador Muñoz Iglesias
AÑO LITÚRGICO
Ciclo C
304 págs. Rústica.

Salvador Muñoz Iglesias
COMENTARIO AL EVANGELIO SEGUN SAN MATEO
400 págs. Rústica.

Salvador Muñoz Iglesias
MI ORACION DE CADA DIA
368 págs. Rústica.

Daniel de Pablo Marot
BATUECAS
Edición ilustrada. 288 págs. Rústica.

Daniel de Pablo Maroto
HISTORIA DE LA ESPIRITUALIDAD CRISTIANA
400 págs. Rústica.

Daniel de Pablo Maroto
ESPIRITUALIDAD DE LA ALTA EDAD MEDIA
480 págs. Rústica.

Daniel de Pablo Maroto
ESPIRITUALIDAD DE LA BAJA EDAD MEDIA
512 págs. Rústica.

Daniel de Pablo Maroto
TERESA EN ORACIÓN
464 págs. Rústica

Teodoro Polo Cabezas
SAN JUAN DE LA CRUZ: LA FUERZA DE UN DECIR
168 págs. Rústica.

José Vicente Rodríguez
DE LA FARMACIA AL CARMELO. DE LA CHECA AL CIELO.
(Vida de la M. Sagrario de S. Luis G.)
edición ilustrada. 256 págs. Rústica.

José Vicente Rodríguez
NUEVOS DIALOGOS DE CARMELITAS EN GUADALAJARA
(Vida y martirio de las Hnas. Pilar, Teresa y María Angeles).
320 págs. Rústica.
Segunda edición ilustrada. 320 págs. Rústica.

José Vicente Rodríguez
LA SONRISA INTERMINABLE DE DIOS
Biografía de la Hna. María Cristina de Jesús Sacramentado
(Cristina de los Reyes Olivera) Carmelita descalza (1890-1980)
512 págs.

Federico Ruiz Salvador
CAMINOS DEL ESPIRITU
Compendio de teología espiritual.
Quinta edición. 736 págs. Rústica.

Federico Ruiz Salvador
MISTICO Y MAESTRO. SAN JUAN DE LA CRUZ
304 págs. Rústica.

Otger Steggink
SIN AMOR... TODO ES NADA
144 págs. Rústica.

Edith Stein
AUTORRETRATO EPISTOLAR (1916-1942)
400 págs. Rústica.

Edith Stein
CARTAS A ROMAN INGARDEN
288 págs. Rústica.

Edith Stein
ESTRELLAS AMARILLAS
Autobiografía. Infancia y juventud.
Tercera edición ilustrada. 424 págs. Rústica.

Santa Teresa de Jesús
COMENTARIO AL PADRE NUESTRO
96 págs. Rústica.

Santa Teresa de Jesús
LIBRO DE LAS FUNDACIONES
284 págs. Rústica.
Tercera edición ilustrada.

Santa Teresa de Jesús
LIBRO DE LA VIDA
476 págs. Rústica.
Quinta edición ilustrada.

Miguel Norbert Ubarri
LAS CATEGORÍAS DE ESPACIO Y TIEMPO
EN SAN JUAN DE LA CRUZ
(La articulación de lo inefable)
400 págs. Rústica.

ÚLTIMAS PUBLICACIONES

Antonio Sicari
ISABEL DE LA TRINIDAD
Una existencia teológica
288 págs. Rústica.